西方馬克思主義的興衰
The Rise and Decline of Western Marxism

洪鎌德◎著

序

　　在揚智文化事業股份有限公司負責人葉忠賢總經理催生下，本書得以出版，這不僅表示本人2004年以後與該出版社一度「失聯」，而於今天再續前緣、重新合作；這也標誌本人學術著述生涯中另一階段的開始。換言之，本人2004年在揚智推出《西方馬克思主義》、《當代主義》和《法律社會學》（第二版）以後，分別與一橋、五南、人本自然幾家出版社訂約出過六冊小書，五本卷帙較大的作品。如今回到曾經出版我十本著作的「娘家」，刊印這本《西方馬克思主義的興衰》的新書，倍感溫馨與欣慰。

　　這本新書的前身《西方馬克思主義》曾經為台大、輔大、東吳、淡江、體大等校相關課程的教科書，頗受同仁與同學的賞識。在北京大學受到哲學系前系主任黃楠森教授，馬列前所長徐雅民教授，以及上海復旦大學哲學系俞吾金、陳學明等幾位教授之推崇。不過該書錯漏與瑕疵在所難免。這次經本人與廖育信博士的認真校對，訂正錯字，並補充相關新知，增強西馬各流派之解說，同時將西馬轉變為新馬，乃至後馬的關鍵予以點明與論述，此為本書以新書的面貌（連書名都改過）出現之原因。最重要的是為了引發讀者閱讀的興趣，本書將西馬、新馬各派代表人物，及其學說淵源，包括前輩哲學家、政治家之人像、繪像一一列入。這樣顯然有助於讀者對思想家、理論家、政治人物的進一步認識，也增加本書的可讀性。

　　在編輯過程中，有關新書書名、架構、內容、相片等技術面的問題，得到揚智專書主編宋宏錢先生的大力協助，閻富萍總編小姐與吳韻如執行編輯的認真處理使本書趨向完美，這是作者要表示最為感激之處。至於廖育信博士的文字駕馭功夫（打字、排版、插圖、電腦處理與

校對）之高明、校對之認真，尤令人感佩。本人台大國發所助理張書榜同學也協助尋找哲學家之圖片和肖像，其哲學史嫻熟之程度並不亞於哲學所專業碩士生、博士生，這點也要加以肯定。上述兩人的協力，令我非常感動與感恩。

當然，最應受我感謝的便是茹苦含辛、無怨無悔的老伴，我最佳的另一半蘇淑玉女士。以一位年近七十的老婦人，除了照顧我三餐與健康狀況之外，還要經常在台星與台港之間搭機奔波，為的是要讓兩個女兒、兩位女婿，以及三個外孫（林詠恩、林升榮和伍卓恩）得到快樂。是故這本書是送給我心目中最偉大的女性，也是我的愛妻蘇淑玉女士七十華誕的生日小禮。是為序

洪鎌德

誌於台大國發所研究室

2010年3月12日

目　錄

1

西方馬克思主義的崛起

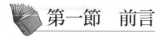

第一節　前言

西方馬克思主義（以下簡稱「西馬」）為1920年代，中歐與西歐思想界對馬克思學說的新詮釋。這種新解說是與舊蘇聯為主的正統馬克思主義的教條相乖離，亦即是不同於列寧、史達林、布哈林等前蘇聯共產黨領導與理論家有關馬克思主義的核心為辯證唯物論的看法。

1920年代末與1930年代初，馬克思早期遺稿的次第刊行，導致西歐學者把向來強調政治與經濟的正統馬克思主義（所謂的「科學的社會主義」）引向討論哲學、文化與藝術的馬克思主義（亦即所謂的「哲學的共產主義」）之途上，從而促成西方馬克思主義的誕生與演變。

西方馬克思主義的奠基者有匈牙利的盧卡奇（Georgi Lukács 1885-1971）、義大利的葛蘭西（Antonio Gramsci 1891-1937）、德國的寇士（Karl Korsch 1886-1961），以及德國法蘭克福學派號稱批判哲學家霍克海默（Max Horkheimer 1895-1973）、阿朵諾（Theodor Adorno 1903-1969）、馬孤哲（Herbert Marcuse 1898-1979）等人。更有法國的沙特（Jean-Paul Sartre 1905-1980）、梅樓‧蓬第（Maurice Merleau-Ponty 1908-1961）、列費布勒（Herni Lefebvre 1901-1991）與郭德曼（Lucien Goldmann 1913-1970）等文化界、思想界、學術界人士。他們幾乎都一致強調馬克思主義並非一般普通的科學學說，而是一種社會的理論。

早期盧卡奇認為馬克思不僅批判了政治、經濟，其最終目標為把人類從政治經濟的枷鎖中解放出來。寇士則認為馬克思主要的著作（譬如《政治經濟學批判》、《黑格爾法哲學批判》）皆冠以「批判」一詞，從而認定馬氏不以揭露社會發展律為滿足，而是以過去及當代（資產階級）的意識與文化之批判為標的。馬克思雖倡說哲學的實現，乃至哲學的揚棄，但仍舊重視哲學在人類解放中所扮演角色的重要（「哲學是解

放的頭，無產階級是解放的心」），於是西方馬克思主義者遂強調把馬克思思想體系的科學還原為馬克思思想體系的哲學之必要。

黑格爾

其次，西方馬克思主義者所使用的概念、字彙多因襲黑格爾及其左派（青年）門徒所慣用的表達詞謂（洪鎌德2009a：99-120）。因之，彼等極重視黑格爾哲學對馬克思思想體系的影響。此點由法蘭克福學派之推崇黑格爾哲學獲得佐證。不過，黑格爾學說對馬克思主義影響之說法，卻受到法國結構派代表之一的阿圖舍（Louis Althusser 1918-1990）之反駁，從而引發激烈爭議，至今尚未定讞。

此外，以阿德勒（Max Adler 1873-1937）、包爾（Otto Bauer 1882-1938）等為主的奧地利馬克思主義者，則強調新康德學派以及哲學中實證主義對馬克思主義的影響。近年義大利學者柯列悌（Lucio Colletti 1924-2001）指陳馬克思把黑格爾的唯心論顛倒過來變成唯物論，乃是由黑格爾哲學回歸康德哲學，由是啟開康德對馬克思學說影響之爭論（Bottomore and Goode 1978）。

馬克思早期學說中對人道精神的肯定、對人本思想的尊重、對人文主義的推崇，引起沙特聲明馬克思主義與存在主義相通，也導致梅樓·蓬第把馬克思主義視為現象論。反之，阿圖舍則企圖由馬克思學說演繹成為結構主義。

由於法蘭克福批判理論學派的仲介，西方馬克思主義者甚至把佛洛伊德（Sigmund Freud 1856-1939）的心理分析與馬克思主義相提並論。該派當代人物，如佛洛姆（Erich Fromm 1900-1980）強調青年馬克思異化論，而突出馬克思人道主義者的形象。另一後起之秀的德國學人哈伯瑪斯（Jürgen Habermas 1929- ），企圖把馬克思與佛洛伊德針鋒相對的觀點，擴展到當今政治現狀與社會科學領域底批判之上，獨樹一幟，成為

西方思想界異軍突起的風雲人物。至於1960年代以後，英美新左派有關馬克思主義的解說與辯證，也引人矚目。

西方馬克思主義由於遠離實際政治，不牽涉勞工運動。反之，卻奢談抽象理論、邏輯方法、大眾文化、主觀精神，遂陷於唯心論的窠臼。更由於避談辯證唯物論與政治經濟，而違離了列寧主義與史達林主義等共產理論的正統，這些都是此一新學說的偏頗之處。不過在一定程度內，此一馬克思主義的解說卻能活學活用馬克思早期的觀點與想法，並把它應用於當代階級意識與文化批判之上，從而與西方資本主義思潮相抗衡，甚至批判當今西方哲學的主流。在介紹並擴展馬克思學說、啟發批判與革命精神（例如1968年展開的全球性學生抗議活動）等方面，西方馬克思主義有其一定的貢獻，值得吾人留意。

要之，本書不僅想要把1960年代以來西方馬克思學說予以系統性的敘述與解析，還給予適當的評估與批判，特別是指陳此一學說對當代西方學術思想、意識、文化之衝擊，從而協助讀者正確掌握當代馬克思學說之真髓。

一、名稱

「西方馬克思主義」又名「歐洲馬克思主義」，其第一次正式出現於文獻應是1920年代初期，出現於蘇聯人所編的馬克思主義辭典之上。

梅樓・蓬第

站在蘇聯字典編輯者的立場，西馬的學說對布爾什維克與第三（共產）國際，多少有點威脅的作用。

梅樓・蓬第在《辯證法探索》（1955）一書第二章冠以「『西方』馬克思主義」這一章名。梅氏便用這個名詞來指稱盧卡奇之著作（1923）所代表反正統馬克思主義底思想體系。凡是採用他這種用法的人會認同西

方馬克思主義是人文的、主觀的、與非教條的馬克思主義（儘管不是主流而是支流；儘管不是地上而是地下），俾對抗官方的蘇聯（或東歐）的馬克思主義。蓋後者已變成教條式的意識形態，以為暴政提供合法說詞。反之，前者雖無權勢，卻保留社會主義自由、解放的傳統（Merleau-Ponty 1974: 30-58）。

梅氏這種用法後來也被安德遜（Perry Anderson 1938- ）所採用。是故安氏的著作稱為《西方馬克思主義的省思》（*Considerations on Western Marxism*），從此這個用法就大為流行。

二、前身

「西方馬克思主義」並非一個完整的、一貫的、內部完全一致的馬克思主義新學說、新思潮或新派別，而只是由一批學者不同意或批評蘇共所控制的第三國際之官方馬克思主義。亦即他們反對蘇聯的馬列主義、史達林主義等自居馬克思的正統以及對馬克思原著的解釋。這些學者或理論家本身意見仍極為分歧，因此造成「西方馬克思主義」學派的林立與理論的複雜。

「西方馬克思主義」在尚未成為對蘇共主流派馬列史思想之前，已經在理論上展開激辯。激辯是針對第一次世界大戰前後共黨領導人政治與策略得失之哲學反思。當時有兩大政治與策略爭論。其一為盧森堡女士對蘇聯革命的批評，其二為布爾什維克黨人對荷蘭共黨領導人「極端左派傾向」的批評。

三、歷史背景與產生原因

第一次世界大戰的發生，工人不但沒有遵照馬克思的預言，走上

國際主義聯合之途，反而擁護各自國家「為保衛祖國而戰」。戰爭的結果不但資本主義並未崩潰，反而更趨穩定與發展。其後，隨著俄、德、奧、匈幾個帝國的崩潰、布爾什維克黨的奪權，使馬克思對無產階級革命將在資本主義最發達的西歐爆發之預言，一時未曾兌現，因而引起西歐左派學者的重新估量與解釋。

西歐、中歐幾個工業先進國家的工人階級，雖曾利用歐戰戰亂的機會組織工廠議會、或推行蘇維埃，但奪權計畫多歸失敗，導致無產階級革命的夭折與工人階級陷入重大挫折失望中。一連串失敗與悲觀主義成為西方馬克思主義的催生劑。這也是西方馬克思主義被視為「挫敗」（defeat）的馬克思主義之因由。

第三國際的成立與其他共黨紛紛加入共產國際，以及蘇聯共黨企圖大權獨攬，把各國新共黨「布爾什維克化」，引起西歐自命不凡的知識分子之反感。加上其後史達林整肅異己，施行中央集權、濫殺無辜，引起反感。西方馬克思主義之強調人本主義、人道思想，含有對抗「科學的共產主義」命定論與宿命論之本意，更是史達林獨裁、暴虐的反彈。

馬克思早期著作在1920年代後期，1930年代初期紛紛出版，提供理論家對資本主義社會之下的「物化」與「異化」更深一層的理解，也使他們相信馬克思主義與日耳曼的經典唯心哲學關聯密切，特別是它視為黑格爾的辯證法與現象學底繼承與發揮（洪鎌德 2007a：209-248）。這些都是引發歐洲革命者與左翼思想家轉向哲學，進入抽象思考的主因。

四、討論主題

西方馬克思主義討論的一些題目包括下列數種：辯證與主客體問題；馬克思與黑格爾的關聯（盧卡奇、寇士與葛蘭西、霍克海默、阿朵諾、馬孤哲、梅樓·蓬第等強調馬克思所受黑格爾之影響；反之，阿圖

舍與歐爾培反對它們之間有此一關聯是不理解馬克思主義的科學性所引起的）；馬克思主義和科學性的討論；歷史觀與整體論；意識、意識形態之重要性；理論與實踐的合一；知識分子、黨、社會與國家、上層建築與文化的問題等等都成為西方馬克思主義討論的主題。

五、西方馬克思主義的神髓

假使吾人無法說明西方馬克思主義是什麼東西的話，至少我們知道誰是西方馬克思主義者，這包括盧卡奇、葛蘭西、卜洛赫（Ernst Bloch 1885-1977）、卞雅敏（Walter Benjamin 1892-1940）、沙特、阿圖舍、哈伯瑪斯和法蘭克福學派的人士，甚至「新左派」等人（Merquior 1986: 1）。

卞雅敏

西馬可以說是20世紀除了蘇維埃官方馬克思主義以外，數股馬派思潮之匯聚。不過位於歐美等西方馬克思主義者，卻未必可以稱為西馬的理論家，像比利時托洛茨基派（托派）的曼德爾（Ernest Mandel 1923-1995），法國的革命理論家戴布雷（Régis Debray 1940-），和早期東德異議分子巴羅（Rudolf Bahro 1935-1997），以及前南斯拉夫副總統吉拉斯（Milovan Djilas 1911-1995）都不能視為西馬的人物。儘管他們的著作——曼德爾的《後期資本主義》（1972），戴布雷的《革命中的革命》（1969），巴羅的《東歐的另一選擇》（1977）和吉拉斯的《新階級》（1957）——都直接與蘇維埃馬克思主義者衝撞。是故並非出現於西方的馬克思主義者，而又反對與蘇維埃馬列主義便可以貼上「西馬」人士的標籤。

列寧

不錯，西馬是1920年代對蘇維埃馬克思主義的異

朴列哈諾夫

考茨基

議和挑戰。是故其奠基者盧卡奇、卜洛赫、寇士和葛蘭西對列寧或是布哈林（Nikolai I. Bukhrin1888-1938）所界定的布爾什維克哲學具有決定性意涵的歷史唯物論持反彈的態度。在列寧和布哈林之前，恩格斯和朴列哈諾夫（Georgi V. Plekhanov 1856-1918）便相信客觀的經濟法則是人類歷史的推力，他們還持另一種觀點，認為意識不過是對自然和社會實在（實相）的反射。這些教條式或正統的觀點在1920年代列寧的陣營中以布哈林的著作《歷史唯物主義》（1921）全面呈現出來。另一方面雖是反對布爾什維克的說法，考茨基（Karl Kautsky 1854-1938）卻在《國家與人類發展的唯物歷史建構》（1927）中透露了恩格斯等人的機械性、決定性的唯物史觀。是故盧卡奇和葛蘭西都同樣反對布哈林與考茨基的過份傾向自然科學主義與決定論之說詞（Merquior 1986: 2）。

但把西馬當成反列寧的思想，也是矯枉過正，犯著以偏概全的錯誤。事實上自從第二次世界大戰以來西馬的自我描述是接近馬派中的自由主義或放任的自由主義之形象。這一學派接近青年馬克思的人道觀點，而遠離「實的社會主義」，也就是馬列主義的血腥內鬥與僵硬教條。梅樓·蓬第在鑄造「西馬」這一概念時，便充滿反列寧一黨專政的色彩。1930年寇士早把他自己、盧卡奇和其他不接受俄共操控的西馬革命者，一概稱呼為「西方共產主義者」。而在這個稱呼出現之前，第三國際的黨徒早便譴責他們（盧、寇等人）為小資產階級的唯心主義理論者、主觀理論者等等。

1950年代中期法國共產主義陣營儘管出現路線與理論的爭執不斷，但之前並無人特別重視「西馬」這一新標籤。值得注意的是西馬奠基者

的盧卡奇和葛蘭西，終其一生對共產主義的信仰及其運動的推行，始終忠心耿耿、毫無二志，這點與服膺「正統」馬克思主義的德國社會民主黨黨徒剛好相反。盧和葛兩氏一向以俄國1917年的社會革命之成功引為莫大的光榮，對列寧雖偶有批評，但讚賞多於指摘。換言之，在革命實踐方面這兩位奠基者，對列寧是口服心服。另外與列寧主義分道揚鑣的西方奠基者卜洛赫與寇士對其後西方理論的型塑便喪失了決定性的影響力。

西馬開始之時，對左派共產主義的嚴守紀律、垂直控制、上下統屬關係之強硬作法——列寧專業與菁英的布爾什維克「黨性原則」（*partinosti*）——是擁護的、同情的。可是後期西馬人物、特別是法蘭克福學派崛起之後，西馬不但告別列寧主義，也與共產主義分手。其中唯一的例外是阿圖舍的結構主義，他以及其信徒堅持與共產黨共生死，還利用理論加以「科學化」（Merquior 1986: 3-4）。

如果說西馬只是政治的「異端邪說」，也無法抓住西馬的神髓。要瞭解西馬的特殊性格，尚須掌握其不同於正統共產主義的理論上之異議與歧見。這些西馬的特徵包括對文化問題的情有獨鍾。當經典的馬克思主義聚焦於經濟、歷史與階級鬥爭的政治析述時，西馬主要的關懷為文化與意識形態之討論。後者不分析資本累積的過程、或經濟危機的機械作用，也不關心社會關係的再生產，而是廣泛地研討資本主義社會中異化與物化的問題。當然不是西馬的所有流派都在考察文化、歷史與意識等的人文現象，而反對涉及政治與經濟的演展。以葛蘭西為例，他嫻熟於分析階級鬥爭和階級聯合在歷史上呈現之諸形式。反過來說阿圖舍也不願奢談生產方式和社經形構。但就整個學派來談，把西馬描繪為對上層建築之解析的馬克思主義，也不失真確。也就是多少在忽視經濟、技術的下層建築方面，忽視經典馬克思主義者所強調的生產力與生產關係之辯證互動方面，營構他們的階級宰制理論。西方馬克思主義對社會的

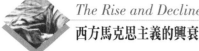
限制力、拘束力,特別是來自於經濟與社經的拘束力缺乏敏感。要之,造成西馬與其他流派的馬克思主義不同之處,為從經濟躍入文化的領域、文化論題的綜合性討論、和文化以及意識形態諸現象的解釋中,下層建築扮演角色顯然是缺場和離席了(*ibid.*, 4)。

　　有異於馬、恩、伯恩斯坦、考茨基、列寧和布哈林對政治經濟學之重視,把它當成諸社會科學之最精確、最細密、最崇高的科學,西馬的理論家視馬克思主義不是科學,而是哲學,更重要的是視它為社會批判。正如寇士正確指出,馬克思的作品,無論是對黑格爾哲學的批判(1843),還是政治經濟學的批判(1859),甚至《資本論》(卷一 1867)的副標題都是「批判」兩字。原因是他認為早期(18世紀末與19世紀初)的唯心主義之政治哲學或經典的政治經濟學,都是對其主題(政治和經濟的現象)淺薄的分析,也就是政治經濟的題目之「社會化」(socialization)。馬克思本人對這些議題社會化頗為不滿,因之他是把19世紀通用的概括化之歷史研究途徑上加以深化、理論化與批判。馬克思對政治經濟學的批判在為經濟流程和經濟變遷的詮釋引入一些決定性的因素。但就馬克思而言,批判並非取代科學的描述與分析。相反地,批判所預期的目標是為社會進化和資本主義的命運還原科學的歷史敘述所需(去除偏見、謬誤、迷信、偏執等等人類所認知的缺陷)的清白場地。在西馬理論家的心目中,「批判」是哲學的武器用以掃除深受因果律制約的社會規律性,這點剛好同馬氏本人成熟期間所追求的與發現的社會變遷之運動律相左(*ibid.*, 5;洪鎌德 2010a:357-363)。

　　為此區分馬克思的科學觀與恩格斯著名的程式(例如從量變轉為質變的規律)之粗糙科學機械觀,乃有必要。當然馬恩有他倆共同的自然科學的知識觀。因之在壓制唯心主義方面,經典的馬克思主義不可能再走回頭路——不可能從唯物轉回唯心的世界觀。而唯心論正是19世紀初至中葉德國哲學最具勢力的學說。唯心論者不只強調意識在人類追求知

識的主動角色，甚至還要把周遭的實在等同為人的心靈，企圖通過人類意識活動的意義追求來瞭解所有人文的社會現象。在其實踐上，唯心主義可以說是以人為中心來看待世界（自然、社會、人）的人類觀，這點與科學思維要去掉人的色彩，採取客觀中立的態度相離太遠。

西馬對經典的德國唯心主義（特別是黑格爾的哲學）所表現的善待，正是對馬克思主義採取自然科學的研究途徑徹底的、始終的、幾近頑強的拒斥。是故西馬選擇的是人本主義的認識論：也就是認為真實的知識必須要來自於符合人類的觀點。西馬理論家很少討論原因，但卻奢談「意義」，也就是與人有關聯之因素。為此原因他們對經典馬克思主義唯物論的心態（cast of mind）常感不安。在對唯心論的形而上學不信任之下，西馬理論家深覺困惑與狼狽，為的是在放棄唯物論之後，他們必須面對以人類為中心、為主體的認識論所衍生的尷尬。另一方面而言，對做為實有的思辨理論之「辯證唯物主義」，是恩格斯和朴列哈諾夫津津樂道的學說，可是兩人的“*diamat*”（辯證唯物論的英文簡稱）並不比唯心主義以心靈為主的形而上學高明多少。

當作知識的理論，唯物主義卻比以人為中心、為本位的世界觀更可以解釋這個世界，原因是在它具有因果的方向和決定性的趨勢，可以直截了當說明現象的來龍去脈，是故與西馬的反實證，反科學精神無法協調。

在某一程度上，西馬企圖把馬克思主義中唯心的元素，心靈的重要性做一個復辟，其關鍵就是把黑格爾對馬克思的影響刻意突出、大力描寫（洪鎌德2007a：423-459；2010a：166-173）。青年盧卡奇一度企圖把黑格爾學說比黑格爾本身還徹底的黑格爾化。麥金尼（Neil McInnes）指稱在西馬當中處處可見黑格爾的蹤跡，這與其他馬派學說最大的不同，就是西馬除了把馬克思主義與黑格爾學說混合之外，無法再使馬派思想同其他哲學學派交融（引自Merquior 1986：6-7）。可以這麼說，西馬

堅持黑格爾哲學對馬克思主張的影響，使他們（西馬理論家）成為左翼黑格爾門徒的化身（馬克思例外），比黑格爾門徒更為認真、更為忠實（洪鎌德 2007b：315-342）。

對黑格爾學說的忠誠並沒有阻止西馬的理論家從當代的思潮、學說、理論中借取、或移植其他部分，來與馬克思主義結合、或補充。葛蘭西所受克羅齊（Benedetto Croce 1866-1952）學說的影響，固然可以說是義大利式黑格爾主義的發揚，因為克羅齊可以說是20世紀最重要的黑格爾思想之傳人。但克羅齊的美學與文藝思想也構成葛蘭西理論的一部分。其他影響西馬理論者有哲學界怪傑（mavericks）的齊默爾（Georg Simmel 1858-1918）、尼采（Friedrich Nietzsche 1844-1900）和新唯心論大師狄爾泰（Wilhelm Dilthey 1833-1911）。狄氏重建歷史性的知識理論，接近浪漫主義所衍生的詮釋學（hermeneutics），也就是解釋的藝術。另外併入西馬裡頭的學說，有心理（精神）分析——一向被排拒於哲學學界的新思維、新方法——和現代主義的美學，以及韋伯（Max Weber 1864-1920）的社會理論。是故一開始西馬避免了教條式、先驗的排斥，也就是不像正統馬克思主義者、唯物辯證史觀（*diamat*）者遠離布爾喬亞（bourgeoisie，資產階級）的意識形態。反之，從資產階級豐富的文化與學術遺產中汲取營養。

尼采

韋伯

西馬最簡單的描述可以指出至少有三點：(1)文化議題的突出；(2)以人為本位的知識觀之堅持；(3)概念設備之廣博性與折衷精神。是故西馬並非對蘇維埃的馬克思主義之「異端邪說」，而是具有不同情趣的、不同風味的異議。如果我們把西馬與19世紀末（1897-1898）初次馬克思主義的危機——修正主義——的出現做一比較，或是20世紀初奧地利馬克

思主義（Austro-Marxism）之崛起、或是馬克思遺作僵硬地為蘇維埃領導人所承繼（後來易名為馬列主義），把西馬與這些學說流派做一比較，就不覺其為異端邪說，而是別具風味的馬學發展而已（Merquior 1986: 7-8）。

　　每位參加「馬克思主義的危機」之激辯者，無論拉卜里歐拉（Antonio Labriola 1843-1904），還是克羅齊、還是伯恩斯坦（Eduard Bernstein 1850-1932）、或是索列爾（Georges Sorel 1847-1922）、甚至馬薩利克（Thomas Masaryk 1850-1937，應該是最早倡用「西馬」這個名詞的人）都是堅決反對命定論（決定論）者。馬薩利克在1898年出版的《馬克思主義哲學與社會學的基礎》就反對馬克思盲目地信從歷史的決定論。

伯恩斯坦

因之，終馬薩利克一生，不是一位馬克思主義者。拉卜里歐拉在1896年發表了《唯物史觀文集》，不認為馬克思主義是一種決定論，是故否認了馬薩利克有關馬克思主義陷於危機之說法。在1898年的《社會主義與哲學》一書中，拉氏堅持歷史唯物主義是「實踐的哲學」，用以反對唯心主義（由思想而及於生活，而非從生活而抵達思想的想法）和自然科學式的物質主義。其學生克羅齊把拉氏反實證主義的精神矯枉過正，而扭曲為「絕對性的歷史主義」、把歷史唯物論化約為「歷史解釋的簡單條規、經典」。伯恩斯坦在深受到克羅齊對歷史命定論的批判之後，對馬克思預言群眾的貧窮化大力抨擊，也拒絕接受馬克思有關階級兩極化和資本主義的自動崩潰說。最後索列爾從馬克思主義的危機引申出馬克思的歷史主義。當作經濟歷史的發展律則之理論，歷史主義並不是實在（實相）的精神描述，而是一種有用的社會秘思（社會神話）──是勞動群眾積極奮鬥的信條，也就是贊成革命行動的正當化理由。

　　上述這些所謂思想家、或稱西馬的大師，彼此最大的不同，並不

是由於拒斥自然科學的理念、或是擯棄自然科學的原則,才變成了「人本主義者」、「人道主義者」(洪鎌德 2007a:58-67)。馬薩利克就擁有深刻的宗教情懷,以致視基督教的沒落是造成西方文明危機的主因。但他讚美科學,而與孔德同樣,主張在科學的發現基礎上建立新的世界觀,做為哲學之職責。一位揚棄黑格爾的學說的拉卜里歐拉認為馬克思代表與黑格爾主義告別的健全發展。因之,他並不挑戰、或質疑唯物主義的本身,只是反對其機械性的變種而已。

身為工程師的索列爾並不排斥馬克思的歷史決定論,假使它是科學的話。他所以對歷史唯物論有所批評,就是認為後者不夠科學,無法對其假設與預言作出更為明確的因果敘述。克羅齊把歷史唯物論變成歷史決定論來加以批評,也是採取同樣認為馬氏這一學說不夠科學的看法。對索列爾而言,上述兩人的批評完全扣緊問題的核心,因為前面兩位對馬氏決定論的批評,與古諾(Antoine-Augustin Cournot 1801-1877)❶所言反對普遍性的決定論之種種束縛完全符合。古諾的反對僵化的決定論既是完全符合邏輯的推演,也是表現了科學性格,這種科學方法的認識論正是索列爾科學觀的理想化(Merquior 1986: 8-9)。

除了這些西馬先行者對科學的態度還算相當堅持之外,另一個被視為異端歧見的是奧地利馬克思主義,簡稱奧馬。在奧馬最早醞釀時期(1904-1910),這派的馬克思主義者嘗試重新界定經典的馬克思主義,或是躲閃過「世俗化馬克思主義」(Vulgar Marxism)粗糙的信條。是故阿德勒(Max Adler 1873-1937)依靠馬赫(Ernst Mach 1838-1916)的實證主義,強調社會的因果關係之運作要藉人群的意識來加以中介。雷涅(Karl Renner 1870-1950)指出布爾喬亞的法律並不是正統馬克思主義者

---

❶ 古諾為法國經濟學家與數學家,是數理經濟學的開路先鋒。在排除效用的觀念下,他主張了市場供需的部分平衡。蓋參與商品交換者為生產者或商人,都在致力獲取最大的金錢利潤。

所稱的經濟基礎之反射，而是中立的不帶意識形態，本身有其歷史、有其邏輯、有其生命之體系（洪鎌德 2001：131-139；2004：130-139）。

　　其後在兩次世界大戰之間，奧馬發展得更為堅實、更為醒目。希爾弗定（Rudolf Hilferding 1877-1941）在「有組織的資本主義」上大做文章，認為它是社會經濟史的新階段，阿德勒研究勞動階級的變化，雷涅指出服務業成為新的社會階層，脫離完全出賣勞力的無產階級。包爾認為蘇維埃的社會主義社會中居然出現新的統治階級，那就是布爾什維克有其垂直面上下統屬的不平等之結構。這類的分析之脫離教條式的馬列主義之嚴重情況，不亞於西馬的社會學之「離經叛道」。不過奧馬的意識形態之架構比起遭受抨擊的西馬人本主義來，可謂是世紀末危機理論的一環，只是比起西馬的危機論來，屬於邊緣性質，而非危機論的核心。阿德勒甚至企圖把馬克思的社會科學奠基在康德的認識論之上。就像西馬的理論家，奧馬主張者視其本國（奧地利）的政治比布爾什維克統治下的俄國更接近民主的理想。但兩者（奧馬與西馬）完全耽溺在拒斥科學、擯棄布爾喬亞的文化與譴責工業社會的心態中（Bottomore and Goode 1978）。

　　因之，不論奧馬也好、西馬也好，都在致力「文化批判」（*Kulturkritik*）。因之，西馬並不是只注意到上層建築，稱呼它為上層建築之馬克思主義也就不夠完整。因為一開始它就是西方文化危機的理論，是對布爾喬亞的文明大力抨擊的學說。馬恩兩人自從發布《共產黨宣言》以來，對資本主義提升生產力的溢美之詞，在西馬的哲學裡頭完全消失。西馬是效法1917年10月革命，在對革命主義狂熱之餘的產品，也是人本主義的知識分子思想觀念的發揚。西馬不但從堅決反對工業化的精神面貌中成長出來，也以批判工業文明而茁壯。一言以蔽之，就是拒絕現代的社會價值。這種拒斥可以說是一個多世紀以來現代主義藝術興起，與「衰敗」（decadent）運氣與趨勢出現之後，西方人文主義的知

識分子從不間斷、從不退潮的抨擊主題。

　　西馬的理論家的言論中當然不會直接譴責一般的現代性，而是抨擊資本主義的現代性。不過他們抨擊的對象，以及界定的資本主義常擴大至工業主義社會中現代人的社會處境。在很大程度上，西馬無異重視保守分子對工業社會的批判，只是其批判如今並非來自右派，而是左翼人士。盧卡奇在《歷史和階級意識》一書遭受官方共產黨批判之後，公開承認他犯了嚴重的錯誤，這種錯誤便是「浪漫主義式的反資本主義」。之所以沾染浪漫主義的幻想，在於他結合了布爾喬亞社會浪漫派份子之嚴肅反對科技和對工業文明的拒斥，後者立基於現代科技與進一步的分工之上。如果說盧氏真正「犯錯」，那麼幾乎所有西馬理論家都要遭受正統與官方的共黨之責罵、他們真的都要受到了指摘了（Mequior 1986：10-11）。

第二節　西方馬克思主義的興起：由哲學邁向政治與由政治邁向哲學

一、從哲學反省引向政治爭議

(一)概述

　　當盧卡奇與寇士不約而同的在1923年出版他們著作時，西歐革命的熱潮不僅減退，且已趨向低潮。政治已失掉它活躍與緊迫的特性。在共產黨統治的陣營中，政治上與策略上的衝突逐漸化解，可是做為政治衝突與策略爭執的哲學反思，反而轉趨激烈，這就是造成西方馬克思主義思潮湧現的因由之一。

　　1923年德國的10月革命失敗，為西歐進行無產階級革命敲下喪鐘。

事實上西歐革命的功敗垂成早在1921年便可見端倪。在此短暫二、三年間，西方馬克思主義的政治輪廓便逐漸浮現。

在1920年代中期至1950年代三十幾年當中，俄國的革命與法西斯的興亡，固然造成非正統馬克思主義的省思，也迫使他們在閉門、囚禁、流亡當中，或是偷偷地提出異端的看法，或是被迫認同政治的壁壘。

在第一次世界大戰前後，盧森堡、列維（Paul Levi 1883-1930）與荷蘭的左翼共黨分子，曾懷疑把俄國的革命與列寧的模式應用到西歐的可能性。問題的關鍵為革命組織。誠如盧卡奇說：「組織是理論與實踐中介的方式」。但西方馬克思主義者認為造成俄國與西歐最大的不同之處，在於文化，特別是資產階級的文化。單求組織問題的解決，而不設法改變資產階級的文化，是無濟於事。

正因為講究文化之重要性，西方馬克思主義者，企圖為馬克思主義恢復階級意識與無產階級的主體性。他們感認階級意識並非是可任人指揮、擺佈、變成熟知之物，而是靠階級來鑽營、爭取的東西。資產階級文化上的優勢，只有靠工人階級心智的發揮來加以對抗。一旦無產階級的主體性與階級意識合流，那麼資本主義及其同路人的崩潰便指日可待。

(二)列維與盧森堡反對蘇聯的布爾什維克革命

盧森堡對俄國革命的批評，由其繼承人德共首領列維（1921年被開除黨籍）加以發揮，其影響及於歐洲馬克思主義。蘇共在1921年的「三月行動」中，指示德共起義，由於時機未成熟結果失敗。德共黨黨員由原來的45萬急降到18萬名。列維在致列寧的信上指出這一錯誤的指令，使德共過去兩年的辛苦工作毀於一旦。

列維曾出席1921年位於義大利的李窩諾（Livorno）社會黨會議，該會議中義大利社會黨在第三國際操縱下宣告分裂，而產生義共。但義大利左派的分裂只便宜了剛崛起的義大利法西斯，是造成其後二十多年

義大利左派勢力之一蹶不振的致命傷。列維自是對蘇共與第三國際極表不滿，他極力反對「機械性的分裂」，而主張「有機性地扶持與教育群眾」。在他眼中蘇聯的共黨由於是農業國家中非法的革命組織茁壯而成，因此無法理解西歐工人階級的革命傳統。

盧森堡不僅批評俄國革命與列寧的策略，也指責伯恩斯坦修正主義對「社會主義轉變的主觀因素之壓制」。伯氏及其跟從者混淆目的與手段，誤解工會為目的，而不曾視工會的意識為搞革命之手段。依她看來，無產階級獲致階級意識才會造成革命之心與靈。她也談及主體性的心理層面，構成其後西方馬克思主義者重視歷史的主體——普勞❷（無產）階級，及其階級意識。

(三)荷共極左派對蘇共之批評

依據寇士所述1920年至21年之間在潘尼柯克（Antonie Pannekoek 1873-1960）與郭爾特（Hermann Gorter 1864-1927）領導下的荷共與俄國的布爾什維克派領導列寧意見不合。荷共亦即「左派」共產主義（或稱「荷蘭宗派」），強調荷蘭是全部歐洲乃至全球資產階級化最徹底，最嚴重的國家，也尊奉歷史唯物論為圭臬。荷蘭人所受資產階級文化的影響是其他西歐國家不可以同日而語的。因之，它把精神、心智、文化、意識等全部熔冶於馬克思主義中，認為這類範疇早已灌輸到社會關係裡頭。欲求社會革命成功，不容輕視這些範疇。郭爾特在《歷史唯物論》一書中主張「精神」（*Geist*）已擴散至商品社會中，資產階級的權力不僅建立在軍事、政治武力之上，也深藏於精神層面。對於社會主義者而言，精神的宣傳是不可或缺的。他說「精神必須先革命」——革命首重革心。

---

❷*Das Proletariat* 過去譯為普羅階級應改譯為普勞（勞心與勞力的普遍勞動，儘管勞力者居多勞心者居少），即無產、工人、勞動階級。參考洪鎌德2010a：45頁註。

在第一次世界大戰之前，荷蘭宗派不僅以激烈批評修正主義出名，也以攻擊蘇聯的馬克思主義而別樹一幟。潘尼柯克在與荷蘭社會黨失和之後，一度在德國社民黨學校教授「歷史唯物論與社會理論」，其中一章專門討論「精神科學」（*Geisteswissenschaft*）。他解釋「清楚理解精神與精神性事物的角色與本質，是絕對必要的」。

潘氏曾提出一個問題：以工人數目之眾多，聚合的經濟力量之雄厚，何以仍受少數資產階級分子所控制，而無法奪權？用傳統的說法指出資產階級擁有政治與軍事力量是不足以解答上述的疑問。潘氏說在粗陋的經驗階層上，工人階級擁有較大的力量，但在文化優勢方面，資產階級足以補償其人數上的差額而有餘。換言之，居於少數派的資產階級分子控制文化與教育，把其階級的價值觀、人生觀大力傾銷和灌注給群眾。「對資產階級知識上的依賴關係，造成無產階級積弱之因由」。由是承認「精神力量是人文界最大的力量」。

(四)「左翼」共產主義

列寧在〈左翼共產主義，一個幼稚病〉一文中指出所謂的左翼共產主義只是名稱上屬於左派，而行動上並非站在官方共產黨之左邊。「左翼」共產主義只是一個理論上離經叛道而已，不過它卻在1919年至1920年之間，威脅到第三國際。原來第三國際在歐洲分設三個支部，計為阿姆斯特丹、柏林、與維也納三個秘書處。由於阿姆斯特丹支部受郭爾特、潘尼柯克之影響，批評第三國際愈趨激烈，遂為第三國際所關閉。維也納支部則深受匈共流亡分子（包括盧卡奇）的影響，因此也難逃關門的厄運。

維也納支部的機關誌為《共產主義》（*Der Kommunismus*），在該刊上載有盧氏不少文章（後來集結出版為《歷史與階級意識》一書），也發表潘氏的作品。同樣的義大利的薄第嘉（Amadeo Bordiga）

主編《蘇維埃》（*Il Soviet*），刊載盧卡奇與潘尼柯克的文章。英國潘
克赫絲特（Sylvia Pankhurst 1882-1960）所編《工人戰艦》（*Workers's
Dreadnought*），發表盧卡奇、郭爾特、盧森堡等的文章，還包括後者對
俄國革命之批評。

　　因之，「左翼」共產主義是西方馬克思主義的政治表示。他們分
屬德、義、荷三國，並沒有組織上的聯繫，或使用同一哲學用語。但他
們對議會與工會一向不信任，不認為議會與工會是革命的工具。列寧指
定要利用議會與工會，他們卻認為這些是過氣的社會主義改良主義之制
度，不值得加以利用。

　　除此之外，「左翼」共產主義者痛恨權威主義與官僚化，他們讚美
無產階級的自主與自治。由此種觀點出發，他們不僅批評資產階級議會
制度，也反對列寧先鋒式的黨。結果他們贊成工人議會、工廠議會與蘇
維埃，蓋這些制度矗立於工人自主自決的基礎之上。

二、從政治爭議返回哲學反省

(一)概述

　　1924年6月在第三國際第五屆大會上，盧卡奇與寇士因為他們走「左
翼」共產黨路線，而受到公開譴責，此種公開斥責顯示他們的哲學作品
具有重大的政治意涵。他們兩人的著作《歷史與階級意識》與《馬克思
主義與哲學》都不約而同地在1923年出版。這兩書招來敵意的批評。每
本書都是作者以往政治經驗的親自體會與深思熟慮的結晶。

　　蘇共哲學家德波林（Abram Deborin 1881-1963）對這本書的析評，
顯示蘇共與歐共（西方馬克思主義）各崇奉一個特殊的黑格爾傳統。蘇
共所崇奉的是「科學的」黑格爾；盧卡奇則傾向「歷史的」或「批判
的」黑格爾。

寇士在其著作第一版後言中，申明對盧卡奇理論上的支持，但他們兩人理論上的相似只是虛幻不實的。他們兩人的觀點有交叉之處，但也有分歧之處，也就是各往不同的方向求取發展。盧卡奇由黑格爾化的馬克思主義與「左派」共產主義轉向哲學的正統思想與政治妥協。寇士則由傳統的哲學與馬克思主義轉向哲學與政治的異端。

(二)盧卡奇

　　盧卡奇思想的根源為哲學的唯心（觀念）論與文學的批評。在1918年加入匈共之前，他在一篇文章中指出政治的改變與人類的解放之關聯。他認為「客觀的關聯」並無法保證人的自由。特別是階級關係的改變或取消，並不意味自由的獲致。為了要保證自由一定能夠實現，則有必要以主觀因素取代客觀關聯，亦即實現自由之前，「意志」必須首先掌握。

　　其後盧氏把這種倫理的要求改變為組織的要求：將解放注入客觀改變的結構裡頭。在他擔任匈牙利的蘇維埃共和國短期教育委員會委員期間，他宣稱：「政治是手段、文化才是目的」。依他的看法政治鬥爭與經濟重組並非人類生存之目的，而是提高文化、實現人的自由才是最終奮鬥的目標。馬克思主義者參與鬥爭並非為鬥爭之目的，而是為重組社會，使未來社會中，政治因人之解放而不再發生作用，亦即政治之消亡。從政治消亡，走向文化提升。

　　盧氏認為當人的意識不再受制於社會存在時，才是人解除物化之時，也是革命大躍進之時，黑格爾與馬克思交叉處就是肯定意識之優越角色。科學與實證的馬克思主義忘記了意識的重要，故遭盧氏指摘。黑格爾哲學遺產最可貴者為人的心靈由「完全欠缺意識發展為清晰的，不斷增長的自我意識」。至於馬克思，不但沒有以唯物論取代黑格爾的唯心論，反而藉在社會活生生的過程中促成意識的發展，來加深與豐富黑

格爾學說的內容。

(三)寇士

　　與盧卡奇雖同遭第三國際譴責，寇士的命運則大為不同。1926年他被德共開除黨籍，其後流亡美國。在美國流放期間，只是邊緣地、而非核心地與法蘭克福社會研究所幾位理論家合作過。他1938年所撰《卡爾‧馬克思》雖然精彩，但乏人問津。在他1961年逝世時，幾乎沒有多少人知道他擁有輝煌的政治經歷與深邃的理論著作。

　　寇士的作品《馬克思主義與哲學》，在份量上雖無法與盧卡奇《歷史與階級意識》相比，卻是西方馬克思主義重要的文獻，因為它表達了普通的哲學論題之緣故。對於寇士而言，馬克思主義並不單單是政治經濟學，而是批判，而批判包括對「社會的知識（意識形態）結構」之哲學上的抗衡。庸俗的馬克思主義者輕視哲學，以為政治經濟學已超越哲學，可以把哲學廢除，寇士認為這是錯誤的解釋。馬克思主義必須是多角度、多向度的，如同社會實在一般。

　　寇士在留英期間（1912-14），曾參與費邊社的活動，這些寶貴的經驗提供他批評德國馬克思主義客觀的著力點。費邊社強調只有實踐的活動與倫理的理想主義才會達致社會主義的境界。這就是寇士所讚賞的「行動精神」（*Geist der Tat*）。此外，費邊社並沒有建黨，只有一個「精神中心」（*geistiges Zentrum*）。這就是他後來倡說「實踐的社會主義」之原因。

　　藉著「實踐的社會主義」寇士對抗正統的馬克思主義與科學的馬克思主義。後者預言社會主義的社會將成長在成熟的「資本主義樹上」，屆時必然瓜熟蒂落。實踐的社會主義認為只有人創造的意志與行動的準備，才會實現此一理想。

　　在1923年與1924年之間，寇士捲入德共本身派系鬥爭，以及德共與

第三國際之間的爭執漩渦中。寇士被視為極左派，也被視為知識分子、或學究，認為只能空談名詞，無補實際。1925年寇士不客氣地反擊第三國際對德共的內部干預，他直斥這是「紅色帝國主義」。

德共中的史達林分子諾以曼（Heinz Neumann 1902-1937）乘機打擊寇士，認為後者、以及德共極左派領導人對列寧主義的挑戰是「西歐離經叛道的一群」。「他們遠離革命的馬克思主義，遠離列寧主義」。寇士其後的行徑，簡單地說是與共黨中的左翼結合成左派反對集團，指稱為「堅決的左派」。他分析，蘇聯與第三國際犯了許多錯誤，蘇聯已不再是革命的，它是在國家

史達林

利益與國際革命運動之間騎牆搖擺。他在一篇文章中要求「發出諾言已久的黨內民主應該實現」。就在這篇文章發表不久，終遭開除黨籍的處分。在政治上，他先是在德國，後來改在美國保持與一系列的工人議會組織維持合作關係。他在1956年的一封信上表示對「另外一個夢想的忠誠，也就是理論上恢復『馬克思的理念』，這一理念不幸在今日似乎已被摧毀」。

(四)蘇共的反駁

蘇共頭號哲學家德波林認為盧卡奇有其「黨徒」，因此領導「整個趨勢」反對第三國際。所謂的「整個趨勢」還包括寇士在內。德氏的跟從者史定（Jan Sten）則指摘盧氏哲學上代表「唯心論的歪曲」，是重新投入「古老黑格爾唯心論」的懷抱。他說：「這個哲學……在其某些論題中透露對左翼幼稚病的關係，帶著這種毛病去進行政治性的實踐」。

德波林派在秉持科學的黑格爾主義時，大談辯證法之普遍性、寰宇性，這是引起盧氏不滿之處，遂加以反駁。對盧卡奇及其他歷史派黑格爾信徒而言，社會與歷史乃為辯證法應用的極限。在這些疆界之內，意

識與主體性是屬於辯證法內生的、固有的事物，這點是有異於純粹的自然與物質。可是對德波林及其黨羽而言，主體性與意識將在普遍與客觀的發展律之前消失。辯證法不僅包含歷史、也包含自然。這點正是盧卡奇對恩格斯的批評。「追隨黑格爾錯誤的引導」，恩格斯把辯證法延伸到自然之上，因而失去了主體與客體之間批評的關係。

在批評盧卡奇時，德波林再度申言正統馬克思主義的主要原則。他把馬克思主義解說為一個整體的系統，一個「統一的、封閉的世界觀」用以規範實在的整體。「辯證法的形式包含實在的整體，由於辯證法指明運動律與所有事物運動形成的普遍性教示，自然科學必須也被它（辯證法）所侵入滲透」。純粹的自然並不是立於辯證法之外，相反地它本身是辯證的。辯證法合併成為法則客觀的發展之理論。他認為馬克思與恩格斯對辯證法的見解一致，因此不是恩格斯，而是盧卡奇，歪曲馬克思的訓示。

德波林派只風光一時（1928-1931），不久失歡於史達林，因此也被蘇共斥責為黑格爾化的馬克思主義者，同遭整肅。正因為此派對黑格爾評價很高，甚至把哲學高估，置於黨的命令之上，被史達林指責為「孟什維克化的唯心論的餘孽」。

在蘇聯馬克思主義已演變為一連串大膽的宣言與原則，在歐洲革命的屢遭失敗加強了正統教條的權威。西方馬克思主義對政治經濟與革命策略已少有置喙餘地。因之退屈轉向於美學、哲學、精神分析的領域作另一番的探索。

第三節　西方馬克思主義的散布與分歧

一、奧地利馬克思主義

(一)概說

　　奧地利馬克思主義雖然可以說是西方馬克思主義的一個分支，但在時間上卻異於盧卡奇的理論活動，故可視為西方馬克思主義的前驅。它是指以維也納為中心，在19世紀末至1934年之間（特別是在第一次世界大戰結束前）奧地利學者對馬克思主義的詮釋而言。這些人包括阿德勒（Max Adler 1873-1937）、包爾（Otto Bauer 1881-1938）、希爾弗定（Rudolf Hilferding 1877-1941）與雷涅（Karl Ranner 1870-1950）在內。由於維也納一度為奧匈帝國首都，也為中歐與南歐諸種族文化交薈之處，故其知性與文化之多姿多彩曾稱譽一時。此外，新康德學派、哲學實證主義（「維也納學派」）、經濟學邊際效用學派、精神分析也逐一出現在維也納，形成百花齊放的局面。

　　奧地利馬克思主義是藉著阿德勒與希爾弗定兩氏所主編的《馬克思研究》（*Marx-Studien*, 1904-1923）而蔚成學風、形成學派。1907年創刊的《戰鬥》（*Der Kampf*）一期刊幾乎與考茨基主編的《新時代》（*Neue Zeit*）分庭抗禮，成為當時馬克思主義最具權威性的兩種理論性刊物。

(二)理論基礎

　　奧地利馬克思主義的概念與理論之基礎主要的為阿德勒所提供。他視馬克思主義為「社會學知識之體系……社會生活及其因果性發展的法則之科學」。阿氏在其最早期的著作中，詳細分析因果關係與最終目的說之關聯，因而指出社會生活中的因果關係不是「機械性的」，而是經

由人的意識加以仲介的。當他在討論意識形態時，他把這種看法強烈地
表示出來。他說：「就是經濟現象本身並非唯物論者所稱『物質的』意
思，而含有『心靈的』性質在內」。馬克思有關社會之理論視未來的社
會為「社會化的人類」或「直接生產者的組合〔協會〕」。社會為「知
識範疇在先驗上業已存在」，這是靠人的理性，而非靠經驗而形成的概
念。阿氏稱：馬克思把此一概念加以塑造，使他成為社會真正社會科學
的奠立者。

(三)應用

　　阿氏把馬克思主義視為社會學的一個體系，成為奧地利馬克思主義
學派的理論架構，這就影響了希爾弗定的經濟分析。希氏在批評邊際效
用學派時指出，他反對「政治經濟學中個人主義的心理學派」。他說：
馬克思價值觀是建立在「社會」與「社會關係」之上，而非個人之上。
希氏也在其《金融資本》一書中指稱：馬克思研究之目的，在發現因果
關係。

　　包爾和雷涅應用阿氏之觀點去研究種族問題，其結論為：「歷史
不再反映諸民族間的鬥爭。反之，民族反映了歷史上的鬥爭，民族只顯
示了民族性，個人的種族性。個人的種族性是由其社會決定的，由其勞
動的條件與技術之發展所決定的」。雷涅更注意奧匈帝國不同種族在法
律與憲法之上所滋生的各種問題。他主張把帝國改變為社會主義統治的
「諸民族國家」，作為將來世界大同社會的藍本。

　　雷涅最重要的貢獻卻是馬克思主義的法律社會學之申論，他考察不
同的法律體系，研究規範功能之改變是相對於社會改變而發的，特別是
相對於經濟結構之改變而發的。此處雷氏認為法律不只是經濟關係之反
映，也具有維持、或修改社會關係的積極作用（洪鎌德 2001：129-139；
2004c：129-138）。

此外，奧地利馬克思主義者還嘗試分析國家對經濟干預的程度，包括所謂的組織化的資本主義裡頭國家有意識、有計畫對社會大眾利益之重新分配與照顧。希氏在其未完成的著作《歷史問題》（*Das historische Problem, 1941*）中，勾勒出一個徹底修改過的歷史唯物論之大綱，其中現代民族國家被賦予塑造社會獨立自主的角色。他說：「20世紀顯示在國家對待社會的關係上有一個劇烈的改變，這是由於經濟改為隸屬於國家鎮壓權力之下的緣故。國家變成無所不包、無所不管的全體性極權性國家」。

奧地利馬克思主義者也留意資本主義社會階級結構的改變，以及此種改變所帶來的政治影響。阿德勒認為馬克思本人就曾經把無產階級分為生產過程上的勞工、失業的勞工以及襤褸窮苦無告的勞工等三級。阿氏稱資本主義所發展導致階級的變化。無產階級本身就可分為工人貴族、組織化的工人與長期失業工人三種。

雷涅在《現代社會的變遷》（1953）一書中，對社會新興階層有所分析。新興階層包括新的「服務階級」之出現。這是指官員與私人雇員而言。他們的雇傭不是藉工資勞動的關係而來的。

(四)式微

在第一次世界大戰之後，由於馬列正統思想，在國際上擁有的優勢，使奧地利馬克思主義學派的光采漸失。其後隨著奧地利法西斯勢力的囂張，在1934年左右此一學派幾乎被摧殘殆盡。但過去幾十年之間，西方學界對奧地利馬克思主義學派的興趣漸告恢復。其原因除了基於馬克思社會學的探討之外，也是由於它對先進資本主義社會結構與改變的重大問題有所論述。更重要的是由於它做為西方馬克思主義的先驅，對盧卡奇、寇士、葛蘭西、法蘭克福學派等有相當大的影響之緣故（Bottomore and Goode 1978; Jacoby 1991: 581-584）。

二、西方馬克思主義的發展

　　概觀：在1920年代中期，以盧卡奇、寇士、葛蘭西為主的西方馬克思主義者，曾在政治上與理論上有引人矚目的表現。可是其後隨著史達林主義對整個世界共產主義運動的控制；隨著法西斯、納粹等暴政的興起；隨著第二次世界大戰之爆發；隨著戰後新冷戰局面的出現，在在使非正統的馬克思主義陷於孤立無援、支離破碎當中。西方馬克思主義在經歷連串打擊之後，雖然未銷聲匿跡，但已成強弩之末、欲振乏力。直到1950年後期似乎有曇花再現的跡象，不過其散布與分化於歐洲各國乃至北美，乃為時勢所趨，也是由西馬轉變為新馬之始（洪鎌德 1995）。

(一)義大利的馬克思主義

　　在西方馬克思主義各種思潮與學派當中，以義大利的葛蘭西的思想較為特殊。其原因為他的學說是唯一能夠列入當代馬克思主義主流派，而未受教條的馬克思－列寧主義所打壓。這固然與他個人的長期囚禁有關，也與義共的左右逢源避免觸怒蘇共，而對葛氏學說做最有利、最富彈性的解釋有關。

　　葛蘭西思想的根源為義大利的黑格爾主義，他主張工廠議會，他分析知識分子與文化，他批評了機械化的馬克思主義。這一切說明他是道地的西方馬克思主義者。他與盧卡奇都曾剖析與批評過當做蘇聯馬克思主義教科書之《歷史唯物論》（布哈林所著）。但葛氏未被開除黨籍，未被責備為異端。反之，他卻成為義共實質而有效的領導人，也是共產國際的反對者，儘管列寧一度還指名斥責他為「左翼」共產黨人。

　　葛氏認為議會政治帶有改良主義與機會主義的意味，故予以激烈反對。為此他在其主編的《蘇維埃》雜誌上刊載了盧卡奇〈議會主義的疑問〉一文的翻譯，而引起列寧的不快。但他卻擁護強而有力黨中央的領

導，亦即列寧菁英式的革命黨。他後來居然反對工廠議會制，認為這是把政治鬥爭轉移到經濟利益之爭，這點便與他早期的主張直接衝突，產生前後的矛盾。

不過，葛氏曾公開向蘇聯的馬克思主義挑戰。在1926年共產國際擴大執委會上，葛氏宣稱俄國革命裡頭存有「危機」，以及「內部工作方式的基本缺欠」。不過葛氏拒絕布爾什維克化，這「代表俄羅斯黨之特殊的方式，人工化與機械化移植到西歐各政黨之上。藉布爾什維克化（人們）企圖把組織性格的公式硬套在政治問題之上，冀求解決」。他在擴大會議上，要求共產國際停止使用恐怖的手段來對付異己。他說：「自我毀滅的瘋狂應該終止吧！」

(二)法國的馬克思主義

法國的西方馬克思主義起步較晚，因此遲到第二次世界大戰結束之後才發展起來。這與法國本土的黑格爾學說之倡導與落實較遲有關。梅樓・篷第的《感覺與非感覺》（1948）、《辯證法的探索》（1955）、沙特的〈唯物論與革命〉（1946）、《實在與虛無》（1943），以及《當代》（*Les Temp modernes*）刊物等標誌著法國西方馬克思主義的蓬勃發展。

沙特

上面是法國西方馬克思主義的主流，其支流則為《社會主義或野蠻》（*Socialisme o barbarie*, 1949-65）及《論證》（*Arguments*, 1956-62）等期刊。前者為列福（Claude Lefort 1924-）以及卡士托里狄（Cornelius Castoriadis 1922-1997）主要作品發表場地；後者則為列費布勒的意見發表處。《論證》還譯介盧卡奇與寇士的作品。列福的生涯可以縱覽西方馬克思主義在法國之發展。

列費布勒是1956年脫離法共的，在此之前其活動與作品完全屬於

非正統、非教條式的馬克思主義。他也屬於「哲學派」之一員。該派
（1925-26）與超現實主義形成聯盟。他與居德曼（Norbert Guterman
1900-1984）合譯黑格爾的作品，也譯過列寧有關黑格爾的筆記，以
及馬克思早期的著作。他也與居氏合撰《神秘意識》（*La Conscience
mystifiée*），成為法國西方馬克思主要作品之一。

該書發表於1936年，其書目與盧氏的《歷史與階級意識》有關。其
內容也無異為盧氏書的法國版，只是反映了法國人在對抗法西斯情境下
奮鬥的情形。書中隻字不提盧卡奇，據列氏後來的解說是怕牽涉到盧氏
被指斥為異端的爭論之緣故。

至於居特曼不欲揚名顯世，卻是西方馬克思主義者當中具有國際性
的代表人物。他在法國與列氏合作寫書、翻譯，其後在美國與法蘭克福
學派合作，他與羅文塔（Leo Lowenthal 1900-1993）合撰《欺騙與先知》
（1949）一書，當成霍克海默主編的系列著作之一。

(三)法蘭克福學派

如言其影響、著作豐富與創意，則法蘭克福學派的霍克海默、阿朵
諾、馬孤哲屬於西方馬克思主義的佼佼者。

法蘭克福學派主要發源於社會研究所，該所名義上隸屬於法蘭克福
大學，實為一獨立的研究機構。後受納粹的逼迫，一再西遷。在流亡與
播遷過程中，自無法多談政治。一直遲到1960年代馬孤哲才以政治思想
家的面目出現。霍克海默的政治觀點散見於用佚名或筆名發表的殘簡短
篇。像1934年的《黎明》（*Dämmerrung*）便是一例。他說：「像社民黨
文化政策，同情革命的資產階級文學，馬克思主義當成學府的題材等等
問題，隨著談這些問題的知識界之消失，而無人再提出同類的問題」。

在此書中，霍氏嚴厲地攻擊資產階級的知識分子與社會主義的同情
者。他們雖贊成革命，但不知革命的時機。須知革命的時機依賴人的意

志。他書中有許多處替共黨辯護：革命領導即便是有缺失，但它「仍舊是鬥爭的頭」。「資產階級對無產階級鬥爭的批評是邏輯上不可能、不被允許的」。他又指出對唯物論忠心耿耿使人變得毫無思想、只會從事文字與人物的崇拜。但另一方面唯物論的內容，是對真正世界的知識而言，可是擁有這種知識的人，對馬克思主義未必懷忠，其結果連帶把這些知識也喪失了。

霍氏此書等於為法蘭克福學派其後數十年的發展拍板定調：他們成為沒有政黨的馬克思主義者，或是面對黨但卻沒有馬克思主義的無產階級。顯然要擁有馬克思主義的真知灼見，同時又擁有黨的權威畢竟是一種兩難之事。要打破這種兩難之局，既不能訴諸意志的堅決，也不能期待理論的精當。

在《威權國家》一書中，霍克海默表示他對工人議會傳統的信服。他認為工人議會是由實踐產生的，其根源可回溯到1871年的巴黎公社。此書雖是為普勞（無產）階級而寫，但缺乏西方馬克思主義與「左派」共產主義的精神。霍氏把黨當作僵化的官僚組織，黨完全模仿國家，使用威逼利誘的手段來消滅內部的反對。黨猶如國家強加嚴格的紀律於群眾身上，它不求「工人議會的民主」，而要求「工作、紀律與秩序」。

就像盧卡奇一樣，霍氏批評社會主義進化的解釋。資本主義的法則並不保證社會主義與自由的獲致。馬克思主義者所稱：革命在於扮演助產婦幫助歷史提早演進，這種說法是貶損革命，把革命當成現存社會的「進步」看待。歷史的突破須借助於主體的行動。霍氏相當悲觀，認為未來不僅可能是自由的出現，也可能是新的壓榨形式之出現。「威權國家的永久體系，儘管充滿威脅性，不會比市場經濟的永久和諧較少真實」。

馬孤哲企圖在其著作中證明黑格爾的理念是與法西斯主義敵對的。在1950年代，他的看法已有所修改。他說：「法西斯主義與納粹主義的敗滅並沒有阻斷邁向極權主義的趨勢，自由正在倒退中」。隨著原子

彈毀滅的威脅、資源浪費的浩劫、人類心智的貧窮、暴力出現於言行之間，種種令人驚心動魄的禍害竟然排山倒海而來，為對抗此一惡劣的潮流，辯證思想顯得益迫切重要。

對正統馬克思主義者而言，法蘭克福學派的言行無異是一椿不名譽之醜聞。它從來不與德國唯心論或歷史主義絕裂，它只批評對科學的崇拜；它與無產階級組織不發生關聯；它只沈醉於文化、精神分析、主體等題目之上；它欠缺革命實踐成功的記錄，卻充滿對前途的悲觀與絕望。

盧卡奇在其晚年，也攻擊阿朵諾及其他法蘭克福學派人士，不滿意他們的悲觀，以及置身於革命的組織之外。他指控他們置身於一懸崖的豪華旅館，雖然住客享盡食宿的奢侈，卻擔心臨深履薄，旅社將有傾覆的危機。

三、西方馬克思主義的分歧

當代西方世界馬克思主義者，曾以馬克思的原著為基礎加以析述，而提出「批判性的馬克思」來對照「實證的馬克思」這兩個傳統，並以「青年馬克思」與「成年馬克思」作為這兩個傳統的象徵。

美國社會學家古德涅（Alvin W. Gouldner 1921-1980）則區分「科學的馬克思主義」與「批判的馬克思主義」。前者為結構主義的，視人為「立基於他物」（other-grounded）之上，為社會的產品，為社會的結構的矛盾之產品，為有目的法則之產品。科學馬克思主義與現代人對科技之崇拜有密切的關聯；後者——批判的馬克思主義——則強調人不但是能做能為的動物，還是生產者。其重點為人的「立基於自我」（the self-groundedness）。它與文化的再生運動有關，是「浪漫化」的反對運動，反對現代世界的「機械化」（mechannization），俾提昇精神的因素（Gouldner 1980: 158）。由是可知西方馬克思主義應是批判的馬克思主

義之化身。雖然實證的或科學的馬克思主義也出現在結構主義裡頭。事實上，我們也把結構主義當成西方馬克思主義思潮的一個分支或逆流來看待。

賈伊（Martin Jay 1944- ）則指出：由於盧卡奇、葛蘭西、卜洛赫等西方馬克思主義者一再堅持馬克思受黑格爾影響重大，因此有人把西方馬克思主義視同為黑格爾式的馬克思主義。這由早期馬克思遺稿之陸續發現、刊載，以及《政治經濟批判綱要》（*Grundrisse*簡稱《綱要》）之刊行獲得證實。由於馬氏一度為激烈的黑格爾門徒，因此異化、物化、仲介、客體化、對象化，也成了西方馬克思主義者的口頭禪。

在這一意義下，賈伊認為西方馬克思主義乃是一群組織鬆散的理論家所創造的。他們由盧卡奇、葛蘭西、寇士與卜洛赫等開創者那兒攫取一點示意，而大加發揮。這些人包括法蘭克福學派的霍克海默、阿朵諾、馬孤哲、羅文塔、卞雅敏（Walter Benjamin1892-1940）；法國黑格爾主義者列費布勒、郭德曼，存在主義者沙特、梅樓‧蓬第，其他可列入的有布列希特（Bertolt Brecht 1898-1956）、賴西（Wilhelm Reich 1897-1957）、佛洛姆（Erich Fromm 1900-1980），荷蘭的工人議會共產黨，法國《論證派》以及法蘭克福第二代的哈伯瑪斯與施密特（Alfred Schmidt 1931-）。其他尚有宋列特（Alfred Sohn-Rethel 1899-1990）、寇夫勒（Leo Kofler 1907-1995）、雅庫博夫斯基（Franz Jakubowsky）、列福與卡斯托里狄等人，勉強可列入候選人名單當中。

安德遜則把擁護與反對黑格爾哲學的思想家也列入西方馬克思主義陣營內。這包括阿圖舍與歐爾培（Galvano della Volpe 1895-1968）。他辯稱批判的與科學的馬克思主義者雖屬兩個陣營，但兩者仍有其共通之屬性。

對於何者應列入或不應列入西方馬克思主義的名單中，是見仁見智之事。吾人不妨採取維根斯坦（Ludwig Wittgenstein 1889-1951）「家族

同貌」（family resemblances）的說法，把親黑格爾派與反黑格爾派（兩派爭論馬克思是否受黑格爾之影響）通通列入，他們縱然不算是兄弟姊妹，但可列入堂親或表親之屬。

西方馬克思主義共通之處，為出生於歐洲西部／中部、或分享知識傳統的理論之士。這可以把他們從第一次世界大戰之前業已成熟或成名的馬克思主義者（像列寧、盧森堡、布哈林、托洛茨基等）分開來。其中有兩個例外，一為出生於匈牙利（東歐）的盧卡奇，一為出生於羅馬尼亞的（東歐）的郭德曼（Lucien Goldmann 1913-1970）。不過前者浸濡於德國文化中；後者則深受法國文化的薰陶，都不能視為東歐文化的產品。阿圖舍（Louis Althusser 1918-1990）出生於阿爾及利亞，本來也可視為一個例外，但他一直在馬賽與巴黎接受教育，因此其文化背景仍是西歐的。

總之，西馬是從俄、德、匈、義、荷等國革命成功與失敗的精神下誕生出來的。它是反對俄國革命成功後列寧、布哈林所倡導的辯證唯物主義。在擁抱黑格爾的哲學，強調黑格爾哲學對馬克思主義的型塑，鼓吹人的意識，特別是工人革命意識、批判資產階級文藝、藝術、學術、哲學、文化和盲目讚頌科技萬能，把人貶抑為商品（人的物化、異化、疏離）之後，這批只能言而不能行的思想家、文字工作者遂陷於悲觀、失志、甚至絕望中。他們不再積極參與普勞革命，而成為空泛的、朦朧的改良主義者。主張對資本主義社會採取「大否決」、「大拒絕」（Great Refusal）的馬孤哲可以說是西馬流派的異數、例外，因為這不再是社會革命，而是道義上、思想上、文化上的造反。同樣是西馬的異例則為沙特不成功的嘗試，他嘗試把存在主義馬克思化。西馬思想家普遍的特徵為政治行動的缺席，對歷史、社會、政治、經濟的流變與趨勢缺乏深入、新穎的分析，而一頭栽進文化批評、文藝批判、主體意識的思辨當中。可以說西馬退縮至理論的黑洞，缺少行動實踐，雖應用社

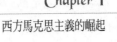

會科學的特質,但不如後來出現的新馬對社會科學的應用之靈活精緻（Merquior 1986: 186）。

西馬的哲學與理論之型構及論述最先是匯合對列寧主義的挑戰或批判。哲學概念中的主體性、階級意識、自我活動（能動、主動）可以轉化為政治組織（像工人議會、工廠議會），這些政治組織可以更為忠實地反映西馬學者的政治信念,因之他們排斥列寧的菁英政黨（先鋒式的蘇維埃共黨）。這些西馬的哲學性概念成為人群維持長久的旨趣（興趣與利益）與修改過、保留過的防衛之手段。就在這點之上,西馬的主張與後來南斯拉夫「實踐」（*Praxis*）派的哲學家和社會學者之想法和作法頗為接近。對於西馬被列寧、史達林與蘇共理論家斥為左翼共產主義、幼稚的共產主義,站在馬列教條主義者的立場是有其一定的道理,但缺乏哲學上的證實。因為西馬學者留意到布爾喬亞文化對一般民眾洗腦的厲害,而得出列寧主義在西歐無力抗拒資產階級的思想霸權之文化宰制之結論。在俄國布爾喬亞的文化勢力無從生根、無從掌握政治權力。在俄國這種情勢發展下,列寧主義儘管掌握政權,無需花費力氣對抗像西歐那樣普遍流行無孔不入的文化宰制。

為了啟發群眾、喚醒群眾、播放群眾革命意識,對西馬人士而言反而成為急迫的、可行的革命前之宣傳工作、教育工作。是故工廠議會、工人議會成為普勞革命的工具、手段。文化解放成為人解放的初階,而文化解放不能由上而下的垂直式灌輸,而是設法從民眾、勞工的基層主動地發起,而配合客觀的形式,導致主體與客體的合一,這也符合黑格爾從意識到主體互動的自我意識發展之說法。這種說法可以說是荷共、盧森堡的主張與盧卡奇、寇士、葛蘭西觀念匯合凝聚的原因。

批評者指摘西馬放棄經典馬克思主義的教示,因為忽視政經批判、和唯物主義,也批評他們過度耽溺於唯心主義（觀念論）,以致疏遠實際政治,離開共黨的活動。但不要忘記,馬克思本人並沒有終身沈浸於

政治活動中，他常對政治現實保持遠觀、疏離的態度。因之，沒有必要
抨擊西馬和馬克思之間有太多的差距。再說，史達林的暴政與法西斯的
猖狂導致非教條的西馬思想家遠離家園，無法參與本國政治活動，也是
歷史的宿命。要之，西馬產生大量的作品，大多被忽視的學問領域，這
是經典的馬克思主義傳統引發的，儘管他們放棄這一傳統，而受到正統
馬克思主義者的污衊、控訴（Jacoby 1991: 581-584 ）。

馬克思與黑格爾的思想是同根異株

資料來源：洪鎌德2010：II。

盧卡奇論階級意識

第一節　盧卡奇的生平、著作與早期的心路歷程

一、盧卡奇的出生與早期生涯

盧卡奇

　　盧氏出生於1885年4月13日匈京布達佩斯。其父為匈牙利最大信託銀行的總經理，係猶太人後裔。

　　1906年他開始投稿於《西方》（*Nyugat*）與《20世紀》（*Huszadik Század*）等雜誌之上。同年獲布達佩斯大學哲學博士學位，年僅二十一歲。

　　1908年他的《現代戲劇的演展》（兩卷）出版，且獲獎，此外《靈魂與形式》德文本出版。

齊默爾

　　1909年至1910年他負笈柏林受教於社會學家齊默爾（Georg Simmel 1858-1918），之後於1912年求學海德堡，認識韋伯、卜洛赫；旁聽新康德主義大師李克特（Heinrich Rickert 1863-1936）與溫德爾班（Wilhelm Windelband 1848-1915）之講課，並認識拉斯克（Emil Lask 1875-1915）。

　　1915年至1916年他在第一次世界大戰期間返匈京，擔任文職工作。又於1916年至1917年兩度返海德堡。在無任何預警之下，1918年12月他突然加入匈牙利共產黨（HCP）。

二、盧卡奇成年後生平可分五期

(一)參政與流亡時期（1919-1929）

　　1919年3月，盧卡奇擔任短命的匈牙利蘇維埃政府教育委員會副委員

長（後升任委員長，相當於教育部長）。

1919年8月，匈國蘇維埃政府垮台，他遁走維也納，為奧地利當局捕獲，幸賴文學家湯瑪斯曼兄弟營救，恢復自由，在維也納過流浪生活。

1923年《歷史與階級意識》一文集出版，標示20世紀對馬克思主義最具創意的詮釋。

1924年《列寧：其思想統一性之研究》出版，對列寧褒大於貶。在此前後，亦即1919-1929年之間盧氏《政治論著》推出，並於1928年發表其黨內代號「布魯姆」（Blum）之論綱，亦即所謂的《布魯姆論綱》，是一部尖銳的批判文集，導致他遭匈共批判與整肅。

(二)莫斯科羈留時期（1930-1945）

因《布魯姆論綱》被譴責為「半個社民黨清算分子」的主張，遂失去政治上活躍的機會，他撰寫有關文學的批評理論與哲學闡述，包括《歷史性小說》（1937）、《青年黑格爾》（1938）。其文學評論後來結集為《歐洲現實主義》、《哥德及其時代》和《論湯瑪斯·曼》。他甚至被囚禁一段時間，後來因為狄米托洛夫（Georgi Dimitov 1882-1949）之求情，始被釋放。

(三)返匈初期（1945-1949）

第二次世界大戰甫告結束，盧氏由俄京返匈，積極參與文化與政治活動，主編《論壇》（Forum）後，因《文學與民主》、《為匈牙利新文化進一言》遭匈共領導人譴責，認為這些觀念為《布魯姆論綱》之復活。

(四)著作與參政期（1950-1956）

在這段時期他的著作集中在縱覽舊觀之上，先後完成《理性的毀

滅》與《當作美學範疇的特殊》兩鉅著。1956年10月他擔任短期便夭折的納琪政權之文化部長。匈牙利事變過後，他被遣送至羅馬尼亞改造，直至1957年夏才重返布達佩斯。

(五)晚年（1957-1971）

在盧氏晚年完成了兩項篇幅較長的作品：《美學特別的性質》（1962），以及未完成稿《邁向一個社會實有的存有論》（1971）。

1971年6月4日盧卡奇逝世於布達佩斯。

三、著作的內涵與特色

綜合盧氏一生的著作，涉獵範圍極廣，包括美學、文學批評、哲學、社會學與政治學。在美學範圍中，他還演繹一套實在主義的馬克思理論。在反現代的基軸上，他產生一套最完整、最廣包有關文藝的綜合性理論。在哲學的領域中，他為辯證法請命，俾對抗各種各樣的非理性、反理性主義、機械化的唯物論與教條主義。特別是在其作品《歷史與階級意識》一書中，他討論了異化與物化。在其晚年則刻意創造社會存有論。在社會學領域中，他認為工人階級對歷史的真實擁有獨到的卓見。可是由於工人階級中有時意見分歧，而造成錯誤意識的犧牲品。在這種情形下，旁觀者清的分析家可把適當的、正確的意思由外頭灌輸給工人階級。此外，有關文學社會學的主張──在歷史的小說中，不難發現文學形式與社會階級有關。他的階級意識學說影響最為深遠，特別是影響了「知識社會學」的發展，以及法蘭克福學派的批判理論（「批判社會學」）之形成。在政治學裡頭，其貢獻主要在於組織策略。「群眾陣線」，以及大眾參與為基礎的「人民民主」等方面。

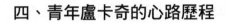

四、青年盧卡奇的心路歷程

　　盧卡奇曾經指出政治是手段，文化才是目的。可見他一開始就重視文化與文化批判（*Kulturkritik*）。人類的不幸肇始於「客觀文化」（對物的栽培、耕耘、利用厚生）與「主觀文化」（透過對物的栽培，而達成人的教養）的分裂。齊默爾從馬克思的《資本論》一書的異化理論中得出人類的歷史乃是人主觀的能力與技術外化（客體化）的過程，是人做為主體創造萬事萬物（包括典章制度）的客體，也就是客體化方法的演變流程。齊氏也承認人對其所創造的客體物常有喪失控制與意識（意識到他的創造）之時，以致這些被創造的事物與典章制度，脫離創造者的主體（人）而自行活動，自具生命。工人與其產品、工具與同僚分開就是失控的基本形式。有異於馬克思視異化為一時的、歷史的現象，齊默爾卻把異化、分工，人對人的宰制當成人類永久的，且是情況越來越嚴重的問題，可以說是人的宿命（洪鎌德 1998：77；2000b：102-106）。

　　盧卡奇對文化的批判，便是從齊默爾的說詞出發，並予以加深，並將這種異化的哲學意涵加以發揮。齊默爾認為涉及人心「內部」之某些思維與感覺的領域，像哲學與藝術，可能逃避一般社會的非人化摧殘。但盧卡分析的結果卻指出，隨著資本主義體制的步步升高，專業化、專門化也會侵害到哲學與藝術。其原因是主體與客體的分離造成主體性的客體化。必須設法找尋克服異化的中間環節（中介）。

　　是故盧卡奇被迫去解決康德所提內在自由與外在必然之間的矛盾，也就是「自願的主體論」與「被決定的主體論」之間的矛盾。盧卡奇自從青年時期開始便試圖打開這個思想的困局，因之無論是《戲劇發展史》，還是《小說的理論》，都強調內心世界，包括倫理道德有客體化的跡象，除了訴諸烏托邦，人類「徹底的墮落」難獲挽回。

　　在第一次世界大戰的四年內，盧氏受到無政府與工團主義者史查波

史查波

（Ervin Szabó 1877-1918）的影響，而從唯心主義的康德哲學轉向唯物論的馬克思主義。但在討論「倫理的唯心主義」方面卻與史氏意見不合，這影響了盧氏對「實踐」（*Praxis*）的看法。實踐對他而言，不再是狹隘的倫理行為（如康德之主張），而是對客體的改變，也就是在主體變成客體的本身之經驗。是故實踐包括倫理與政治。倫理改變人自身，政治在改變（或維持）典章制度，倫理只考慮到一個「應該」（*das Sollen;* ought to be）的問題，政治則必須兼顧制度經驗性的性質。「倫理的唯心主義」之哲學觀點立基於人的尊嚴永久的要求之上，也是對人之工具化的反抗。換言之，政治的倫理唯心主義，就是把這種要求用來對抗所有非人化的制度，它隱含了永續革命的必要性。史查波批評盧氏忽視了制度的客觀性發展，只有當制度的內在客體發展可能性出現時，理想、理念才會對制度的改變有所著力。

盧卡奇對「西方馬克思主義」的奠基工作，主要為1923年發表的《歷史與階級意識》一書。此一由文章彙集成專書刊載之時，盧氏已是38歲的壯年。在此以前，他所接受的文化薰陶，大部分為資產階級的文學、哲學與美學。當然他也研讀馬、恩的著作，並接受其同代人中馬克思主義與索列爾（George Sorel 1847-1922）工團主義傳播者的影響。

第一次世界大戰之前，德國知識界為經驗科學與實證主義所籠罩，可是不久卻受到唯心哲學之挑戰。新康德學派的出現（馬堡學派反對形而上學，強調邏輯與知識論的重要；海德堡學派堅持康德純粹理智與實踐理智之截然分立）加強人文科學的獨立自主，就是在反智性、反自然科學的浪漫氣氛下成為學院派的主流。除此之外，以唯生觀及悟性觀為主的「生機科學」（*Lebensphilosophie*）也扮演一個重要的角色。

馬堡學派（代表人為Hermann Cohen 1842-1918, Paul Natorp

1854-1924與Rudolph Stammler 1856-1938）主張認識論與形而上學截然分離，認為哲學限於邏輯與認識論，只為科學的分支提供理論的支撐。

海德堡學派（代表人物Rickert, Windelband與 Lask）則強調歷史的重要性。這也為狄爾泰（Wilhelm Dilthey 1833-1911）精神科學（*Geisteswissenschaft*）一概念的推廣應用做好鋪排的工作。齊默爾與狄爾泰都認為自然科學與人文科學有相當程度的差異。自然科學藉經驗與推理考察事項的因果關係；人文科學或精神科學則在探討「實在」（*Wirklichkeit*; reality）為何物。狄爾泰說：儘管自然科學與社會科學可借理性的方法來解釋現象的因果關係，但做為歷史學家卻必須依賴「闡釋學的瞭悟」（*hermeneutisches Verstehen*）來理解過去的種種。狄爾泰這種標榜精神或人文現象的獨特性，影響了溫德爾班的看法。後者指出，自然科學在發現一般法則、歷史分析卻是細察單一事件。兩者研究對象有別不容混淆。至於何者為「實在」？據溫氏的解釋：當人們注目於一般性、普遍性的事象時，「實在」便是指「自然」而言；當人們注目於個別的、特殊的事象時，「實在」便是指「歷史」而言。由是科學可分為規則科學（*nomethetische Wissenschaft*）與特象科學（*ideographische Wissenschaft*）（洪鎌德 1999a：140-142；2009b：27-29）。

以海德堡為中心的新康德學派極為重視歷史在思想中所扮演的角色。歷史是人類真實經驗的累積。在歷史過程中，人性得以開展顯露。歷史家藉思想上之重建，或稱為再度經歷（*Nacherleben*），而直窺前人的思想與活動，從而使吾人當前的言行思維有所遵循，也為人類未來的拓展揭示方向。這些學者認為所有個人的表現都被目為人類整個活動的一環。這個歷史整體不是雜亂無章，而是結構分明、井然有序之生機整體。不但整體是由部分組成，整體還優於個體，整體超過個體之總和，自具生命、自含目的。於是所謂的「整體論」（holism）遂告誕生。

整體論不僅對哲學思考產生衝擊，也影響了社會現象的考察。因

之，狄爾泰、溫德爾班、李克特、齊默爾都致力分開「自然」與「文化」這兩個概念，都強調文化的研究不能以追求「發展的法則」為最終目的。在一定程度之下，韋伯對社會活動採取「解釋性的瞭悟」（*deutend verstehen*），這一主張無疑地是受到新康德學派的影響。

盧卡奇在1913年發表的〈我走向馬克思之道〉一文中，曾說明他何以嚮往海德堡派的理論，而疏遠馬堡學派的觀點。蓋李克特、齊默爾與狄爾泰等人採用非理性、相對的方法來解釋「實在」的緣故。此外，海德堡學派的哲學教授拉斯克曾為新柏拉圖主義提供邏輯的基礎，因而影響到盧氏由主觀的精神的探討，轉化為黑格爾式客觀精神的考察。

皈依馬克思主義之前，青年盧卡奇的心路歷程是曲折多變：為了克服實證主義，他最初接受新康德學派的主觀唯心論，然後經由狄爾泰的「生機哲學」與拉斯克的哲學邏輯，而轉向黑格爾的唯心論。可以說：在實證論、生機論、與唯心論次第消失之後，黑格爾的哲學既可目為客觀與理性，俾對抗唯心論中最終非理性的殘渣；黑格爾的學說又可視為人本的、人道的，俾對抗實證科學「物化現象」（*Verdinglichung*; reification）。這一心路歷程也說明青年盧卡奇如何由康德回歸黑格爾。至於盧卡奇投向馬克思的懷抱，是他心路歷程的另一轉折。這無疑的是他走出康德哲學進入黑格爾哲學，而奔向馬克思主義的心靈重大變化。

根據他在《歷史與階級意識》（1967）一書新版的序言中所述，早在中學時代便讀過馬克思的《共產黨宣言》。1908年還特地研讀《資本論》，目的在為現代小說的解析尋求社會學的基礎。當時是：

做為社會學家的馬克思吸引著我，而我看到的他卻〔非他本人的原貌〕是透過齊默爾與瑪克士·韋伯著色的眼鏡。第一次世界大戰期間，我重新研

韋伯

究馬克思。這次卻出於一般哲學的興趣，以及黑格
爾的影響來看他，而不再受同時代思想家的左右。
當然，就算黑格爾的哲學，對我的影響並非一清二
楚。另一方面，戰前居留海德堡的幾年，祈克果
（Søren Kierkegaad 1813-1855）對我早期思想的演
變影響重大，我甚至想（藉著祈克果反駁黑格爾的
看法）寫一篇批判黑格爾的文章。（Lukács 1971：
ix.）

祈克果

　　盧卡奇走向馬克思主義的終極目標，不僅經由黑格爾客觀精神這條
途徑，也穿越索列爾工團主義這條進路。介紹與引導盧氏認識索列爾工
團主義的人無他，乃是早年編有《馬克思選集》（共三冊）的社民黨極
左派，匈牙利人史查波。盧氏後來之強調「意識」，特別是群眾意識，
顯然與索列爾和史查波的主張有關。

　　事實上，盧卡奇與索列爾有許多共通的看法。譬如說兩人都討厭強
調個人自由的資產階級民主，都不喜歡實證的科學、都批評過官僚體制
或政黨是壓迫人群的社會結構等。更重要的是由於吸收索列爾的學說，
盧氏也主張以行動代替冥思，主張採取激進手段來激發勞動階級的創造
力。

　　盧卡奇的皈依馬克思主義是經由康德、黑格爾
唯心論與索列爾的工團主義之路，而非受第二國際
（1889-1914）馬克思主義理論家（恩格斯、朴列哈諾
夫、考茨基、伯恩斯坦等人）的影響。同時代的馬克思
主義者當中，他最推崇的是盧森堡、列寧和托洛茨基三
人。在他的心目中，第三國際的馬克思主義理論家如非
在哲學中倡導實證的決定論（如恩格斯、考茨基），便

托洛茨基

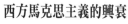

伯恩斯坦

是採取投機取巧策略的修正主義（如伯恩斯坦）。在前面提及的〈序言〉上，盧氏坦承當年選擇馬克思主義這條路，心態是萬分複雜的，因為「我的觀念迴蕩於一方面在攝取馬克思主義和政治行動；另一方面則是我純粹唯心的、倫理的預存立場之強化」（*ibid.*, p.x）。

這反應了盧氏由一個「資產」階級轉變為另一個「普勞」階級時，內心的惶惑困頓，不過他隨即指出：內心的困惑並非永久的混亂。在短期間個人或無所適從，但假以時日便會清明在躬、擇善而行。因此，他自信吸收到黑格爾的倫理精髓，當會引導他走上實證行動之途，其結果便是他投身政治、並研究政治經濟學，「為了理論基礎的需要，我終於踏上馬克思主義哲學之途」。

一個思想家心靈智慧的活動往往反映出他所處的時代與歷史的變遷。毫無疑問地，青年盧卡奇經歷了狂風驟雨的巨變：這包括目擊第一次世界大戰的慘禍、奧匈多瑙帝國的崩潰、俄國革命的終獲成功。後者是劃時代創造歷史的重大事件，難怪他要特加頌揚。他說：「只有俄羅斯的革命才是邁向未來的端倪，而資本主義的崩潰，將顯示俄國革命的全貌」。

如果我們知道盧卡奇在其主要著作《歷史與階級意識》出版的1923年，也就是他加入匈共已滿五年之後，對馬克思主義的支柱「辯證唯物論」仍表懷疑，而他在1914年之前居然能夠全盤接受馬克思的階級鬥爭觀點，此事豈不啟人疑竇？李希漢（George Lichtheim 1912-1973）的解釋是這樣的：第一次世界大戰前夕，盧卡奇正為左右兩派的思想所困擾，這包括拉斯克的新康德學說、狄爾泰的新黑格爾學說、索列爾的政治行動論，這些林林總總的學說與盧氏資產階級地位的觀點無涉。這只能說明西洋文明在面臨大戰與革命生成滅絕的時刻，反應在精神與思想方面所造成的混沌與痛苦的一個向面而已（Lichtheim 1970）。

再說1918年杪，年紀已是三十二或三十三歲的盧卡奇，顯然已非狂飆時代的青年人。他加入匈共、皈依馬克思主義，的確給人突兀的感受。更何況在他入黨之前數日，他還為文大力批評布爾什維克藉獨裁與恐怖的手段，企圖建立未來無衝突的社會之不當。不過他終於接受馬克思主義的洗禮，且終生無悔。這除了上述個人心智的轉折、靈魂的掙扎所做的選擇之外，可能與史查波不朽的友誼有關。在盧卡奇的心目中，史查波是活生生的、深具價值的社會主義傳統之化身。

　　另外，他走上共黨這條路，也與他當時身歷革命與戰爭，與第二國際潰散的知識分子一般，咸信布爾什維克主義是唯一可行的第二條路，亦即取代混沌、暴亂、恐怖、戰禍等導致西方文明衰落的另一康莊、復興與可能的選擇途徑。

 ## 第二節　盧卡奇論正統馬克思主義

一、正統馬克思主義者與修正主義者之不同

　　在一篇題為〈何謂正統的馬克思主義？〉文章的初稿中，盧卡奇指出：所謂的正統馬克思主義者，並非把馬克思的著作當作聖經一般的字斟句酌奉為座右銘。更不是把馬氏個別的主張，不分青紅皂白照單全收。反之，正統馬克思主義者所服膺的是馬克思的「方法」。馬氏的方法，就是革命的辯證法──能夠化解理論與實踐的不同，能夠把理論付諸實踐。他說：「不斷地把正確的思想付諸實踐，就可以造成實在的改變」。

　　馬克思心目中的實在是一種必然的現象，為歷史同質與總體性過程上必然出現的階段。固然實在構成存有（*das Sein*; being）的基礎，但在

其完整的統合中，卻能顯露出來，而為人所知曉、所認識。

馬克思由黑格爾擷取辯證法。這一方法的特徵為：一群概念不再是本身不變的定義，僵硬的名詞之列舉，也非只能藉抽象的冥思始能理解，甚至脫離其他事物單獨存在的思想結構。反之，這群概念為「活生生的實在」，它們不斷引發驟變與形變的過程。概念循「正」、「反」、「合」不停的生成推移。

伯恩斯坦之流的庸俗馬克思主義者企圖腰斬辯證法，他們誤認理論只能建立在「實在」所呈現的「事實」（*Tatbestände*; facts）之上，要求以「價值中立」的科學方法來取代辯證法，如此一來便剝奪辯證法的韌性與活力。況且從事經驗研究、累積事實，並不會獲取事象的整體，也不會導致革命的必然性。

但反對伯恩斯坦之流的人，不見得對辯證法的重要性有所認識，例如考茨基竟把辯證法瑣屑化，而減損社會主義革命的動力，蓋庸俗的馬克思主義只強調資本主義必然的崩潰。但這種說法下其崩潰是漸進的，而不是被革命所推翻的。考茨基及其信徒雖相信革命總目標的重要，但卻把它奉若神明，化做高不可攀、遠不可及的虛無飄渺底境界，其投機心態與伯恩斯坦的黨徒實在無重大差異。

二、馬克思的方法是辯證的兼革命的

只有辯證方法，才會把革命運動與最終目標合而為一。因為對馬克思而言，革命絕非「緩慢、漸進、和平的發展」，而是工人階級運動正常有機的發展中突然的變化：由量變轉化為質變。

革命過程中固然可細分為個別的反抗活動（如怠工、罷工之屬），但這些個別活動只有在辯證法一體性的指引下，才能轉化為革命行動。只有當工人意識到理論與實踐的合一、運動與目標的合一，革命的可

能性才會轉化為革命的實在。只有當運動過程的每一重要時刻是以「整體」或「總體」（totality）的角度來加以意識之時，運動才會克服其無力感，而由革命的可能性轉化成革命的實在性。

　　盧氏上述的文章在1919年3月改寫，收錄於1923年出版《歷史與階級意識》論文集之首篇。代表該文章之精神，也可視為「西方馬克思主義」開頭的文獻。在修訂稿中，盧氏複述馬克思的方法是一種科學的堅信：堅信辯證唯物論是走向真理之途。蓋它所牽涉的是理論與實踐的問題。馬氏在初評黑格爾的文章中曾說：「理論可以化做一種物質的力量，當它打動人心、掌握群眾之時」。要之，人的意識必須發展到能夠徹頭徹尾瞭解實在為何物，才會達成理論與實踐的合一，而造成革命有力的條件。本質上，理論為革命的化身，為革命過程思想上的表現。革命過程的每一階段，都由理論表達出來。因此理論對革命的每一步驟一清二楚，也能有意識地加以掌握。

三、恩格斯對辯證法的誤解

　　依據盧卡奇的看法，恩格斯在《反杜林論》中，對辯證法的論述不免有所缺陷。這種缺陷造成理論的失誤。他為了想要把形而上學由辯證法中剔除，故意強調辯證法中概念形成的方法是有別於形而上學。他指稱辯證法為一個概念轉化為另一個概念持續變化的過程。這種說法導致人們只注意片面的、僵硬的因果關係，而忽略了事物互動的重要。在各種互動中，主體與客體在歷史過程中的互動所造成辯證的關係，最具關鍵性，也是影響最為重大。可惜恩格斯對這點略而不提，更遑論對其重要性的特別標出。一旦辯證法缺少這個要素，則無論概念流動性多大，終使辯證法喪失革命性。

　　資產階級的錯誤看法與經典經濟學最大的缺點，就是誤認「實在」

馬赫

受制於某些法則（例如自然法），而不容改變。馬克思主義者當中有人也相信馬赫❶的學說。特別是「批判說」。批判說的出發點就是把方法與「實在」分開、把思想與存在分開。這是乖離馬克思與恩格斯對辯證法的理解。須知對馬克思而言，經濟學的範疇不過是存有的方式，不是經久不衰、一成不變的（洪鎌德 1999b：51-104）。

四、事實、實在、總體

盧氏繼續指出：修正主義與經驗主義皆強調「事實」之重要。不過「事實」並不脫離「實在」單獨自存。「事實」也不離開人們的理解與解釋。在資本主義社會中所看見的「事實」無非是受到資本主義社會結構的影響所造成的幻象而已。是故亟需辯證法來戳穿此一虛幻不實的看法。如眾所知，在資本主義的社會中，經濟形式帶有拜物主義的性格。人際關係轉變成商品的物化關係。在資本主義社會中，孤立隔絕的「事實」、分殊而不統合的各種專門科目紛紛出現，各自妄稱符合「科學法則」、「符合科學性質」。究其實際，都是偏離「實在」、歪曲「實在」之一種錯誤的意識。

當資產階級各種個別科學在強調孤絕的「事實」之際，以及在強調片面的體系之際，辯證法所強調的則是整體。原來事實云云不過是人類歷史與社會總體的一個面向、一個片段、一個環節（*Moment*; aspect），

---

❶馬赫（Ernst Mach 1838-1916）為奧地利物理學者與哲學家。馬赫倡說唯心論與主觀論，認為感覺的印象為首要因素。他認為客體與現象為「印象之綜合」，從而否認沒有人的意識之外頭實在，教條馬克思主義者攻擊其為中庸主義、物理唯心論，列寧攻擊他的學說為經驗性批判主義。

它不是一成不變的。馬克思有異於經典經濟學家之處，就在於掌握資本主義的總體，而不是瑣屑地考察資本主義生產體系的各個面向，更不是以探取這種社會經濟結構發展過程中，某一階段的「事實」為滿足。要之，只有在這種情形下，才能視社會生活個別的事實為歷史過程的一環，而將這些環節鎔鑄成為總體，從而使這項事實之認識，冀望變成實在的知識。

這項知識的獲取，是由「落實的總體」啟其端，由簡入繁、漸入堂奧。所謂落實的客體乃是「實在」呈現在概念上的複製品，亦即人們對實在感知上、知識上的掌握。任何知識的起點都是完整無缺的總體。只有從整個總體出發，我們才能充分瞭解社會生活、或經濟生活的現象之片段。思想主要的任務就是努力把每個片段、每個面向回歸到其總體之上，而避免抽象地、孤絕地考慮個別的現象或片段。可以這麼說：總體絕對性的優勢，以及全部的統一優於局部抽象的獨立，構成馬克思社會理論的特徵，這就是他的辯證法本質之所在。只有堅信這種方法的人才配稱為正統馬克思主義者。

資產階級經濟學家雞零狗碎地肯定某些事象（工資、供需律）之單獨存在。證明他們不知總體的存在被當作非科學看待，則隔絕孤立的局部，反而被誤認為永恆不變的法則，甚至被視為貫穿歷史而不衰、放諸四海皆準的規矩了。馬克思所注重的總體是「偉大的社會與歷史過程的總體」。依他的看法，要瞭解社會就要從構成社會關係的主體——社會化的人——之活動與真實生活之瞭解著手。人為社會與歷史過程總體之創造者、見證人，也是受害者、解放者。要之，人為歷史之主體與客體。

資產階級藉永恆的自然法與永久的理性來延續其命脈於無窮盡之時，它視暫時無法忽視的內在矛盾為「純粹表面的現象」，否認這種矛盾與生產方式有關。新康德學派健將，也是庸俗化馬克思主義者阿德勒

（Max Adler 1873-1937）企圖把辯證法與帶有形而上學意味論述實有的辯證法。他自創第三種辯證法，自稱這點是「實證科學之屬」，或「馬克思主義者當中真實的辯證法」。其實這第三種是涉及「個人利益與社會形式敵對的關係」。因之，應稱為「敵對的」辯證法才對，而變成個人與社會之間的衝突。因此，阿德勒的學說充其量不過是康德哲學的復活，是資本主義社會秩序意識形態的變形，與馬克思主義無涉。

阿德勒

五、歷史總體性與互動的辯證理解

辯證法企圖把歷史當成一個統合的過程來看待。總體性的範疇，並不是將總體各個的、不同的部分，生吞活剝地化約為無可辨識的單一體、認同體，而是透過局部與整體之間的互動關係。互動並不是機械化的因果關係。反之，我們心目中的互動卻是討論部分對總體的關係。因為這種關係決定了每個可以認知的對象之客觀形式。每一種引起知識注意之改變，都表現出它與總體之關係的改變，只有藉這種改變，我們才會發現客體形式有所變化。

所有社會現象的客觀形式經常在改變。這種改變係發生在它們彼此不斷的辯證互動之過程中。一個對象之逐漸被人認知，是由於人們瞭解它在其隸屬的總體當中具有何種的職能與功效之故。這也就是何以對總體的辯證理解，才能夠使我們明白「實在是一種社會過程」的原因。

六、資本主義的意識形態與新舊文化

在資本主義社會中，所有的現象都被拜物的虛幻所掩蓋，以致社會

實在遮蔽不彰。這種掩蔽工作所以奏效，是由於在此種社會中，人的境遇（特別是經濟生活中的境遇）是以客體的外貌來壓迫人就範。結果人竟忘記所謂的經濟關係究其實，不過是人與人之間的人際關係，現在卻轉化為物與物之間的物化關係。須知在社會演進的每一階段上，每一經濟範疇顯示人與人之間的某種關係。這種關係變成人的意識，也化作概念。基於這個緣故，人類社會運作的內在邏輯，可當作人類產品來加以解釋，或當成人際關係產生出來，卻非人力能加以左右的產品來看待。

在論〈舊文化與新文化〉一文時，盧氏修改了自己早先對文化的看法。認為在資本主義統治的舊文化中，美的價值也轉化為交換價值。人的內心生活，包括藝術活動與享受，都受資本主義的摧殘，只有在未來無階級的社會中，新文化才會產生，那是一個自由人自我管理、自動創造的新文化。

七、唯物史觀與黑格爾的哲學

唯物史觀與黑格爾的哲學相通之處為把理論當作「實在的自我理解」來看待。但這兩者也有其相異的地方：第一，對「實在」看法不一致；第二，對歷史過程統一性的看法不一致。

馬克思的唯物史觀，強調不依人的意志，也就是獨立在人群之外的變遷力量，來推動社會的變化，也造成歷史的遞嬗。是故處於歷史巨流中的個人或人群是要從屬於社會變遷的規律，受後者的指揮、控制，意即意識（主觀的觀念）要受經濟發展（客觀的規律）所左右。這點青年盧卡奇是接受與同意的，不過他卻企圖在歷史演變中為個人或人群有意識的實踐（conscious practice）找到一個空間、一個舞台。

取自馬克思〈費爾巴哈提綱〉，盧氏認為實踐乃是主體改變客體批判兼革命的行為。實踐意涵自由，自由的選擇、自由的創造。然而主

觀的、有意識的、自由的實踐是如何與客觀的、發展的、歷史的變遷過程相結合呢？那就是讓無產階級在革命中基於其決定與抉擇，而掃除革命途中事實上的障礙和困難，這就是賦予無產階級的實踐更多自願、自動、自發（voluntaristic）的意義。這樣一來意識（自由的決定與選擇）與過程（經濟發展的路數）在革命之前是分開的，但在發生革命的那一剎那就結合在一起。這是早期盧卡奇對意識、過程、實踐的看法，多少反映的教條唯物史觀的內涵。

馬克思曾指摘黑格爾無法克服思想與存有的雙重性、理論與實踐的雙重性、主體與客體的雙重性。馬氏稱黑氏的辯證法，表面上自認是歷史過程內在的、與真實的辯證法，究其實不過是一套幻想而已，它無法超越康德理智與實踐的兩分法之故（洪鎌德 2010a：74-78）。

黑格爾所謂的認知，基本上乃是涉及外物的認識，而不是物質以人類社會反映認識自己。黑格爾不過是讓絕對精神藉哲學家意識中、意見中、理念中的思辨、幻想來創造歷史而已（前揭書，170）。

費希德

馬克思以激烈的方式將社會與社會化的人底現象轉變為歷史的問題。他具體而微地揭示歷史發展的實質基礎。馬克思掃除黑格爾神祕的迷霧。他對黑格爾的批判，等於是黑格爾對康德與費希德批判的延續與擴大。因之，馬克思的辯證法乃是黑格爾終身努力而竟告失敗的那一部分的起死回生。兩人最大的不同為對「實在」的理解。在黑格爾的時代無產階級尚未出現，不是擔任歷史動力的角色。他遂誤認「民族精神」（人群及其意識）為歷史實在。他不能透視歷史動力之另一原因為陷身思想與實有的兩分化。

概念上的神話顯示對人類生存的基本條件無知，對客體無從瞭解的毛病表現在超驗力量的信服，這種超驗力量成為建構實在的主力。要之，這種神話式的歷史解釋，無非強調客體與客體之間互動的關係，而

不探究吾人怎樣有意識地去改變客體。在歷史唯物論中由於理性發現其真實基礎，而變成具有合理的形式。這種基礎是促成人類生命能夠自我意識、自我認識的起點。

要之，馬克思與黑格爾咸認世界史是解放的革命過程。但馬氏優於黑氏之處為承認此一過程的真正動機，涉及階級鬥爭與生產關係之改變。這種看法使吾人理解：第一，視社會現象及其演變是必然的；第二，視這些社會現象也是過渡的，終歸破滅的。只有當這兩種觀念合而為一時，革命的行動才有可能。

八、人是社會動物的意義

人類存在的本質是社會的過程，存在是人類活動的產物。但人類活動的本身，同時也可以看作是對存在加以改變的動力。人發現其周遭的事物不管是天然環境，還是人造的社會，都似乎是自然關係所形成的。這是傳統的看法。正因為受此一看法的左右，人在面對龐大優勢的社會時，自慚形穢與自感無力，其結果只好聽天由命，不知奮起推翻。在〈費爾巴哈提綱〉中，馬克思敦促吾人把「感知的世界」、把客體、把實在，當成人類感知的活動（*sinnliche Tätigkeit*）來理解。這意指人類必須意識其本身為社會動物，同時也是社會歷史過程中的主體與客體。

費爾巴哈

在封建社會中，由於社會建立在地主與農奴的「自然」關係上，人無法把自己當成社會動物看待。資本主義社會的出現卻把人的社會化往前推進一大步。資本主義推翻了不同國度與與領土的藩籬，化除不同身分階層在法律上的差別。於是在資本主義控制範圍內，人形式上享有平等權利。過去人征服自然的經濟關係，便由人壓榨人的生產關係所取

代。在此種情形下，社會變成人的實在，人也成為社會的一分子。在國家的範圍裡，人從住在城邦裡的人民變成政治的動物。

九、生產階級的崛起

比起封建時代的社會中，人與天爭的那種自然來，資本主義社會所引發的社會勢力——另一個「自然」——是更難對付。這個社會勢力無他，乃是資產階級。由是可知無產階級的崛起是無法阻抑的，是歷史必然的現象。它出現在人類史上的必然性，其目的在使社會的實在有機會反躬自省、有機會徹底認識本身。

無產階級崛起的必然性是：無產階級的階級觀之發現，提供社會總體以高瞻遠矚所不可欠缺的瞭望頂點。隨之而來的是無產階級解放條件的理論，這是由於無產階級亟需瞭解其階級情勢之故。為了要瞭解其階級情勢，必須先瞭解社會的總體，也就是瞭解其行動的先決條件。由是可知，理論與實踐的合一是與無產階級社會與歷史地位密切而不可分。自我認識與認識總體是若合符節，其目的在使無產階級成為其知識的主體與客體。

十、無產階級的意識

歷史唯物論的方法之本質與無產階級「實踐的與批判的」活動不可分。兩者都是社會進化同一過程的兩面。同樣辯證法提供有關「實在」的知識，這也與無產階級的階級觀點密切而不可分。無產階級知識的興起與進展是與無產階級在歷史上的興起與進展是相同的。這兩者事實上都是同一過程的不同面向。這是無產階級對其階級情勢的意識、對其歷史使命的意識，也就是對唯物史觀的意識。這些意識乃為進化過程中的

產品。這一過程卻為歷史唯物論加以妥善，而貼切的瞭解。這也是人類有史以來第一次對其歷史的瞭解。

無產階級的意識有異於其成員對當前利害的直接意識，在於它代表了主體與客體的合一。其原因是無產階級的存在是一樁歷史的事實，是屬於客觀歷史的進程中的一個環節。企圖把無產階級消滅掉，就是消滅社會的階級，包括消滅資產階級，這也是另一個歷史的事實。無產階級既是歷史的主體，也是歷史的客體，兩者的統一就是無產階級意識之體現，歷史無疑是階級的鬥爭史，也是階級意識的表現史。無產階級的階級意識也就是理論與實踐的統一。

無產階級的意識只有在資本主義的時代才會浮現，才會成為可能事物，對無產階級在歷史中出現的真理，使無產階級深信不疑。以此真理為武器，無產階級要把它做為資產階級生產關係的客體轉變為落實無產階級的意識之主體。

在討論了意識在客觀過程上所扮演的角色之餘，盧卡奇也討論革命意識出現之際所遭逢客觀發展之困難，這就是他何以致力物化概念的營構。物化概念成為《歷史與階級意識》的核心。物化雖然有異於「異化」，但也包含了對異化的批判。盧氏認為異化是從政治經濟學的異化勞動衍生出來。反之，物化則從政治經濟學延伸到社會學，是對資本主義社會整體（總體）的批判。為了對物化的世界批判與改變，他後來從德國經典唯心主義的哲學找到辯證法，利用階級的意識與實踐之辯證運動來達成顛覆物化世界之目標。

對盧卡奇而言，物化的概念牽涉到生產者的人群社會關係，表面上變成了被生產的商品之間的物與物的關係。這種在市場上出現的物與物的關係，被布爾喬亞的經濟學家視為具有特別的性格，也就是形成可以被認知的法則、規律。於是馬克思譴責資產階級的政治經濟學者，把商品世界的規律當成無法改變、有如自然世界那樣的永恆之變化規律、變

化規則——商品的第二性質及其發展律。

　　盧卡奇認為商品的第二性質的出現，對抗了人群的活動、人群的勞作，彷彿人群的活動和人群的勞作從人群本身獨立出來，藉著規律、律則，這些活動與勞作反過頭來統治人群。就像自然律一般，這些商品活動的律則對人群而言是陌生的、敵對的、泰山壓頂的。於是主體（工人）和他的客體（產品，這些勞動的產品遵從獨立於工人之外的規則、律則在操作、活動、發展、運動）之分離配合商品的拜物教（拜物主義）成為相互制約的歷史過程。

　　盧卡奇繼續說明主體性的毀滅。當勞動力（labor power）變成了商品，主體身軀的能力將被剝奪，而使他變成一個「事物」，這個事物是沿著客體的過程在移動。稍後泰勒主義興起，工人內心世界也受到撕裂，融化成工作世界、生產體系的一環。於是工人變成了消極的、被動的、活力不足的生產過程之觀察者（美其名為「監視者」），他甚至連自己的勞作也看成是生產過程的一部分，只能「觀察」，無法參與。

　　盧卡奇認為主體性的每一部分，每一側面之減縮過程都與分工愈來愈細緻攸關。他認為全部勞作過程化約為高度專門化的部分過程是靠精打細算的組織與經營之功夫，這就是物化世界的另一個顯例。與資本主義生活所有面向之客觀性物化相呼應、相配襯的為世人內心世界的物化，亦即意識的物化。

　　要克服物化就要靠德國經典哲學（唯心主義）的辯證法，因為唯心主義的辯證法提供「行動的、積極的」（active）的那個面向，而非潛思冥想，坐而言、不能起而行的另一個面向。從費希德與黑格爾對主體追尋中，主體性逐漸湧現。因為一個主體創造了客體，所以主體知道了（認識了）客體。主體不再是「我」，而是「我們」。這個主體在創造過程及實踐的時候才出現了。這個「我們」無他，乃是無產階級之謂。

　　盧卡奇指出，費希德與黑格爾對「認同的（identifying）的主體／

客體」（也就是主體與客體認同）都有共識，也知道能知的、能行的主體常與其認知以及行動的客體相分離。為此黑格爾遂以絕對精神來把上帝創造萬物的自知之明，做為主體與客體的認同。但這種主張被馬克思斥責為神秘化，是黑格爾體系中神學的殘留物（洪鎌德 2010a：167-170）。為此，盧氏避免重陷黑格爾精神辯證法的窠臼。是故他也批評黑格爾以及恩格斯把辯證法擴大到自然界的不當。雖然他也同意費希德與黑格爾的意見，認為在切身的經驗實在之中，主體性與客體性是分家的。兩者之所以分家，據盧氏的看法，乃是由於資本主義是物化的疏離知識界所造成的。是故無產階級在資本主義社會中被簡化為經濟過程的客體，而其主體性遂被掩蓋不彰。

因之，對盧氏而言，當務之急為如何把普勞（無產）階級凝聚為一個可以創造歷史的階級，就是把普勞化成為歷史中「我們」之主體。只有當此階級有意識去實踐，才能把世界轉變。他既不完全贊成列寧的民主集中制與菁英黨的制度，也不贊成盧森堡群眾式的民主，只有服膺馬克思所言「教育家本身也須再教育」，企圖使無產階級受教育，進行再教育，而加強其階級意識（Arato 1977: 95-99）。

因此，馬克思主義的方法是階級鬥爭的產品，也是政治與經濟活動的產品。總體的理念是瞭解社會內在結構的前提，是瞭解實在所必須的。換言之，總體的意念在雙重的意義下，可說是歷史的產品：第一，歷史唯物論變成一種形式的、客觀的可能性是由於無產階級崛起的緣故，也是因為有關社會實在的知識之主體與客體發生變化的緣故；第二，這個形式的可能性變為實質的可能性，只發生在無產階級進展的過程中。

十一、革命過程與最終目標不當分開

盧卡奇說，修正主義把運動與最終目標分開是一分為二的退步作法。因為最終目標並不是獨立於運動之外。最終目標是與總體發生關聯之物，藉此關聯鬥爭的每一面向、每一片段、每一環節都獲取其革命的重大意義。因此，辯證唯物論是接近實在，而又為行動指示方向的唯一途徑。無產階級在其演進的某一階段上，主觀或客觀的自知，無異為整個社會已發展到某一階段的認識。此時事實不再出現陌生或疏離。因為這些事實是與「實在」相配合，且顯示局部與總體的關聯。這時邁向實在核心的奮鬥傾向，便可以說是我們慣稱的最終目標。這一目標並非抽象的理想，也並非與行動的過程相對立，而是真理或實在的一個面向。這是每一達致的階段所顯示具體的意義，也是具體片段統合的方向，也是邁向總體的方向。

馬克思主義的正統派並非傳統的衛道之士，而是永懷警覺的預言家，闡明當務之急與歷史過程總體之間的關聯。在初稿中盧卡奇呼籲正統馬克思主義者，應充分認識馬克思有關實在的理論，應當認識歷史過程的一體性，從而瞭解資本主義不是堵塞人類發展的生機之時刻終將來到，亦即剝削者被剝削的時機終於來到。一旦正統馬克思主義者有此基本認識，那麼他們將不再惑於馬克思主義庸俗信徒所強調的「事實」的錯誤。

十二、小結與評估

盧卡奇應用青年馬克思的著作（特別是〈費爾巴哈提綱〉）來抨擊修正主義、庸俗化馬克思主義（包括新康德、新黑格爾學派）、經驗主義、資產階級經典的政治經濟學等等之謬誤。這些學說是20世紀上葉

一、二十年間，瀰漫於歐洲中部的思潮，曾經混淆、或威脅人們對馬克思原本學說的理解。盧氏在皈依馬克思主義前後所寫〈何謂正統的馬克思主義？〉一文的初稿與定稿，便表達他對馬克思學說嶄新的、高明的看法。在這篇文章中盧氏強調馬克思主義的源頭活水為德國唯心哲學，此一觀點與德國馬克思主義思想家寇士不約而同地在同一時期發表，因而同遭第三國際的公開斥責。

盧氏一反時潮，特別標出馬克思深受黑格爾影響之處為辯證法之彰顯。有異於恩格斯、考茨基等強調正、反、合因果關係的辯證觀。盧氏宣稱主體與客體的互動、理論與實踐的合一、局部或整體的關聯，才是革命辯證法的核心。換言之，人怎樣有意識地瞭解人的本身、瞭解人在歷史與社會的境遇，從而達到人改造社會、創造歷史、自求解放的地步，才是馬克思革命的辯證法底精神。

正當資產階級的實證科學、經驗主義、經典經濟學，甚至庸俗化的馬克思主義、修正主義高談闊論「事實」之際，盧氏認為事實不過是實在的一個面向，是歷史發展過程中某一階段的片段、暫時的現象而已。經典經濟學只重視事實，而忽視實在是一偏之見。何況事實云云，不過是內涵矛盾、不斷變化的歷史、社會總體之一環。依據唯物辯證法的觀點，資本主義乃為人類社會演展史上必然出現，也是必然消失的階段。其原因固然可在資本主義內在矛盾結構與毀滅本質中尋獲，更是由於無產階級的崛起，導致資本主義的敗亡。

無產階級因為能夠發現歷史發展的全貌，能夠掌握歷史進化的總體，因而形成階級意識。階級意識一旦形成，則不僅瞭解無產階級的本身，也瞭解造成他們悲慘無告的情勢之因由，從而把意識、認識、理論轉化為革命行動，把革命行動與最終目標合而為一。要之，歷史如有意義，是由於歷史是人類有意識、有計畫的創造，歷史成為無產階級意識的登峰造極，成為人類解放的記錄，成為人追求獲致自由與悲壯的史詩。

盧卡奇在這篇文章中，捕捉了青年馬克思注重實踐、強調社會化的人文精神，也預先體會到「異化」現象的重要，雖然當年他使用的字眼是「物化」。他強調「總體」、「階級意識」、「主體與客體的互動」、「理論與實踐的合一」、「局部與總體」的關聯，都成為其後西方馬克思主義者論述的主題。這點在很早便可以看出其理論貢獻之所在。

 ## 第三節　盧卡奇論辯證法、歷史與社會總體以及歷史的主體與客體

一、盧卡奇廣博深邃的學問

盧卡奇是一位博學慎思、才氣縱橫的大思想家。在皈依馬克思主義前，他所受西洋傳統學術訓練與文化教養，在同代人當中無人可以匹敵。況且在其七十多年漫長的寫作生涯裏，涉獵範圍之廣、鑽研之深、表達之精，無人可以媲美。且不說他在哲學、美學、戲劇、小說、文學批評等方面有獨到的見解，就是他對傳記、思想史、社會學、政治理念與策略諸方面，也有卓越不凡的表現與特殊的貢獻，尤其是他對馬克思主義原創性與啟發性的詮釋，最終為他贏得「西方馬克思主義之父」的美譽。本節與下一節旨在把他對馬克思主義的詮釋做扼要的陳述，特別是介紹他早期有關辯證法、歷史與社會整體觀念、主體兼客體的角色及主客體彼此的互動、資本主義的社會物化現象、階級意識、黨之地位等之分析。最後殿以其學說的影響，並予以客觀的評估。

二、馬克思辯證法的特質

盧卡奇認為馬克思主義的本質，不是對古往今來、社會體系的客體描寫，也不是對歷史事實的科學性分析，究其實卻是辯證法的運用。馬克思的辯證法有異於科學方法或邏輯，不是一組被觀察的事象、規範知識運作的規則之組合，而是一種特殊的思考方式、一種理論上的意識，用以考察世界；同時又是一種實踐的從事（*ein praktisches Engagement*），俾改變世界，它是社會革命的主要力量，本身也存在於革命過程中。

三、辯證法顯示歷史與社會的整體觀念

盧卡奇指出：辯證法有一些特徵。首先，它在掌握社會的實在（*gesellschaftliche Wirklichkeit*），把社會所發生的種種切切當成一個「整體」或「總體」（*Totalität*）來看待。他認為「整體」的概念是馬克思理論的關鍵所在。馬克思主義與資產階級的思想最大不同的所在，並非在歷史的解釋當中經濟動機重要與否的分辨之上，而在於「整體」的觀點之歧異。

馬克思由黑格爾獲得整體的範疇，亦即確定整體優於局部，他靈活地轉化整體作為新的科學之基礎。因此他說：「整體範疇的優越性是科學中革命原則之本」。原來在黑格爾整套哲學裏，最進步、最富革命精神的，就是辯證法，而辯證法裡頭最有效的部分就是整體的觀念——也就是每一局部隸屬於歷史與思想的整合中。馬克思除了承繼黑格爾的辯證法之外，還把社會當成整體來理解。

資產階級的科學常隨研究對象的分殊，而以分工的名義，把「社會實在」剁成互不相干的零碎部分，然後做為孤立絕緣的各種個別科學之

研究對象，可是「描寫之專門化破壞了整體的形象」。反之，馬克思主義則把這些分門別類的諸種科學，還原為一個辯證過程的精神面貌。易言之，馬克思主義在其最終的分析中，不承認有法律、經濟或政治等個別又獨立的科學之存在。相反地，只有一個整全的、統一的科學：即把社會當成一個整體，而研究其變遷發展之科學。這種科學或稱為辯證科學，或稱為歷史科學。

辯證科學、或歷史科學所研究的為社會的整體及其演展過程。但社會的整體並非由事實累積而加以重新建構出來。蓋社會事實有待解釋，而解釋的關鍵在於把社會事實與社會整體之關聯解釋清楚。因為只有這樣做才會顯示社會事實所包含的意義。吾人才會理解社會實在，進一步才會掌握社會實在。

詳細地說，事實不過是整體被割裂、被孤立、人造的「片段」、「環節」（*Moment*），也是人為的「側面」、「面向」（*Aspekte*）而已。歷史發展的傾向無所不包，因之，它較之經驗事實來，擁有更多的、更大的「實在性」（*Realität*）。整體並不是指某一瞬間所有實在性的細節之綜合。反之，整體必須當成一個具有彈性、具有活力、能夠成長、能夠適應、變動不居的實在來加以理解。由是可知，整體是運動。這包括運動的方向、目標和未來的展望。總的來說，整體就是一部活生生的人類史。它不僅是人類過去林林總總的記錄，也不限於目前庸庸碌碌的努力，更是指向人類未來轟轟烈烈的作為。這種未來行事的展望、未來努力的預測，勢必與人類未來的創造開拓沆瀣一氣、相輔相成。

在《策略與倫理》一書中，盧氏說：「整體優於局部，人們只有從整體去解釋局部，而非由局部去解釋整體」。在《歷史與階級意識》一書中，他又強調：一門科學如果只把現成的、擺在眼前的事實，無保留地接受，而不懂以社會整體的觀點來加以批判時，便會淪落於資本主義的陷阱，局限於布爾喬亞的立場，其結果是無法獲窺社會實在的本質。

　　要瞭解社會事實的意義，首先要把事實置於「落實的整體」當中，並把事實與整體之間的中介關聯（或稱媒介作用，*Vermittlungen*）加以發現。要之，局部的真理只存在整體裏。進一步考察，我們不難理解每一局部都含有整全的成分。舉一淺例來說，某一工人在歷史某一階段上的存在是一個事實，亦即是一個單一的、局部的事實。與此相對的，無產階級的世界革命──人從社會關係的壓榨下求取解放與自由──是一樁歷史的整體。我們要瞭解某一工人存在的意義，只有設法理解他在人的解放的世界革命中所扮演的角色。這便是由整體來理解個體的淺例。那麼什麼是該工人的「中介關聯」呢？這是指整體之下附屬的次級整體而言。例如工人是家庭的成員、是工廠的一分子、是某個政黨的黨員等等，由是家庭制度、經濟制度、社會體系、政治體系便成為該名工人與世界革命之間的中介關聯、或稱媒介作用。透過這層層與圈圈的中介關聯，我們才會明瞭個體（工人）與整體（人的解放與無產階級世界革命）之間的關係，從而認識局部在整體中的意義。

　　庸俗的馬克思主義者，無論是改良主義者，還是修正主義者，都大量應用經驗主義、或實證主義的論據，誤以事實為實在，且奢談事實。須知再多的經驗事實的累積、再多經驗事實的認知，也無法促成社會革命性的改變。由是可知青年時代的盧卡奇是反對經驗主義，也是反對實證主義的。

　　為什麼反對經驗主義與實證主義呢？除了因為它們誤把事實當實在看待之外，也是由於他們放棄了整體的觀念。一旦整體的觀念棄置，那麼資本主義便成為永遠無法克服、永久存在的社會經濟制度。由是資本主義經濟中的一些法則（如供需律、如市場運作等），變成為亙古不變的事實，被視為金科玉律了。從而改變現狀、推翻資本主義、謀求人類解放的努力，便受到阻遏。反之，只有借強調整體觀點的辯證法之宣揚，才能抬高人民的革命意識，認清人追求自由、謀求解放的歷史任務。

在1924年涉及列寧思想的研究小冊中，盧卡奇再度強調：整體原則是列寧學說的主軸。在他臨死前所著《社會存有的形而上學：馬克思形而上學的原則》一書中，盧氏仍然視馬克思學說的核心為整體觀。他甚至把馬克思著名的說法：「社會的存有決定人的意識」，解釋為整體對個體的關聯。這種解釋顯然與一般教條論者（經濟決定論者）所持「下層建築決定上層建築」的解釋大相逕庭。盧卡奇說：

> 社會存有決定人的意識的看法，並不把意識的形式與內容，與經濟結構緊密的聯繫在一起，而造成一種因果的關係。反之，它是把意識的內容與形式緊密聯繫在社會存有的整體之上。意識受到社會存有的限定，是完全的、一般的看法。只有〔第二國際時期至史達林及其繼承人的那段時期的〕庸俗的馬克思主義者，才會認為經濟與意識形態之間存有直接的因果關係。（Lukács 1971: 29）

至此我們不難理解：對盧卡奇而言，要瞭解整體，必須要有一個集體性的歷史性底主體（a collective historical subject）之存在，亦即一個「寰宇性（普泛性）的整體者」（a universal totalizer）之出現。由於它以深思熟慮的方式，也以理智的方式，來創造歷史，歷史的整體才有被認知、被瞭解的可能。換句話說，這個歷史的主體在客體化（創造客體的過程中，本身也化為客體世界的一部分）當中認識到它本身，也就是認識到歷史的整體。那麼什麼是歷史的主體呢？對盧卡奇而言，這就是無產階級。因之，我們接著討論他的歷史主體與客體合一說。

四、辯證法表達歷史主體與客體的互動

在《歷史與階級意識》首篇文章中，盧卡奇不客氣的指出：恩格斯

對辯證法有所誤解。恩氏把辯證法引申到自然現象的解析之上。這是曲解馬克思辯證的精神。因為一旦辯證法變成人們可以確認的自然規律之體系，則它依舊是無法改變自然的屬性。是故恩氏對辯證法的瞭解，不啻為無法改變自然之外在知識。這種的知識仍舊脫離不了空思冥想──客體的認識，而非實踐的──批判與革命的、主體的活動。就算人類洞悉自然的各種法則，並加以完善的利用，這不過是技術層次上工具理性的發揮，而無

恩格斯

法更改人向來擔任歷史客體之角色。換言之，恩格斯認為辯證法是一個定義轉化為另一個定義，繼續不斷的轉變過程。盧氏說：「但他〔恩格斯〕甚至不提一個重要的互動，亦即不提歷史過程中主體與客體辯證的關係，更不用說給予應有的尊重」。

由是可知對盧卡奇而言，辯證法不僅是一種科學方法，可以任意處理研究的客體。更重要的是它無法離開應用辯證法的主體而獨立自存。因為無論是黑格爾、還是馬克思，都認為辯證法為社會實在主動的要素。它不是社會實在的描述，而是社會實在的改變──也就是歷史變動──的表達。換言之，辯證法是社會的主體（無產階級）最後一次改變歷史、締造社會理論性的意識。顯然地這種改造歷史、締造社會的工作，絕非任何人──不管其政治地位、或社會志業如何──可以勝任的。蓋辯證法並不存在於無產階級革命性鬥爭之外。相反地，它是該項鬥爭的自我意識，也是該項鬥爭的基本成分。

由於辯證法對社會採取一種整體的看法，因此只有能夠在孤立的現象中看出整體的無產階級──亦即為馬克思心目中的「寰宇（普泛）階級」──才能掌握辯證法、應用辯證法。更何況無產階級成功之前，這一階級卻一直是社會諸階級當中受害最深者。正如馬克思所言，無產階級成為現代社會中非人性的生活條件之受害者，是不公平社會制度的犧

牲品。因此無產階級不能不掙脫羈綁在它身上的枷鎖，而成為舊秩序的破壞者與新秩序的締造者。在這一說明下，無產階級成為歷史的主體也就不難理解。

另一方面，馬克思一度敦促我們去瞭解「感知的世界」（*sinnliche Welt*）——也就是客體、也就是實在——是人類感知的活動。換言之，吾人周遭的典章文物並非自然生成，而是前人與今人辛勤勞動共同締造、實踐的成果。實際上，人不但活在現存的社會中，他也是古往今來社會與文明的產品。因之，人及其所創造的社會變成了他勞動的客體。至此可知，人必須自我意識為一個社會的存有，也就是社會動物；必須自我意識為社會兼歷史過程中的主體與客體。

人只有將自己客體化為外在世界的一環，進一步視這個世界為前人與今人創造的業績，但卻是人能夠加以改變、或改善的情況。只有這樣做，人才會變成歷史的客體兼主體，而人對其周遭的認識才不致停滯在空思冥想的階段；反之，為一種改變現實的實踐行為。這就是理論與實踐的合一、客體與主體合一的辯證本質。

盧卡奇認為：承認人為社會動物、承認社會對人而言為一個實在，只有在近代資本主義的資產階級底革命之時才逐漸湧現，不過資產階級並不曾意識這一革命的功能，以致引發了另一個勢力——無產階級——的崛起，也引發了資產階級與無產階級的敵對。為了避免重蹈歷史的覆轍，無產階級應當要認識其本身，不能不審時度勢，不能不認識其所處的社會情況，不能不理解歷史流變的趨向，也就是理解歷史的整體意義。理解為行動之本，行動為理解的實踐，於是理論與實踐的合一、主體與客體的合一，又得到另一次的證實。引用盧卡奇的話：

> 無產階級是整個社會實在有意識的主體，此理甚明。可是有意識的主體並非康德所提的主體。蓋康德心目中的主體絕不可能

同時為一客體的緣故。這裡所提出「主體」並不是對〔歷史〕
過程毫無關心、冷漠的旁觀者。無產階級不僅是過程主動與被
動的部分，而是視這個過程的認識之產生與演變，和歷史衍化
的產生與演變，為同一過程不同的側面……同樣不失真實的
是無產階級對社會實在的意識、對其階級情況的意識、對其歷
史使命的意識。這些意識與唯物史觀皆是同一進化過程中的產
品。這一切都是歷史唯物論所適當理解的，這也是人類有史以
來首次真正地理解其歷史。（Lukács 1971: 20）

由是可知無產階級處於歷史中特別優越的境界上，接受號召去進行驚
天動地的革命偉業，不僅一下子剷除了階級分化、壓榨、社會衝突，一下
子化解了個人與社會存有之分殊、錯誤的意識、人對非人性歷史勢力的屈
服，而且無產階級還能夠徹底瞭解社會、徹底瞭解歷史，把社會與歷史當
作整體來理解。這顯然得歸因於在其行動間，整體是以革命運動的方式付
諸實現。要之，無產階級的自我意識與當成整體的歷史意義並不是兩樁互
不相干之事，這就印證了對實在的瞭解與對實在的改變，並非兩樁互不相
干的過程；反之，卻是同一現象的兩個不同的面向（側面）。

馬克思陣營中的新康德學派與進化派，都企圖把革命的目標與革命
的過程硬性加以分開。前者帶有理想色彩的道德要求，是倫理的範疇；
後者則是革命行動的過程，是屬於經驗科學可以描述、規劃的部分。
盧卡奇力斥這種兩分化之非。既然在理解與改變社會方面，主體與客體
是一致的；既然無產階級的自我意識，就是革命運動的本身（即知即
行），那麼無產階級不可能把它的理想，與實現此一理想的過程截然分
開。換言之，無產階級所要實現的社會主義，並非人類空等虛待便會翩
然蒞至的狀態，也不是歷史上不受人力控制的必然力可以提供保證——
保證社會主義必然實現，更不是道德上的「無上要求」。反之，社會主

義是無產階級的自我認識，是實實在在階級鬥爭的另一個面向。

　　盧卡奇認為新康德學派以及進化派的這些論調，都是「非馬克思主義的」，都是落入康德所說：實然與應然兩分化的窠臼。在這方面黑格爾與馬克思都力圖克服，而各有不同的成就。兩人的分別是：馬克思覺得黑格爾對兩分法的克服不夠徹底、也不算成功。他曾指摘黑格爾及其門徒「無力克服思想與存有、理論與實踐、主體與客體的兩分化」。他認為黑格爾的辯證法雖稱是歷史過程內在的、真實的辯證法，究其實卻是一項明顯的幻想，在重要關頭並未超越康德。「他的知識不過是有關外在物質的知識，它不是物質──人類的社會──〔而是精神〕回頭來認識它本身──自我認識」（*ibid.*, 16）。

　　亦即黑格爾誤認絕對精神是歷史的主體，卻不知歷史的主體為無產階級，遂透過哲學家來達致精神的自我認識，由是把歷史神秘化、神話化。由此可知，黑格爾這種概念上的神話化，早被青年時代的馬克思藉批判活動來加以揭穿（洪鎌德 2007a：18-22；432-436）。

　　馬克思所以把無產階級當成「寰宇（普泛）階級」看待，是由於無產階級有異於其他階級不囿於本身的利益，而是以全人類的利益為依歸，也就是達致歷史的主體與客體合一的地步。要之，藉著摧毀其本身的存在，無產階級同時把所有階級界線打破，終而締造無階級、無爭執、無壓榨、無剝削、無異化的社會。

　　由是在無產階級革命的行動中，歷史達致自我意識，歷史的必然性尤其自由地表達出來。蓋行動一旦達致意識，則必然性與自由性的對立也就消弭於無形。至此歷史「客觀的」過程（亦即歷史流變的本身）與對此過程所生的意識（階級意識）變成一而二、二而一，無從分辨的事物了。在這層解釋下，主體與客體、自由與必然、實然與應然、理論與實踐，並非對立之物，而為同一實在不同的面向（側面）。至此康德兩分化之難局遂告化解。要之，歷史主體與客體的合一，意識中認知的部

分與規範的部分之合一，是馬克思承繼黑格爾、而又超越黑格爾之處，可說是青出於藍而勝於藍之所在。

　　既然在資本主義為主的社會中，歷史的主體與客體之角色，終非無產階級來承擔不可，則吾人需進一步考察無產階級其意識之形成。但為明瞭無產階級的階級意識，我們勢需首先瞭解無產階級所處的歷史關頭——資本主義的時代。因之，盧卡奇就像馬克思一樣，對資本主義及其社會進行了解析。

 第四節　盧卡奇論物化、階級意識、共黨的角色

一、資本主義的商品崇拜與物化現象

　　盧卡奇認為資本主義的祕密可以從它「商品結構的謎底來揭開」。馬克思在《資本論》第一卷的首章中，討論了商品的拜物主義。盧氏認為這一點「包含在裡頭的是歷史唯物論的全部，與無產階級全部的自我認識，以及對資本主義社會的認識」。由是可知對盧氏而言，資本主義的特徵為商品崇拜的狂熱，而商品崇拜主義的結果便是「物化現象」（*Verdinglichung*; reification）。馬克思本身雖然僅用「事物化」（*Versachlichung*），卻不曾適用「物化」，不過其意思是相同的。為此，盧氏故意引用《資本論》這段話來顯示馬克思對「物化現象」的看法。馬氏指出：

> 一個商品可以說是一個神祕之物，這是由於在該商品中，人勞
> 動的社會屬性，外觀上變成了勞動商品的客體屬性，這也是由
> 於生產者對其勞動的總成果之關係化作了社會關係之故。這種
> 社會關係並不存在於生產者彼此之間，而是存在於勞動商品之

間。這就是勞動產品變成商品的緣故……本來是人與人之間的關係，如今在他們心目中卻變成物與物之間的關係。(引自 Marx CI:77)

在《歷史與階級意識》文集中，盧卡奇給他最長的一篇文章冠以〈物化與無產階級意識〉這個篇名。其中他除了指出資本主義的特徵為上述「商品結構」之外，又說：

商品結構的本質一向被人們所指出。其基礎是指人們的關係取得了事物的屬性，亦即獲得一項「魔幻式的客體化」（phantom objectivity），獲得了獨立自主的特性。這麼一來商品結構像是嚴格的理性與無所不包，從而掩蓋了人際的關係。（Lukács, 1971:83）

換言之，盧卡奇把「物化」現象視同為人與人之間的關係，其外觀竟披上了物與物的關係之過程。人的社會與人的歷史的產品都是人底群體活動，如今外觀上卻異化了，並以非人的勢力出現在我們的跟前。人的典章文物變成了像是自然的法則之產品，由外面以泰山壓頂似地強迫人類來接受，而不像是人類所自創的事物一樣。

他又指出：物化現象包括了客觀與主觀兩方面。「客觀上，客體物與事物關係所構造的世界突然間形成（也就是商品的世界與商品在市場上的移動）……主觀上——凡是市場經濟已發展之處——個人的活動由其本身疏離出來，變成了商品，聽命於自然律非人的客體性之指揮。人的活動就像任何消費品一樣獨立於人之外，自具生命、自求發展」。不管是主觀還是客觀，雙方都經由同樣的過程，而降服於同一規律。資本主義商品生產的原則，乃是「理性的原則……建立在能夠精打細算之上」。

資本主義愈發達，人的物化愈明顯，物化的廣度與深度也與日俱

增。就像經濟方面，資本主義體系在更高的層次，不斷的生產與再生產一樣，物化的結構化也愈陷愈深，致命地與確切不移地潛入人的意識裡頭。

人由手工藝生產進入機器操作，可謂科技的大躍進，也是生產力的抬高；同時卻是生產品的多樣化、零碎化。這種零碎化的過程不斷地侵入人的意識裡，連生產活動的主體（生產者），也毫無例外的成為物化的犧牲品。在這種情況下，人已不再是生產過程的主人，「他是機械的一部分，融合在機械系統中」。人的活動變成主動的少，被動的多，也變為更「玄思冥想」。人的一般性活動變成了「工人在面對機器時的行為，一面冥想，一面控制機器的功能」。

理性化的精打細算是資本主義企業經營的特質。這種特質不僅瀰漫在經濟生活裡，也滲透到社會各行各業裡。如同韋伯視現代社會國家不過是一個「商務集團」（a business concern）的化身，盧卡奇認為法官不過是「不折不扣下達判決的機器」，其行為不難推斷；同樣現代官僚組織表現了相似的原則：即非人性的標準化的分工原則。這種原則在工業界、在技術、或機械層次俯拾皆是。物化的過程到處都可以發現。

物化現象可以說是資產階級錯誤的意識。在資產階級的社會中，生產只是為了增加交易的價值，人際關係濃縮為物的價值，個人也變成了事物。一個人不再是一個特殊的個體，而是生產與交易龐大的體系之一環。交易價值的抬高導致合理化的強調。合理化一旦應用到技術與勞動組織之上，遂造成了生產活動的專門化與特殊化。人在心智上愈來愈遲鈍，這是由於分工太細，使個人的技術局限在狹小的天地之故。每項事物都是專業化，人的活動變成瑣屑與零碎，於是社會的一體性、總體性變成不可辨識，也無法獲致。

資本主義的物化登峰造極的表現則為自然科學，盧氏說：「資本主義社會先天上就與科學的方法渾然協和的這種說法，是引起極大爭議

的……當『科學』堅持凡是當前呈現的資料就是科學概念化的基礎，以及堅持這些資料的實際形狀是科學概念形成的起點時，它已是簡單地與獨斷地把資本主義社會的基礎，當成科學的立場。它毫無批判地接受現存事物的性質，也毫無批判地接受資本主義社會的規律當做『科學』不變的基礎」（*ibid.*, p.7）。

當科學的知識應用到社會時，「它變成了資產階級意識形態的武器，……它必然認為資本主義由於自然與理性的法則之規範，先天上已被決定能夠永久存在」。自然科學的方法誤導人們相信資本主義是永恆的、不朽的，而忘記資本主義的體制不過是人類歷史發展上，一個短暫的、過渡的時期而已。

科學方法不僅是物化開端被動反映而已，由於它主動粉碎了整體的有機觀，其遺害更大。亦即整體觀並不可能由資本主義制度中，自然科學所謂的理性的認知方法來獲取。它是對形而上學的破壞，而僅創造了一個「純粹的事實的世界，在此世界中只有雞零狗碎、互不相干的律則所構成的部分體系，而與任何富有意義的整體視為毫無關聯」。

要之，盧卡奇是把對實在採取「空思冥想」的這個觀念，連結在「物化」這個概念之上。空思冥想者必然無法看出理論與實踐的合一，也不知主體改變社會、創造歷史的角色。另一方面資本主義社會神祕化的意識，可由「物化」這一概念來說明。馬克思用過「異化」（*Entfremdung*; alienation）這一詞謂，也用前面所提的「商品崇拜主義」那個名詞，盧卡奇則綜合馬氏的說法，擷取柏格森、齊默爾、韋伯等的觀念，提出「物化」的概念來。

盧卡奇認為資本主義盛行的時代中，資產階級的意識已浸潤在物化當中。因此，要求資產階級克服物化現象比登天還難。由是可知物化的剷除工作，便留給無產階級來承擔。只有當無產階級認識它本身不過是資產階級社會的商品時，才會瞭解社會機械運作是一個整體，從而萌

生反抗物化的意識。無產階級醒悟的主體性將會把全人類從客體的奴役
（人役於物）中解放出來。

二、無產階級的意識

從上面的敘述足見無產階級意識的重要。因為只有這個意識的發
揮，才會掌握社會與歷史的整體，才會導致主體與客體的合一，才會打
破資產階級社會物化的現象。盧卡奇說：

> 只有當無產階級的意識能夠指出歷史的辯證路線時〔但無人指
> 引協助，無產階級無法踏上此一歷史途徑〕，那麼無產階級的
> 意識將甦醒過來，變成過程的意識，只有在那個時候，無產階
> 級變成歷史的主體兼客體。主體兼客體的實踐將會導致整個實
> 在底改變。（*ibid.*, 205-206）

當作個人的無產階級的成員——普通工人——他所面對的是資產階
級物化的世界，他仍舊無法看出主體與客體的合一、理論與實踐的合
一。他最多只能坐而言，不能起而行，亦即始終無法擺脫兩分化的羈
綁。這就是說：個體工人實際的經驗的意識，是有異於集體的、有組織
的、有紀律的階級意識。就算是把所有個體工人的思想與意識統統加起
來的總和，也不等於無產階級整體的意識。後者是工人形成一個自為階
級，並以實踐為取向，而掌握整體的觀點。

盧卡奇指出：資產階級歷史學者的錯誤，在於相信歷史事件的具體
事實，只存在於歷史的個體（不管是工人、還是階級、還是民族），或
其經驗上可資辨認的意識之上。他們自認為發現了最具體的事物——社
會，把社會當作一個具體的、落實的整體，把社會當作歷史某一階段中
的生產體系來看待，因而將社會分解為不同的發展階段。其實，他們是

誤把抽象當做具體，誤把片刻當做永恆。

盧氏接著說：

> 具體的分析意謂把社會當成一個整體來分析其關聯。只有當此
> 一關聯已經建立，那麼人們在某一時刻對其存之意識也終於湧
> 現。這種存在的意識包含各種各樣的屬性……對落實〔具體〕
> 的整體之關聯，以及由此一關聯衍生出來的辯證的各種規定因
> 由（determinants）是超越了「純粹的」描寫，同時也生產客
> 觀可能性的範疇來。藉著把意識牽連到社會整體之上，我們能
> 夠把人們處於某一情勢的思想與感受推論出來，假使人們能夠
> 充分估量情勢，並設想由該項情境引申出來的利害關係，對其
> 直接活動與社會整體結構有何等影響的話。因為在任何社會
> 中，這類情勢的數目畢竟有限〔因此設想其可能的回應並非絕
> 對不可能〕。雖然詳細的研究有助於社會類型學的精緻化，可
> 是仍有相當數量清楚可辨的基本類型之存在，其特徵可被確
> 定。……由是可知階級意識，事實上含攝著對生產過程中某一
> 特殊類型的情勢之適當的、理性的反應。這種反應顯然是從該
> 形勢中推定的、設想的（*zugerechnet*；ascribed or imputed）。因
> 之，這種意識並非形成階級個別成員思想與感受的總和，也非
> 其平均值，可是當成一個整體的階級，其歷史重大的行動卻受
> 到這一意識的決定，而非受個人思想所決定。這些行動只有牽
> 連到意識時，才能夠被人們所理解。（*ibid.*, 50-51）

由是可知盧卡奇把意識分別為實際上、經驗上的意識，以及推定
的、設想的意識這兩大類。前者是無產階級的成員不經組織、不經反
省，而自動湧現的意識；後者則是無產階級在掌握全盤情況、審時度
勢，以整體的高瞻遠矚來體會其社會地位與歷史使命之意識。

此外，盧卡奇所說的推定的、或設想的階級意識可能脫胎於韋伯的「理念類型」（*Idealtypus*; ideal type）（洪鎌德 2009b：73-79）。不過兩者也不盡相同。因為韋伯的理念類型從不以純粹的形式展示出來，原因是它永遠受到經驗實在利害關係與複雜性遮蓋之故；反之，盧卡奇推定的、設想的意識，或是以單純形式出現，或是以完全不涉及單純的形式來加以表述。

列寧曾經說：如任由工人階級自動自發來發展其意識，則充其量只能達到要求加薪、改善工作條件，或至多怠工、罷工的工業行動的意識而已，而不可能產生汰舊換新的革命意識。前者就是盧卡奇所說的普通的、現實的、經驗的工人意識；後者則為他所倡說的真正的、推定的、設想的階級意識。這點分別也可由他主要作品《歷史與階級意識》一書在1967年新版的〈前言〉中之自序獲得證實。

本質上，無產階級整體的觀點就是把資本主義化的意識徹底加以砸碎。在兩元化與科學的拜物主義方法被取代之後，此一新觀點提供了思想與存有的合一，蓋思想與存有乃是辯證的與落實的整體之一體兩面。在其思想中，無產階級不將實在看作經驗性的存在，而當作為不斷的變化生成——不以目前的現狀為滿足，而以中介過去與未來為要務。取代永恆的、經驗的，以及業已物化的概念是提出社會的、歷史的與過渡的概念。代替了非人身的與非人性的世界，無產階級的新觀點認為世界是人與人之間關係的產品。因此，一旦拜物狂熱被克服之後，人終於成為世上眾物的量度，而歷史變成客體形式不斷的汰舊換新。

由上面所述，我們似乎可得一個印象，以為盧卡奇比較接近羅莎·盧森堡強調鬥爭，以及階級經驗形成階級意識之觀點，而偏離了列寧所提無產階級的意識係由共黨灌輸給工人階級之說法。一如吾人所知，列寧倡說以知識分子為主的職業革命家組成紀律嚴明、組織嚴密的革命政黨。再由此一政黨——共產黨——「從外頭」把階級意識灌輸給無產階

級。但進一步加以考察，上面這個印象是錯誤的。原來自1919年以後，盧氏的作品完全師承列寧有關黨組織的觀點，而他階級意識整個的理論是建立在列寧這個學說的基礎上，加以邏輯的引申。

三、共黨的角色

由是可知無產階級的意識，不可以理解為工人階級日常的思想與看法，更不是個別工人意識之總和或其平均值。前者是真正的意識，也是前所敘述「推定的」、或「設想的」意識。它是歷史演變的動力，其工具乃為黨——社會存在的一個特殊形式，是工人自發運動與歷史整體之間的中介。個體工人的想法無論怎樣一致、怎樣反映大眾的觀點，對無產階級意識的內容不發生任何重大的影響。反之，無產階級真正的、或設想的意識，卻由共黨具體而微地表達出來。只有在黨裡頭，或通過共黨，自發運動的意義才可被理解。

原因是沒有共黨的媒介，無產階級無從認識整體之故。由是可知理論與實踐的合一，只有在共黨的革命意識貫徹之下才可以實現的。因此，盧氏說：「無產階級的階級意識所採取的形式為黨」。又說：黨卓越的角色為「無產階級的階級意識之信息傳播者，與歷史使命的良知」（*ibid.*, 41）。

不僅在《歷史與階級意識》一書中，就是稍後在1924年出版的《列寧》一小冊中，盧卡奇一再強調：共黨是階級意識有形的表現，是無產階級具體政治的導向唯一的保證者，也是其「真正的」意志唯一之表達者。要之，無產階級「真正的」利益、意志、慾望、期待，以及其理論上的意識，與經驗上，現實的工人階級之慾望、感受、思想、意識等無關的。只有共黨可以為無產階級指出其由現實狀況邁向未來的歷史動向之途。

由於無產階級擁有綜覽全局、俯瞰歷史演變的優勢地位，以及擁有致力人類解放、謀求人類整個自由的歷史使命，因之理論上其所做所為是完全正確無誤。既然共黨為無產階級利益的代言人，則共黨的所作所為也是永久正確無誤的。這點盧卡奇雖然沒有言明，而列寧與史達林也同樣未曾指出，但卻是共產黨人熟知能詳的金科玉律。在此情形下，盧卡奇有關無產階級的意識說，較之列寧公開主張共黨是革命先鋒的理論，顯得更為高明。

在〈策略與倫理〉一文中，盧卡奇說：「俄羅斯的布爾什維克主義的偉大貢獻為自（1871年）巴黎公社以來第一次把無產階級的意識具體化。以世界史的眼光來觀看，這也造成意識的自我認識」。盧氏始終相信：布爾什維克主義代表現代的真理。即使其後史達林的胡作亂為也被盧氏辯解為：共黨「形式上」可能犯錯，但「辯證上」無錯誤可言。他進一步申論：無論在何種情況下，若要反對共黨所推行的政治與意識形態，都犯著政治錯誤的毛病，也犯著認知上的錯誤，蓋共黨為歷史意義的化身。在歷史意識裡頭，歷史與運動的意義這兩者是合併為一體的。

四、盧卡奇與黑格爾

一般來說，盧卡奇的《歷史與階級意識》呈現強烈的黑格爾色彩，被看作黑格爾式的馬克思主義之樣版，但如果進一步探究，會發現盧卡奇受到費希德的影響要大於黑格爾，這有兩方面的理由。

第一，主體理論。原來在盧卡奇皈依馬克思主義之前所撰寫的《小說的理論》（1916匈牙利版；1920德文版）中，強調現代虛構的小說中之英雄人物常是分散的，孤獨的在一個沒有上帝、沒有家園的「絕對罪惡之

費希德

時代」（為費希德用語，而為盧氏深心折服；不斷使用的字眼）裡追尋
價值。可惜儘管世界那麼寬廣、而有家園的感受，盧氏卻發現現代社會
是一種文化，其中生活的內在意義發生問題，因為人類處於各種各樣的
異化裡頭。

　　換言之，《小說的理論》雖然採用黑格爾把古代史詩與現代小說
（取自黑格爾的《美學》）作對照，而使小說歷史主義化，但卻強調
現代社會人的墮落與異化，而不似黑格爾所宣稱歷史的進步與自由的
擴大。要之，在盧氏心目中現代小說的內容是在「沒有上帝的時代」
中「超驗的喪失家園」。現代小說家面對的是變色的家園，與其敵對
的社會文化。盧氏其後的作品《歷史與階級意識》一書也等於是在敘
述一個受盡折磨的主體（無產階級） 如何對抗當代敵對的文化（資本
主義）的故事。做為主體的無產階級需要道德學問的活動論（moralist
activism），這點便接近了費希德的自我（ego），而遠離了黑格爾現實
主義（realistic）的理性。

　　阿朵諾在《否定的辯證法》中指摘盧卡奇的假設，後者假定物化來
自於統一的社會主體（無產階級）的行動中，因之，阿氏批評盧卡奇想
要以改變集體的社會意識來徹底改變現世的狂妄。近人（Andrew Arato
和 Paul Breines）的研究也發現盧卡奇儘管使用黑格爾的辯證法，卻無
法取消費希德對主體的看法。早期（撰寫《靈魂與型式》時，1910年）
盧卡奇或不免採取齊默爾文化悲劇的看法，強調主體的意願及其努力的
分歧──好的心意可能產生壞的結果──現在（1923年）盧氏在海德堡
接觸費希德的著作之後，卻產生了高度唯心主義的客體觀。認為客體化
（objectification）會完全忠實的反映了主體的行動。是故壞的客體化（物
化）反映了壞的主體（資本家）；反之，好的客體化（實行社會主義）
反映了無產階級革命意識的成熟。上述這兩樁事體，在說明主體的行為
及其作品（行動的結果），完全與主體本身的意願符合。這種主體顯然

是費希德式的主體，而不是黑格爾式的主體。

第二，過程理論。有異於黑格爾或馬克思，盧卡奇認為物化是人類的墮落，異化的過程，而不是走向自由與解放的奮鬥歷程。正如費希德把當代看作「絕對罪惡的時代」，目前的資本主義時代正是惡貫滿盈招致各方撻伐譴責。青年盧卡奇缺少對歷史過程合理的敘述，也就是對不同的（differentiated）歷史進化擁有特定的理論。也就是不論歷史演變的過程之內涵如何，總要有一套前後融貫的理論說辭。在《歷史與階級意識》中，盧卡奇雖使用黑格爾的意識、整體（總體）、辯證等概念，但卻在彰顯費希德的觀點，以致偏離了黑格爾客觀理想（唯心）主義的優點，也就是對歷史認知的深度不夠。這就表現了盧卡奇把馬克思主義浪漫化的幻想。因為他後來再總結青年馬克思德學說時，強調馬氏早年著作為「浪漫的反資本主義」（romantic anti-capitalism）。

盧卡奇這種混合馬克思主義和浪漫的文化批判可以說是對馬氏社會學的新知啟發（sociological heuristics）之針鋒相對。在這種交融中，馬克思主義被轉化為「世界觀」，充滿了教條主義，完全在階級意識的神話上打轉。這種過度的有害的浪漫主義就會形成了「世界觀之下的馬克思主義」（World-view Marxism）。柯列悌（Lucio Colletti 1924-2001）就指出《歷史與階級意識》把資本主義的物化等同為科學與工業。盧卡奇成為在心靈方面，而非形式方面砸碎現代生產機器的粗魯工人（Luddite）。柯拉克夫斯基（Leszek Kolakowski 1927-2009）則指出盧氏的著作為對「馬派神話的揭露」，是馬克思主義中暗藏的浪漫主義之暴露。也就是揭開馬派烏托邦的認知根源—當成墮落的異化之神話，和藉革命來贖罪與獲得拯救。

亞宏

法國社會學家亞宏（Raymond Aron 1905-1983）曾經指出馬克思最終要求為取消經濟，而不只是改變經濟

而已。如果他的說法正確，那麼救贖的革命之目的在於宰制經濟。如此一來馬克思主義的要素就是擊垮現代性的制度核心——經濟制度。這種說法無異把盧卡奇的文化批判與馬克思主義的內在真理加以統合，也就是把經典的馬克思主義統合成一體。無論如何，在承認馬克思主義的心靈中預言的烏托邦的色彩濃郁，從而去掉馬克思經濟學的外衣，而披上哲學的道袍，使馬克思主義多點人本主義的色彩，也就是西馬強調馬派學說人文色彩之所在（Merquior 1986: 89-92）。

五、盧卡奇學說的影響與評價

盧卡奇對馬克思主義的新詮釋，主要顯示在1923年結集出版的《歷史與階級意識》一書之上。一般視此書為黑格爾式的馬克思主義之典範，是20世紀初對制度化與教條化馬克思主義忠誠的反對。因此，它做為馬克思主義的新里程碑是無庸置疑的。唯一可以爭論的是：究竟這是盧卡奇資產階級文化與思想披上了馬克思的外衣？還是馬克思的論證藉盧氏生花妙筆而大放異彩？贊成前者說法的人便會認為此書是「生機哲學」（*Lebensphilosophie*）的馬克思版，當作「布爾喬亞思想中的浪漫主義兼反科學之傳統，第一次大規模地侵入馬克思主義之理論內」（Gareth Stedman Jones語）；贊成後者說法的人會發現此書正確預告馬克思早期著作所揭示人道主義的內涵。因為在此書出版十年之後，青年馬克思《經濟學兼哲學手稿》全文終於刊載出來，這證明盧氏的確有先見之明。

此外，盧氏在其重要著作中所透露的社會理論，可以說是唯物論與浪漫主義黑格爾式的結合，此為一種看法。另一種看法則是把他的社會理論，當成馬克思式的唯物論，它是經由黑格爾、浪漫主義與青年馬克思加以中介、加以揉合而成的。盧卡奇大膽地闡明了馬克思主義裡頭

唯心哲學的部分，這是由於他把歷史當中經濟的發展動向與社會的發展動向立基於先驗的真理之上，並認為該項真理必須、也必然會主觀上實現——工人階級意識落實革命實踐——之緣故。

　　儘管此書刊行之後，首先遭到匈共當權派貝拉・昆（Béla Kún 1886-1939）等人的攻擊，盧氏並未馬上反駁。接著蘇共一批理論家像德波林（A. M. Deborin 1881-1963）、盧坡爾（I. Luppol 1896-1943）、巴默爾（G. Bammel）等群起而攻，紛紛指責此書「乖離」（deviation）馬列主義的教條。1924年假莫斯科召開的第三（共產）國際第五屆大會上，布哈林不但攻訐盧卡奇等陷入「舊式黑格爾主義的老套」，連擔任第三國際執行委員會主席的齊諾維也夫（Grigori Yevseevich Zinoviev 原名為 Radomsl'sky 1883-1936），也公開揪出盧卡奇與當時義大利理論家葛拉恰戴（Antonio Graziadei 1873-1953），以及德國哲學兼社會學家寇士。他指摘這幾位「教授同志」的「極端左派思想有變成了理論上的修正主義」之危險。

　　盧氏這本極富創見與挑戰性的著作，從此遂消失於蘇聯與東歐共黨的書肆與圖書館。直到史達林逝世之後，才獲准重新刊行。在此書出版剛好十週年之後的1933年，流亡俄京的盧卡奇突然撕開長期的緘默，公開懺悔、自我批判，而撤回先前諸多論點。

　　他自認其作品為工團主義與唯心論「傾向的哲學之極致……這可由我的那本著作詳細臚列的問題獲知。〔我〕首先討論哲學問題，最後殿以階級意識的定義與危機的理論……唯心主義的陣線乃為法西斯反革命、或其共犯社會法西斯的陣線。任何對唯心主義之讓步，無論怎樣微不足道，對無產階級都造成危險。因此，我理解拙著並不僅在理論上有所錯誤，也在實踐上極具危險」（Lukács 1971: xxxviii）。

　　吾人不禁要問：為什麼盧卡奇在保持了十年的緘默之後，突然惺惺作態公開悔改呢？這可能與該書的主張有關。原來盧卡奇強調共黨在制

度上為無產階級的意識表達。黨員應遵守黨規、嚴守紀律。因此盧氏自行加在其本身的長期緘默，實為其理論的邏輯推引，亦即是由於該書含有內構的否決力量（a build-in veto），否決了作者對未來自覺的批評之任何反駁。

顯然，盧氏的政治生涯因為此書之引發爭議，而蒙受重大的損失。他既被排除於匈共中委之外，又失掉在維也納編輯《共產主義》這一機關雜誌的工作。一直遲到三十年後匈牙利再度爆發革命，納琪掌權，盧氏才恢復擔任短期文化部長的公職。

瓦特尼克（Morris Watnick）認為：即使經歷了1923年與1924年教條式正統共產黨徒激烈的批判之後，盧卡奇是否對他主要的觀點有所修正、有所放棄，是令人懷疑的。在其後的三十年間，盧氏雖然被迫向史

熊彼德

達林暴政低頭，但他在《歷史與階級意識》所持的論證，仍不斷迂迴地、巧妙地流露出來。儘管它們在形式上極力避免觸怒當道。在他羈留俄京期間所研究的成果，像《青年黑格爾》與《理性的毀滅》等書多少仍舊反映了盧卡奇對馬克思思想中黑格爾的成分深為執迷。

造成盧氏主要著作《歷史與階級意識》永垂不朽的原因：其一為藉著此書所表達新的哲學觀點，可幫助吾人去理解馬克思的經濟論證。它不是視經濟為獨立自主的科學，它不是像熊彼德（Joseph Schumpeter 1883-1950）所言：馬克思完全師承李嘉圖（David Ricardo 1772-1823）古典經濟學，然後予以增補闡述（洪鎌德 2010a：6-8）。相反地，根據盧氏的分析，馬克思的經濟學是日耳曼經典哲學的發揚光大：是以黑格爾啟其端的「哲學人類學」之加工精製。

李嘉圖

換句話說，盧卡奇認為馬克思主義為黑格爾哲學的

「經濟學闡釋」，也是費爾巴哈「哲學人類學」的延伸。原因是他發現馬克思「異化的勞動」，其實是黑格爾絕對精神異化的社會學闡釋。絕對精神存在的形式就是異化的形式，終必被其本身所揚棄，這就是絕對精神達到自我認識的地步，也是達致完全自由的地步（洪鎌德 2010a：123-125）。

　　同理，做為歷史主體的無產階級，終必藉最後一次的革命揚棄其異化的勞動，而達致人的徹底自我認識，也就是人的真正底解放與自由。如果以此來解釋馬克思的經濟理論，則不難理解：馬氏是以道德哲學的立場來辨析人類未來的存在，因而帶有濃厚世俗化人類末日學（escatology）的味道。盧氏這種的解釋法，在其後馬克思早期遺稿的次第刊行中，獲得有力的佐證。要之，盧氏1923年的「離經叛道」，對馬克思主義的新解釋，引發了後人對馬克思《資本論》的重估，其結果是把馬克思學說列入西方思想的傳統中，而不再視它為西方思想的異端。

　　盧氏主要的著作的另一影響為促進知識社會學的發展。特別是與盧卡奇相知頗深，一度在匈京從事文化學術探討的曼海姆（Karl Mannheim 1893-1947），在與盧氏相切磋中倡說了知識社會學。就像盧卡奇一樣，曼海姆深受韋伯與李克特的新康德主義、狄爾泰的直觀主義、胡塞爾與謝勒的現象學所薰陶。可是盧卡奇對他的影響最深，特別是在方法論方面，起著雙重的作用。

曼海姆

　　原來盧卡奇師承韋伯的「理念類型」這一概念，再巧妙地把它轉化為一個思想體系，把它灌輸或置入一個社群中。這便是他移花接木建構了馬克思有關的階級的社會學——完成了馬氏的未竟之功——有關階級意識的闡釋。曼海姆深為此中的理論推演所吸引。因此在方法學上照單全收，只是扣除了馬克思式的說詞而已，此其

胡塞爾

一。

　　另外，盧卡奇高度的工具性馬克思主義提供曼海姆一個啟示：所有的社會與政治學說，不管以何種知識的面貌出現，歸根究柢，不過是受其存在所制約、所決定的學說而已。換言之，也就是某一社群利益的辯解或託辭而已。為了群體（特別是階級）的利益，這些「學說」有時歪曲社會生活的實狀也在所不惜。由是錯誤意識的意識形態隨著社會階級利益以俱來，此其二。

　　然則意識形態與真正的知識如何分辨呢？這便是曼海姆在其1936年的名著《意識形態與烏托邦》一書所要解決的問題。不過由於曼海姆也把馬克思主義化約為意識形態的一種，對他而言，不具客觀的、非有恆有效性的，則盧氏對曼氏的影響豈非產生反彈的作用（洪鎌德 1998b：323-327）？此其三。

　　要之，有異於第二國際理論家（像考茨基、伯恩斯坦、朴列哈諾夫等）強調馬克思主義為唯物理論、為客觀外在法則底闡明，盧卡奇獨排眾議。他發現（特別是早期）馬克思之著作圍繞著商品拜物主義、物化現象、階級意識、主體與客體之辯證關係等範疇在打轉。因之，確認「上層建築」比「下層建築」更為重要、更值得吾人詳加考究。這些理論加上他對黑格爾哲學遺產的重視、對其辯證法的發揮，終於奠定他西方馬克思主義開路先鋒的地位。

朴列哈諾夫

3

卜洛赫、卞雅敏和布列希特

第一節　卜洛赫及其希望的哲學

一、前言

卜洛赫

　　與盧卡奇相同，出身於布爾喬亞，而又吸收資產階級文化與學術精粹，後來卻大力抨擊資本主義體制的經濟與文化之墮落，這個人就是卜洛赫（Ernst Bloch 1885-1977）。卜洛赫與盧卡奇一樣拜資產家庭的富裕之賜，得以負笈柏林和海德堡，受教於德國當年最著名的幾位學者，齊默爾、韋伯兄弟、新康德學派的李克特等人。他倆也在海德堡相識結為志同道合的文人。受著德國將近百年歷史的浪漫主義與唯心主義的衝擊，兩人深覺20世紀的西歐，在資本主義宰制與第一次世界大戰凌虐之下，布爾喬亞的文化敗象畢呈，擁有「自我」的真正的個人主義業已喪失，個人主義的原子化、機器化、商品化、使他們變成激進分子。在他們沮喪、失望、生氣之餘，只好向左傾斜，也就是向馬克思主義求助，兩人相信只有馬克思主義才能為困惑的與反叛的資產階級青年知識分子指點迷津，藉助於普勞階級的革命達到全社會的脫胎換骨，而非頭痛醫頭、腳痛醫腳的點滴改革。

　　可以這麼說，卜洛赫與盧卡奇，以及同代的激進分子都有同感，他們正夾在布爾喬亞與無產階級兩種世界觀對抗之間，必須選邊站立，才能建立新社會，成就新人類。在這種身處左右夾擊之下，他們找到一塊肥沃，而具創意的空間。他們雖然被一個階級（本身的布爾喬亞）拋棄（*Geworfenheit*），而尚未徹底變成另一個階級（普勞階級）之成員。但這種「居間」的狼狽狀況反而是提供他們創思、卓見、遠矚的契機。盧卡奇居然為馬克思主義和中產階級的文化傳統搭起了一座溝通的橋

樑，甚至創發了「馬派的美學理論」。卜洛赫則把過去視為工人階級無
關緊要的思潮注入馬克思主義的田地中，而讓後者更為肥沃富饒，而呈
現更美好的遠景。這種思潮包括基督教的救世說，猶太教的神秘主義，
和新黑格爾主義。其結果造成馬克思遺產的加寬與拓深，而使馬派學說
不受實證主義、或經濟主義之牽絆。另一方面盧卡奇和卜洛赫並沒有把
馬克思本人的企圖——人的解放——減低一分一釐。馬式的革命主張仍
舊在兩人的理論之中浮現，普勞階級仍舊擔任改變與創造歷史的載體
（bearer,agent）之角色。不論如何，兩人擴大革命的意
義，並指出革命的動力不只是經濟的異化與階級的剝
削，而是資本主義社會中無法忍受的文化與心靈之異
化和疏離（Gross 1977: 109-111）。在介紹過盧卡奇的
物化論與階級意識轉變為創造歷史的動力之後，本章
主要在析述卜洛赫、卞雅敏和布列希特（Bertolt Brecht
1898-1956）的學說，俾為西方馬克思主義的前驅導入
理論的場景。

布列希特

二、卜洛赫的生平與著作

卜洛赫於1885年出生在德國巴伐利亞邦路德維希
港，逝世於1977年西德圖賓根。他的學說帶有強烈的未
來取向與神秘主義的色彩。因之，激發了當代神學界的
注意，而他強烈主張馬克思主義為黑格爾哲學的延長
與擴充，這點顯示同盧卡奇與寇士的說法頗為類似。在

卜洛赫

這種情況下，把他當成西方馬克思主義奠基者或是先驅看待，也是適當
的。

青年時代的卜洛赫在烏次堡大學研讀音樂、哲學、物理學，其博士

論文為涉及新康德主義者的李克特（Heinrich Rickert 1863-1936）有關認知論的問題。在此一論文中他倡說對烏托邦應有新的理解方式、新的認知論。這種新的邏輯不再採取「凡S就是P」（凡主詞就是述語），而應當析出事物的潛在力量與發展趨勢，而論述「凡S尚未發展為P」的新命題來。

之後，卜氏轉往柏林大學，就教於社會學家與哲學家齊默爾（Georg Simmel 1858-1918），並在齊氏轉任海德堡大學教授之際，跟隨齊氏前往海德堡，遂參與韋伯每週一次的研討會，而與盧卡奇等結識，成為終身的摯友。

第一次世界大戰爆發後，愛好和平的卜洛赫跑到中立國瑞士躲避戰禍，並完成《烏托邦的精神》一著作。此時他對資本主義給知識分子帶來的文化壓力，極為不滿，蓋資本主義充滿文化的功利與拜金的作用，其市儈性、偽善性、頹廢性、墮落性促成人們真正個性的沈淪，把人貶抑為生產的機器，把人化作為社會生產的奴隸。

在1918年的出版的《烏托邦的精神》一書中，卜氏一反馬、恩對烏托邦的貶抑之義，認為烏托邦是人群對未來美好的夢想，是眼前一時無法實現，但最終卻要落實的希望。這本著作為他後期重要的作品《希望原則》舖路，可以說是卜洛赫一生思想的大要都隱藏於此書之中。儘管他後期少談烏托邦，卻鼓吹烏托邦的思想，因為在烏托邦中包含了人類尚未實現的可能性。做為烏托邦主體的人類，尤其是哲學家，應當把人類落實烏托邦的可能性從人的內心中喚醒。哲學的首要職責為實踐的理性，哲學不在描繪已完成的世界，而是搖醒尚在昏睡中的世界。而使世界清醒需要人類的精神和人群的創意。人尚未發展其本質，世界尚未符合人的要求，未認同人的解放。人的本質之喚醒不是靠嚴格經驗科學的助力，而是靠人所擁有的想像力去把世界驅向烏托邦的境界（Kolakowski 1978, III: 461）。

烏托邦的內涵是世界徹底的改變、轉型，是偉大的啟示錄的實現、是救世主重返人間、是新天地的誕生。烏托邦的哲學並不是盲目等候末世之日的降臨，也就是說這一哲學並不是等候末日降臨的末世學（*Eschatologie*），而是贖罪拯救、解放的實現，它不是消極的等候與觀望，而是積極的參與和落實，是意志的行動，而非理智的冥思。過去數百年間有關救世的說法，是指出可能的機會，而必須吾人協力推動朝此可能進展，沒有任何的神明可以保證人類走向勝利之途。神明也屬於烏托邦，是最後才出現的超凡力量，可是目前這種力量尚未成形、尚未出現。

　　在《烏托邦的精神》一書中，卜洛赫把猶太文獻中末日的說法往前推動，因而兼有曖昧不清的社會主義和安那其（anarchy，無政府）主義的色彩。他指出：人們對未來世界的面目雖然尚缺乏清晰的概念，只知是人類獲得拯救的狀態。但可以斷言的是人群將進入一個自由的領域，在該領域中具有中介作用的國家、統治、法律等制度將告消失。在此卜洛赫抓住馬克思的念頭，他認為馬克思主義所殘留給未來人類的感受，不過是人們對閔徹爾（Thomas Müntzer 1490-1525）鼓動農民革命的想法之翻版。曾經是神學家兼教士的閔氏在受到馬丁‧路德宗教改革的吸引之下，把宗教改革轉化為農民革命（1524-1525），最後失敗被捕，遭處死刑。唯一造成馬克思與閔徹爾不同之處，為前者不談具有人身的救世主之降臨人間，究其實馬氏的烏托邦卻要靠人群的意志促成其實現。這點說明卜洛赫早期對馬克思的敬意。不過只在這點之上他與馬氏同調，而不受馬克思其他的看法與想法所感動。❶

馬丁‧路德

---

❶有關卜洛赫對烏托邦的看法，下文還會詳細說明。不過馬克思未來社會與人類
　的烏托邦看法，則可以參考洪鎌德 2000：386-417.

要之，在《烏托邦的精神》一書中，卜氏雖然認為馬克思主義為政治的意識形態，同他哲學本體論的理想可以相容，但認為馬克思主義烏托邦的色彩仍不夠濃厚，在預期一個可以實現而尚未實現的未來方面不夠大膽、不夠前進。同理他雖然也同意無產階級有能力感覺到總體性的歷史變遷，而可以擔當歷史主體的角色，但他本人出身資產階級，他無法從他所屬的階級跳脫出去瞭解世界、體驗世界（徐崇溫 1982：225）。

　　《烏托邦的精神》不是把當時出現世間的各種問題作出特定的解答，而是企圖給這些事情一個帶有希望的解釋。許多事情看起來是壞的，但人們卻沒有理由悲觀與失望。原因是有許多事物可以從過去解救出來，並把它們帶往未來。卜氏的目標就是幫助人們，去發現什麼東西可以從過去解救出來而引向未來。從這些拯救出來的事物，發現變成現實的趨向，而引向未來的發展。對他而言現狀不是過去發展至今的巔峰，而是看做未來成形之前的「意像」、「映象」。躲在想像與印象後面的是一種邁向未來發展的潛在勢力，即使未來更好的時代意味著革命的擾攘不安，也要把這潛在的力量發揮出來（徐崇溫 1982：226）。

　　第一次世界大戰結束（1918）後至希特勒掌權（1933）之間，卜洛赫留在德國，以自由作家的方式謀生，沒有再追求教職。他與卜雅敏和盧卡奇友好交往。不過對盧氏在《歷史與階級意識》一書中「社會學式」地解釋世界，以及後者對表現主義的抨擊有所不滿與批評。

　　在這段期間他出版了文集《越過沙漠》（1923），大力攻擊布爾喬亞功利主義、虛無主義和實用主義。另一本文集《痕跡》（1930）則是對各種軼聞與傳言的述評。1933年被迫離開德國，先在瑞士，後在維也納、巴黎和布拉格滯留一段時間。1935年出版《這個時代的遺產》，對納粹主義大為抨擊，並分析這種極端排外思想的文化淵源。在這本著作中，卜氏完全認同馬克思主義。在政治上他也認同共產主義，儘管他無意成為共產黨的黨員，也從不承認史達林式的馬克思主義之主張。不過

當大整肅與莫斯科大審判開張之時，他卻站在史達林那邊，顯示他政治判斷的幼稚與失誤。

　　1938年卜氏移居美國，直到第二次世界大戰後的幾年。他在旅美期間與德籍流亡人士共同奮鬥，並為他的巨著《希望原則》（*Das Prinzip Hoffnung*）做好準備工作。1949年返回歐洲，而增強了他與史達林派社會主義的認同。於是接受了萊比錫大學哲學講座席位，為東德重點大學的教授。其後十二年間他在東德居留與執教。在他教書的最初數年間強調與東德共產政權的政治一致性。1951年出版了《主體／客體：對黑格爾的詮釋》，另有涉及阿威千納（Avicenna 980-1037）千年紀念之小冊（《阿威千納與亞理士多德的連結》1952），又有湯馬秀斯的評論（《Christian Thomasius 沒有苦難的德國學者》1953）的出刊。最重要的作品《希望原則》三卷本的陸續推出（卷1，1954；卷2，1955；卷3，1959）。

　　由於卜洛赫不是共產黨徒，但政治上卻認同東德體制，所以最初獲得東德權力者的相當禮遇，得到各種榮譽獎賞，只要他繼續效忠東柏林頭頭，則其與官方不同，而帶有他本人特質的馬克思主義之詮釋尚可以被當局容忍，也可以在東德發行他的哲學著作。可是日子稍久，東德御用學者無法再忍受卜氏的想法與說法，開始不斷地批評他、攻擊他。特別是在1956年俄共二十大之後，熱烈的爭論橫掃俄境與東歐，卜氏「自由派」與「修正主義的」趨勢一再流露。遂在慶祝他七十歲華誕的祝壽專集（*Festschrift*）出版兩年之後，一本批判他陷溺於「修正主義」、「唯心主義」和「神秘主義」，甚至要擴大東德文化自由的反馬克思主義等罪名的批判專號終於出版，大力攻擊卜洛赫。1956年卜氏幾名學生與助理，也以搞黨國修正計畫的「修正主義者」之陰謀投獄，卜氏受牽連喪失教授資格。不過他主要著作的第三冊之出版仍獲東德當局批准。其間卜洛赫對東歐共黨政權的社會主義愈來愈不滿。1961年他剛好人在

西德,就在柏林圍牆建築之時,他決心棄絕他一度認同的東德祖國,成為逃亡西方百萬難民之一。他當時已高齡七十六歲,仍在圖賓根大學受聘為哲學教授,在那裡歡度餘年。在政治立場上他與蘇維埃式共產主義絕交,而企圖振興新式的共產主義。

在這段期間他出版了《自然權利與人的尊嚴》(1961),嘗試為馬克思主義找回自然權利。又出版《圖賓根哲學引論》(1963-64),《基督教當中的無神論》(1968),以及大量的專文與散文。自1959年開始法蘭克福的蘇爾坎普(Suhrkamp)出版社陸續出版他的全集,多達16冊。

他是典型的象牙塔之思想家,對政治只具書本的認識與書生的瞭解。他曾有龐大的、深邃的文學與哲學教養,不過他分析的能力卻不算高明。他的政治見解和看法常是幼稚的、老套的和一般性的。其文體也是庸俗之言的反覆。他期待完美的世界之來臨,但從來不告訴吾人這個美好的世界如何可以獲致,甚至這個美好的世界究竟美好到怎樣的地步(Kolakowski, *ibid*, S.462-464)。

1977年卜氏以心臟病發作死於圖賓根,享年九十二歲,算是哲學家中長壽的一位。

三、《希望原則》之介紹

卜洛赫的思想顯示了不定性(*Unbestimmheit*),這可以從他著作中充滿格言、警語、俳句中看出。譬如他一度說:

> 人是那種前途未定、各種可能的機會充斥的動物。人要在勞作
> 中,也通過勞作逐漸型塑出他的本身。他經常站在前線〔邊
> 界〕之上,一旦體會前線的存在,他便跨越邊界向前又走了一
> 步。人與世界內在的特質為旁站的、等候的,在憂懼中站立,

然後在虛榮的片刻間處於希望之中，而贏得所追求的事物〔成
就事功〕。（Bloch 1959: 284-285）

他的學說之重點在於說明整個世界和人類都不是發展完善的事物，
而是充滿各種發展可能性的變化之東西。在人所營構的法則之外，再也
沒有任何客觀的規定，可以保證世界與人可以落實成何種模樣。最終
如果不是完全的消滅，便是發展到完善的地步。完善的境界存在於人與
世界「本質」與經驗性存在底合一、同一。人要回歸到本身自體是不可
能，這意謂在古老的黃金時代，人一度是完善的。這種回歸古老的完
善，表示整部人類史不在上升，而在沈淪。由是可知我們本質的落實，
不在過去，而在未來。是否完善的本質在未來可以實現，繫於我們的意
志和能力，特別是跨越那個界定我們生活的邊界、前線。這又引申出我
們需要不斷地朝未來奮進，我們需要「希望」（*Hoffnung*）。希望會把世
界揭露給我們認識，讓我們知道世界的事實狀況。希望是所有存在的特
質。在這種存在的特質中，人的情緒變成對美好善良的追求，也變成對
完善境界的追求，這種完美的追求會把宇宙轉化做充滿心靈的宇宙。通
過人群的活動宇宙得到了種種的規定。未來並不是空無一物，而有其特
殊的本體論之地位，也就是未來是一種隱藏的可能性潛伏在事物之中，
也潛伏在人對世界的關係之中。哲學之職責就是把人的這種潛能從其夢
幻中喚醒出來。

自有歷史以來，人類文化的各種形式，以及個人、或集體發展的
不同階段，都顯示人群都在夢想美好的生活，夢想人類超凡的能力的出
現，夢想一個沒有苦難、煩惱和爭鬥的世界之湧現。簡言之，人類就在
建構各種各樣的烏托邦。對烏托邦的預感可以在人們童稚時代的白日夢
中、在神話中、在民間寓言裡找到蛛絲馬跡。近年間贏取全球老少如痴
如醉的電影「魔戒」、神話式小說哈里波特，正反映了對烏托邦的憧憬

與希冀。在最低層次上，人們的白日夢涉及即刻可以顯現的福氣，像財富、聲名、地位、性的滿足。在這類的美夢中，人們並沒有想要改變世界，而是企圖從現世裡挖出對自己有利的財物而已。在較高層次上，像革命的烏托邦，卻在希冀一個更完善、更為美好的世界，而不是企圖對現存世界的資源有何佔取。也就是不以犧牲別人的好處而達到自利，卻是希望建立一個把不幸與憂患劃除的新世界。在負面的期待的效應方面，去除地獄的苦難，在正面期待的效應中，則把天堂的建立，當作心之所嚮的目標（Bloch, *ibid*, S.127）。這種正面期待的效應就是人的希望之所寄。

卜氏心目中正面的烏托邦，也就是他所聲稱的「具體的烏托邦」，這是對絕對的完善之期待，也是黑格爾式歷史終結的期待。這種烏托邦就是一種意志，以「太極」（*Totum*）、或「終極」（*Ultimum*）、或「救世」（*Eschaton*），為其對象、為其目標。卜氏反覆說明，世上只有存有「全有」（*Alles*）、或「全無」（*Nichts*）兩種可能，也就是絕對的完善與絕對的毀滅這兩種可能。「歷史的過程充滿了尚未落實的驅動內容與創意內容，本身尚有各種歧異，而非一體之物，則歷史過程的終端，既可能是全無，也可能全有，既是白費功夫，也可能成就非凡」（*ibid*, S.222）。

「太極」、「終極」、最終之善、「救世」、總體、全部，甚至「家鄉」都是同一最高的境界，為卜氏指涉烏托邦的最終概念。家鄉不只在說明人回歸，也是說明人如何克服本身的分裂，與世界整體的調解，對每一否定的穿越，也是異化的終結。卜洛赫強調烏托邦的意志不是無窮無盡的追求，不是沒有終站的前進，而是這種意志在其最終時刻真正地實現，證明了人最後要進入終境。

整個西方的文明充斥著或大或小的美夢，其表現為詩詞、為戲劇、為音樂、為繪畫。連建築方面、地理方面也透露這種烏托邦的氣息（像

Eldorado，譯為愛多樂多，位於美國科勒拉多州Bogotá城附近的印第安小鎮之鎮名；像Eden，譯為伊甸，英國Cumbria郡有伊甸谷）。醫療方面也同樣有其夢想，像永保青春、戰勝病魔、克服SARS、阻遏衰老等。體育運動更是烏托邦的表現：超越生理極限創造新的體能記錄。而最著名的烏托邦小說，則與千年祈福運動（自16世紀的西洋宗教運動開始），以及宗教史中所涉及的救世主之再度降臨人間，拯救、解放和天堂的期待，無一不與人們現世與來世的幻想與夢想有關（洪鎌德 2002：33-63）。

是故做為自然界的靈長類生物，人從開始出現世上之日起至今，無日不在做烏托邦的美夢，也無時無刻不在相信有一個完美的世界。在文化的領域中，每一部門都可以發現烏托邦能量的存在。連哲學史也顯露烏托邦的勃勃生機。可是馬克思之前的歐洲哲學，其眼光絕大部分投向過去，以過去為取向。他們只滿足於對業已出現的眼前世界加以解釋，而不像馬克思把眼光投向未來進行計畫與改造。向來的哲學家只向柏拉圖學習，以

柏拉圖

為人類的認識來自於回憶，也就是回憶曾經見過的事物。縱然這些傳統的哲學家能夠把未來看作善境，或投射眼光至未來的終端，對未來的認知不正確，所看的終極是錯誤的，只是把開端的絕對化看成終端而已。換言之，只見開端（*Primum*），不見新創（*Novum*），也就是業已完成的、喪失的、外化的初期（開端）之循環反覆而已。換言之，馬克思之前的哲學家所看的終極，是一個不含真正的新意之未來，其原因無他，乃是一開始就設定了絕對，例如黑格爾一開始就把絕對當成主觀精神，然後轉化成客觀精神，最後又到達另一個絕對精神的境界。因之，他看到的是舊境的循環而不是新的樂園之尋獲。

可以這般地說，卜洛赫認為向來的哲學只能把發生過的現象或史

實加以描寫，但對未來的發展沒有預測、預感的能力。在資本主義體制下，所有的事物（包括人的勞動力）都變成商品，連思想都已「物化」（*Verdinglichung*），以致思想化約為商品的形式，只會對事實崇拜，或勉強把認識論建立在「批判的經驗主義」之上。在這種說明下，卜洛赫的說法接近了盧卡奇的學說。這也與法蘭克福學派的批判理論接近。

對於新舊哲學的差異，卜氏的比較與霍克海默等人的說法無多大的不同，他只提出馬氏之前的舊哲學之回顧過去，不像馬克思展望未來。但何以致此？他未加以深入分析。卜氏也提及精神（心理）分析，認為這一學派對未來也採取否定態度。不過他卻從精神分析的「下意識」（*Unbewusstsein*）找到「尚未被意識」（*das Noch-nicht-Bewusste*）這個概念，也就是我們處於昏睡或微睡狀態，而尚未預測或預感的意識。不管是佛洛伊德或是其忠實、或是其反叛的學生都把下意識當做業已經歷過的體驗之沈澱，因之，為取向於過去的心思，是布爾喬亞意識的分析方式，在卜洛赫心目中，這是一個沒有前途、沒有未來的階級之精神分析。

過去幾個世紀的革命性烏托邦透露了人類對完美的渴望，有時也顯示人類對完美的真知灼見。與馬克思的烏托邦相比都是回顧過去、眷戀以往，是反動的。卜洛赫甚至說：威爾斯（H.G.Wells 1866-1946）「資產階級民主的」烏托邦就像資本主義的娼妓企圖要變成處女那樣的夢囈。在這種情況下「西方資本主義烏托邦的自由，不過是使用克羅芳（chloroform，氯仿、三氯甲烷的毒氣）來麻醉人心而已」（*ibid*, S.682）。

四、卜洛赫所理解的馬克思主義

卜氏認為只有到馬克思主義的出現，也只有馬克思主義才會給人

類有關未來的希望與慧見。甚至斷言，只有馬克思主義與人類的未來有所關聯，原因是這種主義認識到過去活生生的那部分，這些活生生的過去是投向未來的捷徑。馬克思主義發現了理論與實踐密不可分的關係，從而對客體的可能性做了徹底無遺的研討。馬克思主義是一種把存有（*Sein*）與思維（*Denken*），把實然與應然兩項對立加以克服的科學。這種主義不只是科學，也是實踐，為實際的未來奠立基礎，成為導向實在的理論。

馬克思主義是一項廣包的烏托邦，與過去數百年人類的夢想相比，是一種具體，而非抽象的烏托邦。馬克思具體的烏托邦不為未來的社會做仔細的描繪，因為馬克思曾經說，他不為未來的廚房開菜單。正因為不做詳細的規劃與描繪，因之，馬克思主義同早期的幻想、夢想相比，成為一種「對社會革命改變的歷史性與內在性過程積極而有意識的參與」（*ibid*, S.752）。「具體的烏托邦之關鍵為對存在於歷史運動中的事物有清楚的理解」（*ibid*, S.727）。

馬克思

具體的烏托邦之特色在於對其內容不能詳述其特殊的細節。只能就最高之善，也就是對「太極」不斷地以科學來研究。從馬克思的的作品中透露幾項訊息，包括共產主義社會不是靜止的狀態，而是繼續不斷的運動，未來是一個沒有階級的社會，人群不再發現疏離與異化，將來的社會是一個自由的領域等等。它也將是人與自然的妥協、和諧。這裡卜洛赫一再引述馬克思在1844年《經濟哲學手稿》所指稱的「人化的自然」，他認為這是瞭解馬克思學說的關鍵。烏托邦如果無法掌握「總整體」（全部）就不再是「具體」，而總體乃是宇宙。只要吾人的幻想與想像只著眼於正確的社會組織，卻不把自然也包括在內之時，這種烏托邦就是「抽象的」，而非「具體的」。

　　馬克思主義代表人類的希望，它在認識可以預感的的世界和人類對世界改變的意志之後，可以把認知與意志結合，而導致這個烏托邦的落實。烏托邦的認知無法靠經驗性的觀察來獲得，而是向實在更高的層次，更「本質」的程度推進。與經驗性的哲學不同，馬克思主義不只是認識論，更是本體論，是一種尚未成形，尚非存有的本體論，是一種「對尚未展現之可能性的期待、希望、意向。其基本性質為人類意識，卻是藏在客觀實在裡頭的基本心態，也就是正確看法、與掌握之物」（*ibid*, S.5）。尚未成形的存有，未來才會出現的實在，也成為人類尚未意識到的事物，這些東西出現的可能性不容抹煞。是故不存在著對烏托邦絕對性的排斥。具體的烏托邦即有一個與其相搭調，相配套的落實過程，也就是經過仲介的新事物（*vermitteltes Novum*），也就是出現實在而可供預測、預知、預感的一些元素（*ibid*, S.226-227）。

亞理士多德

　　在這裡可以看出卜洛赫採用類似柏拉圖與黑格爾的概念，也就是對非經驗性的實在之概念。這種實在觀既非落實過的完美境界，也不是規範的，只是刻意的理想境界，而是一個目前尚未顯現，但卻可以預感的新領域。這裡多少可以看出亞理士多德「朝目標奮進的內在潛力」（*Entelechie*）的蹤跡，也就是亞氏學派所鼓吹的「創造性的物質」。原因是根據亞氏的說法，世界有一個內含的發展導向，最終要走向終極之力量（*Finalität*），靠整個內驅力激發世界不斷發展、成形、完善而走向終極。是故發展的形式既是「自然的」，也是「規範的」。亞氏的觀念不只應用在於有形的世界的發展過程，也涉及人群的行為。這些都與經驗世界有關，是可以藉觀察而認知的。但卜洛赫卻在這個方面與亞氏的說法不同，前者雖強調整個宇宙（世界與人類）有其發展的內在潛力，卻無法靠觀察來獲得。原因是卜氏強調發展潛力的概念建立在思辨的信念之上，相信世界朝完善之境邁

進，此一善境的樣貌、狀態、本質卻是不可說，不能描繪的。以事實否定信念是不對的，因為所謂的經驗事實缺乏本體論的根據。

　　基於這種考量，卜氏認為馬克思主義不再關懷業已存在的科學是真是假。所有經驗事實，以及證實經驗的科學方法無法對終極關懷推翻、否定。反之，改變或推翻終極的卻是幻想、藝術的靈感、人類的熱忱。原因是宇宙的本質乃是尚未呈現的狀況，是潛藏在宇宙的願望之內的發展的可能性。也就是宇宙做為實有的職責，宇宙的「客觀性」幻想。但最重要的卻是透過人的意志與意識，而非通過宇宙的律則去實現宇宙的願望與想法（客觀的幻想）。是故人類成為宇宙發展計畫的實行者，也就是宇宙生成的工具。不只是人類對這種使命不甚了然，甚至人類還具有選擇的機會可以把宇宙推向完善、或推向毀滅（全有或全無的選擇機會）。因之，人類又成為這個世界的領導。在其肩膀上不只負荷了人類的歷史遞嬗，也是人的所以為人（人究竟是什麼？）之重擔。人怎樣成全本身、世界怎樣完善其本體是新柏拉圖形而上學的說辭，卜洛赫卻把這種人的解放之自信滿滿歸功於馬克思。卜氏說這是根據馬克思的看法「人是萬事萬物的根源」（Bloch 1968〔2〕: 31）引申而得。不過這裡卜氏誤引青年馬克思的話，因為馬氏在二十五歲時說出「人的根源就是人的本身」。可見淵博如卜洛赫者仍不免引述錯誤（Kolakowski 1979 3: 473）。

　　由於卜洛赫並沒有把終境或樂園視為必然會出現在人間的未來時期中，而是靠著現代人或後現代人的意志和努力，才有可能落實。因之，未來究竟怎樣蘊藏在現代，吾人對未來擁有怎樣的知識，以及如何實現未來，這部是人類的意志表現。對此他都沒有確切的交代，他的說法之曖昧和模糊與超現實派藝術觀幾乎沒有多大區別。嚴重的是卜氏使用哲學的「言說」、「論述」（discourse），在斷言現在走向未來的途徑，其模糊與歧義是不應該的，會嚴重傷害學術的正直。

　　替卜氏解套的辦法是說他的模糊不清，完全師承黑格爾和馬克思的傳統，把預言和未來創造之界線擦掉。但擦掉這兩者的界線，也就把預言者的身分同哲學家的身分混為一談，無從分辨。不過卜氏對未來的「實在」強調其尚不存在，尚未成形，是一種否定的狀態，是一種缺陷。「不存在」、「否定」、「非存有」雖然是一種缺陷，也就是某種事物、或狀態之否定或缺失，但卻朝此一事物（或狀態）在追逐、在邁進。因之，是創造性、更新性，是推動世界的動力。是故以不存在、否定，而不是同「全部」相對照，才能使人類不斷向前奮鬥（Bloch 1959: 356-357）。同理對「尚不是」、「尚未意識之物」不能看成完全負面的、消極的事物、而是看成是精神的一種傾向，是精神要去覺識的東西。

　　這麼一來，要達成先知的、預言式的意識便不是想像中那麼困難。一方面先知或預言家不需藉事實的知識，對過去的瞭解、或借用邏輯的運作來作出大膽的預言，更不必對他預言詳加說明原委與理由。另一方面，他卻是以高度準確、精確作出預言，原因是他倚靠了對尚未實現、尚未成形的未來擁有「真知灼見」（*Einsicht*）。是故先知比科學家擁有更高、更精確的知識，而不像科學家那樣必須說明其知識之來源和理由。

　　資本主義創造了技術，技術建立在對自然採取數量的理解之上，也是建立在對自然機械性的看法之上，這種理論與看法會逐漸忽視了人類與社會的「素質」、「品質」的那一面向。卜氏認為未來的人類採用「非歐幾米德式的技術」（*nichteuklidische Technik*），足以創造各種各式各樣的奇蹟，例如把撒哈拉和戈壁沙漠轉化成綠洲，把北極與西伯利亞轉變成地中海似的濱海城市（里維拉、摩納哥等）。非歐幾米德的技術使人類贏回對自然的關愛與信心，以素質關係來與大自然打交道，這不是「抽象的資本主義」所能做到的。

卜洛赫最大膽的預想是有關死亡、「自然的主體」、上帝等的種種說法。在《希望原則》第三冊中有長篇巨幅在討論死亡，涉及到的為古埃及、古希臘、猶太、佛教、印度教和基督教對死亡與不朽的不同闡釋。綜合他對各大宗有關死亡、不朽、輪迴的說辭，卜洛赫認為這些都是幻想、妄想，但卻也透露了人類對烏托邦的願望、意志和尊嚴的追求。有異於機械的唯物主義，辯證的唯物主義在涉及此岸（現世）方面，並沒有設限，不為自然秩序所範圍。反之，其實踐為自然的人化。人類以其勞動與一個可能的自然主體（上帝）之辯證互動，構成了共產黨人的宇宙觀。人類在自然中最終的命運尚未有正面的解答，同樣也沒有負面的解答。至今尚無人知道在人類活動之外的世界中有無自然的存有。這種自然存有的主體可以操縱一切生靈。這種主體的出現完全取決於人類的發展，特別是共產主義的奪權（*ibid*, S.1382-1383）。

人類生存的核心尚未顯露，是故人類生存之謎不屬於變化與寂滅的範圍。除非世界發展至盡頭，而發現這種發展完全是瞎拼、完全白忙，屆時死亡擊中自然的核心（*ibid*, S.1390），否則烏托邦還是會降臨的。要理解卜氏對死亡的看法，必須瞭解至今為止的世界各大宗教所宣揚的靈魂不朽與輪迴都是空幻的、虛榮的。只有當共產主義在現世建立之時，人類才能夠解決死亡的問題。卜氏這種說辭未免有輕率之嫌，特別把死亡問題與政治運動掛鉤，頗難取信於人。可以這麼說，上帝的創造與出現是卜氏最終的烏托邦的夢想之落實。

各種宗教的主旨在於抵達人類至善之境，也就是把人推到完美的極致，終於使人成神，也等於消滅神的存在。各宗教的烏托邦就是人類完善的疆界，界線之打破。在這方面卜洛赫反覆陳述費爾巴哈的說辭，也就是宗教的真理存在於無神論裡頭，人類在宗教當中所追求的，無非是要求神的不再存在（消失）。只有宗教的消失不夠，還要把宗教留下的遺產，也就是完善的事物、完善的實有的最終問題來一個終結。天堂既

列寧

然不在彼岸，不在另一世界，那麼我們就應該在現世建立天堂。卜氏引述列寧的話，後者曾痛斥俄國社會民主黨徒（布爾塞維克黨前身）心中有各種的造像，以為世界是一部創物主造人的機器。列寧說這種機器創造完人的「製神者」（*Gottbildner*）不是他所關心的，他所關心的是一旦上帝消失之後留下的完全的希望之內容是什麼？也就是人怎樣變成像神那樣完美，這個內容才是列寧關心之處。卜氏固然相信共產主義的實現，便是這個至善之境的內容，但他有時也稱謂這個完善之物為「自然可能的主體」，是造成事物發展的那種情況（*das Daß*）的動力。在此情況之下，共產主義將解決宗教無從解決的問題：誰創造了神？很明顯地回答便是共產主義創造了完美的人，這個完美的人就是上帝。自卜氏著作之末端顯示了他的哲學不過是神的起源說（*Theogonie*），一個由人變為神的夢幻式之投射，他說：「真正的創世紀並不在〔歷史的〕開頭，而是在其尾端」（*ibid*, S.1628）。

五、卜洛赫的體系

依據葛羅士（David Gross）對卜洛赫「開放的體系」之分析，認為卜洛赫的思想頗為廣博複雜，因為涉及其五十年長時間的創作，也涉及其表述語文的深奧難解。因之，卜洛赫所要彰顯的馬克思主義至少可以分成四個範疇來析述。其一為人類的希望；其二為「前線」（front）；其三為「新創」（novum）；其四為「具體的烏托邦」。茲簡述於下：

(一)人類的希望

人不是定性與定量的實體，而是變動不居的流程。人的本質不存在其誕生之日，也不出現在其死亡之時，而是整體人類發展歷程最終

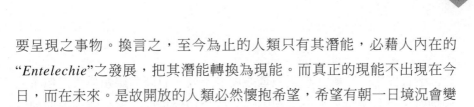
要呈現之事物。換言之，至今為止的人類只有其潛能，必藉人內在的
"*Entelechie*" 之發展，把其潛能轉換為現能。而真正的現能不出現在今
日，而在未來。是故開放的人類必然懷抱希望，希望有朝一日境況會變
成他所希望、期待的那個樣子。

　　因此，人類還處在發展階段當中，他的人性與他的希望難分難捨。
希望並非學習而得，而是內存於人心、深植於人性的一種需要。有異於
費爾巴哈視人性為種類本質，把人性固定化、扁平化，卜氏的人性觀是
動態的、發展的之有異於馬克思把人性當作社會關係的總和，視人性受
社會情境的制約，卜氏的人性觀建立在人對外頭世界（包括社會情境）
的創造之上。是故對卜氏而言，人性的源頭固然是社會，但人改變社會
關係，社會關係也改變人，是故人性並非賦予人群（強制加在其身上）
之物，而是他在積極的行動中獲取之物，在他與世界直接交往中成為客
體創造物，也藉社會「實踐」來改變世界。

　　因之，比起馬克思的人性觀（洪鎌德 1997b：211-231；2010a：
235-256）來，卜洛赫對人的看法又拓展了一個新的天地。也就是說人
不只受限於其現在的社會關係，也受到其未來追求的理想之制約，也就
是受到他將意願轉換成怎樣的人之影響，而不只是他目前是何種的人，
來決定他究竟是怎樣的動物。人對社會總體有改變的熱望，他要朝什麼
方向來改變社會總體呢？卜氏認為答案在於人類究竟希望成為怎樣的靈
性動物，才會知道他朝那個方向邁進。對卜洛赫而言，人是「指向前
頭的意向」（intention pointing ahead），是一種「種屬人處在希望中」
（generic man hoping），是朝著目標張弓待射的在弦之箭。

　　目前人類只處在「存在」階段，尚未達到「本質〔實有〕」階段。
只有一步一步地擴展既有的時空疆界，人類才會向前、向未來發展，由
是從「未來臨界」（future edge）的討論，而進入探索「前線」（front）
的範疇中。

(二) 前線

卜氏使用「前線」一詞與普通用法不同，有時前線類似於人類希望的物質，也就是世界發展過程中物質的物理性投射。另外時候他把前線應用到人發展的脈絡上。這又分成兩項：其一，前線為超驗的理想，為外在於個人幻想的、想像的、假定的理想狀態。這種在人身之外、在高懸於人身之上的理想是非物質的、是烏托邦的，但卻是引導人群向前邁進、向上提昇的力量。是故理想的人似乎又與現實的人有了一條鴻溝、有了一層隔閡，這就是異化的本體：人的本質從人的存在異化出來。有了這種異化才會鼓舞人、催促人朝理想奮進。人的完善便是神，完善的神從不完善的人異化出來：人是神的異化、神是人的異化。人只有肯定自己本身，把人轉化為神，才能克服異化、才能填補前線留下來的空白地帶。是故前線代表人類的理想，在人向前躍升途上的標的。前線的存在其目的在吸引現時人朝向未來的目標努力，也就是在奮鬥中去發現人性中之潛能、人生之目標。

前線的第二個意義是指內在的、內心的能力與心向。也就是人有本事把超驗的理想吸收到他內心的深處。由是「未來的臨界」不再是人身外的目標，而成為內在的理想。也就是人達致理想的境界是心靈的運作過程之物，也就是通過人自我實現，在創意和才華表露於外頭（外化）之時，所展現的內在之主體性與能動性。除了外頭可以顯現的人的本質之外（客體化的人性），這裡還多了一項主體化的本質、一項內在的其他事物（internal otherness），也就是內在於人心，而求發展的另外天地、另外世界。

(三) 新創

這是在舊的框架中創造嶄新、新穎的事物。也是經過妥協、視為平常的現實（實在）中一個具有創意和新鮮的理念。新創這一範疇視其

應用的脈絡也有兩項意義，其一為人身的；其二為歷史的。人身的脈絡上，新創為個人對其本身的實有突然之發現與承認。例如皈依新教（改教）的經驗。在此層的意義之下，新創是內心的體認與感受，也就是人感覺他能夠變成什麼樣的人，但至覺悟之前卻尚未變成，也就是感覺到人在現況尚未達到，但在其前頭（未來）卻可意會的新事物、新狀況、新理想。這種新境遇只見端倪、未見整體，但卻是一個開端、一點希望的明燈，是卜氏所稱「靈魂的烏托邦潛力」。一旦新意萌芽，人不再滿意現狀，人會朝著未來縮短業已「活過的黑暗」迎向未來的光明。這種具有爆炸性的驅力鼓舞人生朝實現之途奮進。

新創的另一意義與歷史脈絡有關，這牽連到「天啟」（epiphany），也就是耶穌神性的啟示，同時也是神道成肉身的時間過程，可以說是歷史上驚天動地的嶄新事件，是對至今為止的歷史進化之干預或撕裂。這種時序的斷裂來自兩個方向。其一為未來，未來的完成尚在靠現時的「推進」（nach vorwärts），朝向「未來的臨界」推進；其二為過去，這是把過去的理想具體化，這些過去的理想只存在人的「思想」中，但在實踐中未曾落實。對於未來，目前的狀況之斷裂成為「尚未」（noch-nicht）的境界，對於過去則為未曾實現的理想，也是一種斷裂，卜氏稱之為「尚未完成」（noch-nicht-geworden）。對「尚未」境界的看法則要從歷史的記憶中去回溯，以及檢討對過去夢想未曾完成的意志，何以這種意志這樣薄弱？能力這樣低劣？

新創的範疇是非常偏激的、基進的、無法與現狀妥協，造成事物演展過程的斷裂，於是過去所不曾存在過的裂痕與新創開始遂告浮現，新創使傳統與舊法被迫放棄，而另謀出路，這就是革命、革新的意思。就像基督以道成肉身出現人間是歷史的突破一樣，普勞階級的革命和俄羅斯的十月革命推翻舊政權、舊秩序也是人類史的演變。不過新創的出現，並不表示人追求的最終目標業已達致，它只是撕毀舊的歷史、舊的

局勢，而導入新情況而已。也就是革命只是嶄新過程的啟動，人們還得大力發展、推動，才能夠把可能性的的種子培植為枝葉茂盛、根基紮實的大樹。是故新創為走向具體的烏托邦之起始。

(四)具體的烏托邦

這是人類未來發展最後的狀況，是人的存在與其本質合而為一的境界。在此境況中人的本質呈現，而不再生活於「表象」（appearance）之中。這是人（也包括世界）歷史所追求的理想的落實，是「整體人」、「真人」、「完人」成形之時。真人、完人實現的環境並非真空，而是自然與社會。是故人在追求實現其本質的同時，也要把世界推向完善之境，他必須協助世界與社會自我完善，把其完美之潛能發揮出來。這樣人才能把世界當成他的「家」看待（"at home" in the world）。這樣人才能活在人化的自然、自然化的社會當中。這都是過去歷史上所有烏托邦理想者的共同目標，不只在求取人的自我實現，也在改變世界本身，使世界成為適合人類居住的所在。把世界變成我們的家鄉，把真正的人類（*humanum*）生活在「人的國度」（*regnum humanum*）中，把現世轉變成為天堂。

對卜氏而言，不只人類處在爆發力旺盛的狀態中，就是人類生息發展的外在世界也是生氣充沛、活力十足的。這不是說世界只在變動不居中，而是說世界也處在進化過程裡，在其結構與形式不斷的改變中。不只自然世界與社會歷史世界都充滿各種各樣的趨勢與潛力，就是物質也在轉變與發展。存在的每一面向顯示充滿期待與預感，預感他們內在的轉變，但不靠人類的協助頑石不可能變成珠寶。人是開放的主體，他所面臨的是世界，一個開放的客體。人與世界的互動——開務成物、利用厚生——一方面協助世界達成其至善的目標，他方面也是人成就其做為人的目的。這種相互扶助、彼此交易的最終目標就是擁有希望的人與

處於演化的世界之溝通，也就是人主觀的希望與世界客觀的可能性之協調。在未來這兩種趨向一旦合致、一旦輻輳，會使人的變化與世界的生成合而為一。屆時人的「美夢」與「物質的趨向」的合成一體化就造成了具體的烏托邦，也就是人以世界為家、天人合一的境界。

卜洛赫的開放體系是圍繞著他所宣稱的「尚未成形的實有之本體論」（ontology of the not-yet-being）打轉。他研究的主題為進入存在的所有事物，只要所有的事物（人與世界）對前途充滿希望、期待、影射、變化，都成為邁向未來門檻的研究對象。它不限於滿懷希望的人群，也包括擁有發展潛力與可能性的大自然和社會（人的第二個自然）。卜氏說：「不管在人的裡頭，還是世界的裡頭，最本質的事物尚告欠缺，它們都在靜待其發生、呈現，都害怕會流失、落空，但也在希望中求其成功出現」（Bloch 1954-59: 205）。是故人類的阢隉和物質的蠢動都種因於存在和本質的殊異之上，也種因於現在和未來的差別之上。人要靠職責的完成來把自己造成一完善的創造生物，同理周遭的世界也是一個充滿了各種未來發展的機會，以臻善境的大倉庫，它需要靠人類的協力才會提升、才會躍進。總之，最後的結果將是人與自然的合一，這就是具體的烏托邦之落實，也是「同一之家」、「認同之鄉」的建立。這些話不過是馬克思在1844年《經濟哲學手稿》中所說的：

> 當做完成的自然主義之共產主義……這是人與自然敵對的真正解決，也是人與人爭執的真正解決；它是存在與本質衝突的真實解決，也是客體化與自我證實之爭的解決……只有在這裡〔完全成熟的共產主義社會中〕人的自然的存在變成了人的存在以及自然變成人。至此社會是完全的、本質的人與自然的合一，是自然真實的復活，是人充滿的自然主義，也是自然的人本主義。（Marx *FS*, Bd 1: 593-594; *EW*: 348）

　　葛羅士便是把卜洛赫的希望之落實拿來同青年馬克思的哲學共產主義做一個比較，以顯示卜氏的學說並沒有偏離馬克思早年的想法（Gross 1977: 115-123）。

六、小結

柯拉克夫斯基

　　柯拉克夫斯基認為做為一位哲學家，卜洛赫沒有負起知識分子的責任，他也沒有提出任何種類的烏托邦，包括他自己作為「具體的」烏托邦之創建者。他的作品不算是烏托邦的描述，而是反覆不停地呼籲、要求人們擁有烏托邦的想法。他的著作並無意為未來的理想社會投以一瞥以窺全貌，而是企圖說服吾人，要對未來多想一想，多一份對未來的憧憬。

　　就像多位馬克思主義者一樣，卜洛赫並沒有花過力氣，為他的主張進行邏輯分析與滔滔雄辯，他只是把他的主張大聲宣示而已。如果他有任何的說明、或解釋的話，正暴露他邏輯之混沌：讀者如果認真去理解他的舉證，則不難發現他所談的不過是常識性的平常俗事或老套，用那種混亂的、令人難以忍受的語言加以包裝。例如他說：「實在是過程，這一過程乃為現在，尚未完全解決的過去，以及最主要的未來之分歧的仲介」（Bloch 1959: 225）。這個饒舌的語句，無非在向我們解釋現在是過去和未來的過渡，世界不斷在演變之中，而這只算是眾周知的常識。

　　卜洛赫分析能力的欠缺，可以從他動輒抨擊「實證主義」、「事實拜物教」和「實證的邏輯」等當中暴露出來。他也像盧卡奇一樣，抓到一句話，而大作文章。這句話是說人們盲目地、原子化地去追求事實，其結果是「對事實而言便只有更壞，而非更好」，原因在強調理性的優

先，而非感覺（對事實的經驗性覺知）的首要。換言之，用這句話來說
明世界沒有人的存在，事實的存在毫無意義，從而強調「世界的人化」
（馬克思宣稱「自然的人化」），包括了「哲學邏輯的人化」在內。

柯拉克夫斯基對卜洛赫的批評，並不是由於後者對實證主義的抨
擊，也不是後者對事實是自明事物之缺乏瞭解，而是卜洛赫不採用哲學
的批判方式來抨擊實證主義。

顯然，卜洛赫的哲學不會因為前述的瑕疵而被宣告
無效，最重要的是其內容的好壞。談到人類對更佳的將
來之幻想與美夢，談到對人幸福有助的日漸重要的科技
等方面，卜氏著作之內容無可非議。他對幻想投射所犯
的錯誤，不在討論人群不曾得知、或體驗如何把投射付
諸實現，而是人群無法得知或體驗，到底他們在關懷什
麼？例如從培根、達文西以來不少人便幻想人類如何升
空翱翔，但當時的技術水準無法使此一幻想落實。就因
為人類有此夢想，才會衝破種種困難限制，而最終發展
出航空的技術與機器。以此為例可知烏托邦的投射是人
類生活不可少的一部分。這才是真正「具體的」烏托邦
——人類凌空飛翔。與這種「具體的」烏托邦相比，卜
洛赫卻是在做一個完善世界之夢，對那個世界卻無人知
道其完善存在於何處？卜氏向吾人保證，在未來世界中

培根

達文西

不存在著「非歐幾里德的技術」，但又不告訴我們，這種技術與我們向
來使用（歐幾里德式）的技術有何分別？

卜洛赫典型的說詞，並不是對未來懷著幻想，而是第一，對此幻想
之內容沒有解說清楚；第二，深信這種幻想最終能夠，也應該跨進完美
之境；第三，聲稱這些普遍之物擁有比科學思維較高的形式，而不是崇
拜事實，或實證主義者所能夠理解的。

在卜氏的思想中混雜了各種不同的傳統，包括新柏拉圖主義的未知論、文藝復興時代的自然主義及其餘緒、現代主義者的玄秘主義（Okkultismus）、馬克思主義、浪漫式的反對資本主義、宇宙進化論和潛意識的心理分析理論等等。以浪漫主義的情懷來反對資本主義，不但出現在馬克思本人的著作中，連德國的馬克思主義者，以及卜氏同代的馬派人士（不包括盧卡奇）、法蘭克福學派、甚至馬孤哲等人的學說中。儘管卜氏否認他對資本主義的抨擊、譴責與浪漫主義的批評有關，但兩者事實上存有很多共通與共同之處。卜洛赫惋惜資本主義把人類當中優美的事物剷除掉，把人與人之間的關係轉化成機械之間的關係，把日常生活中的客體物之類的部分，藉使用價值剷除掉。他把飛機當成「偽裝的大鳥」看待。他相信大自然的懷抱中蘊藏另類形式的技術（非歐幾里得的技術）；對這種目前尚未展現的技術之新形貌他所言不多，只是強調它們不會造成壞的效果（破壞生態、以物役人、拜金主義、物慾橫流等等）。

卜洛赫的整個文字生涯便是在這個念頭上打轉，也就是把「希望」這個概念融化在形而上學之中，俾鑄造新理念。從希望這個範疇中產生了實有（Sein）的性質。在這裡我們可以發現卜氏的希望，與法國基督教存在主義哲學家馬塞爾（Gabriel Marcel 1889-1973）有相反相成之妙。馬塞爾強調「希望的形而上學」，認為希望並非一種情緒的狀態，而是與神的恩典有所碰觸的生存形式。對卜洛赫而言，希望只要寄存在實用當中，便有實現之可能，也就是通過人類的行為來落實希望。人從大自然便獲有實現希望之可能，也就是通過人類的行為來落實希望。人從大自然或神那裡所得來的希望並不完整，而是人把存有的潛在希望動員起來，也就是把在自然中昏睡的神明搖醒。卜氏這種說詞對馬塞爾的基督教哲學（神學）而言，是桀傲不遜的褻瀆神明。這也說明兩人雖有所同，卻也有相異之處。

卜氏把希望本體論化並非從馬克思主義的思想源泉引出，但卻有發揮馬克思主義人的解放之作用（洪鎌德 2000：449-451）。他把他自己和馬氏本人隱藏不彰的新柏拉圖主義的回歸元一、回歸完善之根本挖掘出來。卜洛赫企圖把馬派對未來人群排難解紛、和諧相處的信念，同新柏拉圖主義直覺奧秘（*Gnosis*）的傳統結合在一起。這種關聯可以從新柏拉圖主義，經由黑格爾的中介，而在馬克思的學說裡找到。他在馬克思本人都未曾言明表露的思想中，尋找到人類救贖的動機，這是馬派理念轉化為政治運動的契機，而為馬派未曾察知和通告的信念（洪鎌德 2010a：第19章與第20章），也就是人類未來真正本質以及經驗實在的認同——實有與存在的合一。卜氏的貢獻在於揭穿馬克思思想中奧秘之解救義理，這部分在過去只有基督教神學家會提出批評。在這種揭露的功夫中，顯示卜氏的努力並沒有白費。

除此之外，一般對卜洛赫之哲學的評斷都比較是正面的。這不是從他哲學內在的優點談起，而是就當時東德與東歐一般哲學屈從於史達林主義的情況下來加以公平的評估。與當時蘇聯僵化的辯證唯物主義（*diamat*）相較，卜氏的思想，既豐富、歧出、多采多姿，而且他的優點還部分鎔化於東德共黨世界觀的教條當中。他的曖昧不清使他的觀念不致被機械性、僵硬性的教條所範圍。他的學說與官方馬列主義不盡相同，但未遭全面壓制。在某一層次上來說，他企圖把宗教的復辟藉由其哲學說詞帶進共黨閉鎖的心態中，他討論的不只是過去的、歷史性的宗教。對他而言，宗教是長久的、難以掘盡的思想根本，將會在馬克思主義未來的發展中再度發揮作用。是故宗教不可視為迷信的綜合，也不是對過去人類朦懂無知的開啟手段，更不是過去被壓迫的人群尋求安慰的工具。卜洛赫努力把向來被馬克思主義視為負面的、壞的過去之思想傳統重新溶注於馬派思想主流中，這包括無數基督教教派主張、萊布尼茲的學說、自然法觀念、和新柏拉圖主義的主張。東德受到卜氏哲學薰陶

的人，很難再把教條式的馬列主義無條件地生吞活剝下去。在面對東歐社會主義的國家意識形態之際，卜氏的哲學具有反教條與汰舊換新的功能，這就是他最重大的理論貢獻（Kolakowski Band 3, S.484-488）。

萊布尼茲

從另一角度來觀察，卜洛赫的馬克思主義是對馬克思的思想的深化、廣化？還是扭曲、修正？東德的教條主義者指摘他的著作充滿「神秘」、「理想（唯心）主義」、「意志論」、「非科學」、「反理性」，斥責他為「布爾喬亞的反動分子」。

這些批評或有部分是正確，至少在卜氏贊成意志論、自願論，因為歷史的走向取決人群的意志，未來的世界是開放的，或是全有、或是全無，或是完善的出現、或是毀滅的降臨，全憑人類的塑造與拿捏。他也不避諱，以「修正主義者」自居。原因是對馬克思的思想要不斷更新、不斷翻新、不斷補正，才能擷取後者學說的菁華，而去其糟粕，正如馬克思擷取黑格爾的辯證法，而揚棄黑格爾的唯心主義一樣。

卜洛赫保留馬克思創始的反叛精神和發揚他革命的心向，因為卜氏強調馬克思革命改變的必要，而揚棄一點一滴的改革。馬氏學說的核心為「激進的目的說」（radical teleology），卜氏鼓吹人們應該重返馬氏認真兼熱忱的追求目標——人的解放——之精神。在推崇與彰顯馬克思對總體和辯證法兩件事之上，卜氏的說詞與盧卡奇是同調的。

卜氏聲稱：做為革命主要力量的物質需要應當伴同精神需要以俱來。精神需要是讓革命者感受內心的貧瘠與空虛，也就是感受痛苦、缺陷、精神虛脫、意義喪失之後才會體會異化的嚴重，而發展成為革命的意識。特別是這種不滿、沮喪、疏離不只是個人的，而發展成為群體的、社會的，就成會為大眾革命意識的源泉。這表示群眾的覺醒，有助於掃除虛偽的意識，從而突顯排除現存不合理的秩序之正當性。向來的

教條否認有「主體危機」的說法，卜氏卻主張主體的危機是產生革命意識的可能性之一，不當忽視。不只形體的壓迫導致人群的反抗，屈辱的感受、自我的受傷，也會使受害者化悲憤為力量。這種軀體與內心的煎熬會激發受壓迫者追求改變、轉型、革命的希望之湧現。卜氏這種內心的革命動力說雖然契合馬克思本人的想法，卻與馬克思主義教條派的說詞——階級鬥爭的辯證唯物主義——相衝突，尤其為第二國際與第三國際共產黨人所抨擊，而目為修正主義者之謬論。

卜洛赫頗有創意的所在為以人的希望，取代馬克思實踐的社會人，以及把烏托邦的幻想重新注入馬克思主義當中，以別於正統馬派大力撇清科學的社會主義與空想的社會主義之關聯。卜氏認為從烏托邦走向科學未免太急速、跨步也嫌太大，以致革命幻想逐漸貧乏，結果會使革命運動的精神營養不良，從而喪失革命鬥志。為此他主張共產主義運動中需要更多更大的想像、創思、主體能動性。他的這種勇於嘗試的實驗主義精神為僵硬的馬派教條注入一泓活水，指向一條健康的路數。一般而言，卜洛赫復活了馬克思的真實想法，為馬派的主張增添先知的和詩韻般的聲音，這在平庸的馬派經濟主義中，有如暮鼓晨鐘，是會啟發心靈的（Gross 1977: 123-126）。

卜洛赫對世界的圖像看作是本質朝向烏托邦邁進，甚至最終要把人化成神的神源論、神起說。這種說詞如何夠與唯物主義相容呢？他自稱是模仿恩格斯以「世界自我介紹、自我解釋」為基調的另類唯物主義，也就是世界視為物質，在這個物質世界的基礎上來發揮出來的唯物論。

卜洛赫堅稱從亞理士多德到馬克思都採用一種創造性的物質概念。因為他們之間的一大堆哲學家像阿威千納（Avicenna 980-1037）和布魯諾（Giordano Bruno 1548-1600）都把物質當成過程，不斷發展其可能形式，包括汰舊換新，在不靠世界之外的任何力量之下，把其內在的潛勢力呈現出來，是故物質與形式並沒有根本上的不同。各種形式都是自然

界潛在的物質或明或暗的呈現。

對卜氏而言，物質不是有機的塊狀物，而是朝可能性演化的生成物（*das Seiende*），是事物在演化的辯證過程中可能性之沈澱（*das Möglichkeit-Substrat*）。就是無機的大自然並非死寂不動的天地，而是包括了人類歷史在內，人的烏托邦期待在內的活生生的東西，是光輝四射，形狀無數的集散地。可以說自然的本質、本體不斷翻新、不斷創造。

是故卜氏心目中的物質不是靠其物體上的特徵，而呈現獨特的格調，而是靠其不斷創新，靠其內在的目標取向而被定性與定量（被界定的）。所謂的唯物（物質）主義也就是主張世界本身會不斷創新與改變之學說。換言之，物質乃是尚未落實，尚未成型的神之特質的描寫。也是一切事物的描繪。所有的事物都可以視為物質。所有的事物都有其神明，這是泛神論的基礎，從而所有就是神明，也同時都是物質。這是布魯諾哲學的迴響，而我們在卜洛赫的神源論中找到了現代版。所有之物包括現存的，也包括未來可能出現、可能的東西，是故卜氏認為即便是我們夜間的作夢、主觀的想像、美學上的印象和世界美的呈現，無一不可以看做是物質。就算是神最終要降臨人間（其實是人的完美，使他們成為眾神），他的概念並沒有威脅到唯物主義，原因是根據上述的定義，神也是「物質的」（*materiell*）。

嚴格言之，卜氏這裡所討論的不當是物質（唯物）主義，而是單一論，也就是所有可能的現象，包括人的主觀性及其創製物，都只有一個沈澱的實體而已。由於這個實體（沈澱物）不具正面的確定的、不變的性質，我們對他的體驗只限於其「創造性」而已。也就是在物質的懷內包含各種可能性，以致其單一性、單一的概念蕩然無存。所有能夠存在之物都是物質，因之物質也是能夠存在之物的意思。

卜洛赫在宇宙論和形而上學方面支持了列寧的物質主義的看法。

其一，宇宙有其內涵的目標取向，宇宙靠人類的努力朝此方向不斷

奮進。人本身就是物質構成，在人的領導之下，宇宙萬物正在朝其潛勢力開展的目標往前發展。人類尚未意識到的部分，就是對自然尚未成形的部分，不夠清楚的瞭解，不知配合演展，這也是人類尚在探索，尚在尋找那些發展的路數與律則，俾保證一個更好的世界能夠建立。以政治理論而言，未來較佳的世界依賴人類有意識的意志來促其實現。以此卜氏抨擊悲觀性的宿命論與機械性的決定論。列寧主義所代表的革命意志促成革命過程的完成，就是排斥宿命論與決定論之利器。

其二，在形而上學方面，卜氏的形而上學提供反對修正主義的理由。既然未來的世界包含全有與全無，那麼吾人便要贊成與擁護全有，以免人類與宇宙徹底的毀滅。我們所理解的世界是在一個處在運動的過程中的世界，它不斷推陳出新，朝著最終的完善邁進。因之，形而上學以及社會的行為，都要把淑世、救世的力量安排進去，把宇宙的規定完全落實，把所有存有的力量結合在一起。因之，伯恩斯坦的修正主義，只求一點一滴的改革，便與馬克思主義徹底的革命完全對立。修正主義失去最終完成的地平線，也喪失了最終目標的追求熱誠，這些都遠離馬克思的遺囑（Bloch 1959: 676-679）。

卜洛赫對修正主義的抨擊，也可以用來說明他對前蘇聯和東歐確實存在過的社會主義之批評。也就是批評當年東歐與俄國共產黨領導，僅作表面的、短程的建設工作，來暫時滿足其所統治的百姓片刻的需要，而忘記社會主義最終烏托邦的遠大目標所給人群帶來的重大益處。

卜氏還企圖把自然法權的說拉進馬克思主義中。自古以來自然法的學說在於說明人類擁有天賦的權利，不容實證法予以剝奪。從自然法權的學說引申為社會契約說和反抗暴政的正當性理論，另外也包括主權在民的說法。與烏托邦不同的是自然法學並不針對人的幸福或社會的經濟組織直接表態，而是注意到人的尊嚴的問題。這個學說為布爾喬亞的民主鋪路。這種民主的要求不限於某種特定的政治意識形態或政治運動。

洛克

盧梭

在某一層次上馬克思主義是洛克、格老秀斯、湯馬秀斯和盧梭看法之綜合。原因是共產主義不只要結束現世的多災多難，更要掃除人類所遭逢的屈辱。自然法學說不只包含至善的預期，而且也屬於烏托邦歷史的一環。卜氏的著作《自然法與人類的尊嚴》一書中揭露社會主義的烏托邦不但要保有布爾喬亞的各種自由，包括言論、出版、遷徙、集會等等自由。同時卜洛赫強調真正的自由與幸福不會相互限制，博愛將籠罩全社群，強迫、壓制成為多餘而無須存在的措施。只是吾人不禁要問何以在這種完善的社會中人們還需要權利，也就是何以自然法還有其存活的空間？特別是人人活在和諧、快樂、團結之中，這種權利大可消弭於無形才對。

卜洛赫是以自由的意志在東德定居，這不僅反映出他欠缺政治敏感，也可以說是他定居之前的三十年中間認同史達林主義無知所造成。他無知的原因是相信社會主義烏托邦要能夠落成，非靠共產主義運動不為功，而舊蘇聯正是這種激進的政治運動之主要劇場與推力。由於他主要著作《希望原則》成書匆促，欠缺深思熟慮，以致理論常嫌草率與武斷。連階級的觀點也摻雜進未來烏托邦中，例如他在書中小市民的烏托邦傾向於自私自利，普勞階級的的烏托邦則不會追求自利（*ibid*, S.33-34）。一談到社會的無聊、或擔憂，又說是小市民階級反映獨佔資本主義的社會心態。他又排斥精神分析只注意個人以往的心理，而產生自階級社會之中，是故對他而言精神分析毫無前程可言。

卜氏這些迎合史達林分子的說詞固然在爭取其著作能夠順利出版，但奇怪的是當他脫離東德的控制而定定居西德之後，在新版的《希望原則》一書中，並未更正這些共黨迂闊、教條式的說詞。

他在1961移居的西德之後的專書、文章、演講所透露的政治立場，顯示卜洛赫亦贊成民主的社會主義，這時他開始抨擊史達林主義，並保證要更新馬克思主義，俾符合情勢改變之需要。這些話、這些表態若在1955至1956年的東德發表，自然會有影響力，但在1960年代的西德就引不起人們的注意，更不必談什麼迴響了。

如果有人以為卜氏在政治理論方面認同列寧主義，而把史達林主義當作他形而上學有機的組成部分看待，這不算是公平的評論。就像海格德一度認同納粹的觀念一般，卜洛赫使用了典型的概念來建立他與極權式的獨裁政權之關聯。弔詭的是卜洛赫所宣傳的「希望」可能更適合對納粹政權的宣揚，而海德格的「特殊性」、「本真性」（*Eigentlichkeit*; authenticity）更可能有利於共產主義的宣傳。由此可見他們兩位的形而上學都有被左或右的極權獨裁者濫用之可能。更何況兩人做為形而上學理論家，不曾為人群行為的定下標準，說他們為御用學人，助紂為虐可能接近酷評。不過我們也無意替這兩位哲學大師辯護。須知他們的言論多少會產生實踐的效應，

海德格

因為他們教導我們的不只是世界的情狀，也指導我們人怎麼樣生活與誰一起生活，俾便吾人可以有尊嚴、有快樂地生活下去（Kolakowski *ibid*., S.483-484）。

 第二節　卜雅敏的文藝批判與美學闡析

卜雅敏於1892年出生於柏林，1940年自殺於西班牙包勿（Bou）港，是一位神秘色彩濃厚而富有悲劇性的人物。在馬克思主義的知識史上，他被視為最重要的文化理論家。

　　卞雅敏在二十五歲時的一篇文章〈即將降臨的哲學大綱〉中，不滿意康德把知識只放在經驗、感知（perception）和邏輯之上，而是主張擴大經驗的範圍，把那些涉及文學、藝術主觀事物的細節之拼湊，也包括進去，俾抵制科學主義的淺薄。換言之，他主張以「阻斷的藝術」（art of interruption），取代「演繹的鎖鏈」（chain of deduction）。哲學家向來太接近科學家，現在該是改弦更張、開始接近藝術家的時候了。也就是倚靠藝術家的理念，能夠描繪細節與特殊的表述方式。

　　做為一個浪漫主義者，也是浪漫主義文學的批評者，卞雅敏強烈浪漫主義的批判不再以藝術作品的外部標準來衡量作家及其產品之價值，而是採用「內在的」、「內生的」（immanent）的解釋，來論述藝術作品完成的方式，以及發現作品中的「秘密之習性」，俾瞭解文藝的意義。

　　浪漫主義的作家是一位唯心主義者、觀念論者，他把其內在、內生的看法結合了主題，而呈現創造性和嘲諷的意識。對他而言，藝術是知識的高等工具，也是主體性的皇座。不過除了強調主體性的重要之外，他還彰顯客體的響應性、自發性，這點都與康德及其學派之強調主體能動性有所差別。

　　卞雅敏早年顯示對神學的執著。在評論歌德《選擇的親近》（*Elective Affinities*）的文章中，企圖把20世紀初不帶道德色彩的象徵主義之文化理論來與他本人所持清教徒式倫理觀作一對比。這篇文章成為

卞雅敏

他博士論文《德國悲劇性戲劇的起源》的前驅。這是一本批評17世紀路德教盛行下日耳曼知識分子不談政治、不涉世事、清高無為的論著。此書完成時，卞氏已年達三十三歲，是他廣泛論述各種理論的力作，也是他自稱有關德國文學研討的終結。因為自從1920年代中期之後他一頭栽進馬克思主義的研讀中，努力探討馬派文化觀。他之所以告別德國文學的評論之另一原因為法蘭克

福大學拒絕接受他這方面的作品，而粉碎了他教學生涯的規劃。

　　在受到馬堡新康德學派柯亨（Hermann Cohen 1842-1918）倫理的猶太教哲學影響下，卞雅敏從浪漫主義的文藝批判轉向「救贖的批判」（redemptive criticism）。同時他也受到海德堡「葛歐格圈」（Georg-Kreis）的成員克魯格斯（Ludwig Kluges 1872-1956）的影響。後者對神明怎樣穿越時間，以進化的方式來拯救世界與人類之說法興趣缺缺，而強調神明瞬間的出現和神性的揭露（glorification of epiphanies）的重要。是故對卞氏而言，救世主的憐憫並不與時間的推進有關，而是與瞬間的光輝有密切的關聯。在這種情況下，過去不見得是天地的開始，未來也不是發展、演進的終點。這就說明卞氏有反歷史主義的心態。這種反歷史主義的心態多少也是受到同代思想家駱仁揣（Franz Rosenweig 1886-1929）的著作之衝擊。原來駱氏在1921年出版了《救贖之星》解析猶太教的哲學，同時也批評黑格爾的歷史哲學，認為黑格爾的歷史主義以民族國家的暴力競爭為時代精神、甚至世界精神之張揚，其結果導致列強的爭霸與第一次世界大戰的慘禍，這是基督教企圖通過歷史來使人類獲救的惡果。反之，猶太教以悲憫、虔誠來期待救世主的垂憐，這與歷史進展無關，也與人類的殺戮無關。

　　採用了駱仁揣的猶太哲學，卞氏把它應用於文化與文藝的批評之上。救贖的批判成為拯救人類的策略。誠如佛洛伊德所言，文明是人類種種需要、慾望的壓制、痛苦的昇華。卞氏企圖揭露人類欲求的意義，也就是人類追求自由與幸福受阻的因由。人們獲取自由與幸福，便要把所有的壓迫、抑制徹底清除。在《弔亡劇之書》（*Trauerspielbuch*）中，卞雅敏提出「寓言」（*Allegorie*）一概念。有異於把主體和客體和諧地連結在一起的象徵，寓言是在形式與感覺、意義和心向互有距離的晦暗中操作。在寓言中，時間被感知為激情，遺忘會在表達方面製造麻煩。

　　當代社會由於印刷術的精進與書報的傳播，使人群直接面對面的

「講書」、「說故事」的活動不斷減少、甚至消失。這嚴重斲傷了人直接經驗交流的能力，也就削弱了「真理史詩式敘述的重要面向」，這使得現代社會超驗的喪失家園——離根飄萍——之性格浮現而與過去統合的、凝聚的、和諧的文明相對立。這種對過去文化的戀舊之情在現代小說中也逐漸褪失。

一如前面所述，「寓言」成為卞雅敏美學的核心。藉由他對文化批判（*Kulturkritik*）的功夫，他看出歷史上有兩種不同類型的「寓言」。一方是基督教式的寓言，表現在巴洛克的戲劇中，主要在凸顯人物的有限性、無助性，以及世界的毫無意義。自從法國詩人包德列（Charles Baudelaire 1821-1867）的作品出現以來，這類寓言在訴說「異化」之嚴重。另一方為現代寓言的神秘性，它在於參與到人性壓抑的本質之中。這些寓言是晦暗的神性啟示說，也是意志的反叛和絕望之吶喊，這與美學經驗的「光環、靈韻」（*Aura*）說法完全不同。過去的藝術經驗是反映了宗教崇拜的作為，因為絕大多數藝術作品涉及宗教的形象。這就是以光環來顯示藝術的卓越。但今日複製的技術流行下，光環形成的藝術品變成了人工操縱、複製的瀆神工作。

法西斯主義企圖把政治延伸到藝術的領域，造成這一極端右派的政治之藝術化。卞氏面對法西斯企圖美化其政治，遂乾脆採取另一極端之作法，也就是把藝術徹底政治化。電影是一種美學、是一種震撼性的美學，取代了人群邊談邊思緩慢的吸收過程，也是美學溝通中革命性的新手法，電影把布列希特（Bertoldt Brecht 1898-1956）「異化效果」（*Verfremdungseffekt*）擴充到人的知覺結構，發揮到淋漓盡致的境界。於是機械性的藝術——電影——能夠成為社會解放的工具。

這裡涉及第二種的預言，也就是有關布爾喬亞拜物教的異化之預言。卞氏1930年代的作品，特別是《拱頂走廊的作品》（*Das Passagenwerke*）就充滿了對光環、靈韻與寓言的解說。巴黎的拱頂走廊

是現代性最早出現（「原出歷史」，*Urgeschichte*）之發源地，裡頭涉及城市建築、習尚、流行款式、嫖妓、流浪等等各種世態炎涼的紀錄，在大量引證別的文人之話語之下，以文學的蒙太奇展現給讀者，目的在為維多利亞時代，西歐生活過的意識形態做出剖析，也為商品拜物教之下布爾喬亞的心態與自欺做一個舖述。事實上這種布滿五光十色的貨物之拱頂走廊，正以商品掩蓋住現代人的拜物教面貌。

與布爾喬亞這種異化的寓言相對抗的是另類革命性的寓言。以超現實主義的「世俗燭照」（profane illumination）之寓言，有解除客體的商品性之解放作用，特別是具有虛無主義色彩的前衛作品，可以預先空乏政治的革命主義之道德滅絕，成為對抗法西斯主義的利器。

1925年至1933年之間卜氏以投稿文藝雜誌維生，並與當時左派文化如布列希特交往。他沒有加入共產黨，卻在1926年與1927年的冬天前往莫斯科遊學，對蘇維埃政權的文化政策與蘇聯文化表現興趣勃勃，表現在那時幾篇引起矚目與爭論的評論之上。卜氏主要的著作都是在皈依馬克思主義之前完成的。就像同為信奉馬克思主義的文人與哲學家（盧卡奇、阿朵諾、馬孤哲、郭德曼）一樣，他是以19世紀與20世紀初德國的哲學為途徑來接近馬氏學說。他對20世紀初期的藝術與文化的理解，特別是超現實主義、表現主義和自身體驗的資本主義與法西斯主義當作瞭解馬克思主義的另外途徑來看待（Fischer 1985: 65）。

納粹掌權後，卜氏喪失在柏林撰稿維生的機會，卻獲得法蘭克福社會研究所（也就是法蘭克福學派前身之研究機構）之研究計畫，使他人在巴黎猶能有所寫作與收入。這也說明他雖不是法蘭克福學派的嫡傳人物，卻與該社會研究所掛鉤，而有間接的關係。在該研究所刊物上發表幾篇涉及文化理論之文章，像〈法國作家當前之情況〉，分析像他一樣的法國資產階級知識分子從文化的前衛捲入政治的漩渦之經過。這段時間所著述之重點為圍繞著19世紀法國學說派的意識形態之分析。這

包括〈機械複製時代中的藝術工作〉一文。此文在分析藝術無從與科

技和階級的環境分離出來的情況。卞雅敏對「技術」（*Technik*）的理論符合馬派強調理念與文化無獨立自足的說詞。有關法國詩人包德列詩學象徵論的動機，使卞氏對階級、科技和文化如何統合在其後的法西斯主義與反動的思想裡頭，有進一步的理解和批判。這時支撐他析評的學說來自於佛洛伊德的精神分析說，以及接近法西斯主義的人類學家與心理學家柯魯格斯之靈魂的形上學。

包德列

就像盧卡奇一樣，卞雅敏對現代社會與人文學者一再向自然科學看齊，強調事實的重要，而貶抑了人的確信（conviction，虔信）非常的不滿。在《單向街》（1928）著作中，他指出：在現時生命的建構訴諸適時的權力，大於訴諸確信的權力，但這些事實並沒有為人群的確信（虔信）提供任何的基礎（Merquior 1986: 117）。

從卞氏未出版的零星稿件與遺作中，其友人阿朵諾、索列姆（Gershom Scholem 1879-1982）企圖把他當成神秘奧義的高人看待，認為他的政治立場最終在實現烏托邦式的救世論。1939年當納粹與蘇聯編訂互不侵犯條約，卞氏在驚慌失措之餘，對有組織的政治活動抱著懷疑的態度，認為知識的活動只是變戲法的憶想而已，而革命對他而言也成

為壁鐘的停擺、時間的暫停（Roberts 1991: 48-49）。

卞氏遺作為《拱頂走廊的作品》，係以巴黎的有拱頂的行走道做象徵討論包德列的作品，也仿效馬克思對費爾巴哈的提綱，推出〈歷史哲學的提綱〉討論了倫理的主題與人的最終解放。此外，他較早時期的作品，像對普魯士特（Marcel Proust 1871-1922）、卡夫卡（Franz Kafka 1883-1924），對布列希特的評論似乎應

卡夫卡

當也可以收入於遺作行列，不管在他生前是否已正式出版過。

卞雅敏作品的特徵在於分析與辯解德、法文人作品的時代精神，儘管這些作者本身並不注重其著作與時代現實之關聯。例如卞氏有關包德列的評析，涉及的正是現代性的問題，儘管包氏是19世紀的人物，而非20世紀的前衛作家，表面上也與歷史實在脫鉤。卞氏不禁要提出問題：為何多位現代偉大的作家與歷史實在的那樣難以掛鉤？其回答為現代人的經驗絕大部分是零碎的、片斷的。在拜物教盛行下，馬克思早已指出經濟人的心態是只見部分，而未見全局。這種以偏概全，見樹不見林的心態正是現代人日常生活的寫照。因之，包德列的詩詞正是零碎的實在之間接描繪。

卞雅敏描寫巴黎的世界商會（博覽會）就是全球商品陳列的縮影。如果有人以為展覽所有的商品就能夠把人的雞零狗碎做一終結，則這種想法必定落空。零碎化推到極致，是由於博覽會只注重個人買與賣的交易活動，而忽視了更為迫切的人群需要的社會性滿足。從資本主義拜物教出發，卞氏分析了19世紀歐洲文化這種拜物教的橫行與肆虐。在這裡我們看出他的立場比想像中更為靠近馬克思。原來馬克思的拜物教理論是設想現代社會為一個有機的整體，但這個整體卻為愈來愈零星化的個人所組成。卞氏對拜物教的分析便是把馬氏這種理念具體化。不過比起馬克思來卞氏對現代社會事實上零星化的加劇為更敏感。他認為現代社會中的人群是從其經驗中異化出來。對卞氏而言，經驗是一個整體觀（holistic）的概念，是把整合過去與現在，但不幸卻在市場的零碎化領域中異化了。在市場的領域裡特殊的事物——商品——成為大家競逐膜拜的對象，而對一時的整體、全體、總體視而不見。人的經驗進一步被原子化所摧毀，原子化產自不再牽連到經濟現象的庸俗生活之群眾、產自城市的生活樣態、產自官僚化、科層化。由於零碎化之人的經驗整合的特性加以摧毀，所以現代作家如普魯士特與包德列都曾經嘗試恢復人

類生活經驗的整全、普遍、總體。

卞雅敏後期的美學完全受到布列希特理論的宰制，布列希特以攻擊神秘主義而形成另類的神秘主義。1920年代的卞氏受盧卡奇式的馬克思主義之影響，但1928年遇見布列希特之後，他便倒入布列希特的懷抱中，尤其在走訪莫斯科之後，突然從一名接近索列爾工團主義的左派文人，變成「紅色的」知識分子。他的共產主義完全表述了布列希特帶有烏托邦色彩的美學說法。他不再以藝術論藝術的眼光看待文藝作品，而是主張文以載道，藝術品致力於社會改變。他說「僵硬的、孤立的客體（作品、小說等等）本身並無多大用處，而必須放置在活生生的社會關係之脈絡裡〔去考量、去評價〕」。

1939年在重新評論包德列的詩文時，他分辨了光環（靈韻）藝術和講故事的文化的與昇華的經驗（*Erfahrung*）以及同警覺形式學習而得，實用性的經驗（*Erlebnis*）之不同。後者是人群在現代城市文明的震撼下討生活的反應態度。於是他早期對科技的批評，轉而改口說：「科技把人的感官置入於複雜的訓練中」。這時包德列的詩作被卞氏看作是對技術的「衛護」，也就是生活在大都會中面對種種衝突解套的手段、盾牌。科技一旦成為解放藝術的一環，便會把主體性中個人的範圍縮小，也就是把私有財產中秘密的、隱私的那部分世界縮小。

後期卞氏對科技的禮讚，當成為對美學主義和只重文化的偏頗之對抗策略。這種策略的運用，可以說是他最早期偏重倫理觀念的神學之再現。他一度指摘新科技文化的理想為「新的野蠻主義」。而新野蠻主義對科技的崇拜正是納粹、或同情納粹的雍額（Ernst Jünger 1895-1998）的革命性保守主義所主張的。

卞氏雖然沒有期待未來的烏托邦之降臨，卻對歷史的過去懷有眷戀之情，因為他在臨終前的著作《歷史哲學的提綱》（1939-40）中說：「過去的歷史帶有時間的指標，也就是涉及〔人的〕拯救。〔由於這

個拯救的期待，〕過去與現代人之間遂有默契〔秘密協定〕。人在現世便可以再來〔重生〕。但人類的過去都是受害與被出賣，因之「批判性的歷史在於重燃過去希望之火焰」。至於是誰、是什麼出賣了過去的人類呢？卞氏把罪魁禍首揪出來，這就是近世的科技。這種對科技的貶抑、指責，使他與法蘭克福學派幾位大師的見解頗為接近，尤其抨擊科技破壞自然。

在其臨終前的著作《歷史哲學的提綱》中，顯示卞氏反對進步的觀念，他要求對歷史的火車頭要及時煞車，這是由於聽到德俄互不侵犯條約締定時卞氏憤怒的反應。歷史是一股旋風，帶來重大的災難，只有在人類陷入絕望時才勉強給予一絲希望的慰藉。這就表示卞氏反對馬克思主義主流派洋洋自得的歷史進化論。有異於後來卜洛赫把希望放置在未來，卞氏主張希望出現在過去，開端才是目標。他在《提綱》上說：「我們需要歷史，但不是寵壞的懶人在知識花園中所表達的需要」。眼前充滿危機，當駱仁揣責備黑格爾學說造成第一次世界大戰的浩劫，卞氏痛罵「歷史主義的淫窟」迫使共產主義向納粹主義投降。在憤怒中他居然喊出「文明的紀錄幾乎就是野蠻的紀錄」。代代相傳的文化，以及文化傳統正是勝利者的擄獲品。真正的人性匍伏於無何有之鄉。

卞氏的歷史哲學批評曾經是反文化與打擊歷史主義者所禮讚的對象，說他是一定歷史時期中激進智慧的閃現，但這卻是卞氏思想的退化，是他對非理性主義的投降。卞氏主張人們要切斷過去、重視此刻、現時（*Jetztzeit*; "now time"），可以說是借用克魯格斯的「當下」（*Augenblick*），而為海德格所詮釋與發揮。這種比較使卞氏大為光火，但當時的事實勝於雄辯（Merquior 1987: 118-128）。

在對卞氏的作品批評之前，吾人會感受他文字之美、描繪之精、寓意之深，他可能被目為西方馬克思主義中最傑出的散文家。他的文藝批判與美學營構也是一流的。他的作品是文學史更新看法的良好導引，

也是走出結構主義與解構主義的學究式爭論之最佳捷徑。在文藝批評上他把三種文化的主流：現代主義、馬克思主義和佛洛伊德學說鎔冶成一爐。他對寓言的概念給予現代藝術以正當性，也就是說現代藝術並非隨意主觀主義之產品、並非「想像的跋扈」造成的效果，而是純真的、被壓迫的人性之反映。對卞氏而言，寓言亦即超現實主義的擴大，是被檢驗、被壓制的的慾望之昇華。最重要的是他把文化悲觀論與美學樂觀論串聯起來，對人類慘白的歷史灌入藝術長進的希望。他給後現代的反文化建制遺留下他典型的思緒，那就是他的思想比起文藝前衛一天到晚實驗性崇拜進步主義，顯得更為高超。不過對人文主義當道的當前西方歷史及其文化價值的全面排斥，卻大可不必。那只是他對其所處時代人生與世局之擾攘的不滿而已（Merquior 1986: 129-130）。

雖然評論家不都同意卞雅敏的著作前後一致、首尾連貫，但其大部分的讀者會承認他的最大貢獻是把零碎的、孤立的文學影像串連到現代世界的歷史中。卞氏自定的研究目標和執行情況對馬派的文學與文化批判之新標準有拍版定調的作用（Fischer *ibid*, p.66）。

第三節　布列希特的劇作與戲劇理論

布列希特（Bertoldt Brecht）1898年2月10日出生於德國奧古斯堡，1956年8月14日逝世於柏林。他是一位劇作家、詩人、戲劇理論家，他最先對美國的人與物極感興趣，企圖把美式的肥皂劇引入德國戲劇界，以紓緩德國戲劇作品過分自戀式與表現主義充斥的弊端。

布列希特

威瑪共和國的經濟危機對布列希特衝擊很大，以致1928年他決意營構「科學時代的戲劇」。也就是以

冷靜的、帶娛樂性的劇本、道具、表演和導演成為表現當代社會種種之窘迫，特別是現代社會中個人的無助的情況（每個人都是單一的、孤獨的）來做為新戲劇創作的主題，藉此把資本主義的社會與人的盲目追逐一一揭露出來。

做為生性多疑、思想深奧的劇作家，布列希特在戲劇、詩詞具有道德的偉景（vision），他不但終身致力文藝工作，也認真研讀馬克思的作品，兼及列寧的思想。在致力他的劇作《斯托克荒野的聖左安》一劇時，他發現了馬克思的《資本論》。1926年他告訴友人他幾乎把馬氏主要著作弄通，二十年之後，他高度讚賞《共產黨宣言》，布列希特主要把馬克思當成古羅馬文人盧克列修（Lucretius）《論自然之事物》（*De rerum nature*）之現代版，也就是《共產黨宣言》揭露了布爾喬亞生活條件之違反了自然的要求。

布列希特心目中的馬克思主義有部分受到德國共產黨強調科學性的影響，另一部分則受到他亦師亦友的哲學家如史騰貝（Fritz Sternberg 1895-1963）、寇士和卞雅敏的型塑。布列希特抨擊阿朵諾的辯證法不夠「圓滿」（*plumpe*），不夠物質主義。他甚至嘲諷法蘭克福學派的人物是符合布爾喬亞時代宮廷式的知識人。盧卡奇文藝現實主義的理論被他評為不夠辯證，反而壓縮了讀者的想像力和生產力。他尤其表示討厭盧氏在莫斯科流亡生活中所展現的文藝兼政治的虛張權勢。

布列希特本身在舊蘇聯沒有跟從者、沒有任何的影響力，尤其是他的朋友，特列恰可夫（Sergei Tretyakov 1892-1939）以及劇場導演麥爾霍爾德（V. Meyerhold 1874-1940）遭整肅之後，只有他《三個便士（哥洛欣）的歌劇》在蘇聯上演過。在希特勒掌權之前夕，布氏逃離德國，以為在紐約百老匯的商務性戲台有嶄露頭角的機會，不過他沒有適當的經紀和投資者，也沒有像左派發出人道的吶喊來作為他作品之特色。在聖塔莫尼卡與紐約那幾年（1941-47），他低姿態與不求人的方式並沒

有為他贏取觀眾與聲名,而他的作品也沒有大行其道。他只好再度返回歐洲,在自組的柏林劇團中次第展現他的劇作。該劇團係由其妻子,亦即著名演員魏格爾(Helene Weigel)經營,輪番的旅行表演跨過德法國界,而在法、義、英、波蘭都有極佳的表現。

布列希特企圖扮演後資本主義、後主觀主義的戲劇界之馬克思。他實踐的指導原則或稱是「史詩的」("epic")或稱是「辯證的」("dialectic")的戲劇,其方式則為「長距離」創造的表演、導演和撰著,這些成為當今美學不容忽視的閱讀方式。其重要的劇作包括《母親》、《斯托克荒野的聖左安》、《衡量》、《勇敢是你的母親》、《阿圖洛的升起》、《高加索石灰圈》和《伽利略》等,都有內在的創造力在吸引群眾、在娛樂現象之餘把辯證的客觀性教導給他們(Baxandall 1991: 57-58)。

受到馬克思的思想影響下,20世紀左翼藝術家與前衛文學家,經由布列希特的劇作與文藝表現,自創一格,是即布列希特派(*Brecht-Linie*)的出現。布氏戲劇表演宣示的是馬克思對階級社會的矛盾與不公之卓見,以及改變世界之可能,從而其劇作與表演為歐洲及北美的戲劇史留下不可泯沒的痕跡與貢獻。換言之,把馬克思求新求變的哲學思想結合文藝的真、善、美(尤其是美學的詮釋),挑戰了觀眾的感受,而喚起造反有理、革命必成的意志,並把演員與觀眾的距離縮短,甚至把兩者融合成一體,這是演員對辯證法的活學活用之結果(Klatt 1999: 335-339)。

4

寇士論馬派的黑格爾傳承

第一節　寇士的生平、著作與思想大要

一、身世、教育、婚事

寇士

　　寇士（Karl Korsch）於1886年8月15日出生於德國漢堡附近的托丕士特鎮（Todstedt）。其父為銀行副董事長，有兄弟姐妹共六人，其先世曾在東普魯士經營農業。當他十一歲時，舉家遷往邁尼根，寇士在該地完成中學教育，自修德國文學與康德學說。先後進慕尼黑、柏林、日內瓦與耶拿（1908）等大學，攻法律、社會、經濟與哲學。在大學期間曾參加「自由學生運動」，是一個對抗反動的國家主義之學生會組織（陳墇津 1987：11-16）。

　　1910年寇氏獲耶拿大學博士學位，其論文為有關承認罪責之舉證的討論。該論文於1911年在柏林出版。

　　1912年至1914年他在倫敦留學，曾參與費邊社的各種活動。同時他受到工團主義運動的影響。早年他相信費邊社及工會運動所強調的是一種積極正面的內容，而且追求社會主義與民主的理想。這點與第二國際的正統馬克思主義不同，後者只消極地要取消資產階級的生產方式而已。他讚美費邊社人士「對現存社會激烈的批評，具有改革未來的意志」。他也贊成他們「烏托邦的急躁」，「對實在的知識」以及他們「趨向簡單與實用的性質」。他認為費邊社人士為足堪模範的民主社會人士，也同意他們的教育目標。儘管寇士後來轉向馬克思革命性的唯物論，但費邊社實踐的政治活動之精神，卻影響他後半生的理論與實踐。其間他撰寫多篇文章，介紹英國的法律、婦女投票權、農業政策，以及

報告英國大學近況等。

　　1913年與葛麗蒂（Hedda Gagliardi）結婚（早在德國相識，一齊赴英留學），育有兩個女兒。其夫人本身也是一位傑出教育理論家，曾與寇士合撰不少理論性的文章。

二、歐戰、德共、社會化

　　1914年8月第一次歐戰爆發，寇氏返國。他和平的理想、社會與政治的理想主義、國際主義與理性主義，使他斥責戰爭的殘暴，遂由預備中尉降級為伍長。雖然他不肯持槍械上戰場，卻受傷兩次。其勇敢精神贏得「鐵十字架」勳章一座。

　　1917年他加入德意志獨立社會黨（USPD），此黨由德國社會民主黨（SPD）分裂而成。1920年USPD再度分裂為德國共產黨（KPD），寇士也正式入黨，儘管他不贊成該黨列寧派所提的21點做為加入共產國際的條件。

　　在1918年11月之後，德國皇室被推翻，取而代之的是威瑪共和國。歐洲數地，特別是日耳曼，陷身於革命熱潮之中，1918年1月左翼激進的史巴達派在柏林發動政變。1919年4月慕尼黑的蘇維埃政府成立，但為期不長，紛遭鎮壓。不過這一兩年間，在馬克思主義者與工團主義者煽動之下，積極的與散布的工人議會運動方興未艾。寇士積極加入此一運動，為的是實現他在戰前倫敦所經歷的種種理念。此時他成為柏林社會化委員會之一員，而且經常投稿於《勞工議會》（Arbeiterrat）雜誌之上。

　　此一階段他的工作可分成兩期。1918與1920年之間，充分表現此一運動之急迫性與樂觀的發展；但1920年1922年之間則為活動的減少，以及更多的回顧省思。當運動抵達高潮之際，他提出一套假設的經濟體系

做為全國的經濟政策，這是建立在工人議會之上。每一工廠應由工廠議會來主持，這成為無產階級民主的建設性制度。在著名的一篇文章〈何謂社會化？〉（發表於1919年3月）中，他描繪一套經濟組織。這套經濟組織叫做「工業自主」，據此國家每一產業都將由一個委員會來管理，它不僅調和生產者的利益，也調和消費者的利益。每一單位的工廠在其特定產業中擁有某種程度的自由。最初工人根據其成績而獲得其報酬。其後，勞動將會社會化。工人之報酬是根據他之需要而定的。在這篇著作中，寇士不僅補充戰前社會主義空洞不足的內涵，並且也攻擊改良主義者與社會民主派人士有關「國有化」的概念。

當日耳曼的資本主義開始站穩其腳步，而工人議會運動始走下坡之際，寇士嘗試去分析1918年至1920年失敗之原因。當其他的馬克思主義者強調奪權的革命組織缺乏時，寇士強調奪權的理論以及文化條件之缺乏。他說：「在1918年11月致命的那幾個月期間，當資產階級有組織的政治權力被摧毀之際，以及在外表上由資本主義邁向社會主義之途平坦無阻之際，但重大的機會未曾贏取，其原因為奪權的『社會心理』條件未成熟之故。因為其時任何具有決定性對於社會經濟體系即刻實現的信念完全缺乏之緣故。須知藉著這種信念群眾才會被帶動，而懂得怎樣採取第一步驟」。

寇士把1918年11月的革命之失敗歸因於意識形態準備之不足，以及政治領導之差勁。這一分析成為他其後〈工廠議會勞工法〉一篇作品之主題，該文撰寫於1922年，係根據他為工人議會所做演講的記錄整理而成的。

寇士有關工廠議會的作品與其邁向列寧主義之發展是不同於義大利人葛蘭西的主張。與寇士相同，葛氏也嘗試對第一次世界大戰釋出的工人權力之自發性運動加以理論的解析。兩人都曾想及未來的革命性國家可藉直接成立的工廠議會來逐步塑造形成。可是寇士在〈何謂社會

化？〉中細密設計的無產階級國家是避免討論一個中心議題：如何藉革命反叛來推翻資產階級的國家？如何來建立有效的革命黨俾完成此一任務？這點看法是與葛氏相同。兩人也同樣分析何以工廠議會在1920年失敗的原因。這裡葛氏向前邁進一大步，比較會考慮到如何建立列寧式的黨組織，做為打擊資產階級國家之用。與此相反寇士繼續發展他有關革命的主觀條件底理論。其理論之出發點為攻擊正統馬克思主義未能提及這種革命的主觀條件。

不過葛氏後來對市民社會、對文化、對意識形態的特別留意，也就縮短他與寇士之間的距離。兩人強調意識形態陣線的鬥爭之重要。為此目的，必須首先批判第二國際馬克思主義致命的與機械性的趨勢。

三、教育與理論

寇士表達他對理論的重視，這可以分兩階段來進行。

為教育群眾，他寫了一大堆教育性、引導性的文章與小冊子，來簡單介紹馬克思主義基本概念給黨員。1922年出版的〈唯物史觀的要點〉（*Kernpunkte der materialistischen Geschichtsauffassung*），討論革命運動中理論與實踐的關聯，然後討論一些基本概念像「階級鬥爭」、「辯證法」等。另外一篇〈馬克思主義的精要〉（*Quintessenz des Marxismus*）藉三十七個問答來敘述馬克思主義的基本原則。他也將馬克思〈哥達綱領的批判〉重加編輯出版。在其導言中寇士闡釋馬克思學說對於當前工人奪權的重大關係。

在另一個層次之上，寇士討論第二國際馬克思主義的歷史性退化，以及檢討當前馬克思主義之狀況，這便是1923年出版的《馬克思主義與哲學》（*Marxismus und die Philosophie*）。此書顯示作者本身的知性成長與德國革命運動之歷史發展這兩者的相互關聯。它一開始便指出馬克

思辯證唯物論的關係。他們也不懂何以黑格爾哲學在1840年代消逝。假使能夠瞭解此點，則1848年之前唯心論與資產階級之間的辯證的與物質的關係，便可以充分被理解。由於黑格爾的唯心論不失為資產階級發展最輝煌的階段之表達，則其消逝也是必然的。蓋隨資產階級革命之告終而消逝。新的革命階級為無產階級，其理論表達為辯證唯物論。由是可知，資產階級哲學與馬克思唯物論，只有在馬克思派唯物世界觀中才可以瞭解清楚。馬克思主義並非科學，而為哲學的承繼者，為哲學在普勞革命時代的表述。

第二國際因為不再是革命的，因此無法瞭解上述的關係，它不再是馬克思原著的體現，不再是批判理論與革命實踐的統一。反之，理論變成為現狀消極與靜態的分析，而不再是革命的直接鼓舞衝力。寇士企圖將理論的危機擺在馬克思主義的歷史與工人運動當中。他等於是把馬克思的唯物論方式應用到馬克思理論的歷史之上，這是他的創見，也是引起爭議之處。

列寧在1917年之後，藉闡釋馬克思主義與國家之關係，而重建理論與實踐的統一。寇士模仿列寧的作法試圖探索馬克思主義與哲學（甚至更廣泛地說，與意識形態）之關係。有異於第二國際的理論家，寇士承認在資本主義社會中，意識形態擁有特定的獨立自主：資產階級的意識形態不會自動消失，甚至在革命之後，仍負嵎頑抗，因此必須藉科學的社會主義來加以對抗。庸俗的馬克思主義者之錯誤，為低估資產階級社會之知識工具與意識工具能屈能伸的本領。只做學術批判是不夠的，社會的經濟基礎是其社會兼經濟的結構（形構，formation）。因此，只有在實踐當中把社會兼經濟基礎推翻，才能在理論中克服知識的上層建築。

寇士強調馬克思對黑格爾的歷史關聯，以及強調主體的條件對一個成功的革命之不可或缺，使他的學說與盧卡奇《歷史與階級意識》的主張不謀而合。在他的〈後語代替前言〉中說：「就我能夠有所主張來

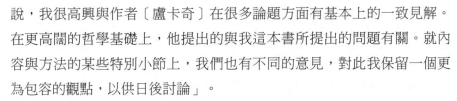
說，我很高興與作者〔盧卡奇〕在很多論題方面有基本上的一致見解。在更高闊的哲學基礎上，他提出的與我這本書所提出的問題有關。就內容與方法的某些特別小節上，我們也有不同的意見，對此我保留一個更為包容的觀點，以供日後討論」。

可是在他1930年所撰寫對他著作《馬克思主義與哲學》的〈反批判〉一文中，寇士並未發表他對盧卡奇著作的看法，儘管他逐漸發現他們兩人之間的相異比當年（1923）初次見到更多更廣。阻止他們兩人合作的主因為官方共產主義對他們兩人個別的批判。兩人雖同受譴責，但兩人回應的方式完全不同。盧氏做部分策略性的與部分真誠的自我批評，而繼續留在共產運動中；寇士則否，而導致他被開除黨藉的命運。

社會民主黨與共黨發言人對《馬克思主義與哲學》之緊接反映是一致的仇視。考茨基說：「對寇士而言，馬克思主義除了是社會革命的理論之外，在一定的國家或時期中，才有成功的可能。寇士所屬的共黨派系卻完全遺忘這個事實」。

齊諾維也夫在1924年共產國際第五屆世界大會上譴責寇士、盧卡奇與葛拉恰戴。認為他們攻擊馬克思主義，採用的是修正主義的觀點。他說「我們如果再容納多幾位這類的教授編織他們的理論，我們將完蛋垮台。在我們共產黨國際裡頭，不能容忍這類理論上的修正主義」。蘇共哲學家德波林（Abram Deborin 1881-1963）與美學家盧坡爾（I. K. Luppol 1896-1943）也批評寇士與盧氏的唯心論。導致寇氏著作較之盧氏的作品更招引攻擊的原因：蓋此時寇士適為德國共產黨最出色的黨員，而該黨又為蘇聯共產黨之外，第二國際中最大的共黨組織之緣故。

四、參政、黨爭、寫作

寇士在1923年被選為圖林吉亞邦邦議會的代議士，甚至在圖林吉

亞蘇維埃政府成立之際的1923年10月擔任短期的司法部長職。這時左派認為，一旦革命爆發，德共準備武裝起義，寇氏在黨指示下任司法部長職，準備奪取武力而推翻國家機器。可是這一計畫妥善的起義卻突然取消。漢堡附近的地方起義不成，反而被軍隊鎮壓下去。

　　1923年10月的大失敗，導致德共遭到禁令，而喪失一半以上的黨員，在該黨的領導系統中，卜蘭勒（Heinrich Brandler 1881-1967）被馬斯洛夫（Arkadi Maslow 1891-1941）與費雪（Ruth Fischer 1895-1961）所取代。黨的新路線需要更有組織革命的準備，而拒絕採取對社民黨的聯合戰線之策略。就在全黨左傾的情勢下，寇士變成該黨的發言人，以及其機關報《國際》（*Die Internationale*）的主編，他也變成為共黨代議士，被派往參加德國國會的問政活動。他此一職位維持到1928年才被迫辭掉。

　　在威瑪共和國時代的德共可以說派系與觀點林立。很多是在領導的正式觀點之外，向左傾斜。因之，成為1924年至1929年間該黨布爾什維克化與整肅的對象，最後德共變成聽命於史達林指揮的黨。當時的政治辯論集中在議會、工會的策略、蘇聯與共產國家的發展，以及歐洲資本主義實況等議題之上。在1923年10月之後，寇氏雖然支持馬斯洛夫與費雪集團來對付卜蘭勒，但他反對盲目聽命於蘇共的指揮。他尤其反對官方的看法，認為資本主義業已站穩腳步，獲得喘息機會，因此革命在近期間無可能。由於共產國際的譴責，他於1925年2月被解除《國際》刊物編輯職務。從此他也被宣布為對德共黨領導之反對派的頭頭。

　　1925年7月德共第十屆大會決定將黨的組織「布爾什維克化」。這表示黨將加緊中央控制，以及對蘇聯無保留的支持。不久費雪與馬斯洛夫集團垮台，台爾曼（Ernst Thälmann 1886-1944）掌權，德共重申資本主義世界「相對的穩定」，而認為真正的危險來自以興登堡為主的保皇派之活動。寇士及其同志反對這種分析，他們的反對意見發表於1926年3

月發刊的《共產政治》（*Kommunistische Politik*）之上。他們自稱為「堅決的左派」（*Eneschiedene Linke*），為德共的一個極左的派系。其主張為資本主義尚未趨穩定，現實存在著「具體的革命政治之各種客觀條件」。德共應放棄其「議會的痴呆症」，改而進行一個「清楚明白革命的階級政治」，俾在工人議會基礎上建立一個社會主義的國家。失業者的組織與動員，以及另立新的工會為德國政治當務之急。任何企圖與社民黨進行聯合陣線都應在摒棄之列。

為達此目的寇士的派系與卡次（Katz）的派系結合為極左派。他們批評蘇聯國家為「富農（*Kulaks*）之專政」。寇士更攻擊共產國際為蘇聯外交政策的工具。他反對托洛茨基的左派反對勢力。寇士與卡次聯合派在德共與共產國際中企圖靠其反對與戰鬥保存實力，卻遭到更大的打擊。齊諾維也夫在1926年2月與3月間攻擊寇士為「失常的小資產階級分子」。其後寇士被迫騰出其國會席次，否則面臨開除德共黨籍的處分。他拒絕妥協，故於1926年4月被開除黨籍。但在政治上他不甘示弱，繼續在國會活躍二年（1927年他為國會反對俄德商務協訂的唯一的議員）。但極左派被驅出德共之後，再度分裂為更小派系。1926年4月寇氏與卡次派發生衝突，同年9月「堅決的左派」正式分裂。

1928年之後寇士繼續寫作與演講，並與布列希特（Bertoldt Brecht 1898-1956）接近，彼曾於1926年開始旁聽寇士講授馬克思主義。1933年2月帝國議會大廈失火之夜，寇氏作最後一次的政治談話，並趁著夜幕低垂逃出德國。1928至1933年為他知識活動活躍與著作豐富之期。1929年曾撰長稿《唯物史觀》（*Die materialistische Geschichtsauffassung*）攻擊考茨基。1930年再度刊印《馬克思主義與哲學》，其前言附〈反批判〉，目的在為1923年初的論點辯護。1931年刊印《黑格爾與革命之論題》。在此一作品中，寇士認為黑格爾的哲學是啟蒙運動的意識形態之高峰，它表達了資產階級思想的成就與局限。因此黑格爾的哲學既是

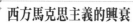

（資產階級）革命的哲學，也是復舊的哲學。黑格爾這種曖昧的辯證法
為馬、恩、列所承受。因之，他們的唯物論是過渡時期的。「由此而創
造的是無產階級革命的一個理論，它不由其基礎發展而成，相反地，卻
由資產階級革命冒出來的。由於這種關係，它的形式與內容仍帶有雅各
賓主義（Jacobinism）的特質，蓋後者乃為資產階級之革命故也」。

五、流亡、晚年與逝世

　　流亡異域的寇士仍繼續寫作不輟。1938年出版《卡爾‧馬克思》分
析馬克思成年之後的理論，而非僅是馬氏的傳記。可以這麼說《馬克思
主義與哲學》研究馬克思主義怎樣由資產階級的哲學湧現；《卡爾‧馬
克思》卻顯示馬克思主義如何由古典經濟理論演展而成。就像黑格爾一
樣、李嘉圖看出資產階級思想的局限，而揭示了當作階級意識的資產階
級思想之內在矛盾。寇士在此一新著中描述馬克思的思想怎樣由哲學而
邁向科學。亦即馬氏怎樣在批判黑格爾法哲學時，重視經濟。及至1847
年在布魯塞爾為德國工人協會演講時，尚強調經濟的重要。《卡爾‧馬
克思》之中心論題，其實也是《馬克思主義與哲學》所討論的，只是在
後者中，這一論題尚未加以發揮而已。

　　寇士稱青年馬克思尚受哲學的殘餘的束縛，只有成年後馬氏的著
作才是真正的科學。其主旨在對政治經濟加以批判。但寇士稱馬克思終
其一生並未完全由早期哲學觀念中解放出來，因此後期的著作仍舊可以
看到哲學的痕跡。這種說把與阿圖舍硬是把青年馬克思與成年馬克思作
「認識論上的斷裂」之說法，截然不同。

　　馬克思早期著作曾強調「異化」的概念。《卡爾‧馬克思》一書
中，寇士特別明示地將馬氏早期異化勞動的哲學分析（可以說是一種科
學的分析）與馬氏在《資本論》中對商品拜物主義之科學分析做一對

照。寇士永遠強調馬氏後期作品的優越性，但同時強調馬氏的經濟理論不只是一個分析系統，而是資本主義社會秩序的「革命性批判」。這一主題幾乎貫穿他在1922年對馬氏《哥達綱領批判》的引論，及至1938年時，這本書（《卡爾・馬克思》）的解說前後一致，這就成為寇氏思想的主軸。

寇氏對哲學的關心，並非表明馬克思的學說是「哲學的」，也不是企圖以「青年馬克思」做為馬氏思想的源泉與養分。其目的在表明馬克思將「哲學」超越，但卻繼承理論與實踐的辯證關聯（這是經典唯心論的特徵），並首次給予此一關聯以唯物論的基礎。《卡爾・馬克思》一再反覆申言：「馬克思的唯物論科學，本身是對社會特定的歷史形式所進行嚴格地經驗性考察，因之這種唯物論的科學不需哲學的支撐」（Korsch, 1967: 203-204）。

寇士流亡生涯中與布列希特過從甚密，布列希特後來指出他所以選擇寇士與社會學家史登貝格（Fritz Sternberg 1895-1963）做為他研讀馬克思主義的導師，是由於他們兩人並非教條主義者之緣故。寇、布二人的友誼一直延續到1956年布氏逝世之後。1933年兩人曾流亡丹麥，並一齊工作。當1936年寇士移居美國之後，兩人仍舊通訊不輟。雖然寇士對布氏影響多深，尚未成為定論，但前者意識形態鬥爭的理論影響到後者的戲劇觀。

自1936年至1961年寇士居住美國，1943至1945年之間，他曾在新奧爾良的杜連大學教授社會學。1945年至1950年在紐約國際社會研究所工作。同一時期他也出版幾篇有關馬克思主義之論文。他也與列文（Kurt Lewin 1890-1947）進行經驗性田野調查。這就是何以在早前《卡爾・馬克思》中可以發現數據與數量化資料之原因。

列文

在1950年代初，寇士由於地位孤絕，漸萌生悲觀。在流亡中他已置身於直接政治鬥爭之外，又目擊美蘇兩大強權的稱霸，以及冷戰已迫近高峰，因而陷於絕望中。由此遂與馬克思主義藕斷絲連。但在1953年之後，他對蘇聯發生的變化（史達林逝世後的變局），復生希望。在其晚年他日漸關懷第三世界的國家。在中國革命成功之前，他曾為一本有關毛澤東選集撰寫引論，其中強調毛氏著作頗富理論的創意，他對亞非各國的發展前景充滿樂觀。1956年他最後一次返回歐陸，之後沈痾不癒。1961年10月21日逝世於麻州貝爾蒙鎮。寇士為20世紀20年代與30年代西方世界中最有創意的馬克思理論家。在其同代人當中，鮮有人可以勝過他對馬、恩的著作所擁有深邃的知識。且對馬、恩之前資產階級思想家之作品瞭若指掌。他著作之基本精神為理論與實踐合一的強調。他的作品所以備受攻擊，是由於列寧死後，歐洲工人運動史達林化的結果，由於拒絕接受德共官僚化的政治領導，他陷身於極左派，而失去與工人階級的接觸。在其後期流亡生活中，幾乎已放棄馬克思主義，他一生的浮沈正反映歐戰之後西歐社會主義革命的成敗。但今日西方資本主義社會中革命性階級政治的浮現，導致人們對寇士的作品之重萌研究興趣。同時這也提供給馬克思主者對寇氏學說重估的機會。

第二節　寇士論馬克思主義與哲學的關係

一、馬克思主義與哲學的關係所牽涉的問題

(一)資產階級哲學的極限

在《馬克思主義與哲學》一書的開頭，寇士指出：至今為止馬克思主義的思想家尚未看出馬克思主義與哲學之關係重大，他們未曾體會馬

克思與恩格斯要超越資產階級唯心哲學的原意，誤以為正統的馬克思主義是「科學的社會主義」，應該徹底摒棄哲學（Korsch 1970: 29-35）。

不僅馬克思主義者犯了這個毛病，就是資產階級的哲學家也放棄了以辯證的觀念來處理哲學史，以致他們無法看出馬克思主義的哲學在19世紀哲學一般發展史上的重要地位。資產階級哲學家、或哲學史家之局限有三：(1)不知19世紀中葉以後的哲學已轉變為實證科學，以及社會實踐；(2)他們囿於德國知識界的自大狂，只承認德國境內的哲學才是真正的哲學，而無視歐洲其他國家對黑格爾哲學進一步的省察考究；(3)他們不知分析哲學的「理念」發展必須牽連到資產階級社會具體的歷史發展之上，亦即他們的歷史觀，不過是其資產階級的階級觀之反映而已。由於上面這三種局限註定資產階級的哲學家無法客觀地、無偏私地研究19世紀後半以來的哲學發展（ibid., 39-40）。

不僅19世紀中葉以後的發展無從理解，就是這段時間之前，特別是由康德至黑格爾所謂「德國唯心哲學」全盛期的發展，也不是他們藉「理念的鎖鍊」（chain of ideas）可以解釋清楚的。要理解他們就必須理解同一時代兩種運動的關聯，亦即「知識運動」（知識發展的過程）與「革命運動」（革命發展的過程）之間的關聯（ibid., 40）。

(二)革命、哲學、實在

黑格爾曾經說：「革命是停留在與表述〔哲學體系〕思想每一形式裡頭」。這並不是說革命存於坐在安樂椅上哲學家的腦袋中，而是說「存在於思想形式裡頭的革命」，是一個真正的革命底整個社會過程之客觀要素。換言之，法國人拋頭顱灑熱血從事政治鬥爭，贏取革命果實；德國人將革命的原則內化為意識，發展為理論。從比較法國人與德國人的作為，黑格爾指出在這個驚天動地的革命時代，哲學與實在之間存有辯證的關聯（ibid., 41-43）。

　　黑格爾還說一句意味深長的話：「哲學無他，乃為其時代在思想裡頭被理解」。換句話說，哲學為其時代之思想表達。這句話對哲學思想的真正瞭解是再要緊不過，特別是在社會演化的革命時期，這句話更具重要的意義。這句話也提供給我們解釋何以資產階級對19世紀哲學的發展懵懂無知的因由。原來在19世紀中葉這一階級在其社會實踐方面，已停止做為一個革命的階級，因此在「思想」裡頭它失掉理解的能力，不再理解理念與歷史變遷之間辯證的關係。換言之，社會實踐失去革命動力，導致哲學理論失去革命的活力（*ibid.*, 43-44）。

　　其實自1840年代以後，在精神、或理念的領域中之革命運動，並沒有衰竭，或停滯不前，它只是變換面目與形式而已。做為資產階級革命運動的意識表達之經典德國哲學，不但沒有被掃地出門，反而脫胎換骨，轉換成新的科學，且變成無產階級革命運動的一般性、普遍性的表示。這便是指馬、恩在1840年代第一次奠立並發揚的「科學的社會主義」之理論。由此可知馬克思主義是德國經典哲學的傳承者（*ibid.*, 44）。

(三)哲學、革命運動、歷史過程的總體

　　由於馬克思主義的體系是無產階級革命運動的理論表示，而德國的唯心哲學卻是資產階級革命運動的理論表示。因之，兩者（馬克思主義與唯心哲學）必定在知識上與歷史上（意識形態方面）有同等的關係。同樣地在政治和社會的實踐方面，當作階級的無產階級與資產階級兩者所進行的革命運動也存有類似的關聯。從資產階級的革命運動邁向無產階級的運動是同一個歷史的過程。因之，新的馬克思主義的唯物論「自主地」印上了資產階級的唯心哲學之標記。上述四種過程遂相互影響。因此，使用黑格爾與馬克思主義的名詞，馬克思理論的出現，不過是真正的無產階級運動出現的「另外一面」（一體兩面）。只有馬克思

主義的理論加上無產階級革命運動，這兩方面構成歷史過程落實的整體
（*ibid.*, 45）。

採用辯證的方法，我們不難發現上述四個不同的趨勢——資產階級
的革命運動，自康德至黑格爾的唯心論、無產階級的革命運動、馬克思
主義的唯物哲學——不過是同一單純的歷史過程之四個重要的片段、環
節（moments）而已。我們可以把寇士的說法用**圖4.1**來解釋清楚。

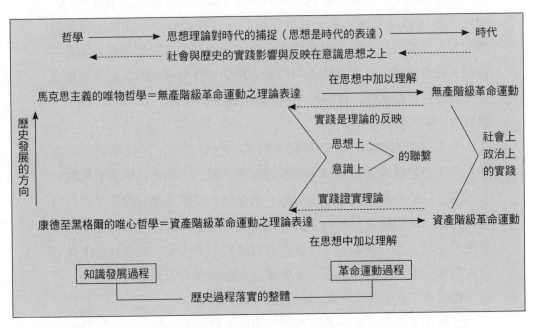

圖4.1　寇士把馬克思主義視為德國經典哲學的延續與發揮之示意圖

資料來源：寇士著《馬克思主義與哲學》，由本書作者設計。

(四)由哲學至科學的社會主義

馬、恩的唯物哲學是由革命的資產階級唯心論中最進步的體系發
展出來。馬克思主義為資產階級觀點之超越與提升，它本身也是以哲學

的對象，來被超越、被提升。馬、恩兩氏無意建構新的哲學，但他們卻體會其唯物理論與資產階級唯心哲學的歷史性關聯。社會主義在其「內容」方面，是由特定社會發展階段衍生出來的新觀念所產生的。但由於它與德國唯心論有所牽連，因此擁有一個特別的、科學的「形式」。從烏托邦式的社會主義發展為科學的社會主義，形式上是由德國唯心哲學「湧現」的。當然，這種（形式上的）哲學根源，並沒有意謂：社會主義在其獨立的形式與進一步發展中須始終保留為哲學而不能變成科學。因此，在1845年之後，馬、恩宣布他們的唯物與科學的觀點不再是哲學。吾人必須記住一點，對他們兩人而言，所有的哲學都是資產階級的哲學。將哲學視同為資產階級的哲學這點是要特別強調的。原因是馬克思主義與哲學的關係，有如馬克思主義與國家的關係一樣（*ibid.*, 48），值得進一步來檢討。

馬克思與恩格斯不僅對抗國家的某一歷史形式，而且歷史上與實質上，他們把國家視同為資產階級的國家。因之，他們宣稱國家的取消（揚棄）乃是共產主義的政治目標。同樣地，他們並非只向特定的哲學體系宣戰，他們最終要藉科學的社會主義來克服與超越哲學。這裡我們發現馬克思主義「實際的」（辯證唯物論的）看法與「庸俗社會主義」最大衝突、最大矛盾的所在。後者承認不會超過「資產階級的層次」，也不會超過「資產階級社會」的觀點（*ibid.*, 48-49）。

任何涉及「馬克思主義與哲學」關係的釐清，必須由馬、恩的聲明出發。他們聲明其新的辯證唯物觀的結果在於超越資產階級唯心哲學，同時也是超越所有的哲學。哲學的超越不是只把哲學的名稱改變即足。就像國家的取消一樣，哲學的超越應是一段長遠而艱辛的革命路程，必須經歷各種階段。

(五)哲學問題與國家問題之忽視

幾十年來正統（事實上是「教條」）的馬克思主義採取一種曖昧的態度，即對重大的問題不加思考、不加介入，特別是馬克思主義與哲學的問題，以及馬克思主義與國家的問題有其平行的關係時為最。正如列寧在《國家與革命》一書中所說：第二國際的主要理論家與評論家幾乎都不關心「馬克思主義與國家的問題」。既然國家的取消與哲學的取消有其關聯性，我們是否可以說第二國際的馬克思主義者對這兩組問題的忽視，也彼此有關聯？列寧對於機會主義者把馬克思主義加以貶抑有著激烈的批評。這個批評就牽連到第二國際在某種情況下對國家問題的忽視。同樣地，當它涉及馬克思主義與哲學問題時，這個情況是否還在發生作用呢？換句話說，第二國際馬克思主義者對哲學問題的忽視，是不是由於「他們一般而言不關心革命的問題」之故呢（*ibid.*, 52）？

我們可以把寇士所述的話作成**圖4.2**，來對照他與列寧的觀點，從而明瞭他是極力向列寧看齊的。

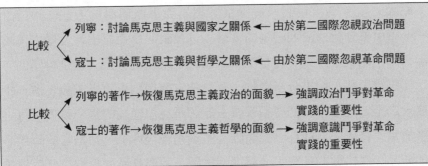

圖4.2　列寧與寇士關懷重點的比較

資料來源：寇士著《馬克思主義與哲學》pp.50-54，本書作者設計。

(六)馬克思主義的危機

在20世紀開頭，資本主義的演變告一段落，革命鬥爭再度開始，由於階級鬥爭實踐條件發生變化，馬克思主義的理論也進入危機的時期。馬克思主義理論的危機表現在社會革命對待國家的態度之上。在第一次

雷涅

世界大戰與俄國革命之後這一問題才又重新顯露。在馬克思主義的陣營中對下列口號無一致的看法：「無產階級奪取國家權力」之過渡與目的；「無產階級專政」；在共產社會中「國家之消亡（衰萎消失）」。對此問題有三種不同的解釋，而分隸三個人來代表：雷涅、考茨基與列寧（*ibid.*, 53）。這三位都是正統馬克思主義者，可是他們竟有三種不同的解釋，這意含正統馬克思主義者深邃的分裂（*ibid.*, 54）。

二、唯物史觀應用到馬克思主義的發展之上

原因：至今為止我們只把黑格爾與馬克思所倡導的方法——辯證法——應用來分析德國唯心論的哲學，以及說明馬克思主義怎樣由德國唯心哲學「湧現」出來。但是唯一真正地「唯物的，因之也是科學的方法」（馬克思語）用來分析事物，應是把它使用到馬克思主義「進一步發展」之上。這意指我們必須嘗試去瞭解馬克思理論的每一改變、每一發展與每一修正（自從它由德國唯心主義湧現至今），乃是它的時代必要的產品（黑格爾的意思）。更準確地說，我們嘗試去瞭解它們怎樣被歷史兼社會的過程之總體所決定、所制約。因為思想正是時代的一般性的表達（馬克思的意思）。只有這樣做我們才會掌握馬克思理論退化為庸俗的馬克思主義之緣由。我們也才會認識今日第三國際馬克思主義理論家激情地努力恢復「馬克思真正的學說」之意義（*ibid.*, 56）。

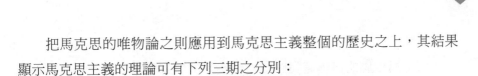

把馬克思的唯物論之則應用到馬克思主義整個的歷史之上,其結果顯示馬克思主義的理論可有下列三期之分別:

第一期 1843-1848:馬、恩作品充滿哲學思想:以《共產黨宣言》為代表。

第二期 1848-1899:馬、恩作品分散為經濟學、政治學、社會學等等之時期:《資本論》為代表(受科學的影響→科學的社會主義)。

第三期 1900-1923:馬、恩原著精神的「恢復」:以列寧的著作《國家與革命》為代表。

第一期為社會發展的理論,也可以說是社會革命的理論。社會革命被當作活生生的整體來加以理解與實踐。此期中社會整體並沒有分化為經濟的、政治的,或知性的分門別類。反之,經濟、政治、意識形態及歷史過程,社會意識到的行動等等一齊構成了「革命性實踐」的活生生之統一體。《共產黨宣》(1848)成為此期社會革命之理論的典型(*ibid.*, 57-58)。

在第二期中,馬克思、恩格斯的社會革命理論經歷相當大的變化。他們的作品——特別是1867與1894之間,以《資本論》(1867)為代表——成為科學的社會主義之闡述。《資本論》與《共產黨宣言》不同,也與《哲學的貧困》(1847)、《法蘭西階級鬥爭》(1850)、《路易・波拿巴的霧月第18日》(1852)不同。儘管後期的著作不改馬克思主義基本的性質,唯一與前期不同的是,構成整體的經濟的、政治的與意識形態的成分,包括科學理論與社會實踐在內,更形分散開來。儘管他們仍以政治、經濟的批判為主軸。馬、恩的著作原沒有分解各種知識的科目之本意。更何況馬克思唯物論的第一個觀點就是理論與實踐緊密地不可分割性(*ibid.*, 59)。換言之,社會實在與思想理論構成一個

歷史總體。

　　可是馬克思的擁護著與跟從者，儘管口口聲聲忠實於歷史唯物論，卻把社會革命的理論分裂成碎片。蓋唯物史觀不能與獨立自主的各種知識分科相悖，也不能與純粹理論考察相悖。尤其是後者妄稱是科學的、客觀的性質，卻與革命實踐完全分離。也就是說後來的馬克思主義者不顧及理論與階級鬥爭中政治的實踐有緊密的關聯，而把科學的社會主義當作純粹科學的觀察來看待。希爾弗定的《金融資本》只以科學的方式來討論資本主義近期的發展，強調事實分析，而不提價值判斷，便是一個顯例（*ibid.*, 60-61）。

　　要之，在第二期當中，本來是社會革命統一普遍的理論，卻變成對資產階級經濟秩序、資產階級的國家、資產階級的教育體系、資產階級的宗教、藝術、科學與文化的批評（*ibid.*, 63）。此一時期所謂的正統的馬克思主義顯示一種努力，企圖藉純粹理論的樣式，去維持社會革命的原理（馬克思主義原本的理論）。但他們演展出來的理論卻全是抽象的、遠離現實的，且缺乏實踐的結果（*ibid.*, 65）。這也就表明何以第二國際號稱正統的馬克思主義者，居然無法探究國家與普勞革命之間的關係之類的問題底原因。由於他們斤斤計較馬克作品的字義解釋，因此無法保留它原來革命的性格。在這種情形下所有革命的問題對他們不復存在。儘管正統馬克思主義者譴責修正主義，但修正主義卻為工會所接受（*ibid.*, 66）。馬克思主義也變成民主社會主義（社會民主）的圭臬、指引嚮導。

　　第三期也就是20世紀的開頭，發展中的新時期開始了。它將社會革命的問題當成實際的，現世的問題看待，並再度把它放在迫切的、優先的位階之上，而力求解決。在這種情形下，純粹理論的正統馬克思主義完全崩潰、完全瓦解，這是由於其長期內在腐化的必然結果。就在這段時期，我們看到西歐各國進入「發展的第三期」。其代表人物為俄國的

馬克思主義者,此一時期可謂馬克思主義的「復興時期」(*ibid.*, 67)。
列寧革命奪權的成功,就是顯例。

馬克思主義的理論這樣的轉變與發展,是受到一種
特殊的意識形態所左右的。這種意識形態是指重返真實
的馬克思主義純正的教誨而言。其代表性人物為德國的
盧森堡與俄國的列寧。他們是回應無產階級革命階段實
踐上的要求。在第三國際當中這種外表上對馬克思主義
原創理論的恢復,乃為新革命時代要求的結果。不但要
求工人覺醒奮鬥,也要求共產黨人的理論應具有革命的
形式。實踐遂要求建立無產階級的專政,理論也必須符

盧森堡

合這個實踐,遂有列寧在革命前夕撰寫的鉅作:《國家與革命》之出版
(1918)。這表明了革命性的馬克思主義裡頭,理論與實踐的內在緊密
的關聯,再度重新建立起來(*ibid.*, 67-68)。

在這個關頭重新檢討馬克思主義與哲學問題也成為馬克思主義這一
個「復興」重要的部分。第二國際馬克思主義者將哲學問題加以縮小,
可說是馬克思主義運動喪失實踐與革命性質的部分表示,也是庸俗馬克
思主義的明顯表示。馬、恩雖然以科學的社會主義取代哲學,但科學的
社會主義迥非庸俗馬克思主義者心目中的資產階級社會的純科學(經濟
學、歷史學、或社會學)。換言之,把馬、恩所言的哲學加以揚棄,視
為哲學的放棄,或視為把哲學改變做抽象的、非辯證的、實證的諸科學
之體系是錯誤的。馬克思科學的社會主義與所有資產階級的哲學與科學
不同的所在,為前者乃是一個革命過程的理論表示,其目的在徹底取消
這些資產階級的哲學與科學,同時也取消造成這類哲學與科學的物質基
礎(社會關係)(*ibid.*, 69)。

三、哲學與社會革命

(一)意識形態與社會革命的關係

在革命轉變的時期，無產階級在奪取政權之後，不僅在政治與經濟的領域，有其一定的任務須加以完成，就是在意識形態的領域，也有其當急之務：不僅復歸原來的精神，還要辯證地繼圖發展。因之，我們不僅要解決「國家對社會革命的關係之問題，以及社會革命對國家的關係之問題，以及社會革命對意識形態的關係之問題」（列寧的說法），更要解決「意識形態對社會革命的關係之問題，以及社會革命對意識形態的關係之問題」。在無產階級革命前避免解決這些問題，將會引入機會主義，並為馬克思主義內部製造危機。對這些意識形態的問題避免採取一定的立場，會導致政權奪取後政治結果的災難重重，這是由於理論的模糊與混亂嚴重影響意識形態領域衍生的問題之解決方式（*ibid.*, 71）。

要解決此一問題必須返觀馬、恩怎樣對待意識形態的問題，亦即哲學怎樣牽連到無產階級的社會革命，或社會革命怎樣牽連到哲學之問題。最後也涉及一個更重大的問題：馬克思主義的唯物論怎樣牽連到意識形態之上？

馬、恩科學的社會主義對哲學的關係何如？庸俗馬克思主義說這兩者無任何關係可言。因此，遽認馬克思主義新辯證法與科學的態度只是拒斥與超越古老的唯心哲學。其實這是淺薄的解釋法，是違離馬克思現代辯證唯物論的精神。馬、恩在早期革命活動中曾面對哲學的實在而奮鬥，他們始終把意識形態（包括哲學）看成為具體的實在，而不是看做空洞的幻想。

(二)馬克思對哲學超越的解說

馬克思在1842年說「哲學並不是站在世界之外，正如同腦並不是

在於人的體外,是同樣的道理」。後來他又說:「以前的哲學〔唯心哲學〕仍舊屬於這個世界,是這個世界唯心的解說」。他又指責德國只重實踐的政黨犯著拒斥哲學的錯誤,與只重理論的政黨同樣犯著毛病,不曾把「哲學視為德國實在的一部分」(*ibid.*, 73-74)。中年以後的馬克思顯然超越了他青年時代僅僅抱守哲學的觀點。其理由有三:(1)此時馬克思理論立場不僅是部分反對所有現存德國哲學所造成的結果,而是堅決反對此一哲學的前提(物質基礎);(2)馬克思所反對的不限於哲學(它只是現存世界的頭或現存世界的理念的解說而已),而是反對當成一個整體的世界;(3)最重要的是這一反對恰好不只是理論的,也是實踐與積極能動的。是故〈費爾巴哈提綱〉最後一條:「哲學家僅僅對世界做出各種不同的解釋,但關鍵所在卻是改變它」(*ibid.*, 74-75)。

(三)馬克思、恩格斯的辯證唯物論是徹頭徹尾的哲學

　　無論如何,馬、恩對哲學一般性的超越本身仍含有哲學的性質。這是由於新的普勞科學與其本身的哲學相比差別極其有限之緣故。在理論層次上德國唯心論始終有一個趨勢,不以一個理論或一個哲學為滿足。此種趨勢由黑格爾之前的哲學家像康德、謝林,特別是費希德可知。黑格爾雖然表面上改變這個趨勢,但他賦予哲學理論之外的使命,兼有實踐的意味。所謂實踐並非如同馬克思要改變世界而已,而是藉概念與理解之助力,

謝林

促成當作自我意識之理性,以及業已變成現實的實在之理性兩者的調解。因此,自康德至黑格爾的德國唯心論從來沒有停止過扮演哲學的普泛角色。同樣地,如果馬克思宣稱追求的是實踐的、是革命的目標,而非理論的目標時,就斷言他的唯物論不再是哲學,這種斷言是錯誤的。反之,馬、恩的辯證唯物論,就其性質而,乃是徹頭徹尾的哲學。它是

一個革命的哲學，其任務在參與革命鬥爭，這一鬥爭係牽涉社會各方面，藉哲學的戰鬥來反對現存秩序的整體。最後它藉本身的揚棄而告消弭於無形。這就是馬克思說的話：「哲學若不被實現，就不能被揚棄」（*ibid.*, 75-76）。

(四)哲學的揚棄

因此，馬、恩不是單純地把哲學加以排斥而已，而是取消或揚棄它。須知他們在做為唯物論者之前，首先變成為辯證論者。這就是何以他們的唯物論是辯證唯物論的原因，也是有異於費爾巴哈抽象的科學的唯物論之原因。換言之，他們的唯物論之理論在於明瞭社會與歷史的整體，其實踐在於推翻此一整體。凡是真正的辯證唯物史觀，沒有不把哲學的意識或一般意識形態，當成普遍的社會兼歷史實在的事物成分來看待。亦即把意識形態當成真實的部分看待，對它的瞭解是有賴唯物理論，對它的推翻則有賴唯物論的實踐（*ibid.*, 77）。

在〈費爾巴哈提綱〉中，馬克思以其新唯物論來對照哲學的唯心論，也對照現存其也各種的唯物論。同樣在其後來的著作中，馬、恩強調他們兩人的唯物辯證論與其他唯物論（無論是正常的、抽象的，還是非辯證的唯物論）完全不同（*ibid.*, 78；陳墇津，前揭書，頁106-107）。

四、意識形態的辯證

(一)對心智生活與社會意識的誤解

人的心智生活應該與其社會與政治生活合併來考慮。社會的存有與社會的生成，也應該與社會的意識（包括它各種各樣的表視，諸如一般歷史過程中實在的成分與理想的成分在內）一起來研究。但不幸得很，當今的馬克思主義者卻以否定的、抽象的，和非辯證的方式來看待心智

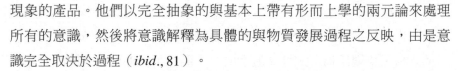
現象的產品。他們以完全抽象的與基本上帶有形而上學的兩元論來處理所有的意識，然後將意識解釋為具體的與物質發展過程之反映，由是意識完全取決於過程（*ibid.*, 81）。

在這種情況下，任何理論上的努力去恢復馬克思所主張的科學的、辯證唯物觀，以及對「意識形態」的實在採取這種觀點，必然比恢復有關國家的正確的馬克思理論還遭遇更多更大的理論阻力。關於國家與政治問題的處理方面，庸俗馬克思主義者縱有歪曲馬克思主義之處，也僅限於第二國際著名理論家未曾具體研究革命轉型的重大政治問題而已。他們至少還承認對唯物論者而言，不僅社會的經濟結構，就是國家與法律等政治的與司法的上層建築也是諸種的「實在」（realities）。因之，這類上層建築等等實在，不容忽視，而必須藉政治革命來推翻。可是涉及心智生活與社會意識的形式時，今日不少庸俗馬克思主義者看它們為「虛假的實在」（半〔準〕〔假〕實在，pseudo-reality），也就是看成為錯誤、假象、幻覺、或缺乏其客體對象之物（*ibid.*, 81-82）。

由是可知，對庸俗的馬克思主義者而言，「實在」可分成三層：(1)經濟：在最後的分析中為唯一客觀與絕非意識形態之實在；(2)法律與國家不是十分的實在，因帶有意識形態之故；(3)純意識形態，不含客體（對象），完全非實在（*ibid.*, 82）。

(二)馬克思與恩格斯看意識形態

在名詞使用方面，馬、恩不曾描述社會意識與心智生活為意識形態。意識形態只是一錯誤的意識，係對社會生活的部分現象錯誤地賦予獨立自主的性質。凡是把法律與國家當成為置身於社會之上或社會之外，擁有獨立自主的力量之法律的與政治的想法，都是意識形態之屬。

在馬、恩的用詞當中，他們不曾稱呼資產階級的意識形態為意識形態。反之，他們只有指出意識（consciousness）的法律形式（legal form）、政治形式，宗教、美學或哲學的意識形式的意識形態。就是這些東西也未必在所有情況下都被視為意識形態，只有在特殊的情況之下（例如在黑格爾所稱市民社會展示的物質關係下，亦即生產的社會關係下）才是意識形態。

上述社會意識的形式（form of consciousness）（不限於法律與國家）還包括商品崇拜、價值概念，以及由它們衍生出來其他對經濟的想法。這些都是馬、恩在他們政治經濟（political economy）批判中加以分析的。由於經濟意識的形式（經濟理念）有異於社會意識的形式（＝意識形態），而馬、恩後期更賦予經濟意識的形式以特殊的觀點。因之，這也標誌著他們對哲學的新看法。這一新看法使他們後期成熟的辯證唯物論與早期的看法大異其趣。由是在涉及社會的批判時，哲學的理性批判與實踐性批判被推向第二、或第三、或第四，甚至最後一個位階上去。《德法年鑑》時代的馬克思所持「批判的哲學」變成更為徹底、更為激烈的社會批評，也就是尋根究底挖掘其根源，變成政治經濟之批判。任何法律關係、憲法結構、或社會意識的形式，或精神的表現，都無法單獨被瞭解。因為這些事物植根於生活的物質條件之故。這些條件構成社會組織的「物質基礎與骨骼」（*ibid.*, 84）。

馬克思在1843年以後，認為要根本地批判資產階級的社會，應由其意識之特殊形式著手，蓋此等形式在資產階級的政治經濟裡頭以科學的方式表達出來的緣故。因之，政治經濟的批判成為理論上與實踐上均佔優先。但即便是這般深刻與根本的社會批判，其批評的對象依舊是資產階級社會的「整體」，以及它（資產階級社會）的意識形式之「全部」。馬克思批評政治經濟的革命意義在於糾正當今的人對政治經濟之誤解。這一批評將可顯示它在馬克思對社會批評整個系統裡之位置，以及意識形態（包括哲學）批評之關係（*ibid.*, 85-86）。

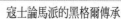
(三)政治經濟的批判與社會意識的批判是不可分的

一般公認的看法是認為政治經濟的批判（此為馬克思主義社會理論的精華）不僅包括資本主義時代物質生產關係之批判，也包括它的社會意識之批判。但庸俗馬克思主義者只把政治經濟批判當成科學的理論，只批評與糾正資產階級經濟學的錯誤。反之，無產階級政黨卻利用批判的知識去提供實踐之用——推翻資產階級經濟結構與改變其生產關係。由是可知，庸俗馬克思主義者最大的毛病在把意識及意識的對象劃分太清楚，殊不知這種劃分早已被辯證的哲學所摒棄（*ibid.*, 87）。

意識與實在的相互配稱符合一致，對辯證唯物論而言，乃是自明之理，如果沒有這項配合一致，那麼政治經濟的批判將不再成為社會革命理論的主要成分。對於那些不把馬克思主義看成社會革命理論的人，自然不要有關實在與意識符合的辯證觀點，是故對他們而言，這種符合一致的觀點像是錯誤的，或非科學的（*ibid.*, 89）。

馬、恩在其革命活動不同時期裡，曾言及（在經濟層次上，或更高的政治與法律層次上，甚或最高的藝術、宗教、哲學層次上）有關意識對實在的關聯。吾人有必要發問：他們在每個時期裡發言的對象為何？蓋每期對象的輕重不同之故。他們最先只有澄清有關黑格爾的方法，企圖把黑氏唯心論的辯證法轉化成歷史與社會的唯物論（*ibid.*, 90）。

(四)馬克思、恩格斯唯物論的辯證方法

馬、恩的方法不是抽象的唯物論，而是辯證的唯物論。因之，為唯一的科學方法（*ibid.*, 91）。對馬克思主義而言，前科學的、外於科學的，以及科學的意識並非存在於自然界或人文社會界之外。它們仍存在於現世當中，成為世界真實與客觀的成分。這是馬、恩辯證法首先有異於黑格爾辯證法之處。其次馬、恩的辯證法不同於黑格爾辯證法之處，

為前者強調實踐，後者只重理念而已。也就是資產階級社會中的意識形式（譬如私產、資本、工資等之理念），不能只在思想中予以揚棄，而必須藉實踐把產生這種意識之物質條件推翻。在〈費爾巴哈提綱〉中，馬克思說：「將思想由實踐隔絕，而後論思想實在抑非實在，是煩瑣的〔學究的、不切實際的〕」。把黑格爾神祕化的辯證法改變為馬克思唯物辯證法的「理性形式」表示它變成了一個單純的理論兼實踐的，以及批判兼革命的活動之指導原則（*ibid.*, 94）。

〈費爾巴哈提綱〉最後一行：「至今為止的哲學都以不同的方式來解釋世界，但問題的關鍵卻在於改變它」。這句話的意思絕不是庸俗馬克思主義者所說：所有的哲學都是幻想不切實際，都該拋棄廢置。它只是表示要根本排斥那些哲學與科學的理論，假使它們本身在同一時刻中不是實踐的話。也就是排斥非實踐之理論之意。理論的批評與實踐的汰舊換新是不可分割的活動，是對資本主義社會具體的、真實的更新（*ibid.*, 94-95）。

(五)社會整體包括社會意識在內

事實上不僅經濟意識是有對象的、有客體的，可供實踐的意識，就是其他的意識也是同樣的有對象、有客體。經濟理念表面上與資產階級社會的物質生產關係有關，成為經濟實在的反映、或其影像。其實，它們之間的關聯，不過是社會整體中的一部分與另一部分之間的關聯而已。資產階級的經濟學正隨同物質的生產關係一起隸屬於資產階級的社會（當成一個整體的資產階級社會）。這一整體也包括政治的、法律的看法，以及其明顯的對象。這些對象曾為資產階級法律學者、政治學者當作獨立自主的要素來看待。這一整體當然也包括上層的藝術、宗教、哲學等。儘管它們一時可能無具體的對象可做反映之用。上面這些都屬於所謂意識形態的方式，所有這些形式必須受到科學的社會主義之革命

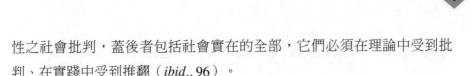

性之社會批判，蓋後者包括社會實在的全部，它們必須在理論中受到批判、在實踐中受到推翻（*ibid.*, 96）。

正如一個革命階級的政治行動沒有必要化解為經濟行動，同樣心智行動沒有必要化解為政治或經濟的行動。相反地，心智活動必須在理論與實踐中貫徹到底。在奪權之前，做為革命性科學的批評以及煽動宣傳的工作，或在革命以後，當作科學的組織與意識形態的專政之用。在哲學上資產階級的意識必須藉革命性的唯物辯證法予以鬥爭。這種辯證法乃是工人階級的哲學。只有在現存社會的整體以及其經濟基礎上，在實踐中徹底被推翻，而資產階級的意識在理論上徹底被超越之後，鬥爭才會停止。「哲學若不被實現，就不能被揚棄」。

五、小結

寇士《馬克思主義與哲學》一書的重要論點：

1. 一開始引用列寧的話，必須探究黑格爾的辯證法，自稱與列寧同屬於「唯物辯證法者」。
2. 強調哲學對馬克思主義之重要，指出馬克思與黑格爾的關聯為「黑格爾式馬克思主義」（Hegelian Marxism）奠基者之一。
3. 指出馬克思主義為日耳曼哲學之延續與發揮。
4. 將馬克思主義發展史分成三個階段（應用馬克思的唯物史觀於馬克思主義理論發展之上）。
5. 說明馬克思主義與哲學之關係有如馬克思主義與國家之關係：
   哲學之超越←對照→國家之超越。
   哲學之揚棄←對照→國家之消亡。
6. 指責教條與庸俗分子降低意識形態的角色，導致無法批判意識形態與改變意識之弊病。

 第三節　寇士論馬克思主義的危機、其學說的評估

一、　對其所著《馬克思主義與哲學》的辯解

(一)自資產階級左派「正統」理論家的批評

　　在1930年刊載的〈《馬克思主義與哲學》問題的現狀——反批評〉一文中寇士指出該書於1923年出版之後，資產階級理論家選擇對其有利的那部分予加以讚揚：那是有關寇士對心智活動與意識形態列為社會實在的看法。但卻忽視或無視「壞的那一部分」——也就是他呼籲對物質基礎與心智實在的揚棄與毀滅而言。但來自左派的兩個官方機構（德國社民黨黨大會與第三國際第五屆大會），卻同聲譴責上書為「叛離了被接受的主義〔離經叛道〕」，寇士一時被視為異端。

　　寇士認為該書所代表的馬克思主義是「非教條的與反對教條的，歷史的與批判的。因此它乃是嚴格意義下的唯物論」。這個看法涉及「唯物史觀對唯物史觀本身的反應」方面（*ibid.*, 102）。但這種觀點為新與舊的教條批評者所反對。他們認為寇士偏好馬、恩早期辯證唯物論「原始的」形式。因為它與革命實踐有直接的關聯。他們又指摘他忽視第二國際馬克思主義者對馬克思理論正面的發展，以及忘記馬、恩後來也修正他們原來的理論。這種批評法顯然已牽涉到馬克思主義發展相續的時期及其彼此之間的關係之對論。

　　寇士說不管是第一國際還是第二國際，其解體之後，就出現各種各樣引用馬、恩名義、自認為正確、解釋不同的馬克思主義學派。這些不同學派所形成的馬克思主義的意識形態，必須以歷史的、唯物與辯證的觀點，把它們當成歷史進化的產品來看待（*ibid.*, 104）。

(二)馬克思主義理論分期之爭論

寇士強調他對馬克思主義發展分成三期是在考慮到「馬克思主義與哲學」的關係之架構下所做的分期方法。第二期雖然跨越整整半世紀（1984-1899），但其特徵為此一期間中，哲學已停止對資產階級，以及無產階級的影響。不過由於恩格斯在1888年出版了《路德維希·費爾巴哈與德國古典哲學的終結》一書，將工人運動當作經典日耳曼哲學之繼承人，且在英國及北歐，康德哲學似有復活跡象。因此，寇士說有必要對1850年至1890年四十年之間「反哲學」之匯為兩股支流詳加析述。其一為社會主義的「科學」變成「實證的」科學，而逐漸擺脫哲學的影響。另一支流則與前者相反，但卻有相輔的作用。做為馬、恩1850年代的作品，以及義大利拉卜里歐拉（Antonio Labriola 1843-1904）與俄國朴列哈諾夫（Georgi V. Plekhanov 1856-1918）的解釋。他們企圖回歸黑格爾的哲學，而非回歸1840年代左派黑格爾門徒批判與革命的「反哲學」之狂飆時代。

拉卜里歐拉

朴列哈諾夫

寇士指出其批評者主要指摘他對1850以後的馬克思主義整個發展史，以消極否定的眼光來加以論述，把這一發展當成單一的、線性的，一口咬定的「墮落過程」，亦即由馬、恩原來革命理論墮落為實證的、科學的理論。他們還加諸寇士一個他不承認的罪名：馬、恩要對其理論之墮落負責（*ibid.*, 107）。

寇士認為在19世紀最後三十年當中，歐、美局勢的變化，促成了馬克思主義理論的改頭換面。特別19世紀最後十年間，自稱代表馬克思主義正統的考茨基與修正主義的伯恩斯坦，兩人的思想不過是一體之兩

面，都代表馬克思革命性理論的淪落（*ibid.*, 108-112）。

(三)德國社民黨理論與實踐的差距

　　寇士說當德國社民黨變成一個「馬克思主義」的政黨時，該黨即存在一種理論與實踐的「差距」。理論上自稱是革命的、「馬克思主義」的理論。但其實踐卻遠落於理論之後，有時甚至與理論剛好相反。這一差距唯一的解釋是一開始它就不是真正的「理論」，而是「意識形態」。在此情形下，列寧與考茨基幾乎是一致地強調社會主義只能由資產階級的知識分子「由外頭」帶給工人們，而非工人階級自動自發追求的目標（*ibid.*, 113-114）。

　　同樣地，盧森堡也把馬克思與普勞階級對立起來。前者因受資產階級教育，擁有自主與創造力，後者則繫於「我們社會生存條件」之上，而不克自拔。但要解釋第二國際理論與實踐的差距就要用唯物論的方法。因為在這段時期工人的運動形式上採取馬克思主義為意識形態。雖然此時工人運動有效的實踐是建立在更為廣闊的基礎之上（更多人的參與），但其理論成就比起以前建立在狹窄的基礎上之無產階級來，可以說是程度不夠高（*ibid.*, 116）。

　　要之，馬、恩的理論雖然邁向更為完善，更為高明的境界，卻因為革命運動的衰竭，其理論終於失去與工人運動的實踐發生直接的關聯。其結果是在1850年以後，有兩個過程並行發展。一方面是在新條件下舊理論的繼續發展（馬、恩的理論）；他方面是工人運動新的實踐。這就是說明何以馬、恩的理論儘管已發展至高峰，但卻無法與工人運動相配合，為後者所吸收、所發揮的緣故（*ibid.*, 116-117）。

(四)20世紀開頭以來馬克思主義與哲學關係之重估

　　正統馬克思主義者與社民黨員或共產黨員，對寇士第二個重大的批

評，是涉及他所說自20世紀初以來馬克思主義發展的第三期中，有必要
對哲學與馬克思主義之關係加以重估。特別是1924年以意識形態形式進
行的哲學爭論是由兩方展開的。一方為列寧分子馬、恩唯物論的解釋；
另一方為所謂的「西方共產主義」（實際上為西方馬克思主義）分子，
包括盧卡奇、寇士等人，由唯心論，康德批評認識論，或黑格爾唯心辯
證法的立場來批評布爾什維克的「馬克思、列寧主義」。在一個註腳裡
寇士第一次使用了「西方馬克思主義」這一名詞（後來又在正文上使用
一次 *ibid.*, 134），儘管正文中也用「西方共產主義」這一稱呼（*ibid.*,
118-121）。

　　正統的馬克思主義者指責《馬克思主義與哲學》為「唯心主義的離
經叛道」。又指斥它一再拒絕「素樸的唯實論」（naïve realism）。寇
士沒意料到這一「唯實論」卻成為舊蘇聯馬列主義哲學的基礎（*ibid.*,
123）。

　　依據寇士的看法，列寧並不關心他所提出的唯物主義哲學真假之
「理論性問題」。反之，只關心他的理論能否被無產階級用到革命鬥爭
之上，也就是「實踐的問題」。列寧這一立場，如果以馬克思的角度來
衡量，是站不住腳的，而必遭後者所批評的。原來馬克思在早期批評了
「以實踐為取向的政黨只會想象它可以（在實踐上）超越哲學，而不曾
（在理論上）實現它〔不曾在理論上揚棄哲學〕」。由是可知，列寧在
非哲學的基礎與結果之上來決定哲學的問題。他也不以哲學問題的理論
或哲學內容來判斷它們（*ibid.*, 128）。

　　列寧所要對抗的資產階級哲學中違反「唯物論」的趨勢，而較少留
意它對辯證法的忽視。但依據寇士的看法，當代資產階級哲學、科學、
人文學基本趨勢與六、七十年前的資產階級對科學、人文學之態度並
無二致。它們並不是受到唯心哲學的鼓舞；反之，卻是受到唯物觀的影
響。這種唯物觀是染有自然科學的色彩（*ibid.*, 129）。列寧的觀點與他

有關「帝國主義」的政治兼經濟理論有密切的關聯。這是與俄國的經濟與情勢有關，也有利於俄國革命的推動，卻不適合現階段國際階級鬥爭實際上的需要。因之，列寧的唯物哲學不能迎合當今西歐革命的普勞哲學之需要（*ibid.*, 129-130）。

(五)列寧哲學的批評

列寧唯物論哲學的理論性質符合他所處的時代與實踐的環境。他既要做一位馬克思主義者，又要保留做為黑格爾的信徒。其結果是他藐視了馬、恩在革命發展初期奠立的辯證唯物觀。他輕易地以新的「唯物的」哲學觀取代黑格爾辯證法基礎上的唯心觀。他未曾意識到這一改變只是以「物質」替代「精神」做為絕對的事物，這只是名詞的改變而已。他所犯的錯誤還不僅限於此，他不僅使馬、恩對黑格爾辯證法由唯心變為唯物，還把唯物論與唯心論的爭執拉回歷史的舊時期去。殊不知這類爭執早已被排除於「精神」或「物質」的「存有」之外，而變成「理念」的辯證運動。歷史的真正運動被發現為「理念的自我運動」掩護下進行。但列寧卻回歸到「思想」與「存有」，「精神」與「物質」的絕對理性對立之上，是故他無異在開哲學史的倒車（*ibid.*, 131-132）。

要之，列寧及其跟隨者單方面地把辯證法移往客體（對象），自然與歷史，然後他們把知識僅僅看做是這個客觀實有反映在主觀現意識上的影像或反映。在這種解釋下，他們破壞了「實有」與「意識」之間的辯證相互聯結；也破壞了「理論」與「實在」之間的相互關聯。這種兩分化等於回復到康德的哲學，但康德主義正是他們所要攻擊的學說。這麼一來他們等於放棄了「歷史實有的整體」與「所有歷史上重要的意識形式」之間有所關聯的問題。換言之，他們把問題減縮為「知識的主體與客體之間的問題」（*ibid.*, 132-133）。從而割斷了理論與實踐的合一。

(六)俄國馬克思主義或「蘇維埃馬克思主義」之特色

寇士認為俄國馬克思主義比起德國的馬克思主義來，更為「正統」（更為教條化），更具意識形態的性質，因而與具體的歷史發展發生更大的衝突（*ibid.*, 140）。依他的看法，俄國馬克思主義現處在第三個發展期中，而仍舊表現它意識形態的性質，以及顯示其所信「正統」的理論與其運動的真實的、歷史的性質相互矛盾。要之，列寧正統的馬克思主義理論與其完全非正統的實踐是一個強烈的對照，這也顯示當今「蘇維埃馬克思主義」理論與實踐是矛盾重重的（*ibid.*, 141）。

二、馬克思主義的危機

(一)危機產生的歷史背景

自1928年以後由於西歐左派勢力一再內鬨、分裂，終而聲勢盡失；在蘇聯則由於史達林大權獨攬，大肆整肅異己，使寇士深感工人的命運愈來愈悲苦，大有被宰制與奴役之趨勢。他遂決心重估馬克思主義的理論，而企圖阻遏其危機之惡化。

寇士對馬克思主義的反省開始於1920年末至1940年，其結果導致他修正了過去對馬克思主義的解釋。要之，反革命在蘇聯的勝利、法西斯主義崛起於世界各地造成了馬克思主義的危機，也是他其後分析與批判的對象。

史達林

(二)批評考茨基主義

首先（1929年時）他批評考茨基唯物史觀，指出考氏自認的「純粹科學」的理論，其實不過是「特定歷史時刻的意識形態之表示」。所謂

的考茨基主義不過是「德國社會民主的意識形態，代表由偷偷摸摸變成公公開開的修正主義在轉變之最後階段」。寇士論證考氏居然把馬氏的歷史唯物論物化為客觀主義範疇與法則（非直接反映歷史發展），與排除馬克思主義能動的、實踐的與革命的特徵，來壓抑馬克思主義中革命的精神。

(三)對列寧與布爾什維克主義的批評

除了攻擊考茨基之外，寇士又於1930年《馬克思主義與哲學》再版序言（上面所提〈反批評〉）一文中，把列寧及蘇維埃馬克思主義也列入當前馬克思主義的「正統」之中，認為它也竄改了革命性的馬克思主義。在一篇〈馬克思主義的意識形態在俄國的歷史中〉文章裡，寇士認為馬克思主義之於俄羅斯，無異資產階級的意識形態之於歐洲，都是促成該兩地資本主義發展的催化劑。換言之，列寧只是把馬克思主義披上唯物鬥爭的外衣，目的在把前資本主義社會的俄國轉化成資本主義發展的地區。因為列寧堅持俄國必須先資本主義化與工業化才能轉變為最終的社會主義國家。由是可知，對寇士而言，俄國的馬克思主義不過是一個「革命的神話」而已。

(四)俄、德馬克思主義變成意識形態

因之，寇士相信蘇維埃的馬克思主義與德國社會民主的修正主義都變成意識形態來代替改良主義，也為其實踐提供合法化的託詞。其結果只有加強資本主義的體系。上述俄、德的意識形態都遠離企圖推翻資本主義之真正的革命勢力與革命鬥爭。至此，我們可以說早期的寇士在責備工人階級運動壓抑馬克思主義革命性的核心，因而督促他們恢復革命性的馬克思主義。但是後期的寇士卻重估馬克思主義本身導致工人階級運動失敗的因由。他說：過去把失敗責任推給馬、恩繼承者對其理論的

竄改誤用是錯誤的。「在其最終分析中,今日的危機乃是馬克思與恩格斯理論的危機」。

(五)馬克思主義危機的本質

寇士說:馬克思主義的危機顯示馬克思主義在革命運動中優勢地位的失落,以及馬克思的理論與實踐轉化成國家的教條主義與改良主義者的實踐。馬克思主義是早期階級鬥爭的產品。「因此,與當前階級革命沒有真正的關聯,目前的階級革命乃是完全新的條件湧現的結果」。至少馬、恩的理論的本身,還多少反映了「革命性階級行動的真實條件」;目前的馬克思主義正統卻發展為「純粹抽象的與消極的理論,目的在應付被外面法則所規定的社會發展之客觀性行程」。寇士顯然反對馬克思主義物化為一連串的客觀主義的法則,用以描寫資本主義發展的客觀進程。

於是他下了結論:當前馬克思主義的潮流中無一可以看做無產階級鬥爭的實踐需要之適當的理論表達。又說:「無產階級鬥爭最重要的活生生理論來自三個不同的方向。每一方向都有意或無意地對抗正統的馬克思主義之理論。這三個為:工會的改良主義、革命性工團主義,以及列寧式的布爾什維克主義」。每一趨勢力求要把「工人階級的主觀行動,而非資本主義的客觀發展成為社會主義理論的焦點所在」。寇士在此開始嘗試否定馬克思主義對革命鬥爭的主宰性,而企圖估量足以使工人階級擺脫資本主義而自求解放的其他可行的理論、策略、運動等等。

(六)巴黎公社的重估

在批評馬克思革命理論的情況下,寇氏開始重估巴黎公社。對他而言,巴黎公社之任務在於「革命性的自我批評」。但馬氏的解釋卻充滿自相矛盾:一方面大力讚美公社,但須知公社卻是權力分散的人民政

普魯東

府，係建在普魯東聯邦式模型之上；他方面馬氏卻是國家權力集中的擁護者。這就顯示馬克思對國家態度之矛盾。換言之，一方面主張「無產階級專政」，他方面主張「國家萎縮消失」。基本的問題在於馬克思無法解決分權與集權兩種模式的對立。

其後寇士逐漸對馬克思的政治理論，特別是國家觀，採取更為批評的態度。他愈來愈同情分權兼聯邦式的概念，而遠離中央集權。他還指出馬克思由社會主義進展至共產主義的「兩階段說」，為社會主義更高階層的建設之延遲提供合法化的辯詞，此可以印證在史達林統治下，蘇聯之政治發展——反革命的政策之推行，將社會主義之要求推向可望而不可及的未來。

(七)馬克思革命理論的批評

寇士也相信馬克思的革命理論是受到其發展之歷史情況所限制的，因而帶有布朗基與雅各賓式暴力與獨裁的性格。在法蘭西大革命時，雅各賓黨人主張強而有力的集權國家，俾做為革命的手段。布朗基的信徒則藉反叛與革命菁英來奪取國家的權力。正因為馬克思的革命理論受到資產階級的歷史發展所左右，染有布朗基與雅各賓的色彩，因此，不適於情勢業已丕變的今日工人階級的鬥爭，不宜做為後者策略的指導。

在一篇題為〈1848年歐洲革命裡馬克思的立場〉之文章中，寇士稱：「馬克思始終維持一個由法蘭西大革命產出來的有關革命之傳統觀念」。因之，1848年至1849年之間，馬克思對德國革命的要求不曾超過「民主革命」的範圍。其後雖然情勢已改變，馬克思對新的革命運動仍賦予舊的行動指示，他只是要把他當時的民主革命抬高到「較高的層次」，殊不知這個所謂的「較高的層次」早已為資產階級革命所達致。

後來，在另一篇文章中，寇士居然質問何以19世紀資產階級產生出

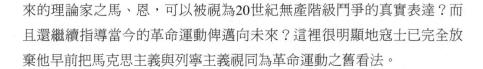

來的理論家之馬、恩，可以被視為20世紀無產階級鬥爭的真實表達？而且還繼續指導當今的革命運動俾邁向未來？這裡很明顯地寇士已完全放棄他早前把馬克思主義與列寧主義視同為革命運動之舊看法。

(八)馬克思與列寧太強調政治與國家的角色

寇士後來發現馬克思與列寧太強調政治與國家的重要性，因之，他把重要性移往工會鬥爭，以及工人階級追求解放的社會與經濟方面。他認為馬克思的革命理論是以砸碎資產階級統治機器的國家為當急之務，因為太強調政治面，而忽略與輕估經濟鬥爭與社會鬥爭的重要性。在此情形下，馬、恩對巴黎公社之政治形式的特別讚揚，乃是中世紀遺留下來資產階級的遺毒。這兒不難看見寇士對巴黎公社的研究含有對「無產階級專政」的批評，由是遂督促回返馬克思早期「自由組合」（協會）的主張。他說：「無產階級鬥爭真實的終極相標不在實現『更多的民主』，『更多的公社化』，組成這種新社會的形式不再是政治的勢力，而是『組合，其中每人的自由發展成為所有的人自由發展的條件』」（《共產黨宣言》中的一句話）（參考洪鎌德2010：344-346）。

(九)對西班牙革命的失敗與法西斯的崛起之解釋

寇士對西班牙內戰中，無產階級的失敗，是肇因於政治與經濟行動的脫節。他強調推翻資本主義的解放中所有經濟的、政治的、社會的鬥爭都應同時進行，不可偏廢。

在〈法西斯國家概念批評論綱〉（1932）中，寇士認為法西斯主義，不是國家形式退化至資產階級社會之前，而是否定自由的國家觀之「現代國家形式」。雖然法西斯主義者主張「完全非理性的國家神話」，他們卻「藉菁英分子推動一項冷靜的，不帶幻覺的，理性的，以目標指引的國家實踐」。關於法西斯主義的興起與極權性質，他採用正

統馬克思主義的看法。他也認為法西斯國家之傾向為對整個社會積極式的控制，它將擴展至資本主義世界而成為國際反革命的勢力。

三、寇士與〈今日馬克思主義十個提綱〉

　　寇士對歐洲工人階級革命運動之失敗痛定思痛，因而追溯、分析、與反省自法國大革命以來所有的革命與反革命之成敗。其中馬克思主義之性質以及與其他社會科學之關聯成為1930年代至1950年代他思考、著作的基本內容。

　　由於受到「維也納學派」的影響，此一時期的寇士，不再以實用的觀點來討論馬克思主義，而是脫離了他的歷史主義（理論為歷史事實之一部分，也為時代的反思），集中於理論的形式面。但綜觀他的一生，寇士至少擁有兩種彼此矛盾的馬克思主義觀，其一為早前所提及的歷史主義，視馬克思主義無需哲學或科學的基礎，本身植根於歷史實在的工人階級力量與階級鬥爭之上；另一為鑑於工人階級革命的屢遭失敗，使寇士轉換方向去為馬克思主義的理論尋找科學性。藉此理論對社會經濟實狀描寫之精當程度來估計其真理的大小。這個觀念為他後來省思的結果，是與第一觀念相左的。顯然寇士認為馬克思主義為一套歷史、社會、政治經濟的真實理論，其真理存在於它對社會兼經濟兼歷史實在之描寫上。

　　可是1950年寇士寫下其〈今日馬克思主義十個提綱〉，其內容為：

1. 今日再談馬、恩的學說在理論上可否被接受，實踐上能否被應用是沒有意義的。
2. 今日再嘗試重建馬克思主義整體來做為工人階級的社會革命之理論是一種反動的烏托邦。
3. 儘管馬克思學說尚有含混不清之處，它至今仍是有效的；舊的馬克

思主義勞工運動所產生的實踐,也已融合為人民與階級實踐的鬥爭裡頭。

4. 要重建革命理論與實踐的初步為不再把馬克思主義當作是唯一引致革命的動機,或不再把它看成為唯一的理論或實踐之指導。

5. 今日馬克思只是工人階級的社會主義運動當中無數的前驅、奠基者、發展者之一。烏托邦社會主義者之一的托馬士·莫爾之重要性也不容忽視。與馬克思為敵的布朗基(Louis Auguste Blanqui 1805-1881)、普魯東,與巴枯寧同樣也很重要。同樣具有重要性的還包括最近的發展,諸如德國修正主義、法國工團主義與俄國布爾什維克主義。

6. 下列數點對馬克思主義而言,是緊要的、有切膚之痛的:(1)它仰賴德國及其他中歐與東歐國家落後的政、經條件;(2)它無條件依附於資產階級政治形式之上;(3)無條件接受英國先進的經濟條件,以及其他各國發展的楷模,也以英國做為他日轉向社會主義之過渡;(4)它拼命與自相矛盾的努力企圖改變這些不利的發展條件。這些努力的結果,也構成馬克思主義特別引人矚目,引人批評之處。

7. 上述這些條件交互作用之結果為:(1)過度看重國家做為社會革命決定性工具;(2)馬克思革命理論曖昧之發展,是由於共產革命兩段說(先建立社會主義階段,然後發展共產主義階段)硬性加在它上面的緣故。這種兩段說一方面在對付布朗基,另一方面在對付巴枯寧。其結果是現存運動已失掉工人階級真正解放的機會,也把解放推向無窮盡的未來。

8. 這是列寧式國際布爾什維克式發展介入之處,就因為這個新要素的注入,馬克思主義遂移轉至俄國與亞洲。由是馬克思主義遂告發生變化。由原來革命性的理論變成為意識形態,這一意識形態提供給

各種不同的目標之使用。

9.從此一觀點出發，吾人可以用批判眼光來判斷1917年與1928年俄國
的革命。也從這個觀點出發吾人必須決定馬克思主義今日在亞洲及
整個世界所能發揮的作用。

10.工人對維持其生活的生產工具和資料之控制並非由其在國際或市
場佔有一席之地而來的。這一控制只有在所有階級實行有計畫的
干預之後才能獲致（Korsch 1975-76: 40-41）。

四、對寇士學說的評估

　　寇士頗具說服力地批評了第二國際理論家將馬克思主義的「科學真
理」由其實踐的應用分開出來，如此一來等於把馬克思主義變成「價值
袪除」（價值中立），客觀的理論與政治實踐。寇士完全正確地指出修
正主義所以自馬克思革命理論倒退是與其政治實踐相互配合的（Vajada
1977: 134）。

　　在《馬克思主義與哲學》一書中，對寇士而言，真正歷史過程的
本質是與任何特定時間中具體與經驗的運動之「存在」視同一體。但是
由於寇士缺乏馬克思對「人的本質」之歷史兼辯證的概念，因此無法理
解歷史過程為人的能力開物成務、利用厚生（客體化）的結果。因之，
對寇士而言，歷史只變成了革命漲落的潮流，彼此之間沒有任何有機的
關係，而且人類前瞻性的歷史意識與自我意識只是認同為特定時期具體
性、經驗性運動的意識與自我意識而已。

　　他堅持理論必須建立在實踐之上，沒有任何的理論可以脫離現實而
享有其獨立自主的地位，這點可以補救極端批評性、否定性的辯證法之
矯枉過正，自有其可取之處。

　　但做為一個實踐理論的政治家，寇士對理論自主性之否認，以及對

於理論具有前瞻性、預測性的作用之忽視，也未免太過分。假使理論只能由現存實踐引出，理論中預測的成分、規範成分便被犧牲，而不復存在。做為共產主義活動一分子的寇士竟忽視了預測性、前瞻性的理論做為未來社會發展的指引。須知這些未來的演展是立基於解放的理論與社會主義之上，藉著解放的理論與社會主義政治實踐才有所遵循，此外也是判斷某一實踐成效的準據。

假使理論是實際階級鬥爭的表達，則何以解釋在反革命之居然有理論之存在，這點對寇士而言，幾乎是不可能、是荒謬的。也就是在革命低潮時，任何對現狀加以否定之理論（革命性理論）都要變成虛偽的意識、空洞的意識形態、形而上學的「應然」（以對照現實的「是然」）。

與盧卡奇相比，寇士被當今西方學界視為馬克思主義裡自由主義的反權威主義之行動論底具體表徵。寇士早期帶有強烈新黑格爾主義的精神，也由後期科學經驗傾向所取代。在1938年出版的《卡爾·馬克思》一書中，他居然說馬克思徹底放棄黑格爾的方法，而採取「嚴格的經驗科學」之方法。這就是前面所提他一生擁有兩種相反，甚至相互矛盾的馬克思主義觀。同一寇士被視為馬克思主義中贊成黑格爾與反對黑格爾的代表性人物（Jay 1984: 131-132）。

寇士活在左（史達林）與右（希特勒）極權暴政之下，不得不逃亡北美

資料來源：Oiver 1997, pp.109, 125.

斯賓諾莎

青年時代的黑格爾

ÜBERMENSCHEN

尼采的超人哲學為後現代主義的思潮開閘

資料來源：1903年《柏林畫報》。

5

葛蘭西與文化霸權

第一節　葛蘭西的生平、著作、思想源泉與其工廠議會的主張

一、生涯簡介

葛蘭西於1891年1月22日出生於義大利撒地尼亞島阿勒斯（Ales）鎮。其先世為阿爾巴尼亞人，於1821年因逃避戰禍（希臘獨立戰爭）移居義大利。其父曾任低級官職，後因案丟職入獄。

克羅齊

葛蘭西在三歲時因跌倒而駝背，其父因貪污罪嫌而繫獄，他過了貧困與寂寞的童年。

1908年至1911年在撒島首府讀中學。

1911年至1915年獲獎學金進入都林大學就讀，與陶格里亞蒂、特拉齊尼、塔士卡（義大利後來的共黨領導人）等相識。未念完大學，便進入社會，追求「哲學之實踐」。

1915年至1919年受新黑格爾學派大師克羅齊之影響，在社會黨人所辦《前進》（*Aventi !*）報上撰文討論革命的文化與精神條件。

陶格里亞蒂

在所謂紅色雙年代（*biennio rosso*）的1919年至1920年，他在都林參與群眾示威、罷工，並與工人協同占領工廠。不久後與陶格里亞蒂等人合辦《新秩序》（*Ordine nuovo*），討論馬克思主義與鼓動北義大利工人進行激烈鬥爭。唯心論色彩漸褪，策略上亦改變：(1)強調工人自我教育；(2)對政治組織積極介入，強調革命黨首急之務，在鼓吹「工廠議會」（*consigli di fabbrica*）之設置，《新秩序》呼籲在都林所有工廠設置

工廠議會組織，以民主方式接收行政權。葛氏此一政治策略在共黨國際第二屆大會上獲得列寧的贊可，但為義大利社會黨多數黨員所反對。他誤認此時為義大利的革命進入實現之前夕，可媲美「柯倫斯基政府統治下的俄羅斯」。

由於工廠議會運動失敗，葛氏體認到工人群眾自動自發的活動不足推翻資本主義，遂改謀組黨。1921年1月21日義大利社會黨在李窩諾（Livorno）召開黨大會，左右兩派分裂，以葛蘭西、葛拉恰戴（A. Graziadei 1873-1953）、薄第嘉（Amadeo Bordiga 1889-1970）為首的左派宣布義大利共產黨（*Partito Communista Italiano*）之成立。其後數年（1921-1926）間忙於調解黨內糾紛，以及義共與第三共產國際之爭執。

1922年葛氏代表義共赴莫斯科參加共產國際第四屆大會。此時適逢法西斯在義大利掌權，為避免遭受法西斯政權迫害，他走避維也納，繼續領導義共。

1924年葛氏擔任義共領導人職位，並獲選為議員，因有議員身分享有豁免權，得重返義大利。

1926年赴里昂參加義共第三屆大會，被選為該黨總書記，同年11月8日遭義大利法西斯政權逮捕，判刑二十年。

投獄後，葛氏計畫讀書與寫作，由一位革命運動家轉變為一位革命思想家。雖然在法西斯數個監獄輾轉移監，但鬥志非常昂揚，而且寫作不輟，前後完成3000頁手抄筆記，後來被其信徒整理為三十二冊，於逝世後逾十年（1947）刊印發表，題為《獄中筆記》（*Quarderni dal Carcere*，合六卷，由羅馬Editori Riuniti在1975年出版；另有四卷本由都林Einaudi在1975年刊行）。

在獄中提出「優勢」（*egemonia*，或譯為霸權）一概念，重新詮釋馬克思主義，將馬克思「批判的武器」應用到成熟的資本主義社會之上。

1937年4月27日因腦溢血逝世於羅馬醫院。《葛蘭西著作全集》（*Opere di Antonio Gramsi*），由都林Einaudi（1947-1972）出版，共十二卷，其中二至七卷為《獄中筆記》。

二、思想源泉

(一)馬克思、恩格斯、列寧之著作

葛蘭西在1911年進入都林大學唸書時，雖然因為體弱多病，很少上課，但卻熱衷社會黨的選舉活動，也在1913年加入義大利社會黨，並參與該黨都林支部的工作，為《人民呼聲》和《前進》雜誌撰稿，因而多方面接觸馬克思的作品。1917年10月俄國十月革命勝利，他居然在《前進》報上說：十月革命證明人的意識才是消滅資本主義的動力，這是與《資本論》聲言資本主義制度必因內部矛盾而自動崩潰之說法完全不同。葛氏此言並不是他對馬克思主要著作的批駁，而是指出十月革命不發生於發達的西方工業社會，卻爆發在政治經驗缺乏，文化素養不足的俄國農民所組成之落後國家。葛蘭西遂認為布爾什維克黨用革命意志推翻了馬克思聲稱「歷史不可避免」的理論解釋。布爾什維克黨人以「行動證實……歷史唯物主義的法則並不像人們可能、或者已經認為的那樣是鐵的法則」，亦即十月革命反對《資本論》所闡述的決定論，卻又恢復了馬克思的革命本質。此文在肯定列寧革命策略與革命意志的重要性，俾對抗第二國際的經濟決定論。

(二)馬基亞維利的政治策略

克羅齊曾聲稱馬克思是普勞階級的馬基亞維利。葛蘭西《獄中筆記》中有相當的分量討論到馬基亞維利的學說。葛蘭西甚至要仿效馬基亞維利撰寫《新君王論》。對他而言，現代的君主，不是獨夫，而為集

體。也就是把共產黨當作是無產階級意志的機關看待。可是認為馬基亞維利的思想是對文藝復興的失敗頗富創意的回應。文藝復興無法對抗宗教改革，而使群眾即時推翻封建主義，營構現代國家（洪鐮德 2009a：52-55）。馬基亞維利有關君主之神話，正是西歐所產生的現代君主國家之「鐘擺」（pendant），也就是能夠聯合皇冠與第三階級群眾之關鍵性樞紐。於是葛氏

馬基亞維利

談領導與談歷史集團正是馬氏學說的翻版。馬基亞維利給葛氏有關君主是一頭狐頭獅身的怪獸（centaur）之啟示，以致後者主張共產黨紀要狡猾又要兇猛，也就是要恩威並重。葛氏在對馬基亞維利思考之後，既堅持義大利傳統的建國與領導的想法。要達成此一目的，菁英分子和良好的領導不可缺少。在有關領導與菁英的演展階

墨索里尼

段中，至少有四階段不容忽視：(1)葛氏早期的菁英想法，此與墨索里尼（Benito Mussolini 1883-1945）相似；(2)在1916年至1918年之間，企圖以工人議會做為菁英之代表；(3)1921年則採用列寧對革命先鋒黨之策略；(4)其後強調共黨的教育功能之發揮（Merquior 1986：105）。

(三)克羅齊的唯心哲學——新黑格爾學派

克羅齊（Benedetto Croce 1866-1952）認為實在為精神的自我表達。他說：「我們所要引申的哲學證明：在精神之外的事物是不存在的，有關這類外在於精神之事物，無資料可供吾人知悉。……精神創造外在的事物」。

根據克氏的說法在經驗當中造成我們分類、辨識、

克羅齊

關聯，而把經驗整理出一套程序的，都是心靈的活動，假使把心靈活動的因素抽掉，便無經驗可言。是故所有的實在都是心靈的、精神的實在。

歷史為精神辯證發展的過程。這個精神乃為人類集體的、演展中的意識。歷史的進步是由於思想進步所引導的。文化因素（倫理與政治因素）是導致歷史進展的主力，歷史為一「理性」的進程。人類生命不受歷史律則所規範，人必須擔起創造實在的責任。他的學說也顯示反實證主義。

葛蘭西1917年2月在《未來城市》（*La Città futura*）雜誌一文之主張，反應了克氏學說的影響，蓋他討論有關人類集體意志、個人道德責任以及社會主義文化與哲學面向等問題之故。克羅齊對人做為主動的主體之說法，使葛蘭西注意到「在歷史的發展中文化與思想的重要」。不過在其晚年，也就是他繫獄期間，葛蘭西卻開展「反克羅齊」的思考，這是由於克羅齊哲學反對馬克思主義的緣故。

(四)索列爾的工團主義

嘗試把社會主義聯繫到浪漫主義哲學與唯心哲學是工團主義創立人索列爾（Georges Sorel 1847-1922）的主張。他反對歷史必然性的說法，認為社會主義是一種道德學說，在改善現代人的德性，俾清除社會的糜爛。他強調人意志之獨立自主、人塑造環境之能力。葛蘭西早期著作充分反應索氏人本思想的影響，特別是葛氏視馬克思主義為一種大眾的改革運動便是受索氏的影響。唯一的不同便是索氏有反知識主義的傾向，其哲學也為一

索列爾

種哲學的非理性主義——強調群眾靠「神祕的事物」而團結與結合。葛氏則強調分析性與批判性理解的重要。

(五)拉卜里歐拉的反實證主義

1916年與1917年之交影響葛氏由唯心主義而轉向唯物主義的思想家為拉卜里歐拉（Antinio Labriola 1843-1904）。拉氏為介紹馬克思學說而至義大利的第一位理論家，也是首位哲學家攻擊實證學派的馬克思主義。其學說約可分為以下四點：

拉卜里歐拉

1. 反對將歷史與社會事件簡化為單純的經濟因素。除經濟之外，有必要對意識形態加以考察。研究社會應詳驗其複雜的整體。

2. 他指摘自然的唯物論內涵的宿命觀。歷史唯物論並非「物質人對抗理論人」。人非經濟範疇的傀儡。歷史所發生之事為「人的傑作」，「物的邏輯」。

3. 反對將唯物史觀轉化為「系統性歷史的新哲學」。馬克思主義「在統一的觀念下，不能代表人類整個歷史」。因此，不能「假裝是一個偉大計畫或設計的知識看法」。

4. 要求建立一個原則性與別緻的馬克思派生機哲學，俾發揮生機的、活潑的人生觀。

拉氏這些主張在葛蘭西後期的著作中，零零散散的表述出來，顯示前者的哲學主張對後者思想、學說、理論的影響。

三、葛蘭西與都林的工廠議會

(一)工廠議會的理念與設立

在1917年到1923年之間在意識形態方面足以與蘇聯列寧主義抗衡的

是歐洲西部（荷蘭）、中部（德國）與南部（義大利）興起的「議會共產主義」。此一共產主義認為國會制度、工會組織都不是無產階級尋求解放的工具，就是政黨（像蘇聯布爾什維克黨）也引起他們的疑懼。他們回歸馬克思的說法，認為無產階級是人類歷史上第一個自我解放的階級。無須經歷過渡階段，無產階級將直接躍入共產主義之中。

　　葛氏在1917年受俄國革命的鼓舞從事政治活動，成為工廠議會運動的健將。第一次世界大戰雖告結束，義大利受創嚴重、經濟危機重重，解甲士兵與大批工人聚集城市，因失業、貧困而轉趨極端，咸認工會喪失抵抗資本階級壓榨的意志與能力，由是工廠議會乃應運而生。首先由各個工廠的工會組織形成「內部委員會」（*commissioni interne*），從事工業調解與維持秩序。至1918年逐漸壯大而成為工人利益的發言人與保護者。

　　葛氏在《新秩序》中說，今日之內部委員會，將變成明日「無產階級權力機構，取代資本家做為管理與行政的各種功能」。其策略為第一步在各工廠中選出代表。第二步根據工廠中的分工原則成立議會。他說：「每一工廠細分為工作單位，每一工作單位再細分為各組人員。各擁有特定的生產技術。每組人員進行特定工作程序。每組中選一人為代表，整個工廠代表成立議會，由議會中選出執行委員會，不同的執委中選出政治書記，由政治書記團形成議會的中央委員會，全市的中央委員會再選出教育委員會負責宣傳事務，並提出工作計畫，批准各個的生產計畫，最後給與整個運動以普遍的領導權」。

　　工廠議會的兩大權力：其一為強調生產中的技術效率；其二為將議會視為政治上與經濟上自治政府的機關。這兩點使工廠議會的權力超過了俄國蘇維埃的權力。

　　都林工廠議會運動終歸失敗，葛氏在1926年分析這項工人運動失敗的原因為革命的客觀條件尚未成熟，加上主觀條件欠缺。特別是由於當時義大利社會黨未能大力支援之故。事實上證明為社會黨領導之失敗。

為了發展主觀力量，葛氏遂與其同志脫離社會黨，另創共產黨。

工廠議會運動雖告失敗，葛氏卻認為都林的經驗展示義大利工人階級的成熟，工人活動的創造力，也顯示這一階級創造與組織的能力之豐富。

(二)葛蘭西工廠議會理論的評估

葛蘭西有關工廠議會的主張，根據帕笈（Leonardo Paggi）的看法，代表一種原創性的努力尋求群眾政治自主的形成，這是對工會與國會運動的缺陷之批判。工會只把工人當成工資賺取者；反之工人議會把工人當成生產者。工廠議會因具「公共的性格」不同於政黨具有自私的性格。只有當共黨創立之後才化私家為公共，成為革命的動力。但基本上葛氏仍舊認為工廠議會才能體現「無產階級的民主」。

葛蘭西工廠議會的想法，可以從好的與壞的「唯心論」的角度來加以評估。就唯心論最好的角度觀之，工廠議會被假定為「超越中的機構」（transcendent bodies），也是工人們能夠自主地開創他們與眾不同的、介於生產活動界與政治生活界之間所必須的解放性機構。在這個觀念中明顯地含有對現存資本主義制度（包括生產方式、組織性團體、工團等）深邃、但並非完整的批評。同時葛蘭西創造性、自我解放性的工廠議會觀念，提供給無產階級領導者，以實踐所需的規範。

就唯心論最壞的角度來衡量，葛蘭西的觀點是抽象的、不夠嚴密的（缺乏歷史的敏銳感觸，也沒有比較性分析的特出之處）。這點從他把西方對照東方有關國家與市民社會關係之比較上，可以獲知大要。在《新秩序》的文章上，葛蘭西視工廠議會為無產階級、攻擊性行動的前鋒。但是此種組織與行動的有效性繫於階級勢力消長的正確估量之上，是具體的計算，而不是抽象的評估。這就要對當時的資產階級以及無產階級之歷史發展擁有精確的知識與消息。可惜就在這一方面，葛氏的看法顯為不妥。他對第一次世界大戰後義大利情勢的錯誤分析。特別是對

從事工業的資產階級「無可救藥的病症」之誤診;當他呼籲革命可為之時,不僅造成工人階級策略上的失敗,而且在反動勢力高漲而無法抑制之際,造成工人階級無力防禦,終於功敗垂成(Adler 1977: 67)。

四、實踐的哲學與絕對性的歷史主義

葛蘭西的思想常常可以用「實踐的哲學」(philosophy of praxis)來加以表述。他之被迫在《獄中筆記》中,使用「實踐的哲學」來代替「馬克思主義」,固然為了避免獄吏檢查的困擾,也是由於「實踐的哲學」足堪為長期以來反對把馬克思主義扭曲為實證主義、自然主義、科學主義等等傳統之寫照,而葛氏自認其理論的透視正符合此一傳統之故(Piccone 1979: 35)。

義大利的哲學傳統上,第一位使用這個名詞的人是拉卜里歐拉,他主張歷史唯物論應當視為「實踐的哲學」與「生命的哲學」來對抗同代社會黨人實證主義的觀點。原來拉氏是首位被馬克思撰寫的〈費爾巴哈提綱〉所吸引的哲學家,也是1880年代歐洲「教授級馬克思主義者」之第一人。拉氏的馬克思主義是開放的,也是實用的。他不贊成把思想置於一個無所不包的體系中,他說:馬克思主義歷史觀的最大價值不是在克服歷史因素的理論之抽象。又說:「彰明歷史事實的各種不同分析性的學科,歸結於匯成一個普遍性的社會科學,俾把不同的歷史過程加以統一。唯物史觀便成為這個統一努力的最高峰」。不過,這個統一的原則必須以彈性、機動性的方式來加以解釋:「決定所有其餘事物的經濟下層建築,並非一個簡單的機制(mechanism),以致由它湧現的其他各種制度,諸如法律、風俗、思想、感受、意識形態變成了機械化的產品。在下層建築與其餘上層建築之間存有一個複雜的、微妙的、困擾的產出過程,以及中介過程。這一過程有時是不易被發現」(Labriola

1904: 149, 152）。

效法拉氏對「實踐的哲學」之主張，但卻為耿提列（Giovanni
Gentile 1875-1944）與克羅齊所批評，葛蘭西也稱馬克思主義為「實踐
的哲學」。他是以馬克思主義的精神來解釋實踐。有時甚至以馬克思來
反對馬克思，例如他讚美俄國十月革命的成功，認為他是在違背馬克思
《資本論》社會發展決定說——資本主義由於內在矛盾的法則之作用，
自動崩潰——之下，人們主動實踐的結果。不過他對實踐的哲學之分
析，卻是後來在獄中困苦的環境下，勉強進行的。因此，顯示理論的崎
嶇不平與架構的殘缺。譬如他最終又回歸到恩格斯把實踐解釋為「實驗
與勤勞」舊學說之上。

任何有關葛蘭西思想一致性的研究，必須採用雙重
的觀點，其一為他對傳統的承繼與更新。另一為他對其
所處的時代的情況之特殊考察。事實上，葛氏的思想可
以說是在這種兩條並行的理論性軌道上奔馳。他將馬克
思主義精心加製而成為西方思潮的高峰，這是建立在：
「文藝復興與啟蒙運動、日耳曼哲學與法蘭西大革命，
達爾文思想與英吉利經典經濟學之上」（引自*Prison
Notebooks*, p.395）。

達爾文

除了強調這個傳統之外，他又再三強調如何把這個傳統活生生的的
地位應用在其所處時代的境界裡，從而葛氏與盧卡奇、寇士都屬於「歷
史主義」（historicism）[1]。因此，在1917年他便認為所謂的「布爾什維

---

[1] 所謂的歷史主義並非如柏波爾（Karl Popper 1902-1994）所稱：在歷史發展中覓
取社會變遷的法則，而是指思想與產生該思想之時代與環境有密切的關聯。套
用曼德爾包姆（Maurice Mandelbaum）的說法：「歷史主義是一種信念，認為對
每一事物本質適當的理解，與其價值適當的估計，乃是從考慮其發展過程中它
所站的地位與所扮演的角色而獲得」。見曼氏所撰"Historicism", in Edwards, Paul
(ed.)：*Encyclopedia of Philosophy,* New York: MacMillan, 1967, 4: 22-25.

克主義」乃是「永遠不朽的馬克思思想，為義大利與日耳曼唯心思想之承續」，用以對抗業已僵化、硬化的義大利社會黨的教條思想。他不斷鼓吹以歷史性具體的事實方式來處理政治與社會問題。抽象的事體與理論的結構之所以能夠繼續有效，乃是因為它們未曾忘卻其所由出的社會源泉。由是可知抽象物與理論當作中介作用，由社會源泉所創造與再造的，這便是葛蘭西「絕對性歷史主義」的特徵。他這一「絕對性的歷史主義」，乃代表他在《獄中筆記》所說：「思想的絕對性世俗化與本土化」（*ibid.*, 468）。

從這個「絕對性的歷史主義」觀點出發，我們不難理解葛蘭西何以在獄中專心致志研讀義大利的文化學術傳統，特別是研析義大利的知識分子，尤其是克羅齊的學說。他是借對義大利知識分子系統性的研究，以及無情的批判（特別是對克羅齊哲學的批判）來重建義大利知識的傳統。同時這也是他研究歐洲在第一次世界大戰之後，何以社會主義的革命紛遭失敗的原因，以及如何創造有利的條件，俾未來革命能夠實現。與其同時代的馬克思主義者一樣，葛蘭西認為當時最迫切、最重要的是如何「組織主觀的因素」的問題，因此，其學說也圍繞著主觀因素失敗，與知識分子無能為力的分析之上。

葛蘭西肯定哲學所扮演的角色；他認為馬克思〈費爾巴哈題綱〉第11條並非否認哲學家之貢獻，只是反對象牙塔中的學究。真正的哲

學家應是政治家，亦即積極活動並能夠反樣與修正環境的人，也就是能夠鼓勵他人去仿效的那種人。哲學的極致在於贏取群眾的支持，並使群眾接受哲學為大眾性的真理。克羅齊把哲學看作精神反思其本身而意識其為思想；葛蘭西則把哲學看作人認識自己以及社會，這是企圖融合羅伯斯庇爾（Maximillien Robespierre 1758-1794，法蘭西革命者）的政治與康德的哲學於一

羅伯斯庇爾

爐。他說新文化為「哲學，但同時也是政治」，新文化也是「政治，但同時也是哲學」。

葛蘭西不再沈浸於康德學派的哲學。因之，他認為社會主義並非由人性基本原則引申而成，而是無產階級利益的表達。價值判斷與事實分析並非兩碼事。人的理想與人的實現是不能強行分開。應然不該獨立於實然之外。在選取行動目標時，吾人應效法馬基亞維利屹立於「現實的實在之境況上」。

葛氏認為正統的馬克思主義把馬克思原著的基本因素混淆。蓋馬克思所強調的是歷史過程中主體與客體辯證的關係。葛氏認為人能夠改變實在，這點便符合馬克思原來的看法。我們可以說葛蘭西把馬克思人的行動推到邏輯的結論上。馬氏認為人的這種行動就是創造的行動——能夠改變既存現實的這種能力是內存於意識裡頭。人這種能力的不確定性與結果未定論，卻與馬氏解放革命之萬無一失非成功不可的信念相互矛盾。葛蘭西為了協助馬氏去掉這項理論的不一致，或稱矛盾，就建構一個極富創意的統合方式，把道德與悲觀融合為一。與盧卡奇相同，葛蘭西也強調了黑格爾的學說對馬克思主義的影響。兩人反對認識論方面的「反映說」。企圖放棄庸俗的唯物論，藉實有與思想之相互依賴而達致辯證階段，兩人否認馬克思主義為一科學（內含不可改變律則，就像自然界的過程那樣完全符合律則），兩人企圖把馬克思主義重新塑造為帶有人本主義❷的社會哲學。此外哲學在強調自由、自我生成、文化革新。兩人追求現有秩序的哲學性揚棄，兩人都相信只有在意識的層次上，決定性的鬥爭才有定勝負之時。

兩人也有不同之處，葛氏不贊成盧氏認為歷史過程本身含有內在邏輯，因之否定完整的廣包的歷史哲學之可能性。比起盧卡奇來，葛蘭西更

---

❷有關人本主義的產生、演變，請參考洪鎌德 2009a：82-88.

強調革命實踐，改變現狀的重要。不像盧卡奇一味強調無產階級意識的型塑，葛蘭西強調知識分子在思想與行動的領導與優勢所扮演的角色。

 ## 第二節　葛蘭西論實在、人性、歷史與意識

一、葛蘭西作品的主旨

　　葛蘭西早期的著作顯示對馬克思主義進化論或純經濟式之解釋的排斥，而接受了歷史的、人本的、與自動自發的馬克思主義。對他而言，馬克思主義為一種世界觀，具有吸引群眾的理性力量，也具有創造新的社會共識之吸引力。其任務在為社會締造一個「知識上與道德上的改革」。黑格爾的唯心主義為馬克思主義的活頭泉水❸。「集體意志」產生集體的政治實踐，集體的政治實踐建立了歷史的實在。實踐以辯證的方式與文化以及與理念相結合才會導致社會的改變，而走向社會主義。

　　在早期著作中葛蘭西也論及無產階級國家這一概念。無產階級的國家之建立乃是「經濟」階級逐步轉變為「歷史」階級的結果。此一轉變係由於群眾與知識分子的辯證關係演展而成。其基礎為「無產階級民主」──群眾自主地掌握權力，並善用此一權力。共黨必須聽命隸屬於群眾的自動自發與指揮。要之，在葛氏繫獄之前的作品強調社會主義的文化與理論方面。他所堅持的是對普勞階級進行啟蒙教育。

　　在1922年法西斯勢力高漲以後，共黨與社會黨遭受迫害時期，葛氏著作中出現新的概念，即黨的中心主義。不過黨的中心主義並非與群眾脫節；相反地，群眾的自主組織才是黨成立的基礎。黨並非群眾的部分而為群眾的機關。黨雖具有工具性功能，但不能代替群眾活動，由是可

---

❸ 關於黑格爾學說對馬克思主義的衝擊，請參考洪鎌德2007a與2007b。

知組織群眾的重要。也就是顯示此時（1920-26）的葛氏深受列寧專業革命黨論的影響。

在其生涯的後期（1926-37）中，葛氏在獄中思考社會主義革命的失敗，研究在法西斯國家重組社會主義力量的方案。他分析義大利的歷史、社會制度及其主宰的意識形態的體系，並研究何以在數個歐陸國家中資產階級取得主宰與排除政經社各種危機的緣由。其結論為在資產階級的優勢業已奠立之處，社會主義革命難以自動爆發，只有當社會主義的文化與政治優勢凌駕於資產階級之時，無產階級的革命才有馬到成功的可能。至此他賦予上層建築的活動──政治實踐──以優先的地位。仿效列寧強調政治實踐為當務之急。列寧只重實務不曾分心研究理論；葛氏則闡述馬克思主義的政治理論。此為葛氏更為廣包、更為壯觀的大計畫之一。蓋他企圖把馬克思主義理論系統化、組織化，融會與統合為一套統一的、自主的、寰宇的世界觀，其中所討論的為文化、科學、語言、藝術、文學、哲學、教育等。這些範疇或條目將圍繞在他的理念──霸權（優勢）與政治實踐──之上打轉。假使革命可以產生重大的上層建築之改變，以及產生人的意識之改善，那麼我們不難理解他所說革命並非期待企望之事，而是權力實際的征服。政治實踐使下層階級變成優勢，亦即使它在意識形態上、文化上與政治上擁有優越的地位。使它變成新的世界觀之創造者，然後滲透入全社會，最終締造了新的社會秩序。

二、葛蘭西論實在

布哈林曾經主張：「實在的本身」是先於人的意識便已存在。葛氏認為這是一種素樸的實在論，應受批判。他說：實在固然是早已存在，但實在之所以被認知，是由於它與人的活動發生關聯之故。「實在並不

為它本身而自存，而是在與人們發生歷史關連之後，經由人的改變而存在的」。我們所知道的世界，是經過我們的語言、工具、經歷，加以接觸、描寫、分析、分類、解釋的世界。人的思云言行、諸種能力，對外界世界呈現的樣式，是有相當程度的影響。對葛氏而言，捨開人、捨開歷史，而奢談世界的「自身」，或自然的「自身」，是毫無意義的。因之，與人無涉的實在，先於人的意識而存在的實在，嚴格言之，都是無法想像、無法感知的。

所謂「客觀的實在」也是離不開人的關係。「為了證明客觀的實在，必須將此實在牽連到人與歷史之上」。他在此處主張兩點：

其一，現象的世界、客體化的世界必然與多數人（集體的人、歷史的人）之認識（組織的能力）有關，所謂客觀外在性乃含有人活動的成分。

其二，「人所以客觀地認知〔某事或某物〕，這是因為這項認知〔知識〕對全人類而言是真實的」，也就是指這個客觀的實在為所有的人證實之故。

自然科學的相對化：科學理論之被接受為真，乃是它具有實際效果足以幫助人們控制或適應吾人環境之故。由是客觀云云，乃是人化的客觀。科學固然涉及嚴格的歸納程序，但即便是事實單純的觀察也牽連到創造性的因素，亦即科學家以其估量與先入為主的看法介入於世界當中。吾人一旦考察科學活動的基礎，不難發現它是建立在先前層層疊疊的假設之上。吾人所有的觀察都仰賴事先的假定，這些假定立基於某一特定理論典範之上。典範告訴我們何者可以當作事實看待，何者是值得考察的問題，何者可以當成問題的解答。這些事先的假設無一不是連結到「文化、世界觀之上」。（他說：「所有的科學與需要與生命、與人的活動有關」，他牽涉「人與實在的關係」。）

科學隸屬上層建築，含有意識形態的成分。「科學也是一種歷史的發展，為一種不斷發展中的一個活動」。有異於盧卡奇斥責科學為資產

階級的意識形態底武器。葛氏認為自然科學解放的機制，為實現社會更為良好完善所不可或缺。由是可知當他說科學帶有意識形態的因素時，這個意識形態並非貶詞，並非「神祕化」或「幻想」的意思，而指稱科學為歷史的產品，具有相對意味，亦即他反對一般人誇大其詞妄認科學在追求「絕對真理」底自身。

葛氏並非唯心主義者，不像克羅齊認為自然是人的活動所創造的。在某一程度上，他承認未曾意識的東西，仍可具有真實的存在，有朝一日人意識該物的能力長進之後，該物便可以獲知（正如工業革命前人類不認識「電」，不懂得利用「電」，這便不是說電不存在，或「電」不是真實之物）。唯心論一項真知灼見是說：凡我們所不知之物，是無法證實其存在或不存在。對不知之物而證實其存在，如非神學，便是粗陋的帶有唯物論性質的形而上學。唯心論的錯誤在於誤認思想所含蓋的實在，便是實在的全部。

葛蘭西並沒有否認自然及其律則之存在。反之，他說只有善於利用這些律則的人才能增加其生產力，與增加其控制自然的能力。相對於自然世界而言，人的自由並非必然性的否認，而是善於操縱這些必然性俾供人類之用。

「對於實踐哲學（馬克思主義之代稱）而言，實有不能與思想分開，人不能與自然分開，活動不能與物質分開，主體不能與客體分開。假使有人企圖把它們分開，那麼他必然掉入各色各樣的宗教陷阱中，或掉入無意義的抽象之陷阱中」。

由是可見葛氏強調人與實在之間辯證的關聯。他的哲學觀顯然與青年馬克思的觀點不謀而合。馬克思《經濟學哲學手稿》的德文稿雖刊於1933年，但我們無法獲悉葛氏在獄中是否讀過此一著作。至於馬氏有關費爾巴哈的〈提綱〉似為葛氏深知熟識。他的思想顯係受到19世紀末西歐唯心論者反科學之影響。

三、葛蘭西論人性與歷史

正如同馬克思，葛氏指出：相信有所謂抽象的、超越時間限制的人性的那些學者是身陷於迷妄而不自知。他說：「假使我們對人性加以反省，我們便可以瞭解『何謂人』這個問題。其實『人怎樣長成？變成何物？』人是一連的過程，或更精確地說，人是他行動的一連串過程」。人也不可以被視為個人局限於其個體本身，而應該以集體的意思來瞭解人，把人當成「與別人，以及與自然世界發生主動關係之連串事物」看待。

當作種屬（種類）的本質的人，在歷史當中創造他本身，也創造種種的制度。他這種創造，並非由無化為有，也非把夢想化為真實，而是藉著「工作與技術」應付自然的挑戰，就與自然接觸過程中，人克服與組織自然提供的素材，也把這些素材加以分門別類，俾其物質需要獲得滿足。葛氏繼承馬克思的信念，認為物質需要是人類演展所不可或缺。人並非為存活而吃飯，而是由於勞動的過程指向人需要之滿足，從而勞動成為推動歷史向前演展的動力。人的自我生長，意謂人藉著與自然的交換而滿足其動物性需要，由於發展其物質需要跟著也發展滿足這些需要的能力。人的需要並非本自天生一成不變，而是在歷史過程中逐漸改變。人慾望的升高，以及滿足慾望的能力之擴大，這兩者之間形成無休止的辯證互動，便是推動歷史向前邁步的潛在力量（洪鎌德 2010：360）。

人的思想乃是由其實踐行為（亦即是如何生產的考慮）中逐漸形成。我們將外界加以辨識分別。這種分門別類並不是基於自然本身的要求，而是基於吾人為了控制環境，為了證明本身處境的方便，也就是為了實踐的需要進行的。為了控制環境，我們賦予周遭的萬事萬物以語文的指謂、概念的稱呼，也發展一套認知的科學知識，甚至演展技術本

事，以駕馭自然的力量。這便是科技的產生。

　　儘管科技是人類所創造的事物，是人類征服自然（開物成務、利用厚生）的產品，但科技卻擁有它本無上的命令，自具生命。反過頭來凌虐人類，把人由積極逼成消極，由主體化為客體。在很多情況下，科技反而侵犯或限制了人的行動。葛蘭西在批評布哈林的著作時，曾改寫馬克思在〈政治經濟批判前言〉中的話：

> (1)人類只能提出其所能解決的問題……這些問題只有在其解決
> 的物質條件業已成熟時才提出，或至少是在這些條件逐漸成熟
> 之際；(2)一個社會不會改頭換面的，除非它所能適應的所有生
> 產力業已發展完備；新的以及更高的生產關係不會取代它，除
> 非這些新關係的物質條件已在就社會的子宮中發育成熟。

　　葛氏論人性實際上完全建立在他對歷史唯物論的理解之上。他認為物質基礎不僅為歷史的變遷限定範圍，而且為上層建築劃定輪廓。由是可知，他仍否定克羅齊所謂價值與信念構成社會生活之基本因素的說法。由是可知他的史觀既不能簡化為下層建築與上層建築相互影響說，也非強調經濟因素應予重視。葛氏之史觀是給予生產力（工具、機器、人的技術等）以優先考慮，因為生產力的活動，具有某種自動化的傾向，也就是「不受個人喜惡選擇的影響，也不受政府干涉的影響」而自行發展。

　　葛氏相信每個社會因其個別情況之不同，應有其特殊發展的歷史行程，當然也會有例外。「落後國家應向先進國家借取觀念與制度」。外在因素像國際勢力之關係可以影響某國國內發展的次序，使其在物質條件未成熟之際，也有驚人的進步。從而把上下層關係顛倒過來。但就正常的狀態而言，葛氏認為上層建築並非被動地改變，俾反映了經濟結構的改變。他認為兩者之間的關係是「互動的與互相的」。固然生產過程

的改變具有定性的作用，上層建築並不喪失其獨立發展之可能性。

意識形態一旦發展完備便脫離原來產生這類意識形態的環境，進一步變成無上的命令來控制人群。「意識形態是任意的，是真實的歷史事實，有待吾人加以抗衡，並將它揭發為統治者之工具」。生產的改變力量可以製造新的理念，這些新的理念有可能發展為統治的理念。假使它成為統治的理念，那麼它將會把這種理念與新興的生產力或新興的階級加以結合。此外生產關係像資本主義退步的、落後的生產關係，也會借助意識形態之力而延長其崩潰的時限。葛蘭西不贊成克羅齊將哲學（理論的、思辨的）與意識形態（實踐的、工具的）對立起來。

葛氏並不否認物質條件的客觀性，他只否認造成社會改變的客觀條件可以不待人類的操縱利用，便可以左右歷史的行程。他說：「〔單靠〕客觀條件的存在……是不足的。我們還須進一步認識這些條件，並進一步利用這些條件。我們要有慾望俾利用這些條件」。單靠人純粹的意志，或單靠必然的外在情勢都不一定會產生有效的行動。有效的行動是客觀情勢與創造精神的交互作用。

關於上下層建築之間的關係可用四種模型加以概括：

1.意識決定經濟基礎（自由主義、保守主
　　　　　　　義、民族主義）　　　｝（非馬克思的說法）
2.意識與經濟基礎互相影響（常識性判斷）
3.經濟基礎決定意識之樣式（科學的馬克思主義之主張）
4.基礎可以決定意識之各種各樣形式（葛蘭西的看法）

葛氏這種看法可稱為開放的馬克思主義。根據他的分析，經濟基礎設定了所有可能產生的結果範圍，但自由的政治活動、或自由的意識形態之活動最終決定何種形式，才是上層建築所呈現的。並沒有所謂自動的決定關係，而只有氣氛的創造，俾新的精神氣象得以展現。人的意志

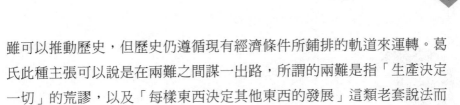

雖可以推動歷史，但歷史仍遵循現有經濟條件所鋪排的軌道來運轉。葛氏此種主張可以說是在兩難之間謀一出路，所謂的兩難是指「生產決定一切」的荒謬，以及「每樣東西決定其他東西的發展」這類老套說法而言。

　　總之，葛蘭西開放的馬克思主義，也是觀念論，或是唯心論（idealist）的馬克思主義，其目的在排斥官方或正統的馬克思主義強調經濟基礎的重要，以致再度陷身於類同形而上學的唯物主義之窠臼中。在馬克思主義的陣營中不乏「經濟決定論」、「自然成長論」之類庸俗化的主張，卻是隨客體情勢載浮載沈的學說，無助於人內部的革命、主觀的革命之養成與推進。為了鼓吹人的革命精神、心理與文化建設，瞭解西方資本主義、國家與社會特徵是大有必要的。

 第三節　葛蘭西論市民社會、國家與優勢

一、市民社會與政治社會之分別

　　當馬克思及其追隨者致力分析資本主義社會經濟運作的情況時，他們所關心的，而且最深入理解的是社會的經濟基礎，或稱下層建築。由於他們認為上層建築是由下層建築所決定的，因此，只要下層建築的經濟分析妥當，那麼做為下層建築所衍生的上層建築便可輕易的為人們所清楚明白。在這種理解下，向來馬克思主義者因為太重視經濟程序的研究，居然對上層的意識或意識

孔德

形態加以漠視。葛蘭西不僅企圖彌補這一缺陷，發展一套有關上層建築的理論。他還進一步把上層建築分辨為政治社會與市民社會，從而建構

聖西蒙

洛克

他的政治理論。換句話說，葛氏把馬克思主義有關國家論述、政治說法推到極致，以馬克思主義的觀點來詮釋20世紀各類各型的國家與政治，這也是他的學說自樹一幟、極具創意啟發之所在。

關於市民社會與政治社會之兩分化，早為黑格爾、馬克思等人所津津樂道。只是他們對這兩者所指涉的範圍與內涵有不同的說法而已。市民社會與政治社會這兩者的分別，雖與黑格爾《法哲學批判》有關，但最早討論這種對立的有17、18世紀法國（孔德、聖西蒙）與英國（特別是洛克、費居遜）的社會哲學家、政治學者與經濟學家。他們首次發現「社會」可做為人類獨特的、獨立的活動與知識之一部分。社會這觀念也成為長期知識研討的成果。

葛氏曾經說他有關市民社會一概念係取自黑格爾，只是他的解釋有異於黑氏本人。黑格爾清楚地指出市民社會是「需要的體系」，是商業與工業的複合體，是經濟制度、經濟關係，與維持經濟秩序所需的公共行政措施（包含法庭、警察司法機構）之集合整體（洪鎌德 2007b： 229-238）。可是葛蘭西卻把市民社會認同為上層建築意識形態的那部分，為創造與擴散思想模式所需的制度與技術工具。亦即把市民社會當成為政治與經濟之間的中間物，亦即夾在講究使用鎮壓武力的國家與從事生產（含交易、分配與消費）等活動的社會之間的人類活動。

在《法哲學批判》中，黑格爾曾經把公司團體與工商會等列入市民社會中，這些團體與協會具有教育陶化的功能，目的在調解散漫的特殊之個人，怎樣融化為大一統、團結整合的國家之中，成為良好的公民。

葛蘭西的市民社會這個觀念，也與馬克思用法不同。後者把市民社

會視同為物質的下層結構（亦即即經濟關係的結構），視為經濟關係的總體（洪鎌德 2007b：290-292；294-303）。葛蘭西的市民社會概念則與經濟活動少有牽連。要之，葛氏故意使用一個傳統的概念來燭照一項重要的、但被忽視的理論部分，為的是解釋權力複雜的結構、與革命的堅韌彈性。他界定市民社會為「凡稱為私人的那類機構之總和，它符合了統治階級在整個社會中運用它優勢的功能」。有時他又指出市民社會介於政治與經濟之間，「在經濟結構與國家的立法兼鎮壓之間，存在著市民社會」。更多的時候他認為市民社會指涉所有機關與技術手段，用以把統治階級的意識形態滲透擴散於文化的各方面。它成為「國家倫理的內涵」。

市民社會與政治社會這兩者的分別，只是概念上、分析上的方便而設定的。在現實上，實務上這兩者是互相交叉、折疊，而無從儼然分開。葛氏舉出一例來說明：「當國家打算引進一項不為人民所喜愛擁護的政策而行動時，便會在事先鼓吹有利於該政策或行動的公意，這便是國家組織與動員了市民社會的某些因素」。與此有關，葛氏討論政府怎樣操縱私人的廣播、報紙，俾製造有利其施政的輿論。儘管這些大眾傳播器具可能並非直接隸屬於政府管轄之下，它們所以肯與政府合作，除了面對後者威逼利誘之外，也可能是由於主持人的政治立場、價值判斷、世界觀、生活方式與統治者符合之故。也是由於市民社會中之制度，雖非直接受控於政府，卻必須在政府所訂的法規之下運作的緣故。由是可知政治社會也有直接侵入或干預市民社會之態勢，特別是近期國家對文化與教育的影響與日俱增，造成了政治社會主宰市民社會的顯例。

事實上，這兩種社會的功能有很多交疊的現象。表面上政治社會（國家、政府、統治機關）的特徵為「統屬關係」（*dominio*），為使用鎮壓的武力強制國民服從，它方面統治者不僅慣用暴力或暴力的威脅，也使用軟化的手段「以德服人」，也就是以「知識的與道德的領導」

（*direzione intellettuale e morale*）來領導群倫。後面這種「以德服人」以潛移默化的方式來進行社會控制，就是葛氏所強調的「優勢」（一般譯為「霸權」，*egemonia*）概念之運用。

　　他指出政治社會在扮演優勢的角色時，頗能自制而有限。像所謂自由民主國家，表面上標榜法律上的平等自由。統治者卻透過文化、教育的方式，把群眾誘入特定（資產階級的）思想模式中，從而潛移默化人民，使其安份守命、不知反抗。葛氏一度為政治社會下定義，認為它為「國家鎮壓的機器，俾對付不同意現存社會秩序的群體，使它們就範，在法律上遵守規矩」。不過使用鎮壓的暴力，常不限於政治社會，就是市民社會中優勢群體（像政黨、或有組織的教會）常也會以鎮壓手段對付其勢力範圍下的異議或反叛分子。

二、國家

(一)定義

馬基亞維利

　　從上面的說明，可知市民與政治兩個社會之間的界線並非分明。在《獄中筆記》中，葛氏使用（廣義的）國家來概括這兩種社會，認為國家包含各種公私制度，俾使社會的統治群體得以施用其權力（雖然他有時把國家限定為傳統的說法，亦即把國家視為政治社會），他給廣義的國家下列的公式：

國家＝政治社會＋市民社會，亦即優勢配以鎮壓

（引自 *Note sul Machiavelli*, p.132.）

整體意義下的國家＝獨裁＋優勢

（引自 *Passato e presente*, p.72.）

〔國家是〕政治與理論整個複合體，藉此統治階級不僅證實與維持他們的統治，而且也成功地獲得被統治者積極的同意、衷心的擁護。（引自 *Note sul Machiavelli*, p.79.）

葛氏又稱國家相當於獨裁與優勢，在1931年他談及知識分子時，指出：「我這一方面的研究指向國家概念的某些特徵之上。國家通常被理解為政治社會（或獨裁、或鎮壓的工具，為的是把群眾帶入特定生產形式中、或特定經濟中），而不是政治社會與市民社會的平衡，或一個社會群體，藉所謂私人機構（像教會、工會、學校等）對其餘整個國家社會行使優勢。就是在市民社會中知識分子扮演其特殊的角色，也有其特殊的活動」（引自 *Lettere dal Carcere*, p.481）。

對葛蘭西而言，上層建築嚴格分辨為市民社會與政治社會，並非基於經濟與政治、或私人與公家兩種屬性之不同，而是基於優勢與統治之分辨。由是可知個別的社會可以藉這兩種社會控制的方法——優勢與統治——之間的制衡關係來加以解決。

(二)東西國家的比較

葛蘭西意識到國家與市民社會的關係密切。由這兩者的合作關係可以看出不同類型的國家，特別是西方資本主義有異於共產主義的國家，也有異於法西斯主義的國家，更有異於封建勢力籠罩下的專制國家：

在俄羅斯，〔革命前的〕國家是包羅萬象，代表一切，市民社會卻是方興未艾，呈現膠狀凍結之態。在西方國家與市民之間有著適當的關係，一旦國家根基動搖，則市民社會堅實的結構便顯現出來。在西方，國家只是城市外圍的壕溝，在它之後屹立著堡壘土牆的強力體系。（引自 *Lettere dal Carcere*, p.238.）

　　法西斯國家是指國家與市民社會融合為一。法西斯主義為小資產階級對政治權勢喪失的反動。「法西斯主義的特徵為成功地為小資產階級建構一個群體機關，此為歷史上第一次發生的一樁大事」。這本是促成資產階級國家衰敗的革命運動，但最後卻轉變成一個反動的革命。法西斯主義動員所有國家中的傳播意識形態之力量，因而剝奪市民社會的自主性。不過法西斯主義最終仍舊要壓制私人財產，亦即剝奪了小資產階級對生產工具的控制。因之它終究是過渡時期的現象，其最終的演展必然是資產階級重掌政治勢力。

(三)國家之奪取

　　在分別東西方國家類型的不同之後，葛蘭西主要的目的在說明何以在列寧領導下的蘇聯布爾什維克革命能夠成功。反之，盧森堡等人所倡導的無產階級革命在西歐國家卻遭受失敗。換言之，在東西方國家進行奪權的革命策略必須大異其趣、不能雷同。由此，葛氏申言革命戰爭可分為「攻城式的戰爭（機動〔陣地〕之戰）」與「攻心式的戰爭（據點之戰）」。前者火力集中，以火速方式密集攻潰敵人之主力，達成速戰速決，攻堅摧固之目的。這種戰略便是列寧所採用，而適合於國家外表堅固、權力龐大、市民社會薄弱的東方式國家。另外一種戰略則為持久的，漫長的一點一滴的「長期消耗戰」，亦即征服數個樞紐和關鍵的地點，長期推動之「據點的戰爭」。

盧梭

　　以1789年法國大革命為例，在革命前，由於盧梭等人的啟蒙鼓吹，法國的貴族的意識形態已遭到長期的腐蝕。因此一般大眾的思想、價值、態度、文化已與統治階級的意識形態南轅北轍。是故革命槍聲一響，貴族勢力完全崩潰。因之資本主義愈發達之處，「攻心策略」愈形重要，也就是先奪取市民社會、先奪取上層建築，

最後才攫取國家機器。在這種主張下，葛氏遂批評盧森堡「群眾罷工」策略是一種經濟必然論或妄動論的應用，是不適宜在西方國家推展的。要之，他不贊成盲目地把列寧革命策略依樣畫葫蘆地搬到西方。事實上，造成革命情勢的客觀條件是危機。危機可分整體的（或有機的）危機與偶發的危機。只有當整體危機呈現時，亦即統治階級無法療治的內在矛盾爆發時，「攻城之戰」才有應用而馬到成功之望。原因是整體的危機導致了上下層建築的分裂，也就是統治階級優勢地位陷入了危機，而便利「攻城之戰」（洪鎌德、黃德怡 1994：18-19）。

(四) 葛蘭西國家論之評估

　　葛蘭西從霸權的角度來討論資產階級，深入分析了發達資本主義國家的本質，顯然比同意與鎮壓兩者更具有解釋力。由於他將其定位於上層建築，所以葛蘭西心目中的國家實在已經超出了僅為資產階級強制性政治機器的範疇。據此，資產階級不僅運用國家的強制力量來遂行統治，且經由市民社會中的霸權，控制了大眾傳播媒體、學校、工會等，成功地說服工人群眾接受它的價值規範和信仰體系，進而鞏固其統治地位。總之，葛蘭西以霸權概念的為核心，揭櫫了國家有效統治的意涵。

　　不過，葛蘭西的國家理論仍有幾點瑕疵，應該加以指出和檢討。

　　大概是受到克羅齊與馬基亞維利影響較深之故，葛蘭西低估了資本主義生產能力。他在寫《獄中筆記》的時候，正是資本主義經濟面對歷史上的黑暗時刻（1930年代的經濟大蕭條、大衰歇），故葛蘭西認為做為生產體系的資本主義正在衰退，而仍接受經典馬克思主義對資本主義運動法則的分析。雖然他否定資本主義將因內在無法解決的結構性矛盾而自行崩潰，但他過分簡單地把資本主義分為兩種：放任的與壟斷的資本主義，而認為所謂健康的資本主義是自由放任的同義詞，將新的資本主義那種大規模的經濟控制當作是停滯的資本主義，使他無法掌握迴

異於以往的資本主義，不曉得它可以藉新的科技發展，改善勞務與物質的生產能力，從而產生驚人的效果。誠如薩拉米尼（Leonardo Salamini 1940- ）所言，葛蘭西並沒有意料到，科技革命在我們這個時代造成的衝擊，上層建築的整體性因而鬆動，以及更加依賴結構基礎的轉化。科技革命淡化的社會結構中經濟與政治的區分明顯，以致於「知識與道德的改革」極難找到著力點（Salamini 1981: 120）。換言之，資本主義可以透過滿足工人物質面的需求而收買到他們的同意、輸誠（洪鎌德、黃德怡 1994：30），這點葛蘭西可以說是完全忽略了。

葛蘭西的政治觀點一直停留在革命的政治文化，而非治國的政治文化，所以他低估了有一些組織存在的必要性，這些組織是做為制度及秩序所必須者。譬如說他反對法西斯主義，但沒有周全的比較法西斯主義與布爾喬亞的民主之歧異。蓋法西斯的獨裁中，把國家生活都集中於某一統治集團的手中，並使之合法化，這種情形顯然和布爾喬亞的民主建立在多元主義之上是大不相同的。

在比較東西方社會時，葛蘭西所著重的國家與市民社會的關係，自然把這兩地區國家當作是同樣客體的形式。這點令人質疑：沙皇式國家是封建式，但西方國家卻不是（封建主義早已隨民族主義之興起而逐漸消失了）。所以，他沒有比較西方巴力門式（議會）的國家與東方貴族式國家之不同，如此一來，他對布爾喬亞民主政治的瞭解便不夠周全。

而他強調西方的霸權（同意）與東方的獨裁（強制），使他低估西方具有鎮制作用之軍警的穩定性與專業性，以及他們投票、選舉、巴力門代表機構之間的功能關係。

葛蘭西的陣地戰的說法意謂著：在西方不存有任何直接推翻政權的希望。這點顯示葛蘭西無法解釋：為何資本主義根本矛盾會被一些結構性因素所消掉？例如社會分工日益精細複雜，中產階級人數愈來愈多，也愈來愈有錢，這些都可能會阻礙革命的意識和自覺。很明顯，這就意

味著說，純從霸權論來解釋仍未周全，另外還得考慮結構層面的問題，才能理解革命自覺之所以未能產生的原因。

就消耗戰的實質內容而言，葛蘭西分析說，要在資本主義社會中進行普勞階級革命，手段需要更新，也就是必須先進行現存社會精神意識的革命。

然而問題是，在西方，國家取得政治權力之前，這種思想上的革命、道德文化的改造是否真有可能？政治資源分配如此不均，何況現代資本主義國家中，工人階級愈來愈被吸納到資產階級的體制中，從而解除了其精神武裝。如此，其實踐的可能性就變得相當脆弱，這同時也涉及知識分子與政黨附從與抗拒的矛盾等等問題。

再者，消耗戰的場域在市民社會，但這在方法論上不易施行，實際上市民社會是否真能與政治社會截然分開而獨立地被改變、征服？如果不行，消耗戰的理論就有問題。進一步言，如果真攻下了市民社會的場域，就能保證一定可以攻得下強制性的政治社會嗎？市民社會中有很多因素，其攻克的先後次序如何？因素間的關係又如何？這些問題葛蘭西都沒有處理（洪鎌德、黃德怡 1994：28-32）。

(五)無產階級取消國家與市民社會之分別

葛氏說：「只有當社會群體〔無產階級〕宣稱結束國家與結束其本身之存在來做為它的目標時，一個倫理的國家才會誕生。所謂倫理的國家是永遠消除統治者與被統治者之分別的國家，也是一個技術上與道德上促成全民統一的社會有機體」（*Lettere dal carcere* 259）。這將是無產階級取消國家與市民社會的分別之希望的落實。

三、霸權

(一)霸權與同意

　　葛蘭西自稱他「優勢」的概念得自列寧。他的「優勢」觀成為《獄中筆記》之基本概念。它牽涉到工人階級的策略。在1926年入獄前的一篇文章中，他說「優勢」是一種聯盟的策略，俾工人階級能夠推翻資本主義國家，而建立工人國家的社會基礎。其後在《獄中筆記》中，他擴大了「優勢」的字義：認為資產階級所以能夠建立而維持其統治乃得力於其優勢地位。他以法國大革命與義大利復興兩例來說明「優勢」在兩國的應用情形。前者以「同意」、「共識」（consenso）成為締造法蘭西共和之本。後者因為「共識」是有限的，故義大利統一遭受困挫。在現代條件下，一個階級可以保持其統治地位，並非全靠暴力的特別組織，而是在照顧其集團利益之外，尚能運用道德與知識的力量，結合其他社會勢力而成為一個「歷史的集團」。「歷史的集團」代表某一社會秩序統一的基礎，在該秩序中統治階級的優勢藉一連串制度、社會關係與理念的網絡而建立起來。這一「優勢的網絡」乃由知識分子協助組成。由前述可知葛蘭西已超越馬克思、恩格斯、列寧視國家為統治階級的工具，他認為在國家之外，文化、意識形態也可以成為統治階級的工具。

(二)組織化的資本主義與經濟主義

　　在國家對市民社會的干涉日形擴大的政治條件下，或在改良主義盛行之下，或是工會與政黨向政治領域施壓之下，在經濟變成「組織化的資本主義」之下，優勢的形成業已改變，而資產階級也開始進行所謂的「消極性革命」。由是優勢的物質基礎終於形成。站立於此一基礎，一個階級繼續保持其領導地位，其他階級的要求則獲得某種程度的滿足。由是統治階級變成真正是政治的，而非純經濟的統治階級，它同時也代

表了整個國家的福祉與進步。

至此吾人可知葛氏藉「優勢」概念來指出把政治或意識形態歸因於經濟之不當。蓋正確分析政治情勢以及政治勢力的消失，不能靠「經濟主義」教條式的解釋。這會導致對國家權力的誤解，其結果「經濟主義」做為工人階級運動的政治策略，也證明為不適當的。

(三)霸權與集體意志

藉優勢概念，葛蘭西擬建立馬克思主義的政治學，其結果是：一個充分發展的優勢必須立基於積極的同意與共識之上，奠立於集體意志之上。這種集體意志在於使構成社會的各種群體與階級得以團結合作。在此說法之下，他超越政治承諾觀，認為承諾是建立在抽象的民權之上。亦即葛氏認為，充分的民主控制意指：只有在高度的優勢形式中才會發展完成，但優勢並不能化約為合法化，也不能化約為虛假的意識形態，俾操縱群眾。原因是群眾的世界觀、人生觀、日常經驗常與統治者的意識形態發生衝突之故。一個統治的、優勢的意識形態所能為力的是提供更為圓融，更有系統的世界觀。它不僅可以影響群眾，也可以成為社會制度，以及社會組織的指導綱領。這類的意識形態顯然不僅反映了經濟階級的利益而已，而是不斷鬥爭的範圍，它藉潛入社會關係之中，也就是潛入社會制度與實踐之中，藉指導個體與群體的活動，而將人的行動加以組織起來。

(四)市民社會的擴大

葛蘭西賦予無產階級特別的歷史任務，即創造一個「規範的社會」，俾優勢與市民社會（亦即同意與共識的範圍）得以擴張發展，而政治社會（亦即壓迫與宰制的部分）得以減小。這意涵無產階級必須創造同意的不斷擴充，包括社會各階級群體的利益，都可在同意擴大下形

成了一個歷史的集團。為此目的所演繹的新策略旨在建立與控制一項新的優勢，並把大眾的理念與實踐加以系統化。由是可知，優勢或霸權這一概念為葛氏對民俗與大眾文化所做批判性分析，也是他對專家的哲學與宗教如何與普通人的平常觀念相結合之研討。

(五)霸權概念的批評

他優勢的概念曾引起質疑與激辯。首先是懷疑他有關有產階級的國家之分析是否妥當。其次是質疑在奪取國家權力之前，無產階級應否發展其優勢，又應發展這種優勢至何種的程度。第三，社會主義國家一旦建立，又應發展到何種程度的優勢才算合理。第四，涉及革命政黨在創造無產階級優勢中到底扮演何種角色？第五，有些學者懷疑優勢的同質性，一致乃至全體（極權）的性質是否與民主理念相搭調、相配合。第六，最近有關優勢的解釋指出優勢不僅為分析資產階級社會以及發展策略推進社會主義提供概念的工具，而且也可以用到社會主義的社會之成就與限制底分析之上（洪鎌德、黃德怡 1994：8-16）。

 ## 第四節　葛蘭西論知識分子和政黨：其學說之評估

一、知識分子

(一)知識分子的定義

馬克思主義者一向把知識分子當成用心用腦而非用力，亦即非直接從事物質生產的人，其中有一部分甚至成為權力的奴僕、御用的學人，推銷意識形態為虎作倀，協助統治階級壓榨下層階級。知識分子的功用似乎只限於散播文化與意識形態。葛蘭西成為第一位理論家，以歷史優

勢系統的發展過程中所扮演的角色來為知識分子下定義。對他來說，歷史不是菁英分子或群眾所創造的，而是由知識分子在與菁英、或群眾進行辯證互動時，演展出意識形態的優勢以及政治的優勢。

(二)人人都是知識分子

葛氏認為「每個人都是知識分子……不過不是所有的人在社會中都擁有知識分子的功能」。「每個人在他職業活動之外，多少會進行一些知性的活動，那就是說他是一位『哲學家』，一位藝術者，一個有品味能力的人，他對世界有其特定的看法，對道德行為有一定的體認，因而對大家所持的世界觀，或予支持，或予修正，或帶來一些新觀點、新的思想模式」（引自 *Selections from the Prison Notebooks*, p.80）。由是可知葛氏心目中的知識分子是廣義的，不是傳統上所指涉的狹義的知識分子。他進一步說，不但每一個人在某一時刻可以目為知識分子，就是每一階級也擁有其特定的知識分子。他說「每個階級都有機地創造一個或多個知識分子階層，這些知識分子階層賦予該階級，以同質性，以及賦予它對其在經濟、社會與政治方面所擁有功能的意識」。

(三)傳統的與有機的知識分子

葛氏分辨傳統的知識分子與有機的知識分子。前者誤認自己超越社會的階級之上，擁有獨立自主的地位，他們置身於社會與政治的變革之外，自認為歷史命脈的衛道之士。這類知識分子包括作家、藝術家、哲學家以及教士。表面上他們獨立不阿，事實上卻為衰弱的統治階級之附庸。要之，這類的知識分子不失為過去的、歷史學上的知識分子。與之相對的則為有機的知識分子，也可以說是社會學上的知識分子。一個知識分子有機的程度，可以從他代表其階級的機關之親疏加以衡量。有機的知識分子在政治、社會與經濟方面儘量表達其階級的意識。同時他

們也擁有某種的獨立自主。葛氏說：「知識分子與生產界的關係，不若它與基本社會群體的關係密切。不過知識分子與生產界之關係在不同程度下卻受到社會所有關係網的『中介』，也受到上層建築綜合體的『中介』，知識分子成為上層建築的『職員』。衡量各種知識分子階層的『有機性』以及衡量它們與基本社群關係的深淺，應當是可能的，為的是要把它們功能分成由下而上的等級，也是要把上層建築分成由下而上的等級」（*ibid.*, 12）。

(四)無產階級產生的知識分子

無產階級當務之急為產生該階級的有機性知識分子，才成促成無產階級革命運動的成功。無產階級需要說服資產階級的知識分子接受其奮鬥的目標，也就是促使資產階級的傳統性知識分子皈依無產階級的意識形態。有機的知識分子與其階級之間的關係是一種辯證的關係。他們由工人階級的經驗吸取養分與資料，然後以理論的意識來回報給工人階級。在產生有機的知識分子方面，無產階級比資產階級困難甚多，蓋後者在封建社會轉形為資產社會的過渡期間早已享有各種文化。由是葛氏有時認為只有在奪取國家權力之後，無產階級才會產生它本身所需的有機的知識分子。另外一個辦法為建立無產階級的政黨，來取代有機的知識分子之地位。

(五)小結與評論

葛蘭西對知識分子的看法，可以說是處於考茨基與索列爾之間。考氏認為知識分子是可以替代無產階級挑起革命意識的重擔者，也就是無產階級無法靠本身達到革命的意識，只有知識分子可以激發它去產生革命意識。另一方面索列爾、甚至薄第嘉卻有反對知識分子的傾向。葛蘭西對知識分子之評價正好界於考茨基與索列爾之間。有人大加讚賞葛氏

此種看法，但對梅魁爾（J. G. Merquior）而言，卻是引不起人們興趣的平庸看法，原因是他這方面的理論欠缺批判性和社會學的分析性，而是一種規範性的主張，也就是充滿了他一廂情願的看法，為的是企圖藉知識分子來促成無產階級奪取優勢，實行霸權（Merquior 1986: 104）。

二、無產階級的政黨

(一)政黨與知識分子的聯繫

葛氏說：「對某些社群而言，政黨不失為它們直接創造政治與哲學領域〔而非經濟生產領域〕中的有機的知識分子之特殊方法。這類的知識分子只有用這種方式，而非其他的方式產生出來，特別是當這些社群的一般性質、形成條件、生命與發展業已這般地存在著之時」。

由是可知政黨成為最直接聯繫到階級的知識分子之組織。它就是義大利共黨創始人之一的陶格里亞蒂（Palmiro Togliatti 1893-1964）所說的「集體的知識分子」。顯然葛氏在討論政黨時，同時也把階級或群眾引進其分析當中，亦即政黨與群眾的關聯。在這兩者的關聯中，列寧注重政黨，葛氏則注重群眾。在初期政黨是菁英的先鋒，能夠領會歷史的整體意義。其後，由於群眾業已擁有政治意識，而且在政治與文化方面取得優勢，政黨遂喪失其菁英或先鋒的性質。黨一旦認同社會的整體利益時，便會喪失其部分的、特別的屬性。

要之，葛氏認為政黨的功能在指引基本的與進步的社群邁向文化與政治的優勢。

(二)政黨──「現代君王」

對葛氏而言，今日之政黨等於於馬基亞維利心目中的「君王」（*il principe*），因之，他稱黨為「現代君王」。他說：「現代君王」亦即神

話的君王，不可能是一個真正的人身、一個具體有血有肉的個人。它僅能是一個有機體、是社會因素的複合體、其中被公認的與實行有效的集體意志、開始具體而微地取得形體。「歷史曾經提供這一有機體……一個集體的意志底胚芽，使它形成普遍的與整體的〔樹木〕」（*Lettere dal carcere*, p.129）。

葛氏心目中政黨與米歇爾士（Robert Michels 1876-1936）寡頭式的政黨與菁英分子循環說不同。他認為黨為人群的組合，其所憑恃的是倫理的原則，受菁英分子領導，而與社會群體聯繫，並藉中介的運用而與整個人類發生關聯。它不代表人抽象的集體，因此不可能發展為官僚、獨斷或導致群體消極參與。反之，它代表了集體的意志與積極的參與。

葛氏的政黨觀，也不同於索列爾視政黨為集體的個人，後者認為群眾應為政黨活動的基礎，不過群眾也不喜歡政黨的中央權威或組織性權力，因而反對黨的領導與紀律約束。反之，葛氏認為群眾如沒有知識分子領導與組織，不可能產生批判性的自我意識。因而做為現代君王的黨是人類最進步的的意識與最進步的革命過程。黨藉指揮與自動自發的結合而引導歷史的進程。

葛氏的政黨觀也有異於列寧的看法。列寧認為工人階級如沒有黨的領導，只能發展工會意識，而不可能自動自發形成階級意識。由是政治意識與革命理論只能靠黨由外頭灌輸給工人階級。葛氏不認為黨存在的必要性在於無產階級醍醐灌頂，而是認為黨與群眾立於辯證的互動關係之上。「群眾只會感覺，但不一定會認識、或理解〔革命的需要〕。反之，知識分子『認識』或理解，但不曾感覺到〔革命的需要〕」。由是可知葛氏強調黨的知識功能應與群眾的日常鬥爭融合統一。黨的發展應與群眾自我表達的發展辯證地聯繫在一起。

基本問題在於如何把領導與自動這兩種不同的性質妥當地融合為一？只有當群眾的感情、熱情、行動的激情能夠結合知識分子的理論與

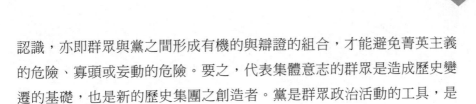

認識，亦即群眾與黨之間形成有機的與辯證的組合，才能避免菁英主義的危險、寡頭或妄動的危險。要之，代表集體意志的群眾是造成歷史變遷的基礎，也是新的歷史集團之創造者。黨是群眾政治活動的工具，是隸屬聽命於群眾的。

三、葛蘭西學說的評估

葛蘭西理論的貢獻可以大約分為三方面來說明：(1)對資本主義社會的分析，俾瞭解何以資本主義繼續存在，甚至膨脹擴大？何以無產階級不能發展必需的階級意識來進行革命工作，推翻資本主義的制度；(2)在資本主義國家中的馬克思派的政黨應該怎樣發展策略，俾推翻此類社會？(3)社會主義的國家何以未能履行其歷史任務來達致全民的解放？亦即葛氏的學說為馬克思注入新的、人道的觀點。

(一)資本主義社會的解析

霍布斯曾經提出「社會秩序為什麼可維持不墜？」這一問題，歷來的解答或稱由於社會各階層的協和同意，而謀取大家的一致，是為同意說。與此相反的是權勢階級使用暴力鬥爭手段強迫下層人民接受，是為鎮壓說。不管是同意說還是鎮壓說，都不曾適當解釋工人階級聽天由命安貧順從的綿羊性格。葛氏指出這是由於統治（資產）階級挾其經濟、社會、政治、文化的優勢控制工人階級的意識之故。更何況群眾意識本身是矛盾的。在抽象層次它認同統治者的意識，接受現實，不敢輕言改變現狀。只在實際利害的層次才透露他們現狀的不滿，而傾向社會主義改革的世界觀。顯然比之同意說與鎮壓說來，葛氏的優勢論手段上較為有效，理論上也較為圓融。葛氏尋求資產階級社會繼續存在的因由，為其上層建築，亦即由於資產階級巧妙地控制了市民社會，把大眾

的傳播、學校、工商團體、公會、俱樂部及其他民間社會的利器佔有與使用，他們還成功的說服群眾接受其優勢地位，把他們的優勢地位合法化。

葛氏與一般馬克思主義者同樣認為資本主義充滿「無法療治的結構性矛盾」，無法再發展更新更高的生產力，因此已瀕臨衰竭沒落。其所以沒有馬上崩潰，是因為市民社會的各種機制將這一衰敗的制度隱藏在意識形態的厚幕之後。事實上，無產階級的革命意識之「客觀條件」業已形成，所缺乏的只是在文化層次上採取行動的「主觀條件」而已。

在西方國家由於中產階級的興起，由於「凱因斯革命」而為國家權力的擴大辯解，並大肆擴充國家干涉社會服務的部門，遂使資本主義獲得苟延殘喘的機會，從而導致葛蘭西的預言竟告落空。這是由於他思想源泉之中馬基亞維利與克羅齊影響較深，影響到它對經濟問題的深入分析，從而忽視了資本主義生產力的增加與適應能力（葛氏撰《獄中筆記》時適為資本主義發展的低潮）。他簡單的看法為：

放任資本主義＝健康的資本主義
壟斷資本主義＝停滯不前的資本主義

因此，使他無法看出資本主義發展科技的驚人能力。

換言之，他無法看出資本主義藉滿足工人物質需求，而「收買」了他們的同意，也無法看出東方共產國家未能徹底實現無產階級的解放，導致西方人民因為厭惡共黨集團，而接受業已建立的資產階級之社會秩序。

(二)無產階級革命的策略

葛氏有關資本主義弊病的診斷，並非十分正確無誤。因此其所開出的藥方之療效，也就令人置疑了。他對資本主義「基本矛盾」怎樣藉結

構上的變化、藉分工的更形精密、藉中產階級膨脹、藉富裕的獲致而消除，似乎未能充分理解。在這種情形下，他建議藉市民社會各種制度的長期征服——「長征」——俾改善或取代資產階級的優勢。他這個建議並沒有完全被接受，反而引起不少的爭端。

葛氏政治思想中有一項難解的糾葛與弔詭，那就是攻城之前需要攻心，思想或意識的革命應在政治或社會革命之前展開。亦即當今社會的菁英必須先行改變，才能做為無產階級抓權的條件。問題卻是這樣的：在西方世界人群要直接掌握政治權力之前如何能夠推動文化與道德的優勢所不可或缺的的極端性、偏激性的運動呢？況且市民社會是否真的與政治社會分開，而能夠獨立地為無產階級所征服，也是一大疑問。如征服不來，那麼所謂「攻心之戰」、或「據點之戰」便不是一項有用的策略。朴蘭查（Nicos Poulantzas 1936-1979）便認為市民社會各種機關的行動是受制於西方國家鎮壓機器的行動之下。可是基本問題為資本主義社會是否擁有一股壓制的力量可以使追求優勢的革命運動胎死腹中？以法國與義大利為例，左派勢力一向強大，大學、工會也為馬克思主義者所控制，但法、義的政府不但有力壓制左派奪權，就是對上層建築的控制，也毫無放鬆的跡象。

談到革命暴力的問題，至今仍聚訟紛紜。葛氏贊成鬥爭的「軍事」方面之策略的運用，而招致批評。首先暴力的引用，可能引起反彈作用，不但以暴易暴，且暴力滋生另一暴力。其次在民主業已建立，且成為傳統國家中，企圖呼籲人民從事對抗社會制度與破壞憲法，是件事倍功半之事。資本主義社會的安富尊榮與「極端化的消除」（deradicalization，去偏激化）使我們懷疑：在面對文化與意識形態延長的鬥爭中，意識形態的尖銳性、挑戰性是否始終如一？

從上面的討論我們尚無法確定現有的經驗性證據，足以支持或駁斥《獄中筆記》所提供西方資本主義轉化為社會主義的策略是否可用。他

所提供的意見多數是可取的，特別是針對那些強調革命原則應與言行慎
重相結合的馬克思主義者。即便攻心之戰不能奏捷，但他所提在抓權前
應使群眾革心，也是防阻革命淪為暴民的妄動。這樣說詞並不掩飾《獄
中筆記》的瑕疵，其中例如市民社會的諸多因素中，究竟以何者最為重
要，這些因素在怎樣的方式下，逐一被克服、被改變？這些因素之間的
關係怎樣，它們如何與政治社會相結合？這些問題葛氏都不曾予人以圓
滿的解答。

(三)對社會主義的卓見

韋寇

葛蘭西思想與策略的基本結構，一言以蔽之，是馬
克思主義的，也是革命的。只是他的學說更富伸縮性與
創新的意味。由於他的原創性與缺乏教條主義，因此他
所演繹的馬克思主義更富有人道的精神，而與啟蒙運動
以來的西洋傳統契合。造成葛氏創新的觀念，乃是他傾
向經驗性的心態。他對具體的東西興趣較濃，對抽象的
東西則懷幾分疑懼。他認為經驗的資料是提供理論建構
的原料，而理論必須接受不同證據的修正。每一理論的
解決必須藉實際情況下能否應用來加以檢驗。葛蘭西強調思想觀念相互
交流的重要，因此影響他的思想家不限於馬克思、恩格斯、列寧，就是
馬基亞維利、韋寇、黑格爾、索列爾與克羅齊也對他學說產生塑造啟發
的作用。

葛氏的「絕對歷史主義」（absolute historicism）是認為理論的系
統，或是哲學系統的「合理性」（rationality），只有通過該系統與歷史
進程的關聯而顯示出來。因為這些理論系統乃為歷史進程部分之一。換
句話說，任何理論系統只有通過實證的檢驗才會證明其為真實可靠。真
理的評值並非由於它與其他設定的標準（超越人類願望所能獲致的「客

觀」實在）符合才獲得承認。理論的發展必須與階級實踐緊密聯繫，必須發展與無產階級經驗有著密切的關聯，而且隨時接受批評。亦即他所需要的，乃是群眾生命活動與黨的理論、黨實踐的活動建立在辯證互動的基礎上。

葛氏把歷史與哲學一體化曾引起批評。站在天主教會的立場，認為他未曾討論人類存在最終的問題，也未曾給道德行動以堅固的基礎，講究「凡是成功的」便是「對的」，這種理論是貧瘠的理論。馬克思主義的結構派（像阿圖舍、柯列悌、德拉·歐爾培）擔心這種「絕對性歷史主義」可能傷害馬克思主義的科學性質。無論如何，葛氏的相對性主張，常是不連貫的。如同左爾（James Joll 1918-1994）所稱「葛蘭西未曾解決馬克思主義者教條的確定性與克羅齊歷史的相對性之間的潛在衝突」（Joll 1977: 32）。這種衝突也可以解釋他思想中久存的緊張關係，一方面對文化採取自由的看法，他方面對馬基亞維利式的政黨採取嚴格紀律的說法。他雖是身陷於矛盾中，但教條僵硬的主張仍舊被推向他思想的邊緣，留在其思想的中心的是開放的、活潑的、能屈能伸的那部分思想。換言之，他的馬克思主義是民主的、開放的，藉說服力與同意、自由表達與群眾參與來宣揚人本主義的精神。

比起其他的「西方馬克思主義」理論家來，葛蘭西因曾參與群眾運動，擁有實際的工作經驗，因此言之有物。反之，其餘馬克思主義者，當中不少人犯著書空咄咄，展示天馬行空、空泛抽象的理論。盧卡奇強調「整體」而輕視事實；馬孤哲認為可以理解合理與「真實人性」的既非黨，又非群眾，而是類似柏拉圖式的衛士（菁英分子）。阿圖舍以結構學的觀點來分析社會，結果是一大堆的名詞與概念的堆積，不但對社會結構的歷史之特殊性懵懂無知，反而把馬克思主義的理論由現實孤離起來、絕緣起來。

根據柏比歐（Norberto Bobbio 1909-2004）的看法，葛蘭西對馬克思

主義的新解釋建立在兩重的逆轉之上：

　　1.意識形態的上層建築比經濟的下層建築優先；

　　2.市民社會（同意）比政治社會（暴力）優先（Bobbio, 1979: 21*ff*）。

　　由此可知葛氏的理論不僅涉及在西方資本主義的國家進行無產階級的革命的理論（以媲美於列寧在東方落後封建的俄羅斯進行布爾什維克革命），它更是涉及馬克思學說核心的唯物史觀之修正，可以說葛蘭西的學說是「馬克思主義的一般理論、基本理論、普遍理論」。

葛蘭西對抗墨索里尼

資料來源：Oliver 1997, pp.112-113.

6

法蘭克福學派的批判理論

第一節　法蘭克福學派的興起與鼎盛時期

一、法蘭克福學派的前身

德國人衛爾（Felix Weil 1898-1975）於1922年夏組織了第一個「馬克思主義作品討論週」，主要的目的在研討寇士的作品《馬克思主義與哲學》，他也是後來社會研究所創辦的資助人。

1923年2月3日成立，本來的名字是「馬克思主義研究所」，後來易名為「社會研究所」（1924年），附屬於法蘭克福大學，但人事與財政獨立。當其成立之時適為俄國布爾什維克革命成功，中歐無產革命失敗之際，因之，知識分子重估馬克思主義利弊，研究理論與實踐之關聯。此為西方馬克思主義崛起之時。

研究所成立時並未形成學派，通稱的法蘭克福學派乃為該所於1950年由美國遷回西德之後才形成。

二、四個階段的發展史

初期（1923-1933）：最先研究之問題龐雜，首任所長葛倫貝（Carl Grünberg 1861-1940）為一經濟學家兼社會史家，接近奧地利馬克思主義之觀點。在其任職演講中強調馬克思的唯物史觀並非哲學體系，而為一項社會科學，目的在分析世界發展與變化過程的具體事實。魏伏格（Karl Wittfogel 1896-1994）以《中國的經濟與社會》討論亞細亞生產方式；葛羅士曼（Henryk Grossman 1881-1950）討論資本主義的經濟發展趨勢；柏洛克（Friedrich Pollock 1894-1970）研究蘇聯由市場經濟轉變為計畫經濟之狀況。

次期（1933-1950）：在納粹勢力囂張之際，該研究所由瑞士、法國、北歐向西北遷徙，最後遷往美國加州，至第二次世界大戰結束後五年才把所址遷回法蘭克福。在此發展期中，新黑格爾主義哲學之「批判理論」深植於此一研究機構裡。事實上自1930年7月霍克海默（Max Horkheimer 1895-1973）出任所長之後，哲學便取代經濟與歷史成為該所研究重心。1932年馬孤哲（Herbert Marcuse 1898-1979）之加入，1938年阿朵諾（Theodor Adorno 1903-1969）之正式加盟，使哲學研究大放異彩，同時該所也發展對精神分析強烈的興趣。

霍克海默

盛期（1950-1970）：為法蘭克福學派發展鼎盛時期，批判理論成為戰後德國思想的顯學。其影響及於西歐與英倫（特別是1956年「新左派」的崛起），乃至北美（由於馬孤哲留在北美，遂與激進青年知識分子造成聲勢，演成1968年的學潮），此為該學派在知識上與政治上影響力最大的時期。

阿朵諾

近期（1970-至今）：影響力漸衰，尤其是當阿朵諾於1969年，霍克海默於1973年先後逝世之後，這個學派有解體的跡象。近幾年來該派居然脫離其思想源泉的馬克思主義，其有關社會理論的研究方式也受到其他馬克思學派的質疑挑戰。但該派學說的中心概念仍對馬克思主義與非馬克思主義的社會科學研究者，起著相當的作用。特別是哈伯瑪斯（Jürgen Habermas 1929-）對社會知識可能性條件的批判，以及對馬克思歷史哲學的重建，對現代資本主義的重新理解、對溝通理論與審議民主（deliberative democracy）的闡釋，都有卓越的貢獻。

馬孤哲

哈伯瑪斯

三、學派形成前的主張

霍克海默：攻擊實證主義為一種知識的理論或科學的哲學。實證主義的缺點為：(1)把活生生的人當成事實，當成機械性命定論研究的對象；(2)只以經驗到的世界為確實存在的事物，卻不懂分別實相（在）與表象；(3)嚴分事實與價值，從而僵硬地把人的知識從他的利益分開。與實證主義相對的為「辯證的理論」，它視個別的事實與實在之間有其一定的關聯，它尋求如何在整體中能夠反映實在。辯證的理論把經驗的構成物統合於經驗的結構中。「當一個健全的人看到亂七八糟的環境時，他產生改變它的意念，於是他便把事實組成理論。……正確的思維仰賴正確的意願，正如同正確的意願也仰賴正確的思維」。

1937年霍氏所撰〈傳統的與批判的理論〉一文，可謂法蘭克福學派開山文獻。批判理論反對傳統以自然科學為主、著重事實與概念系統，它為涉及「人與社會」之學。它要超越或取消個人之目的觀，自動與合理以及社會賴以建立的僵硬的工作過程之間的對立。馬克思與恩格斯把他們的批判學說立基於無產階級追求解放的意識之上。盧卡奇認為共黨應當灌輸給工人以正確的意識。霍氏則認為批判性的思想家才是灌輸正確意識的適當人選。

霍氏此文透露兩點：(1)他對工人階級革命角色不具信心，造成他對解放可能之悲觀；(2)批判者的角色既是知識分子要扮演的職責，則其主張無異於馬克思早期在《神聖家族》中所攻擊的左翼黑格爾青年門徒之現代版。

顯然霍氏在早期著作中所表示關懷者為文化現象。文化現象不僅應由群眾的角度去考察，也可由個人當作其思云言行的主體來加以分析。這點可由霍氏對生機哲學興趣得知梗概。生機哲學後來演展為存在主義（法國的沙特）。在霍氏影響下，此一研究所也講究個人心理，特別

是討論人格特質對權威的關聯，以及反猶太主義的心理形成。1936年在
巴黎出版的《權威與家庭研究》，顯示以霍氏、佛洛姆（Erich Fromm
1900-1980）以及馬孤哲為主的三篇研究文集，強調家庭權威性格的形成
之影響，此為後來《權威性人格》（*The Authoritarian Personality*）一鉅
著經驗性研究之先聲。

有關反猶太主義之研究，霍氏與柏洛克強調納粹採取的體制為一新
社會秩序，企圖建立權威，以為政治壓倒經濟之制度。統治者借「技術
合理」與群眾非理性情緒的濫用，來達致控制國家的目的。反之，諾以
曼（Franz Neumann 1900-1954）則秉持馬克思主義的說法，認為國家社
會主義為資本主義發展至獨佔階段的產品。

阿朵諾：他在早期的著作中，顯示對文化、精神分析與美學濃厚的
興趣。他所倡導不是「辯證的社會理論」，而是後來所稱的「否定的辯
證」（*negative Dialektik*），亦即對所有哲學觀點與社會理論進行徹底
的、毫無保留的批判（Adorno 1973）。

1944年霍克海默、阿朵諾兩氏合著的《啟蒙思想之辯證》（*Dialektik
der Aufklärung*）出版。此書指出啟蒙運動含有自我毀滅的因素。蓋它強
調理性，但理性是對事實採取否定與批判的態度。現代的科學的意識是
造成文化衰落的主因。科學與技術並非中性，而是一類似的意識形態，
其用意在幫助統治者形成統治的新形式。與科學相反的則為藝術，藝術
為整體的表現，為絕對的尊嚴之恢復。現代技術文明的躍進，把大眾文
化貶抑為同形的低俗文化。由是可知，對實證主義的批判轉化為對「科
技合理」的批判。當作統治新形式的「科技合理」成為後期資本主義社
會，或稱為20世紀工業進步社會的特徵。

在1938年討論歷史唯物論的現象學時，阿朵諾嘗試綜合海德格的現
象學與馬克思主義。馬孤哲在1941年出版的《理性與革命》一書中闡發
「辯證的社會理論」以對抗實證的社會科學。稱：「實證的哲學趨向於

把社會研究等同為自然的研究⋯⋯社會研究變成為社會法則之尋求，企圖把社會律類比為自然律。其結果造成社會實踐（亦即有關社會體系之改變），受制於無可避免的自然律之發展，社會實踐終於被窒息」。馬孤哲不同於霍克海默之處為以黑格爾哲學為其辯證理論的基礎，以及把馬克思的思想改變為極端的黑格爾主義。

四、戰後全盛時期

(一)傳統理論與批判理論

1950年社會研究所由美遷回法蘭克福之後，該所在霍克海默與阿朵諾領導下，蔚成新學派，從此稱為法蘭克福學派。首先展開對實證主義的批判：(1)實證主義無法對社會生活有真正的理解；(2)實證主義只肯定現存社會秩序，反對社會改變；(3)實證主義產生一種「技術的統治」而便利當權者之抓權。

馬孤哲批評19世紀孔德、馮士坦、史塔爾的實證主義；霍氏則攻擊「邏輯實證主義」及「邏輯經驗主義」，亦即所謂「維也納學派」，蓋實證主義對哲學甚為貶損的緣故。

霍氏在理解科學為一種社會的活動時，比較傳統理論與批判理論之不同。傳統理論就像自由主義制度下分工專精的科學家，只埋頭實驗研究，把這種科學工作視為與社會實在無關，與其他社會活動無涉的的心智活動。反之，批判理論理解「現存社會整體之雙重性格」，也就是階級鬥爭之敵對性與社會最終的可塑性。固然社會整體乃是人的理性與意志的集合體，但常具自然演進，而非人力一時所能控制、改變的屬性。蓋以戰爭與壓迫形成的文化非人類「統一的、自我意識的意志」。職是之故，批判理論之目的在於改變社會，並求取人的解放。由是使知識與目的合一，理論的理性與實踐的理性合一，就變成法蘭克福學派基本的哲學觀點。霍氏續

稱：批判理論家之社會功能為將他及其作品視同被壓迫階級之一部分。因之，他所透露的社會矛盾不僅反映歷史現狀，而且構成改變這種現狀之力量。但至1950年代霍氏及其同僚卻對工人階級的革命潛力喪失了信心，從而其批判理論之重心跟著有所改變。

(二)實證主義的爭辯

阿朵諾在1950年代與1960年代之文章，主要在批判實證主義之上。不僅批判實證主義注重「事實」，也批評它對現存社會之「正面」評價。在與柏波爾（**Karl Popper 1902-1994**）的論戰中，阿朵諾的思想似乎與霍克海默的批判理論稍異。其不同之點為：(1)批判理論只負責反面的摧毀作用（破），而不肯提出積極正面主張（立）；(2)摒棄霍氏「整體」的觀念。總之，阿朵諾的學說有強烈懷疑論的傾向，不僅與馬克思主義不相牟，也有異於其他各種社會理論的體系。

法蘭克福學派對實證主義的批評之第二個主題，是認為實證主義的科學之哲學與接受現狀有關。其實這兩者的關聯並非邏輯的必然關聯，過份強調它們的關聯反而造成對「追求社會法則」之科學的賤視。而馬克思的學說正是追求資產階級社會必然崩潰的各種法則。其演變的結果導致這一學派愈來愈批評馬克思理論當中的「潛在實證主義」，也就是此一學派終於與馬克思主義分道揚鑣。要之，法蘭克福學派把科學（實證主義的科學）視同為保守的、擁護現狀的政治，是引起爭議的。除了馬孤哲之外，霍克海默都未曾捲入實際的群眾活動（例如學生運動）。因此，他們不失為曼海姆所描述的「自由漂浮的知識分子」（失根的漂萍）（洪鎌德 1998b：323-327）。

(三)對科技的批判

嚴格來說，在1930年代霍克海默主張的批判理論時，他還能遵守

馬克思有關經濟與階級結構之分析,視經濟與階級結構為生活的真實基礎。可是當《啟蒙思想的辯證》刊出後,攻擊的對象不再是科學的哲學之科學主義,而是科技,亦即科學與技術推廣至整個社會的「科技意識」、或「工具的理性」。蓋「科技意識」與「工具的理性」成為維持資本主義統治關係的主要因素。

及至馬孤哲《一度空間的人》出版之時,他認為資本主義世界中仍舊有兩大階級的存在。但資本主義的發展改變這兩大階級的結構與功能,以致它們喪失改變社會的職責。「保留與改善目前制度的現狀,成為當今社會兩大對峙勢力結合的因由」。

阿朵諾甚至在納粹統治期間的文章中指出,「被壓迫者已喪失其階級的意識」,又指出無產階級喪失其「社會上的功能」。在1968年西德社會學大會上,阿朵諾公然聲明現今社會的階級雖然仍舊存在,但無所謂的工人階級意識可言。他甚至對馬克思基本概念,如剩餘價值、貧窮、生產力對生產關係影響等都加以質疑。其結論為在科技合理的非人身之勢力驅策下,社會「體系」獨立於社會成員(不管是被統治者,還是統治者)之外,自具生命、自求發展,人再度成為這種外在勢力的俘虜、傀儡。

法蘭克福學派主調之一為科技對自然之統轄的控制,必然會延伸到對人的宰制,因為新的統治形式終告出現底緣故。馬孤哲說:「社會藉事物與關係總和之技術性膨脹而不斷更新發展。這些事物與關係之總和包括了人技術的利用。換言之,生存競爭與人及自然的利用逐漸變成更富有科學性,也更合理性了」(Marcuse 1964: 146)。

總之,科技的合理化,不但沒有取消統治的合法性,反而助長統治的合法性。這種說法與韋伯對現代世界邁向「理性化」、「合理化」之主張益形接近。因之,法蘭克福學派在1950與1960年代對現代進步的工業社會之發展傾向加以分析之結果,顯示該派的主張已由馬克思主義轉

向韋伯的學說（洪鎌德 1999b）。

(四)個體性、自由與自主

　　法蘭克福學派在討論現代社會（由「後資產階級社會」改稱為「後工業社會」）時，也注視現代社會中個人的命運。事實上霍克海默在早期便強調個體性的價值，其後仍重視個人，不過含有悲觀的色彩。視當今社會的個人之自主性被摧毀殆盡。挽救之道只有靠宗教意識的發揚。阿朵諾與馬孤哲也對處於現代情境上的個人抱持悲觀的態度。不過馬孤哲認為只要通過性的解放，以及「歡樂原則」的強調，仍有助於克服先進工業社會物資之稀少性而獲致人的福樂。

　　阿朵諾不贊成由政治反對或性解放，來使個人擺脫種種統治的羈絆。反之，他主張由「真實」藝術家的作品，去返璞歸真。真實的藝術具有顛覆的力量，也具有追尋未來真理的能力，應取代科學為個人的指導方針。不過法蘭克福學派有關個人的自由與自主，其實是資產階級社會中自由派學者心目中的自由與自主，並非二次大戰之後廣大工人群眾所享有的自由與自主，更何況該派學說建立在哲學反思之上，而非經驗性調查研究的結論。

(五)人格與社會性格的形成

　　佛洛姆在早期企圖結合佛洛伊德個人心理學與馬克思的社會理論，特別是強調階級社會中家庭對個人性格形成的影響。此一研究方向遭霍克海默之批評，也造成佛洛姆脫離法蘭克福社會研究所。其後佛洛姆仍繼續探測精神分析與馬克思主義結合的種種途徑。他改變佛

佛洛姆

洛伊德對人性與人的需求之說法，而加入青年馬克思在《經濟與哲學手稿》中有關「異化」克除的理論。

　　佛洛姆提出「社會性格」的概念。社會性格乃是一個群體中的個人的人格之共通特性。這是由於「基本經驗與共同生活的產品」。在一個特定的社會性格下，理念對個人影響之大小，由個人需求獲得滿足的程度來決定。社會性格是指引個人如何來行動，俾滿足其需求。佛洛姆認為人類不同於其他的動物，與自然不再合而為一，由於具有理性與自覺，於是在面對自然與社會的諸種勢力時，顯得束手無策、孤立無助。因之，吾人乃受困於疑懼不安而產生羞恥與罪惡感。吾人之需求為克服這種分離、異化、而恢復人與自然的密契，亦即「天人合一」。

(六)文化工業與欺矇意識

　　在《啟蒙思想的辯證》一書中，霍克海默與阿朵諾引進「文化工業」這一概念。他們說：「文化工業就是當成大眾之欺騙的啟蒙思想，在壟斷下所有的大眾文化都是雷同的」。同時也因為文化與娛樂的結合而墮落。「文化工業中廣告的浮濫與橫行，反映了消費者被迫去購買貨物，去使用貨物，儘管他們早已看透貨物的本質」。對所謂文化工業的批評：(1)文化工業無法與其他文化的統治形式截然分開；(2)缺乏歷史性的與比較性的研究報告，來指出文化為統治的意識形態所造成的效果。

(七)主體性的防衛

　　綜合所述法蘭克福學派其在鼎盛的時期所注重的三樁事體為：(1)對實證主義（或廣義的科學主義）進行認識論上與方法論上的批評，特別是抨擊實證主義應用到社會科學方面；(2)對科學與技術所造成的意識形態方面的影響進行批評，蓋科技成為新的因素，創造了技術專家與官僚的統治形式之故；(3)研討所謂的文化工業，特別是在統屬關係中、在宰制方面文化所扮演的角色。

　　事實上對「實證主義的反叛」乃是黑格爾式的馬克思主義（寇士與早

期盧卡奇）之主張。也是現象學與存在主義的看法。至
於對大規模工業化，技術專家政治與官僚之批評，則取
自韋伯「合理化」的概念。談到對文化的批評則應溯源
到杜尼斯（Ferdinand Tönnies 1855-1936）有關「社群」
（*Gemeinschaft*）與「社會」（*Gesellschaft*）之分辨。

杜尼斯

　　滲透到法蘭克福學派的社會兼政治的基本想法乃是
「主體性的防衛」之理論，亦即以人為主體防阻客觀的
符合法則的歷史過程對人的自主與自由之傷害。

 第二節　法蘭克福學派的式微、更新與評估

一、近期的發展

　　隨著阿朵諾（1969）與霍克海默（1973）的先後逝世，以及1970年
代初期激烈的、基進的、極端的學生運動之退潮，法蘭克福學派也趨向
式微。作為馬克思主義思潮之一的法蘭克福學派，在其後期與馬克思主
義的關係轉趨薄弱，也與任何政治運動毫無瓜葛。可是另一方面作為一
種批判理論，此一學派對社會思想仍有相當的影響力。其中哈伯瑪斯、
韋爾默（Albrecht Wellmer 1933- ）、施密特（Alfred Schmidt 1931- ）與
歐斐（Claus Offe 1940- ）等人繼續討論社會科學的哲學，以及對意識形
態加以批判。

(一)哈伯瑪斯的著作大約可分為兩個階段

　　第一階段：哈伯瑪斯延續法蘭克福派主旨批評實證主義，以及提出
有關社會科學知識的新理論。他言及「辯證的理論」，此種理論是應用

「整體」的概念，蓋整體牽涉到「生活界」（*Lebenswelt*），是需藉闡釋學（*Hermeneutik*）之助力來闡釋意義的。他批評實證論者把事實與決定（價值選擇）強行分開。他主張在自然與社會現象當中有一部分具有規律性，可以形成為法則。但另一方面有社會的規範，卻不是用法則可以理解的。這種雙重性的結果說明經驗科學所提供給吾人的為一般可以接受的知識。至於「生活實踐的問題」則應排除於科學之外，另謀解決。關於社會規範是依靠決定（選擇）來判斷的。

哈伯瑪斯在《知識與人類旨趣》（1968）一書中提出新的知識理論。他認為知識應連結於人類基本旨趣（利益）之上。三種知識的形式是建立在三種不同的關聯旨趣之上：(1)「技術的」旨趣立基於物質需要與勞動，它成為經驗—分析科學的範圍；(2)「實踐的」旨趣涉及個人與個人間、個人與團體之間的溝通，它立基於人類語文之上，成為歷史—闡釋學方面的知識；(3)「解放的」旨趣，由於權力的運用造成人的行動與表示，這是自我反省與批判的知識之源泉。要發展為反思—批判方面的知識。哈氏此書基本上仍是反對實證主義或是反對科學主義，認為實證、或科學主義以空洞的方法論（缺乏哲學思維）取代了知識的理論。他所以把知識分成三種形式，主要的目的在說明除了經驗—分析科學具有效力之外，其餘的兩種歷史—知識（歷史—闡釋和反思—批判的）也有其特定的效力，從而也把事實與決定之兩分化加以克服（Habermas 1973; 洪鎌德 1998b：339-341）。

哈氏知識形式三分法曾經遭受強烈的批評：首先社會現象如何歸類為經驗—分析的科學與歷史—實踐的科學？這兩種科學是不是德國傳統上自然與精神兩種科學的延伸？至於第三種基於解放的關懷所建立的旨趣——批判的科學，也因涵義不清，而引起爭論。柯拉克夫斯基（Leszek Kolakowski 1927-2009）便認為這是另一種不算成功的嘗試，企圖超越傳統德國唯心論中實踐理性與純粹理性之兩分化，或是意志與認知的兩分

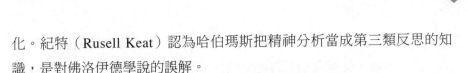

化。紀特（Rusell Keat）認為哈伯瑪斯把精神分析當成第三類反思的知識，是對佛洛伊德學說的誤解。

哈氏知識理論還引起一個更普遍的問題。它所涉及的真理之理論是一種「共識」（consensus）的理論。但「共識」理論卻與他所反對的「相應」（correspondence）理論有某種程度的牽連。在過去三十多年間哈伯瑪斯似乎大大修正其早期的學說。他不再奢談造成知識的旨趣或利益之理念，而改談語言與溝通理論。

第二階段：哈伯瑪斯完成另一部大作《溝通的行動之理論》（兩卷）。在此兩卷鉅作中，他在：(1)在闡釋合理的概念；(2)敘述此一概念演變的經過，俾瞭解近代人怎樣理解現代世界；(3)通過合理的研究，建立社會的理論。在上卷中他討論韋伯的合理概念，並批評其後人盧卡奇的物化觀，與霍克海默、阿朵諾兩人的工具理性說。在下卷中他批評米德與涂爾幹「功能性合理」，也批評了「生命界」詮釋學的解釋，以及帕森思的看法。他總結社會的批判理論，旨在由帕森思回溯韋伯，而回歸於馬克思。

哈伯瑪斯後期著作顯示他已與後期的法蘭克福派之基本觀點相離，特別是他自稱是以「馬克思主義理論家」的身分來討論社會原理，從而與法蘭克福分道揚鑣。他認為其研究為：「於變動巨大的歷史條件下繼續發揮馬克思的傳統」。他對馬克思主義的理論之重建可由1970年出版的兩本著作《後期資本主義的問題》以及《歷史唯物論的重建》（*Legitimationsprobleme im Spätkapitalismus*以及*Rekonstruktion des Historischen Materialismus*）得知梗概。第一本書討論後期資本主義的合法性危機，第二本則涉及歷史唯物論的重建問題。

哈氏引用馬克思與系統理論來解釋危機，並分辨當前資本主義社會的四種危機：(1)經濟危機；(2)合理性危機；(3)合法性危機；與(4)動機危機。其宗旨在重估「先進的資本主義自我轉形的可能機會」。

在種種危機中，哈氏相信一再重複出現的經濟危機能否陸續解決是一個未知數。就算資本主義社會能夠不斷解決經濟危機，但其他危機也有可能產生。先進資本主義所以會產生這種未知數與不確定性，是由於國家對經濟的干預，也是由於階級鬥爭減弱的緣故。階級鬥爭所以減弱乃是「大部分資本主義國家成功地掌握某些決定性的問題」，「階級妥協……成為先進資本主義結構的一部分」。哈氏總結：「由於經濟體系在面對國家時已失掉其功能性的自主獨立，因此在先進資本主義中危機也非必然的〔不再像自然現象一樣無可避免〕……因此整個體系的危機之發生不可期待……經濟危機已轉化進侵政治體系之中……合法性的提供可以補償合理性的欠缺；組織合理性的延伸，可以補償合法性的不足。於是一連串相關聯的危機逐次展現」。

哈氏稱他的馬克思主義理論是重建而非超越。他的基本問題為：「暫時被壓抑的，而始終不曾解決的階級對立，在怎樣的危機趨勢中表示出來？」在《歷史唯物論的重建》一書中，他提出一個批評性的問題：「馬克思曾經耗費不少心力去研究資本主義社會中資本累積的過程。可是這些研究對社會的進化理論的形式，似乎是無關宏旨，其原因為何？」哈氏的回答是這樣的：「資產階級社會的剖析是剖析現代之前各種不同社會的鑰匙」，以及「對資本主義的分析便是進化理論的入門」。

結論是「這個〔資本主義〕生產方式建構性的特徵，為早期不同階級的社會形成帶來啟發的意義」。

哈氏重建歷史唯物論的中心要素為他早期著作中有關「勞動」與「互動」（「溝通的行動」）之分辨。他雖同意馬克思的說法，認為社會勞動，亦即透過社會組織而形成的勞動，是人異於禽獸的所在。不過以社會勞動作為解釋人的生命之延續（再生）是不足的，需要加以補充。補充之道為以家庭制度之概念，增強社會勞動的概念。家庭制度賴

以建立的，除了血緣關係之外，最重要的是語言的溝通。

事實上這一說法與馬克思在《德意志意識形態》中所言：「這個生產方式不當作單純視為個人身體存在之重複出現（再生）。這些個人們特定的活動方式，他們生活特定的表現方式，亦即特定的生活方式才是重要的」。由是哈伯瑪斯強調人類社會生活最原始的兩項基本要素為社會勞動與語言。不過即使這兩個要素彼此不可以再化約為對方（也就是不能把語言視為社勞動的一部分，或社會勞動變成語言的一部分），但在解釋人類社會歷史發展時，這兩個要素之間應有主要與次要之分。哈氏在此同意馬克思的論點，亦即視社會勞動為基本的，為首先出現的，而語言為後來才發展的。不過除了社會勞動與語言之外，仍需家庭組織，特別是照顧後代，這是人類延續其族類（再生）不可或缺的制度。

大體上哈氏仍師承馬克思有關人類社會發展的各種階段、時期之說法。只是反對單線性、無間歇的，與無變異的進步發展觀。但有異於馬克思之處為哈氏認為未來由資本主義邁入社會主義的社會，其關鍵不再是生產方式的改變，而是民主化的過程。他說：「假使社會採用社會主義的組織，俾做為取代危機重重的資本主義的社會的話，那麼這不是由於再生產的過程所決定的，而是取決於民主的過程，亦即過去個人可以當家作主的精神已全盤滲入社會結構當中，成為人行動的來源」。

哈伯瑪斯有關言說（論述）倫理（discursive ethics）的提法對重估刑法或一般法律的道德基礎有很大的幫助。他對法律正當性與道德意涵的說法與韋伯有所不同。韋伯認為法律形式的合理性之前提為法律與道德之分家，韋伯主張法律的正當性並不源之於道德，而是從法律形式的特質中衍生出來。這些形式的特質包括：

韋伯

1.一套法律規範體系，由專才演繹而成，目的在把

　　現存的社會規範分門別類形成秩序；

2.立法機構創造具有一般性效力，而又抽象型塑的條文；

3.司法機關與政府其他部門受到這些法律的約束，特別是涉及法律的
引用與執行時（Bal 1996: 72-73; 洪鎌德 2004c：183-185）。

　　由於法律具有這些形式的特質，遂產生了其合理性，而不再依靠
道德作基礎。因之韋伯做一個總結，法律與道德應該分開為兩個不同領
域。法律的正當性，不再仰賴道德，而是合法性（legality）。

　　哈伯瑪斯批評了韋伯對法律採用形式和理性之說法。依據哈氏的說
法，法律同道德無法分開，而必然聯繫在一起。法律的形式特質，不能
用道德中立的眼光來指出其含有合理性。透過實證法的執行，政府權力
的合法性本身不帶有正當的力量，合法的不一定正當。哈氏認為法律形
式上的實質隱含道德的成分，這才是法律具正當性的泉源。首先，法律
專才對法律的系統化不一定提供正當性，除非他們在制法時，把道德證
成也一併考量；其次，一般（普遍）和抽象的法條必須立基於道德原則
之上，才談得上正當；再其次，司法機關並非盲目地引用法條，在解釋
或引用法條時，道德的看法也介入。具體案件的決斷雖然不一定引經據
典，但也要做規範性的考量。是故實證法應該把內涵的道德成分當作它
正當性的來源。

　　哈氏說在保證法律的正當性之同時，法律程序（制法與用法）必須
提供道德辯解的機會，也就是討論規範性有效訴求的正確、正當與正直
（rightness）。他認為在實踐的言說（論述、話語）中，道德的討論是理
性的決策不可或缺的程序。由是可知法律的言說必須被視為道德／實踐
的言說之一種。造成實踐言說之條件為：

1.不受鎮壓、抑制的左右，也不分權力的大小不同；

2.提供大家參與的平等機會；

3.所有的問題都可碰觸，沒有任何禁忌的話題；

4.唯一被接受的意見，是那個經由深思熟慮、反覆激辯，為大家比較上可以接受的較佳意見（Habermas 1992）。

在這種理想的言詞情境下，參與者能夠對道德議題達成一個合理的共識。理論上這種言說的結果既符合道德上的正當，也是大家一般能接受的。這就是哈伯瑪斯所提的言說倫理。採用這種道德／實踐的言說倫理應用到法律的言說，自然會增強法律道德的正當性。

當有人批評哈氏的言說倫理是否太注重道德的形式主義，而缺乏道德的實質內涵時，哈氏的回答是強調言說倫理包含兩個道德原則：公平和團結。前者注重言說參與者之平等權利與平等機會（形式）；後者顯示對人群的同情與關懷（實質），所以言說倫理不欠缺實質的內涵（Habermas 1987; 洪鎌德 2006：275-280）。

在1992年的近作《事實性與有效性》（*Faktizität und Geltung*）一書中，哈氏聲明實證法的正當性是仰賴對一系列基本權利的承認。這些權利包括平等的主觀自由、行動自由、私人的自主，以及平等參與民主意志的塑造，俾個人政治自主得以保持。他甚至指出一旦缺乏平等的自由權，合法的法律就不存在（Habermas 1992: 159）。如果把這些平等的自由權擴大，則聯合國人權憲章所規定的人權，正可以聲稱擁有寰宇的有效性，可以當作法律的道德基礎。因之，人權可以看作實踐的／法律的言說最起碼的實質性道德指引，法律的正當性可以從人權引申而得（Bal 1996: 77; 洪鎌德 2004c：298-335）。

(二)施密特論馬克思的自然觀、歷史與結構

施密特於1931年5月19日誕生於柏林，在法蘭克福大學攻讀歷史、英國文學、古典語源學、哲學與社會學。1962年在霍克海默與阿朵諾指導下獲得哲學博士學位。自1972年至其退休期間，施氏在法蘭克福大學任

哲學與社會學教授職。

在過去三、四十年間施密特進行有關費爾巴哈、馬克思、叔本華、尼采、霍克海默和馬孤哲的研究，產生一大堆的專著、論文、書評。其析評重點聚焦於前述思想家的歷史哲學和唯物主義史中的認識論。他也對前代與同代學人諸如朗額（Friedrich Albert Lange 1828-1875）、列費布勒、鄔爾夫（Robert Paul Wolff 1933- ）、穆爾（Barrington Moore, Jr. 1913-2005）和梅樓‧篷第的著作之譯述與批評，使他成為法蘭克福學派中第二代的代表性人物。

施密特最主要的著作為前述博士論文改寫出版的《馬克思自然的概念》（英譯*The Concept of Nature in Marx*）和《歷史與結構》（英譯*History and Structure*）。前者以馬克思的自然觀為主；後者則討論馬學研究中歷史與結構均重的角色。一反主觀主義或客觀主義、唯心或唯物的闡釋，施密特強調馬克思自然觀中自然與社會的相互覆蓋、相互穿越。他批評了正統馬克思主義與新馬對馬克思著作的解析與闡述，這兩派的理解都建立在早期馬克思注重哲學，後期注重經濟學的簡單兩分法之上。

前者（正統馬派）遂認為青年馬克思過份倚重哲學為一大錯誤，只有其後轉向政治經濟學，才得到矯正；後者（新馬）則作相反的解釋，認為早期馬克思的哲學研究奠立其學說可大可久的基礎，可惜為其後期經濟學所糾纏、而移失重心。施密特認為馬克思對哲學思維確有重大的貢獻，但不是青年馬克思「抽象與浪漫化」的哲學著作（哲學人類學）。馬克思的真正貢獻，依據施氏的看法是馬氏成熟期對政治經濟學的批判，特別是商品生產的抨擊，這才是構成當代批判性的社會理論之核心。

施密特對馬克思早期哲學著作之評價不高，使他的西馬學說與阿圖舍的結構主義有部分的契合。不過結構主義者對哲學的反感只是他們

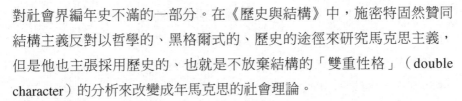

對社會界編年史不滿的一部分。在《歷史與結構》中，施密特固然贊同
結構主義反對以哲學的、黑格爾式的、歷史的途徑來研究馬克思主義，
但是他也主張採用歷史的、也就是不放棄結構的「雙重性格」（double
character）的分析來改變成年馬克思的社會理論。

　　施密特認為，結構主義者只看見馬克思《資本論》的表面價值，
便接受馬氏學說的科學性質與結構性質，而無視於馬學中的「雙重性
格」。不錯，馬克思在《資本論》中的結論是以科學的方式來加以「表
述」（presented），但馬克思對資本主義的性質之探究卻是從歷史事件
的分析中獲得。換言之，表述的結構之方式和《資本論》中歷史考察的
方式兩者有所不同，不該導致結構優於歷史的片面說法。也就是說在認
識論方面科學的途徑與歷史的途徑沒有優劣或輕重的比較可言。施氏發
現在《資本論》的科學與結構的表面之下，不但有歷史的蹤跡，更富有
哲學的意涵。事實上，應當效法列寧的看法，瞭解《資本論》的鑰匙便
是黑格爾的辯證法（Bokina 1985a: 379-380）。

(三)歐斐

　　歐斐於1940年3月16日出生在柏林。他先後在柯恩（科倫）大學與
西柏林自由大學攻讀社會學、經濟學和哲學。1968年以〈成就原則與工
業勞動〉（*Leistungsprizip und industrielle Arbeit*）獲得社會學博士學位。
1965年至1969年在法蘭克福大學社學研究所任教，1975年之後出任畢勒
費爾德社會學與政治學教授，曾在美國著名大學（哈佛、普林斯敦、南
加州柏克萊、波士頓等大學）擔任短期客座教職。

　　歐斐的著作為結合社會學的功能論與體系論，而與法蘭克福富有彈
性、非正統的馬學相聯結。與一般功能論或體系論不同的是，他對社會
體系及其次級體系不採穩定和均衡的假設。反之，歐斐注重後期資本主
義社會結構的矛盾和危機趨勢。他對馬克思主義也採用非正統、非教條

的研究途徑。一反正統馬克思主義者聲稱社會的經濟基礎與其政治上層建築相對立，歐斐所描繪的後資本主義的社會之「資本主義國家」是把政治經濟絞結在一起。在其早期著作《工業與不平等》（1977英譯本）一書中，他分析了後期資本主義社會中作為正當化社會不平等的意識形態之「成就原則」。這一原則內含了矛盾性，原因是人們的報酬不均等，係按照他們的表現分發。可是一個以成就原則定分配大小的社會，對成就的衡量、對表現的評鑑之權威，照理有其客觀的標準可以援用。但根據歐斐的觀察、在後期資本主義中，工作組織的主要形式卻是「職務不連貫」（task-discontinuous）。也就是說在一個組織中，上司與下屬擁有不同技巧。因之，在聘僱、升等和薪酬上，並不是以上司的職務表現之評價來做為評估下屬的成就之基礎。原因是上司對下屬的這種評價並不擁有專門的本事（expertise）。這樣評鑑的結果與成就原則剛好相反，報酬的分配與職務的完成不相關，最多只是在職務完成的邊緣上打轉。這種分配端視下屬與組織的權力結構（上司）是否關係良好，採取同型態之作為（conform），以及下屬特殊的職務空泛的、不明確的社會評價（一般同僚對其工作滿意與否）。由是可知，組織的同形性（與機關的要求相一致）和社會的同意（同僚大多數的看法）反而是報酬分配的準繩。這與成就的原則大異其趣，也使後資本主義的勞動組織無法發揮其有效性，也無法提高其運作效率。

歐斐其後的著作《資本主義國家的結構問題》（1972），顯示他把後資本主義勞動組織中之勞動矛盾擴散到工業勞動與後資本主義國家的矛盾之的分析之上。他說，經典（早期）的資本主義倚賴市場的操作，但市場的操作，如今卻為國家許多的機構所奪取，特別是涉及管理與協助（支撐）的功能方面。傳統以市場為中心之資本主義轉型為後期的組合（公司行號、法人、財團）的資本主義，顯示了國家組織與職能的膨脹。國家機關管理和支撐功能的擴大雖可以解決資本主義經濟中不少難

題，但此舉會把經濟政治化。這樣一來，國家會陷於體系本身的矛盾中，一方面要大力支持資本主義的經濟運作（不斷追求利潤、不斷促成經濟成長）；他方面國家這種片面支持的行動，卻要獲得人民的首肯、贊成，也就是不斷正當化其作為。歐斐在致力福利、教育、利益群體、公共政策、政黨的研究中，發現上述國家之矛盾的嚴重。

對後期資本主義政治矛盾之揭露與抨擊，使歐斐成為當代重要的思想家，也成為法蘭克福學派批判理論的指標性人物（Bokina 1985b: 329-330）。

(四)韋爾默論批判的社會科學

韋爾默於1933年誕生於貝格奇爾欣（Bergkirchen），曾在柏林與基爾大學念數學與物理，後在海德堡與法蘭克福大學攻讀哲學與社會學。首先在法蘭克福大學任助教後升為教授，主要的作品有《批判性的社會學理論與實證主義》（1969），之前發表有關方法論、認識論的作品，以及《卡爾·柏波爾科學學說》（1967）。

韋爾默

在《批判性的社會學理論與實證主義》一書中，韋默爾指出：做為馬克思主義知識良知的法蘭克福學派，最先以批判當代資本主義的政治經濟學為主旨，目的在喚起當代人批判性的自我意識。霍克海默1937年的兩種理論之對抗應當轉化成無產階級的政治鬥爭，在政治鬥爭的組織裡找到一個合理的社會之預感（*Antizipation*）。霍克海默認為對政經的批判之同時，也要對資產階級社會意識形態批判。為促使革命主體的無產階級瞭解其現狀，以及走向革命目標之必要性批判論與傳統理論的分辨是大有必要的。馬克思揭示的理性（*Vernunft*）有別於資本主義手段與目的的工具性理性（*Rationalität*），因為後者忽視了主體與客體、理論與實踐的辯證統一之關係。理論如果脫離理論的對象（這

是資產階級認識論與社會理論的核心），便會把研究的圖像毀掉、抹黑、虛偽化，也會導致只能言、而不能行的靜默理論（*Quietismus*），或隨波逐漸的同形論（*Konformismus*）。

資產階級的方法論爭，及其妥協、讓步、協調，都只在精神的領域間展開，只屬於理論的爭執，不牽涉到人類行動，這可謂為對歷史過程的改變無關，也就是只限於精神的紛爭，而非行動的決鬥、非階級的鬥爭。這種方法論的爭議只可謂為有產階級的幻想、虛象（*Illusion*）而已（Wellmer 1969: 7-13）。

韋爾默接著批判柏波爾歸謬證法、多元主義、非科學的實證關聯，認為柏波爾的學說只有助於保守理論，而非批判性理論的發展，也為現存工業社會體系社會工程師（*Sozialingenieuren*）之點滴改革提供正當化的說詞，其結果公眾對價值之辯論成為多餘，成為毫無必要，而現存社會的權力關係得以長保穩定（洪鎌德 2009b：262-264）。

柏波爾的保守主義是從決斷的過程的實物化（*Hypostasierung*）所形成的，也就是從反覆的實驗與互為主觀的觀察中，來形成他保守的科學學說。韋氏接著說：與其他分析派科學理論相對照，柏氏的學說傾向於唯科學主義（*Szentivismus*），而遠離實踐的、政治的意圖。這些都與卡納普、維根斯坦和溫齊的方法論有關，都是把方法絕對化，以為分析的方法可以掌握社會的實在（Wellmer 1969: 14-30）。

依據韋爾默的看法，哈伯瑪斯、阿培爾（Karl-Otto Apel 1922- ）與高達美（Hans Georg Gadamer 1900-2002）的闡釋學與反思的社會學比起柏波爾和溫齊（Peter Winch 1926-1997）的語言分析高明，主要的原因不只把社會行為的主觀意向（人的意向性）與遵守遊戲規則的主觀部分揭露，還把非主觀、非心向的自然過程，以及視語言遊戲為封閉的系統之虛相揭穿。

高達美

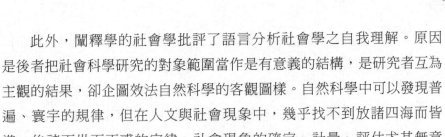

　　此外，闡釋學的社會學批評了語言分析社會學之自我理解。原因是後者把社會科學研究的對象範圍當作是有意義的結構，是研究者互為主觀的結果，卻企圖效法自然科學的客觀圖樣。自然科學中可以發現普遍、寰宇的規律，但在人文與社會現象中，幾乎找不到放諸四海而皆準、俟諸百世而不惑的定律。社會現象的確定、計量、評估尤其無章法可循，這就說明經驗分析學派模仿自然科學是困難重重的（洪鎌德2009b：31-34, 66-68）。

　　總之，在這本書中，韋爾默除了討論經驗分析的社會科學之不足取，以及批判的社會科學之重建的必要以外，他還指出馬克思歷史學中隱藏有實證主義的觀點，這是馬學在20世紀所遭逢的理論困難之因由。此外，韋氏又指陳工具理性的批判一方面要當成為歷史過程的自我意識看待，他方面又要當成改變舊政權建立新政權的革命鬥爭之手段自居。因之，其遭受思想界學術界的非難、抨擊是難免的，因為在學院的討論之中，這種理論與實踐的合一被斥責為「非科學」。批判理論在科學界遭受孤立，在政治界還受西方資本主義與東方史達林主義的夾殺。兩者都把批判理論的理論與實踐合一當成「幻相」（*Illusion*）看待。是故韋氏主張批判性理論必須發揮更大的自我批判之作用，當成社會的理論，同時也權充社會的批判，以及權充批判性實踐的自我意識來看待，才會落實其理論與實踐最終合一的要求（Wellmer 1969: 128-148）。

二、法蘭克福學派的綜合論述

(一)批判理論

　　此派學說的主旨在反對布爾什維克之極端思想，也與開放的或批判性馬克思主義有關聯。它同時敵視西方的資本主義與蘇聯的社會主義，企圖在這兩個對立的制度之外，為社會的發展另闢蹊徑、另尋道路。

此派的理論雖冠以「批判理論」，但這裡所提及的「批判」卻有四個源泉：(1)啟蒙運動以來，理智對抗神蹟的心智活動，包括對經文的批評註解；(2)康德對知識的批判，亦即知識條件的反思；(3)黑格爾《精神現象學》一書裡，由壓制的幻想中求取解放，也就是對種種束縛的批評；(4)馬克思的主要著作《資本論》卷一（1867）之副標題為「政治經濟學批判」，其所著大多帶有「批判」兩字。

批判理論研究的對象為：批判觀念範圍與發展，包括理性與知識的可能性之條件（康德）；精神呈現的反省（黑格爾）；以及特定的歷史形式──例如資本主義底交易過程（馬克思）。這派理論家在討論社會實踐時嘗試建立一個批判性理論框架，俾對意識形態進行批評，蓋意識形態係對實體做有目的、有系統的歪曲，並掩飾真實的權力關係之緣故。他們也關懷社會利益、社會矛盾、社會衝突，如何在思想中表達出來的方式，以及上述事項在統治體系中以怎樣的方式表達出來。通過對這些系統的檢驗，他們希望能夠提高人們對統治的根本有所體認，對意識形態有所洞識，而改變人的思云言行（洪鎌德 1998a：313-318）。

批判理論基礎之一為承認馬克思主義在史達林教條主義者手中變成了鎮壓群眾的意識形態。法蘭克福學派的理論家認為「經典的」馬克思主義之概念不適宜解釋某些現象（例如史達林主義、法西斯主義等）。此外，他們也認為其他非馬克思主義的理論家，像韋伯、佛洛伊德都為問題提供生動的答案。因之，他們主張研究非馬克思主義的學說。這些學說只有豐富馬克思主義的內容，而不是與馬思主義唱反調。由於國家權力的擴大、

佛洛伊德

上下層建築的犬牙交錯、「文化工業」的遠播、權威主義的猖狂，證明單單討論政治經濟學是不夠的。是故政治社會學、文化評論、精神分析及其他學理、學說紛紛被引用於批判理論當中。由於此派所提的問題牽

連頗廣，諸如分工、官僚體制、文化類型、家庭結構、人格組成，以及擁有（所有權）與控制等核心問題，因此他們把批判的範圍擴大，而不局限於政治或經濟的狹小天地（洪鎌德 2006：390-422）。

(二)法蘭克福學派的特徵

尼采

根據柯拉克夫斯基的說法，法蘭克福學派可以用六個範疇來加以分類：其一，它不把馬克思主義當成神聖不可侵犯的經典看待，而是把馬克思主義當成研究的起點和分析的工具，俾對現存的文化加以批評。除了馬克思以外，康德、黑格爾、尼采和佛洛伊德都是這一學派的思潮泉源；其二，它的研究計畫之內容不取決於共產黨、社會黨或任何的政黨，它也不認同任何的政治或社會運動，不管是共產主義、社會民主。它甚至對這兩類群落採取敵對的態度；其三，它卻深沈的受到1920年代盧卡奇和寇士對馬克思主義詮釋的影響；其四，它雖然受到盧卡奇「物化」（*Verdinglichung*; reification）概念的影響，卻反對「實踐」（*Praxis*; practice）的概念。這是因為法蘭克福學派的學人要求理論的獨立與自主之緣故。這與他們批判社會與企圖改造社會的願望相違；其五，雖然與盧卡奇的主張不同，他們接受了馬克思主義對無產階級遭受剝削與異化之說法，儘管他們並沒有認同無產階級及共產黨。他們甚至懷疑無產階級擁有革命的潛力，因之，放棄馬克思主義者對這方面的想法；其六，這一學派是對馬克思主義的一個修正，卻變成為具有革命精神的知識界活動，它拒絕改良主義，也主張和當前的現實不妥協（Kolakowski 1981[3]: 341-342）。

(三)法蘭克福學派對資本主義社會之現代發展的看法

法蘭克福學派發現政治與經濟有逐漸統合的趨向。獨佔、壟斷逐次

出現，甚至還干預了國家的政治運作。另一方面國家也進行干涉，以保護與維持經濟流程的暢通。

隨著官僚體系與組織的廣為散播，社會生活的合理性也告延伸開來，這是通過工具理性擴散的結果。所謂工具理性就是指在既定的目標下，如何來選擇工具和增加手段的有效性（抬高效率）而言。

分工的不斷精細使工作零碎化、任務屑碎化。一旦工作或任務愈來愈趨機械性，工人更少有機會自我反省，也更少有機會組織起來。工人們無法獲致有關工作整體的、宏觀的知識。大部分的職業都原子化、雞零狗碎化，成為孤立無援的單位。

隨著工作與知識的零碎、階級的經驗漸次消滅，統治關係變成愈來愈非人身的、非個人親身直接經歷的。人們開始變成某些自具生命的目標之手段。資本主義社會的生產關係物化了。在物化橫行的社會中，很多的爭執都無關宏旨，都不會搖動社會的根本。

統治成為毫無名義、毫無正當性，而又非人身的。人的意識逐漸降低，人不再為社會或歷史的主體。觀念、信念都化成「大眾文化」。個人的私自的範圍、隱私的部分，被家庭之外的社會化過程侵蝕併吞掉。

「大眾化」成為麻醉人心的「文化工業」，協助群眾逃避現實，促成他們迷信宿命論、安富尊榮，乖順而不知反抗。文化工業為現存社會秩序提供「社會的水泥」，俾封死人們的反抗精神。家庭中父權的式微造成兒女追求外在的權威，由是法西斯式的煽動家乘機崛起。

三、對法蘭克福學派的評估

(一)欠缺歷史與經濟的分析

此派有關理論的觀念比較接近寇士的看法。寇士曾把馬克思主義當成「批判的哲學」，乃是「無產階級革命運動的理論表達」。不過有異

於寇士所採取的「歷史主義」，此派不重視歷史，甚至是採取非歷史的研究途徑來討論臨時發生的現實問題。亦即他們所欠缺的是歷史的宏觀與比較的考察。再說寇士訴求的對象是無產階級，法蘭克福學派批評理論家影響的對象卻是知識分子與青年學生。除了哈伯瑪斯曾留意馬克思歷史理論之外，其前輩、其同僚、其學生完全置之不理。但哈氏的研究途徑仍非歷史的，只是概念的分析。

(二)不注重經濟的批判

法蘭克福學派理論家不僅忽視歷史研究，也忽視經濟的分析。早期葛羅士曼與諾以曼雖曾對資本累積與壟斷資本主義等有所研究，他們卻不贊成黑格爾派的辯證法，因而無法成為社會研究所的主將。此一弱點受到哈氏近年的作品稍加修正與補救，另外歐斐的著作《資本主義國家的結構問題》（*Strukturprobleme des kapitalistischen Staates*）曾涉及先進資本主義的經濟特質。但上述兩位所關心的是有關「干涉性的國家」之討論，對經濟本質的分析尚嫌不夠深入。

(三)忽視無產階級的歷史角色

階級的討論不但是正統馬克思主義社會學說的主題，也可以說是馬克思立論的起點（無產階級為現存社會革命的主體，是現實世界思想的解放之支柱），而且階級是「馬克思學說的象徵，是他政治綱領的源泉」（波蘭哲學家Stanislaw Ossowski 1897-1963語）。但法蘭克福學派理論家竟不討論此一重要的課題。難怪被形容為「沒有無產階級的馬克思主義」（柯拉克夫斯基語）。工人階級之「失蹤」、「缺席」也成為新的批判理論之特徵。難怪哈伯瑪斯在《理論與實踐》一書中宣稱：「當作無產階級的無產階級已經解散了」。由於該派不肯進行虛心的歷史性或經驗性研究，居然以常識大膽地宣布無產階級業已消失，這是最大的

缺陷。

(四)與馬克思主義關係愈走愈遠

做為馬克思學派或做為社會學的一個分支,法蘭克福學派是名存實亡。在過去五十年當中,馬克思主義思想在社會科學領域蓬勃發展。諸如人類學、社會學、經濟學都把問題帶回馬克思本人所提出的理論之上:有關生產方式的分析、結構的矛盾與歷史轉型、階級結構與鬥爭、政治權力與國家角色等等。同時,由於馬克思主義已牢固地在社會領域中成為一個新典範,因此大部分的社會理論與社會研究也針對同樣的問題而發(洪鎌德 1988;1999;2009b:93-101)。反之,阿朵諾與霍克海默所關心的文化研討則乏人問津。就算有人對文化與意識形態加以研究,卻採取與法蘭克福派迥異的研究途徑。特別是結構派在進行文化與意識形態,以及它在社會再生產過程中所扮演的角色之研討時,其採用的方法與問題的切入之方式便與法蘭克福學派完全不同。

(五)理論與實踐的分開

哈伯瑪斯逐漸放棄對科學之攻擊,同時也認識到哲學在新批判理論中的地位已趨式微。最近他指出:「哲學已無法當一個全體性的知識,來討論世界整體的問題,也無法討論到自然、歷史與社會等等問題」。哲學主題「理性」(*Vernunft*)已轉化為社會學的「合理」(*Rationalität*)。這裡不難看出哈氏已由法蘭克福學派原來的黑格爾主義而轉向新康德主義。這可由他分辨經驗命題中的「真理」要求,與規範性行動或估計時所聲稱的「正確」或「適當」的要求,得知梗概。事實上,理論的理性與實踐的理性是無法融合為一,事實和規範還是兩碼事不容混淆。哈氏學說顯然可分為截然不同的兩個範圍,其一為社會的經驗性理論(社會學),其二為社會的或道德的理論(社會哲學)。

(六)解放目標與民主言說

　　哈伯瑪斯的社會或道德理論（社會哲學）是牽連到他有關溝通行動
與「解放旨趣」的討論之上。此中的要旨為：當今社會政策應視為涉及
群體利益、大眾關懷、公開討論的公共事務，不是少數專家當成「技術
性」的問題來處理的。他這一見解影響深遠，不僅超過對社會科學的影
響，也對「解放神學」產生作用。戴維斯（Charles Davis）的《神學與政
治社會》（*Theology and Political Society*）就曾大量引用批判理論，特別
是哈氏的著作。

　　連1980年代至2000年之間，甚至2000至2010之間，國際關係理論
與寰球經濟（政治經濟等）理論中最引起學界矚目的批判理論（Critical
Theory），也大量利用哈伯瑪斯的學說，顯見其影響力之重大（Linklater
2007；洪鎌德 2010b）。

　　近年間哈伯瑪斯關心「審議的民主」（deliberative democracy）。他
強調以民意之型塑達成集體的堅信。權力的正當性來自於言說（論述）
的過程。現代國家應為法治國家，乃是政治社群，使用自主與本真的方
式，透過公開、不受限制與平等的言說來型塑公共的堅信與集體的意
志，也能夠依靠理性辯論和公平的妥協來解決衝突。法治國家健全之道
為採用合適的過程與規定來把集體的思慮轉化成特殊的決策。集體決策
的過程與結果之所以具有正當性，乃是由於程序所顯示的公開、公正、
公平為參與者所折服、所信任、所接受之結果。哈伯瑪斯說：現代世界
觀之所以合理，正如同科學、法律、政治是合理的制度與事業，並非這
些制度、或事業有何重大的貢獻或「成就」，而毋寧為它們公然接受辯
論、挑戰、批判以及依靠公開的言說之形成，通過各種的檢驗而符合程
序正義之緣故（洪鎌德 2004c：325-330；2006：254-284）。

盧梭的小說《愛彌爾》和《社會契
約》是啟蒙運動最高的表現，促成
1789年的法蘭西大革命也造成自由
主義，保守主義、社會主義與馬克
思主義的紛紛產生。西方馬克思主
義的啟蒙大師是盧梭。

馬克思是古代神話普羅米修斯（叛
逆上天諸神把火種帶到人間，遭天
神處罰，派兀鷹啄食其肝臟）的化
身。他為爭取言論自由，不惜被普
魯士政權把其《萊茵報》封閉。倡
導世界革命與人類解放的馬克思是
西方馬克思主義的靈魂人物，1883
年死於肝病。

資料來源：洪鎌德 2010a：214。

7

法國與義大利的馬克思主義

第一節 沙特的存在主義

一、存在主義產生的背景

沙特

與德國相異,法國的馬克思主義在第二次世界大戰前後贏取知識分子熱烈的支持。這固然與法國本土社會主義思潮有關,也與共產主義打敗法西斯主義有關。更重要的是巴黎一度是外國知識分子流亡的天堂。戰後在法國出現講究存在主義的馬克思主義,是與法國人對黑格爾哲學的興趣與受到馬克思早期著作出版的衝擊。正如梅樓・蓬第(Maurice Merleau-Ponty 1908-1961)指出:

> 在上個世紀所有偉大的哲學理念都是由黑格爾開始。馬克思與尼采的哲學、現象學、德國存在主義、心理分析,這都是由於他〔黑格爾〕開始嘗試探測非理性的事物,並將它統合於一個擴大的理性裡頭。這就變成20世紀吾人要加以發揮的職責所在。

寇耶夫(Alexandre Kojève 1902-1968)與易博利特(Jean Hyppolite 1907-1968)將黑格爾大堆的著作譯成法文出版,有助於黑格爾哲學在法語區的擴大與加深。

法共因為親近史達林的高壓政策,因此一開始便反對馬克思早期著作的譯述和刊行。其結果造成一個錯覺,以為青年馬克思的作品(特別是《經濟與哲學手稿》)提供另一套馬克思主義,可以與當時大受歡迎的現象學、身分主義或存在主義相通融。馬氏早期的著作中描繪一個理想的個人,在與其他人處於合作的生產下,可以自由發展其潛能,但不幸受不良的社會制度與生產方式的扭曲,以致自由創造的個人之勞動遭

受異化。由於科學技術的突飛猛進，以及在資本主義社會中人被操縱的可能性大增，因此青年馬克思有關異化說大受喝采。很多批評家把青年馬克思列入存在主義對資產社會的抗議與抗爭行列。

在研讀馬克思早期著作的同時，法國社會理論家也回頭細察西方馬克思主義奠基者的盧卡奇、寇士與法蘭克福學派的學說，不過對這些學說有所伸縮。其中以盧氏的學生郭德曼（Lucien Goldmann 1913-1970）之著作倍受矚目。郭氏強調階級意識之彈性，他說：「偉大而具代表性的作家，乃是能夠以一貫的方式表達相當於階級意識的世界觀之作者。這類作家尤其是可在哲學家、作家、與藝術者當中尋獲」。

像一度擔任法共領導的葛樂第（Roger Garaudy 1913- ）就曾經指出：蘇聯共產黨第二十屆大會之後，馬克思主義的哲學第三度大放異彩。「馬克思主義本身含有無限發展與更新的可能……為此必須與過去根深蒂固的舊習慣劃清界線」。雖然由於雙親的信仰，而由誓反教轉變為共黨分子、無神論者，但他首倡與法國天主教會對話，蓋後者對青年馬克思深感興趣。由於葛氏逾越了改良的馬克思主義之極限，批判前蘇聯，而被掃地出門，在1970年被法共開除黨籍。

列費布勒（Henri Lefebvre 1901-1991）比之葛樂第來可謂為第一位更富創見的思想家。1934年他便選取馬克思的作品加以刊行，這包括馬氏早期的著作。在介紹馬克思的學說時，他強調其人本主義及「實踐」的理念。實踐是人與自然的對立之辯證克服。他強調青年馬克思「完人」（l'homme total）的觀念，與此相對照的則為「異化」（alienation）。他說：「完人是變化的主體兼客體，他〔完人〕是一個活生生的主體，以反對客體，並超越對立。他是一個分裂為部分的活動與散開的各種決定因素所組成的主體，並且他也能夠超越這些疏離星散。他是行動主體，也是行動最終的客體，也是它的產品，即便是這個行動底目的在於產生外在的客體物。完人是活生生的主體兼客體。他最先被支裂、被分離、

被拘束於必然與抽象當中。經由這個撕裂，他走向自由、他走向自然，但卻是自由的。他變成整體，就像自然，但卻把自然置於控制之下，完人乃是消除異化的人」。

列費布勒最富創意及最重要的作品為《日常生活的批判》一書（共三卷）。他在此一作品中探索日常生活的異化現象。此書曾激怒正統派共產主義者，因為它暗示在成功的普勞革命之後，異化仍舊繼續不斷。就是革命後的共產社會仍不免遭受在資本主義社會下類似的種種問題所困擾。該書第二卷（1961年出版）及1960年代的著作顯示列費布勒所關懷的現代文明的種種缺陷。他分辨願望與慾望之不同，而主張任何真實的社會主義進步，都要接受上述的分辨，對於日常生活的影響底考驗。異化牽涉到電視、集體聚居（都市生活）的影響。集體活動的低落對社會主義與資本主義都是同樣的問題。「控制的消費之官僚社會」與馬克思所描述的資產階級社會是大異其趣的。因為這種消費中，早期的資產階級的社會所表現個人的自信自滿，以及無產階級革命的反對是消失了。列費布勒有關現代化的分析與馬孤哲的分析有異曲同工之處，不同的是馬孤哲及法蘭克福學派借精神分析來解釋消費主義，而列費布勒的解釋卻是建立在語言分析之上。隨著消費的私人化，記號為符號所取代、象徵為形象所取代。這些取代剝奪個人與其存在的可能性。

二、沙特的存在主義與馬克思主義

就像法蘭克福學派一樣，存在主義抗議現代科學與技術把人當成事物來處理。把存在主義與馬克思主義加以結合最好的代表人物當推沙特（Jean-Paul Sartre 1905-1980）。在其存在主義的宣言中，沙特宣布：「人就是簡單的存在之事實。他並不是他自己所想像的那樣的人，而是他自己所願望成為的那種人。當他業已存在之後，他所想像，其實是躍

向存在那種願望。人無非是他為自己所製造、所塑造的那種人」（Sartre,
1948: 28）。

沙特在其作品《實有與虛無》（*L'Etre et le neant,* 1943）一書中將
這個觀念加以擴充。該書係撰寫於第二次世界大戰期間，主要參考資料
為胡塞爾（Edmund Husserl 1859-1938）的現象學，以及海德格的存在主
義。該書以自由作為人類存在的主題：「人類的自由早在人的本質形成
前業已存在，它使人的本質變為可能；人的本質是高懸在他自由裡頭。
我們所稱的自由與『人的實在』是無法分別的。人並非首先存在，然後
才能自由自存。事實上並沒有做為人與獲得自由這兩樁不同的事件」。
換句話說，做人與追求自由是同義字。

上面的敘述，顯示沙特並非物質的、以及非歷史的有關人存在之描
繪。這種描繪與馬克思主義完全迥異。可是戰後沙特開始接近馬克思主
義。在《唯物論與革命》（1964年）一書中他攻擊了史達林所寫的《辯
證唯物論與歷史唯物論》。他認為史氏的書為形而上學的，以及實證主
義的唯物論。

沙特強調：「能夠由一情況躍起來俯瞰這一境況，為這一境界提
供觀點……這正是我們所稱的自由。不管是何種的唯物論，也無法解釋
它」。同時他讚美了青年馬克思（而對恩格斯沒有好評），在這兒他為
其後來的作品勾勒出一個全貌：「一個人所鎮壓的並非他人或他物，而
是自由。一個人是沒法壓制自由的，除非在他的壓制中也借助自由的力
量，除非自由對於他人是以物的外表出現。革命運動以及其計畫應作如
是觀。革命運動及計畫是藉暴力把社會由一個自由業已異化的階段轉變
為自由得以相互承認的階段」（Sartre 1967: 251）。

在《唯物論與革命》一書中，沙特雖認為共產哲學是險象環生的，
可是在朝鮮戰爭發生的1952年一篇有關〈共產黨員與和平〉的文章中，
他卻讚美共產黨員的政治進步，而呼籲工人無條件遵守共產黨的領導，

蓋共黨為未來自由的唯一保證。這一極度向布爾什維克的立場靠攏，造成沙特及早前同僚梅樓‧蓬第的分裂。正當梅氏脫離馬克思主義之際，沙特卻接近了馬克思主義。

梅樓‧蓬第強調人際之間的互動，以及主體與客體的合一。這點與沙特強調認識是不同的。梅氏後來尚且指出：「繼續分辨沙特與馬克思主義之不同，是他〔梅氏〕的認知（*cogito*）」。為了反駁梅氏的批評，沙特在1960年出版的《辯證理性的批評》第一卷，大量談及馬克思主義。表面看來，沙特的馬克思主義觀是相當積極而富正面的評價。他首先簡述近世歐洲思想史，由笛卡兒、洛克、康德、黑格爾及至20世紀。在他看來20世紀中最進步的哲學首推馬克思主義。但馬克思主義本身卻有其困窘與局限。他說：

> 造成馬克思主義有力與內容豐富的是它極端的企圖，嘗試在其整體中澄清歷史的過程。可是在過去二十年當中，它的陰影卻使歷史朦朧不清。這是因為它不與歷史攜手共進，也是因為它嘗試藉官僚的保守主義把變化轉成靜定的緣故。馬克思主義不但沒有耗竭其活力，反而顯示其年輕力壯，尚在少年期中有待發展。因此，它乃成為我們這個時代的哲學。我們尚不能超越它，因為我們尚不能跨越產生這種哲學的背景之故。

沙特毫無保留地採用馬克思的說法：「物質生活的生產方式決定一般的社會的、政治的、思想的過程」。存在主義所能做的是恢復知識論的辯證層面，因為這方面正是馬克思主義所忽視的。這可以避免把知識當成外頭實在的簡單觀察，或是對外頭實在的反映，蓋這兩種看法同馬克思原來的看法（把知識當作實踐）相違的。

沙特接著嘗試界定他的立場如何與恩格斯與葛樂第的觀點相異。沙氏所反對的立場為將意識與經濟基礎之關係建立在一個清楚明白的原則

之上。他認為：恩格斯與葛樂第這種觀點是現代馬克思主義「認知上的
缺陷」。沙氏說：

> 我們指摘現代馬克思主義的所在，為它對人類生活所有具體的
> 決定因素之可能性擺在一旁不加重視。也是由於它不肯保留歷
> 史整體化（雖然也保留一點抽象的普遍性之骨骼）之緣故。其
> 結果是它完全喪失了人做為人的意義。為了彌補缺陷，它只是
> 巴夫洛夫（Ivan Pavlov 1849-1936）荒謬的〔條件反射〕心理學
> 而已。

他嘗試建立一套具體的人類學，也就是藉社會學與心理學之協助，
來建立人類學，將它統合入辯證馬克思主義的範圍裡。這並非唯心主義
的人本論，而是在馬克思主義當中恢復人的地位。談到馬克思主義與
存在主義的方法時，沙氏舉出一例，說明進步（前瞻）與退步（回顧）
的方法。譬如有人看到另一人打開窗戶，我們要研究其動機，退步（回
顧）的方法是強調房間太熱太悶，進步（前瞻）的方法是要引進新鮮的
空氣。這就是「真實的馬克思主義與存在主義」的方法。它說：「真實
的馬克思主義與存在主義承認目的存在……從客體的下達條件至客體化
的辯證運動，使我們瞭解人類活動的目的，並非神秘的單元加諸行動本
身之上；目的只表示對由現在邁向未來的行動之既存事實予以超越或保
持而已。最終的目的仍舊是客體化本身，因為它成為人類行動的辯證
律，以及它內在矛盾的統一」。

就在這種情形下，沙特能夠為存在主義在馬克思理論中的重要地
位下了定義：「存在主義企圖澄清馬克思主義對業已存在事物的知識，
其澄清的方式是透過間接的知識……〔存在主義嘗試〕在馬克思主義框
架下建構真正的、完整的認知，藉著這種認知我們再度發現社會界的
人，這種認知幫助我們去瞭解人的實踐……一旦馬克思主義重視人的層

面，把人的層面當成人類學的知識，那麼存在主義沒有再繼續存在的必要」。

一旦把方法論勾勒清楚，沙特開始在他的著作《辯證法的批判》中討論辯證法。他把辯證法分成兩種：教條的辯證法與批判的辯證法。後者的出發點為個人，前者則為集體。他說：

> 假使我們不願意把辯證法再度看做怪誕的法則，看成形而上學的命運的話，那麼它的出發點為個人，而非超個人的集合體之類。因之，我們又碰上一個新的矛盾：辯證法是整體化之法則，它創造數個集體、數個社會與一個歷史——一大堆的實在，硬性橫壓予個人身上的那一大堆的實在。但同時它卻是個人活動中千萬行動交織而成的事體。我們必須指出它如何是一個結果，儘管在非消極的平均，而又是一個統攝整體的力量，儘管並非超越之命運。換句話說我們必須指出辯證法如何能夠不斷地將各種各樣繁榮豐富的東西統合為一體。（Sartre 1963: 34）

人類行動的「統攝整體」的本質乃是一道活生生的過程，這是有異於業已完成的一幅圖畫或一個機器那種惰性死沈沈的單位。整體遂成為分析理性的客體物；反之，統攝整體的作用卻有賴辯證的理性來理解，也可以說是恩格斯自然的辯證法之否定。

沙特接著看描繪個人最初的社會關係形成之方式。其起點的原則為「辯證檢驗的重大發現」，此一「發現」指出人經由事物所「中介」的程度，正如同事物經人「中介」一樣。此處沙特把物質稀少性的概念做為中介作用的核心。馬克思歷史唯物論指出一個事實的證據，那是指我們尚未能把人從稀少性的束縛解放之前，無從改變社會關係，也無從達致技術進步。引述馬、恩談「自由之境域」與「必然之境域」的對照時，沙氏說：「在生產活動之外，對每個人而言，一旦開始有真正自由

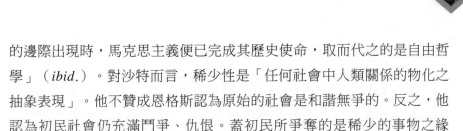

的邊際出現時，馬克思主義便已完成其歷史使命，取而代之的是自由哲學」（*ibid.*）。對沙特而言，稀少性是「任何社會中人類關係的物化之抽象表現」。他不贊成恩格斯認為原始的社會是和諧無爭的。反之，他認為初民社會仍充滿鬥爭、仇恨。蓋初民所爭奪的是稀少的事物之緣故。

但是自然並不全是被動的、消極的。一旦人力加在它上面，自然有時也會以特殊的方式、非意圖的方式反擊人類。沙氏以中國農民濫墾林木以擴耕地為例，說明濫墾的結果便是一逢大雨，遍地澤國，氾濫成災，無法收拾，也就是自然對人類非為的反彈。這是種天人的對抗，由於「實踐的惰性」作祟之故，也是一種異化的情況，也是個人的實踐脫離其控制，而與原來的計畫、原來的希望相違。

在社會當中，實踐的惰性處處可見，總是與人群作對。階級也是一系列的人群之稱謂，也難逃實踐的惰性。沙氏舉法國大革命為例，攻打巴士底監獄的人群，本是烏合之眾，一旦目的（打破監獄的囚禁）達成，便藉宣示效忠來意識其存在，但宣示效忠的儀式不過是邁向不自由的第一步，下一步便是壓迫個人停留在群體當中，並在群體中出現的權威。權威一旦出現之後，個人便被迫服從，並顯示無力，由是個人被化約為一大堆的系列。他說：

> 到此地步便是實踐的極限。一開始便把系列化解為一個共同體
> 生活的綜合，有機的個體無法超越的規定阻止了系列時空的
> 發展……系列是為了反對異化而形成，由於異化取代實踐的惰
> 性，而使個人能擁有自由實踐的領域，但它仍無法脫離異化，
> 因之又重新陷入系列的消極形勢中。（*ibid.*, p.36）

對沙特而言，布爾什維克革命包括一個不斷更新的群體之專政。這一群體事實並沒有獲得無產階級的授權，但卻大權在握對付業已被消滅

的資產階級的，以及殘存的農民與工人階級。他又說：

> 何以無產階級的專政（工人階級整體化之後真正運用其權力）
> 從未曾實行過，其原因為這個理念本身是荒謬已極的飾詞。
> 這是一個積極的、擁有主權的群體與其消極的系列性之湊合。
> （*ibid.*, p.37）

但沙特並沒有放棄階級鬥爭，他知道強調階級鬥爭的重要性。任何有關資本主義經濟的自動崩潰之說法無異「把人化約為實踐惰性的反辯證情況」。

綜合起來說，沙特的存在主義的馬克思主義，約可以列述幾點：

1. 藉著存在主義的歷史批判，指出存在主義不只不會反對馬克思主義，反而可以把馬克思主義包容進去。

2. 他認為哲學與思想體系不同。馬克思主義是一種哲學，而存在主義只是寄生於哲學之上的思想體系，它最先同知識對立，其後則企圖匯入知識當中。哲學是不斷上升的階級獲取自我意識的方式。屬於這種創造性的哲學經歷了三階段（笛卡兒與洛克、康德與黑格爾、以及馬克思）。馬克思主義遂成為「我們時代不可超越的哲學」。

3. 他要以「人學辯證法」取代馬克思「唯物辯證法」。人學辯證法是從人內部的意識活動所支配的個人活動、個人的實踐出發，把人變成辯證法的主體而展開的辯證活動。人學辯證法的特徵為：(1)個人實踐是辯證法的源泉，它存在於個人絕對自由的意識裡；(2)個人實踐的、具體的整體是辯證法的實質與內容；(3)不能使用分析、歸納的思維方法去認識辯證法，只能靠著人的「直覺」。

4. 他以「歷史人學」取代馬克思的歷史唯物主義。蓋歷史的發展有三個階段：(1)**個人實踐**：人是其命運之主人，人為了生存就需要與物質的「匱乏」鬥爭。由於物質要求人按其指示以行動，人與物

形成「被動、無力的統一」，人發展出實踐的惰性，也造成自我異
化，造成人與人之間的相互威脅、階級鬥爭和革命；(2)**群集**：人
為克服匱乏、獲取生活資料，遂與他人協力形成群集，這是個人
實踐的否定，也是集體活動的開端，人為烏合之眾的一環；(3)**集
團**：由共同目標與利益者聯結在一起而產生的共同實踐。由開始的
融合集團變成誓願集團，藉由宣示效忠使誓願集團凝聚團結。其後
則發展為組織集團，實行分工與合作。最後則發展為制度集團，人
人必須服從主權者，集團的共同的目的與利益也由主權者來決定。
沙特舉「工會」就是官僚化的制度集團（魏金聲 1987：75-82）。

對沙特的批判困難重重，一方面由於其文體的晦澀艱深，他方面也
是由於它處理的資料與題目繁多、欠缺組織。其長處為
卓越的心理辨識與現象學的描述，其短處為理論的蕪雜
而不連貫。不過沙特是否成功把這些資料匯入馬克思主
義不同形式中，則大成問題。由於他的著作與經濟研究
無涉，則其強調個人及為本體論下界定，無非是企圖把
人與自然兩分化，使人想到笛卡兒的思想，這點與馬克
思主義所採取的研究方式不同。

笛卡兒

 ## 第二節　「論證派」與「新工人階級派」

沙特的綜合性研究屬於思辨的，但在1950年代與1960年代法國
有關對馬克思主義的修正有兩派系。這兩大派系的研究途徑則是經驗
與社會取向。沙特是以存在主義來接近馬克思的學說。但「論證派」
（"*Arguments*"）與「新工人階級派」卻是脫離法共的分子，他們也從存
在主義吸收一些卓見。論證派受法蘭克福學派以及列費布勒的影響，是

以《論證》刊物為核心，研討馬克思的理念對哲學的揚棄之關聯。他們也討論社會中的異化對閒暇與工作以及文化上層建築（文化、政治），以及下層建築的經濟等之衝擊。這一派重要的思想家有阿克士洛（Kostas Axelos 1924-2010）。阿克士洛在其著作中認為馬克思的異化觀太狹窄，只限於工作過程，而不能討論進步的、科技所內含的異化。這種科技的異化，不單發生在資本主義社會，也發生在社會主義國家當中。

「新工人階級派」的理論家，比較接近傳統馬克思主義者之觀點。他們拒絕自由派的看法，認為工人階級的革命意識在先進資本主義中必然消失，也拒斥僵硬的共黨觀點，認為普勞階級的定義數十年來是始終如一，而不須修正。「新工人階級派」之理論家有郭茲（Andre Gorz 1924-2007）及馬勒（Serge Mallet 1927-1973）。他們企圖重劃階級鬥爭

阿克士洛

郭茲

的界線。郭茲認為革命運動不當再依賴工人逐漸貧窮或經濟剝削的說法。因為生活程度的抬高，以及自動化的應用表示白領的心智工人重要性與日俱增。資本主義制度下的剝削已轉變為異化，而消除異化之道為提倡工人的自我創造性。由是工人要求自我管理便足以由內部腐蝕資本主義，並克服要求改革的政治阻力。這一分析獲得馬勒的支持。他說先進資本主義中「高度技巧的心智與技術工人，至今為止被視為無產階級非重要成員，其實這種說法應予改正。他們已成為革命的先鋒。他們既不受傳統手工藝區分的影響，也不受制於工會的官僚制度，其收入固定安全，這些年輕的工業幹部可使用優越的地位來重新改建社會的經濟基礎」。這些觀點在1968年5月巴黎學生暴動中獲得某種程度的證實。

郭茲在1990年代繼續討論激（基）進社會改革的倫理基礎。他尤其關心資本主義、社會主義和生態惡

化的問題。他認為政府對有工作及無工作的個人應提出基本生活的保障，也就是讓個人獲得基本收入的保障。這種公家的補助、津貼和保障會變成改變社會的激進力量，其理由有三：(1)由於補貼的緣故，工資相對降低，工人要求工作時數減少；(2)工時縮減後，公家要求工作者接受教育與訓練，重新進佔富有創造性的工作崗位；(3)由於新職務、新設施的成長與社區活動之增加，抬高工人社群的易事，從而使公民身分與社會參與水漲船高（Gorz 1992: 182；洪鎌德 2004b：258-259 ；2004a：197-202）。

第三節　法國現象學與結構主義之馬克思主義——梅樓‧蓬第、郭德曼與阿圖舍學說的介紹

一、梅樓‧蓬第

　　曾與沙特合作過一段時間，梅樓‧蓬第批評沙特的本體論太明顯是笛卡兒式的翻版，把人類的存在全視同為主體的意識。在他心目中，沙特的自由選擇會造成對自由的否決，也造成人創造性的忘卻。梅樓‧蓬第一開始便對馬克思主義與共產主義持懷疑的態度。他要把馬克思主義重新建構為一個充滿生命力的學說，也就是通過非笛卡兒的存在哲學，使馬克思主義復活。他要在沙特絕對的自由與正統辯證唯物主義之間尋找第三條中間

梅樓‧蓬第

路線，一方面使自由的主體正當化，他方面使客體的條件（造成主體自由的客觀條件）得到承認，於是在《感知的現象學》（1945）一書中，他勾勒了其存在的範疇。

他強調主體的、而非客體。但連結主體與客體的聯繫卻是含糊不清的「相互世界」（"entre-monde"）。在沙特太注重主體的本體論，以及海德格太抽象的「此在」（Dasein）之間，梅樓‧蓬第找到存在的結構。這些結構便定位在人的軀體之上。人的軀體之結構支撐了「在世界中的實存」（"being-in-the-world"）。人的身體並非多數哲學家所認為的被動的事物，而是能動的主體，也就是「身軀主體」（body-subjects），是在世界能屈能伸、活動自如的東西。

在進行溝通時，一個身軀對別的身軀表達了意義和經驗，在體會別人的身軀時證實了別人的存在。身軀知覺之前（precognitive）的運動、表達、位置和動作（例如流汗、嘔吐、痙攣、緊張、輕鬆等等）證明它是能感知、也是被感知的主體。它是對外頭的世界開放，在我感覺到身軀是我的一部分之前，身軀會行動，也會反應（對別人行動的反應）。

每個人（我）的自我感知必然不夠完全，因為我們不能理解自己的身軀對外頭世界在認知方面的開放。別人對我的感知，只能透過對我身軀的外觀而推想，而無視我獨一無二的自我意識。把我的身軀在感知之前對世界的開放，加上我對自己與別人的認知上之意識統合起來，就構成了我的存在。每一個個體（個人）是意識到的自我（conscious ego）與客體世界複雜的統一體。雖然沙特把自我實體化、事物化（reify），而刻意把它從實在（外頭世界）加以分開。真正的哲學卻會碰觸到生命「無可避免的混沌、模糊」（inescapable ambiguity）。換言之，有意識、能意識的實存體（人）無法永遠控制住他們的認同體（identities）。我們在知覺之前被丟棄到一個陌生的世界，因之，對我們本身有一部分是無法知曉，也無從知曉——我是誰？是難以充分掌握、理解的東西。

擁有反思的人類在主觀上能夠選擇他們的行動。在本體論上而言，我們是自由自在，但自由是依情境而定，也是現實的，而非全部是意向的、願望的。我「可有權力〔想像〕我要處在怎樣的地位……但我可沒

有權力把我的願望與決定轉化成我所期待的地位」。

此外，身軀知覺前的開放意謂我們必然生活在更為主觀的世界中。社會是我的一部分，甚至在我體會到這一事實之前，社會提供我們客觀的意義，一如我們給予社會注入我們主觀的意義一般。人類是社會的主體，因為我們的身軀正處於社會中進行感知與被感知，我們的身軀在活動，也接受（感知）別人的活動。

人類一直處在歷史的情境中，人活在世界與其他之間，因之無法說清楚究竟歷史的力量從那裡開始，人的自由從那裡開始。

在世界中的行動對歷史與社會都開放。存在遂包括了歷史與社會的因素，它們彼此穿戳，而構成一個極具韌性與彈性的總體。社會總體又分為政治的、經濟的、法律的、思想的不同範圍，這些分割是無意義的抽象品，只有把這些分割的範圍納入「生機活潑的社會界」（life-giving social world），才能顯示社會的生機勃勃、活力十足，也才是真正的生命實在。向來的經驗主義由於執著於衛護資本主義的利益，把社會實在支解為各種獨立自主的部分，也賦予各部門各種不同的學科，但經驗的、實證的社會科學卻無法得到合法的證成（unjustifiable）。

青年馬克思體會到主體性與物質客體性不可分裂的統一，遂致力於把主體性與客體性以一個社會方法加以聯結。這便是他承認經濟活動和意識形態具有內部相互聯繫的因由。馬克思的歷史唯物主義把布爾喬亞的物化加以揚棄，然後解釋，「在生活中人的因素不只是經濟主體，而且人還是創造力……〔他的說法〕不再把理念的歷史貶抑為經濟的歷史，而是把這些理念化為一個歷史，既表達理念史，也表達經濟史，也就是社會存在的歷史」。談人的歷史與人的自由，梅樓・蓬第比沙特高明，這是因為他有關自由的理論比較接近馬克思的想法，而越過沙特空洞的自由觀。梅氏認為自由是由已存在的、擺在人們跟前的情勢共同制定的。自由一直存在於阻礙、困挫當中，只有克服這類阻礙或困挫才會

贏得自由。在《人本主義與恐怖》（*Humanisme et terreur,* 1947）一書中，他試圖分析恐怖活動與其歷史解釋。他說由於我們常常無法完全理解一個行動的後果，因此對我們行動缺乏全盤的瞭解。儘管如此，我們不能推卸行動後果的責任。歷史的過程以及我們對歷史過程的參與，無可避免地顯示其雙重解釋性與不確定性。為了徹底解決人類的暴力，最後一次以暴力來取消所有的暴力是必要的。

　　歷史是一個充滿意義、辯證關聯的總體，它的每一面向、每一層次都以該面向、或該層次總體之間的互動來加以界定。不過這個號稱意義豐富的歷史總體卻是問題叢生、爭論不斷的。原因有二：其一，歷史的主體（人群）在特殊的脈絡下進行其計畫，其理想、其志業的選擇，也就是在它（他）尚未認知、尚未覺識的世界中來進行各種活動。沒有任何的觀察者可以替代行動者擁有同樣的主觀經驗與客觀情境，俾瞭解行動者自由的行為；其二，每一個歷史家（觀察者）的自由，不過是他看到行動過程所呈現出來的自由。一旦歷史改變，歷史學也跟著改變，於是歷史變成毫無意義，歷史就像生活一般變做模糊不清。任何把歷史化解為普遍的方式、或把一大堆的材料拿來整理分析俾重建歷史，都是對歷史的片面解釋，或是純粹的臆測、幻想（pure fiction）而已。

　　是故梅樓‧蓬第不認為可以把歷史化約為經濟現象。經濟的重要性應以情境與事實來衡量。只有在革命的轉型期經濟才扮演重要的角色。因之，經濟永遠在歷史情境中顯示其不同的重要性，經濟偶然可以起決定性的作用，而並非永遠具有決定性。

　　在《辯證法的探索》（*Les Aventures de la dialectique,* 1955）一書中，梅氏對馬克思主義有新的看法，此書包括他對韋伯、列寧、盧卡奇、托洛茨基等作品的哲學反思。在涉及對辯證法的解釋時，梅氏批評了沙特「極端的布爾什維克主義」，從此兩人的關係遂告破裂。對梅氏而言，馬克思主義為理論與實踐的表現，也是批評與行動的實現。可是馬克思

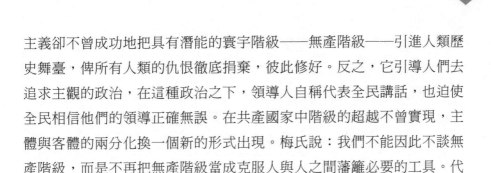

主義卻不曾成功地把具有潛能的寰宇階級——無產階級——引進人類歷史舞臺，俾所有人類的仇恨徹底捐棄，彼此修好。反之，它引導人們去追求主觀的政治，在這種政治之下，領導人自稱代表全民講話，也迫使全民相信他們的領導正確無誤。在共產國家中階級的超越不曾實現，主體與客體的兩分化換一個新的形式出現。梅氏說：我們不能因此不談無產階級，而是不再把無產階級當成克服人與人之間藩籬必要的工具。代替注重人與無產階段關係過程的，應是討論人的社會關係，為的是超越主體與客體久議不決的空談。

梅樓·蓬第的幾部作品中所表達的理念可以在三個層次上來加以考察：第一個層次為梅氏對馬克思與馬克思主義的陳述；第二個層次則是對自由派、馬派和存在主義對馬克思主義實踐的批判；第三個層次則牽連到馬克思主義思想中胡塞爾與黑格爾的現象學。後者在兩次世界大戰中席捲歐洲的歷史運動。

首先，梅樓·蓬第認為撰寫《資本論》的馬克思提供給世人的是「人是具體的現象學」，也就是把黑格爾歷史現象學推擴到社會發展的資本主義時代。對馬克思如同對梅氏而言，人類的主體由於辯證的延續一直置身於相互主體的世界中。經由實踐的辯證世界不斷地建構著，在實踐中人通過他對物質世界的改造，他與物質世界的客體物，以及工具之關係而被界定。人這種關係既是主體的，也是客體的。物質進入人的生活中，也就是把人聯繫到世界之中的黏貼劑。某一既定的社會意識是從它的經濟實踐中產生出來。是故經濟與意識形成一個體系，而成為有意向歷史的一環。一個社會寄生在其生產方式，其科技、工藝、思想哲學之上，其哲學表述不過是經濟生產方式的呈現而已。

所有文化產品不過是社會主體的諸個人互動所組成。人創造的文化客體都是人所獨特聯結的方法，也就是把意識形態、經濟活動和文化認知實踐結合起來，構成歷史的網絡而已。因之，馬克思無異把黑格爾所

勾勒的文化世界用現象學的方式突顯出來。

資本主義的意識形態把世界污染，認為人群只有透過異化、商品拜物教和資本主義的邏輯才可以實現人的願望。梅氏反對馬克思的經濟決定論，而是把馬克思主義轉化為相互主觀性充滿鬥志與反思的哲學。他分析的起點為人群被丟入自然界與歷史界的境遇。是故他極力批評結構主義與實證主義的馬克思主義。

其次，梅樓‧蓬第在《人本主義和恐怖》、《意義與非意義》、《符號》諸作品中透露他反對科學的馬克思主義。他要發展一個詮釋的、辯證的、現象學的和歷史的馬克思主義，這一新的馬克思主義對蘇維埃的馬列主義極力批評，對西方的民主政治也無好感。假使人們接受馬克思對資本主義體制之批判的話，會對1950年代前後的蘇維埃馬克思主義大失所望。尤其是史達林的暴政和恐怖統治，完全放棄馬克思的人道關懷和人本思想。蘇聯共產主義的殘暴與西方個人主義的囂張、暴力的抬頭都遠離馬克思的人本主義。

梅氏認為19世紀開端，延伸到20世紀初的階級鬥爭，由於兩次世界大戰而喊停。他在《辯證法的探索》中提出問題：大戰業已結束，階級鬥爭是否會再現？就在這一問題提出之後，他討論了盧卡奇、列寧、托洛茨基和沙特的作品，因為這些人的著作中對普勞階級及其革命各有主張。梅氏發現上述諸人的理論都遠離了馬克思有關歷史辯證法的說詞。上述諸人的努力都是辯證法的歷險與探索，但都離馬氏的說詞甚遠。

最後，梅樓‧蓬第企圖建構他自己所理解的現象學的馬克思主義。他發展出一種人們生活過的辯證法，藉著這種辯證法可以預見自由是一種受到條件制約的可能性，既無法利用意識形態來預言其出現，也無法靠存在主義的理論而求取自由之獲致。這是一種重新返回馬克思，甚至黑格爾源頭的辯證法，也是胡塞爾和海德格對意識和實有的現象學，這是對20世紀人類的在場（存在）保證之學說。為此原因他反對沙特主張

共黨與普勞的兩元說，蓋沙氏的兩元說無法掌握在歷史中互為主觀的在場（presence）。同樣梅氏也反對盧卡奇兩元仲介說。後者認為共黨最先中介普勞與歷史，最後才由普勞發展階級意識之後中介它本身與歷史。在梅氏心目中，盧卡奇的主張會使共黨與知識分子成為歷史的最終裁判者、調解者，從而使歷史又要依靠其他人的介入與發展，也喪失了人創造歷史的馬克思之本意。托洛茨基把共黨的地位，擺在普勞的自發自動之行動的旁邊，為梅樓‧蓬第所讚賞。但托氏的主張卻遭受史達林的破壞，史達林不容許普勞階級推行其革命。

不過上述各派的說詞都成為問題多多，原因都把共黨推到決定歷史的重要地位，而把馬克思所想像的未來社會擱置一邊。是故在結論上，梅氏說：「〔上述諸人的〕馬克思主義的失敗，將是歷史哲學的失敗」，接著說「所有容許普勞階級繼續存在〔而非把階級對立打破〕之社會是無法正當化、合理化的社會」（Merleau-Ponty 1973: 232）。馬派的辯證法成為唯一可能的方法，也成為一個夢想和一個希望。於是梅氏的著作從開頭的辯證法，繞過一大圈之後，又回到結論的辯證法。他有關馬派諸大師的學說、辯證的方法、存在主義的問題和現象學的說詞構成其學說之菁華，以此為中心放射出其學說之光芒，而呼籲哲學界促成人的自由之落實。當代的人正處於不確定，依賴各種情勢、問題重重的世界中，這個世界為人本主義與恐怖、貧窮與飢餓、關愛與自由、尊嚴與正義種種人類可能性發展之世界。馬派的哲學家必須迎戰這個世界、探究這個世界，使這個人類自我實現，達致自由與解放的夢想能夠成真（Denzin 1986: 295-299）。

二、結構主義與郭德曼

結構主義有兩個思想來源，其一為瑞士語言學家索緒爾（Ferdinand

索緒爾

列維‧史陀

de Saussure 1857-1913）對語言學的分析。其二為法國人類學家、文化批評家列維‧史陀（Claude Lévi-Strauss 1908-2009）對神話與原始民族社會結構的解釋。前者強調「語言」（*la langue*）與「講話」（*la parole*）之不同。講話是交通工具，依每人特殊情境而有特殊的表達方式，隨時間空間而改變，語言則為語言科學，分析語言之結構，放諸四海而皆準，而不為時空所左右（洪鎌德 2000a：46-48；2009a：133-134）。

列維‧史陀則把結構性語言學的原理應用到社會分析之上。用以研讀親族關係與初民的神話。分析初民神話發現諸部落之間，儘管沒有關聯，但他們所使用的溝通符號卻遵循特定的邏輯類型，而顯示其不變的結構。部落行為的真實意義是表現在其結構中的功用。部落活動的參與者，由於親身經歷這種參與，反而不能體認它的真義，而是在無知覺下表現著這種結構。科學家所要致力的是找出普遍的人心：人們認識之前的結構。因為它是指導人們認識與行動的指針。對列氏而言，結構主義是宇宙性、普世性的科學，這種科學涉及有關人際互動不變的與絕對的原則。結構主義的社會理論在於描述經驗現象的體系，蓋經驗現象不過是一個本質的，具有決定性的結構之表示（洪鎌德 1995：145-150）。

由於同是反對個人主義，反對現代資本主義自我利益的追尋，所以結構主義與馬克思主義有其相通合作的前提。再加上兩者研究的對象是社會整體，其方法也是無所不包，所以兩者一旦相逢，便是一拍即合。再說馬克思主義認為語言、文化受制於客觀的、非人身的力量。此點與結構主義視語文立基於不變的結構之上是相同的。

郭德曼自稱為盧卡奇的學生，曾大力宣揚盧氏的學說予法國知識

界。一度擔任皮亞傑（Jean Piaget 1896-1980）的助教。
因此他認為在辯證方法的歷史上四大重要人物分別為黑
格爾、馬克思、盧卡奇與皮亞傑。由於四人對辯證法之
貢獻，所以新康德學派有關價值與事實的兩分化得以克
服。

皮亞傑

　　郭德曼區別早期與後期的盧氏之學說，認為後期的
盧卡奇身在莫斯科為史達林主義所控制，對馬學貢獻不
多；早期的盧卡奇在《歷史與階級意識》一書中研究資本主義的異化與
階級意識，為馬學最佳的詮釋。資本主義社會的物化是社會主義者應關
懷之重大問題，因為異化便是物化所產生的。郭氏在資本主義物化的體
系下，勞工階級的屈服無法產生階級意識，實比在勞動體系中的屈服更
為嚴重。此外資本主義文化與社會規範的活力充足也是導致勞動階級被
動、屈服的另一原因。其結果工人階級革命性行動的潛能逐漸交給知識
分子與襤褸的普勞階級，但後者人數有限發揮的作用不大。

　　在《人類科學與哲學》（1969）一書中，郭德曼堅稱：人們必須
先理解個人所寄生的整體世界，然後才能夠明白做為階級一成員的本
身其所屬階級的特性，這就是他所謂的「發生學的結構主義」（genetic
structuralism）。

　　郭氏所推動的為「發生學的結構主義」，其要點為：人本主義的科
學首急之務在於建構正確的研究對象。根據辯證法的觀點，經驗事實本
身不含意義，其意義只有在事實與「整體」或各種的結構牽連時才會顯
現。所謂結構無非人類行為方式的複合體。研究者最重要的工作在於發
現人類行為複合體為「意識結構」，在此結構中個別事實、理念、價值
的意義才會顯露出來。他企圖把建立在事實類似推演的結構主義同皮亞
傑結構對認知的效果結合成一體，而把它用來詮釋馬派的經濟架構之內
的情況。對郭氏而言，結構的分析在於描寫非人身的結構之發生，也就

是在歷史裡如何把諸事物結合成一個結構，使結構之各種勢力趨向均衡狀態，其後又把此一結構解開（解構），而讓手給新的結構。

換言之，社會科學在考察同一對象時，應由兩個不同的觀點來著手：其一以結構的觀點來描寫研究的對象；其二以因果觀點來解釋該研究對象歷史性發生學的因由。結構分析在描述部分的結構；因果分析在用更大更廣包的結構來解釋這個部分的結構。當我們描述人類的活動時，似乎是以非人身的結構來加以描繪，可是這些結構卻是早先結構的結果，亦即「人早前實踐的後果」。社會科學在歷史上創造的結構之發生過程和演變，它是「歷時性的」❶（diachronic），蓋解釋它們在人類活動的特定的歷史時期之緣故。由此可知結構並非自主的、自立的，而做為歷史過程主角的人類也非消極被動的。

辯證法的假定是這樣的：文化創造的主體並非個人，而為社會集體──特別是歷史裡頭最具優越的，享有特權的階級。文化作品為此一集體（群體）對「整體」情況的反應，有時卻是對有利於該集體之利益所做情況之改變。一個符合辯證法的研究者能夠發現：何種意識適合某一群體在某一情況下加以採取，加以應用。

一如盧卡奇和寇士，郭氏不認為有經濟史、政治史、宗教史、哲學史或文學史之個別的、真正的存在。因為這些都是整體的、具體的歷史過程之一部分，也是歷史過程在不同形式上的個別表現。因之人文學科不在討論因果關係，蓋經濟現象既不是因，文化現象也不是果。

郭氏說，假使人類每一行為都具有意義，但這一意義並不是在個人的動機上去尋找，而是在社會集體中去尋找的話，那麼把科學分為「解釋」的自然科學，與「領悟」的人文科學是沒有必要的。

---

❶「歷時性」或「異時性」係針對「共時性」或「同時性」（synchronic）而有所分別，後者為一定時期中視為事物靜定不變的安排、架構。這兩者的分別相當於平常用詞的「過程」和「結構」之不同。

「結構」這個概念並不是設定其內在和諧的完整體。剛好相反，結構的本身充滿內在矛盾。其實結構不只是一個有秩序的體系，也是一個充滿緊張的體系。馬克思、盧卡奇與皮亞傑的發生學結構是強調結構體系中的緊張、衝突與集體奮鬥。

吾人所研究的「整體」，事實上就是「結構」，它包含著無法細分的牽連關係，亦即牽連到實踐的行為方式、道德或美學的價值態度，以及心智活動。心智勞動一開始便設定了價值取向，這些價值態度是無從與認知分開的。實在與實體呈現給人的無非是人類實踐干預的對象。依據我們的願望與價值評估，我們對實在的感受，也就有深淺程度的不同。感受乃行動之母。因之，任何不帶利益或關懷的純粹觀察是不可能的。認知行動也就是人類實踐行動的一個「面向」而已。由是可知道人文科學中無從分辨事實與價值。

發生學結構主義者最佳的研究對象就是世界觀（*vision du monde*）。世界觀是奮鬥、感覺、理念之綜合物，藉此一群體（階級）之成員得以連結在一起，而有異於其他群體。當吾人在考察一個世界觀時，必須把所有涉及的表達方式透徹研究，而不能限於該世界觀純語文或哲學的條分縷析而已。所有的表達與行動顯示一個結構的階級世界觀或階級意識。階級中最有天份者能夠把該階級「可能的意識之極限」表達清楚。

馬克思主義是一種世界觀，「提供最大可能的形式與最大可能包含的範圍」。馬克思主義乃是勞動階級真實的世界觀，特別是盧卡奇帶有黑格爾觀點的馬克思主義對資產階級意識加以歷史性的結構化與結構解除，是符合科學性精確的。透過把現代階級鬥爭加以發生學的解釋，以及同時對部分與全體結構辯證複合體之理解，馬克思主義產生了革命的活動與革命的知識，郭德曼的革命黨（共黨），正如同盧氏的革命黨，指導工人邁向真人或完人的階段。只要能實現科學的意志，必要時犧牲經驗性的意志也在所不惜。

　　此外，郭德曼發現社會階級是一個無法取代的結構，用以解釋個人的事實、行動、脈絡。他堅稱：所有行動與脈絡表述了結構的階級之世界觀或階級意識。最佳的政治人物和作家也在做這種世界觀與意識的表達。是故盧卡奇所稱呼的本真的（authentic）階級意識之馬克思主義揭露布爾喬亞社會的生成與敗落，同時也顯示部分結構與整體結構之間辯證的複合關係。馬克思主義不只產生精確的知識，也指出革命活動之必然性。不過，馬克思主義緊緊描寫了物質結構之整體，在此整體之中革命的實踐有可能發生。它不是機械性的方程式（公式），也不是對未來發展所提出的保證。在這一分析下，郭氏相信資本主義有其韌性與彈性，也就是在所有制與剝削之外，有其發展的生命與幹勁，而非必然與自行崩潰。這點使他的這一論斷與經典馬克思主義漸行漸遠（Simmonds 1986: 170）。

三、阿圖舍

　　阿圖舍企圖把馬克思主義從一個工人階級的意識形態轉變為結構的科學，亦即轉變為一個沒有革命主角的革命理論。他的認知論是建立在結構主義的基礎上。他把辯證唯物論視為「認知說的歷史之理論」，也

阿圖舍

就是理論性真理在其歷史開展中的理論。毫無疑問地，他所依靠的是列維・史陀有關先驗的結構觀以及重視方法學來發現隱藏的、非人身的、非人際的知識。阿氏的著作包括《擁護馬克思》（*Pour Marx*, 1965），《讀資本論》（*Lire Le Capital*, 1965，此書係與Etienne Balibar合寫），以及《列寧與哲學》（*Lenine et la philosophie*, 1969）。這些著作都用來說明與辯護結構主義何以能夠與馬克思主義結合。

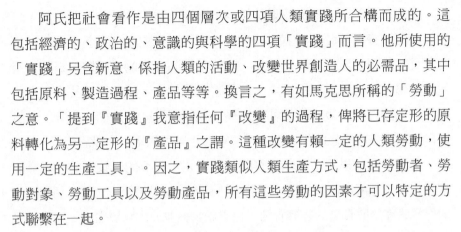

阿氏把社會看作是由四個層次或四項人類實踐所合構而成的。這包括經濟的、政治的、意識的與科學的四項「實踐」而言。他所使用的「實踐」另含新意，係指人類的活動、改變世界創造人的必需品，其中包括原料、製造過程、產品等等。換言之，有如馬克思所稱的「勞動」之意。「提到『實踐』我意指任何『改變』的過程，俾將已存定形的原料轉化為另一定形的『產品』之謂。這種改變有賴一定的人類勞動，使用一定的生產工具」。因之，實踐類似人類生產方式，包括勞動者、勞動對象、勞動工具以及勞動產品，所有這些勞動的因素才可以特定的方式聯繫在一起。

阿氏強調社會包括經濟、政治、意識與科學四種實踐。但每一實踐有其特定的主體、客體、工具、產品等等。每一實踐都有其明白可辨的社會結構，而社會當成一個整體，包括這四個實踐，是一個總括的大結構。

他嘗試把馬克思主義的科學性重新建構，因而界定馬克思的哲學為辯證唯物論。辯證唯物論是一項理論，在它裡頭一般理論性實踐的本質，以理論的方式表達出來，藉著它一般的實踐之本質表達出來，同時藉著它一般事物的改變與發展也表達出來。

換言之，辯證唯物論是「理論性實踐的理論」，是科學知識賴以生產的人類生產方式。它的概念與方法由現存思想模式中產生真理來。這種真理的產生完全是在思想中，在科學的實踐中進行。理論的產品是無所不包，它不僅決定知識的生產，也決定生產物質用品的工具，決定意識形態與政治。事實上它還揭開社會的基本結構為一個包括相互關聯的各種實踐之整體。

辯證唯物論的原料為資產階級的「科學」概念與抽象品，阿圖舍稱此為「第一類的普遍事物」；它理論產生的方法是辯證唯物論的「問題意識」（problematic），亦即馬克思理論架構，決定哪種問題可以提出，可以獲得解答，這是「第二類的普遍事物」；只有仔細閱讀馬克思著

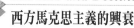
作，去其晦澀部分，取其認識論精華，才能認識到馬氏的問題意識。阿氏說如何培養正確閱讀馬克思著作的技巧，是掌握馬克主義之鑰匙，富有啟發性的閱讀馬氏原著之結果，就能掌握到真實的、具體的真理，這便是科學，也是阿氏所指「第三類的普遍事物」。科學證實知識生產的過程，也證實其上級廣包的社會結構（視科學為社會結構之部分）。科學自主地存在於思想的領域中。辯證唯物論以思想始，也以思想終。

　　阿圖舍分辨思想（科學的實踐）與實在（經濟的、政治的、意識的實踐）之不可再化約為他物，表示他仍視物質較思想優先。他強調知識、或思想的客體與真實的客體有別。但思想知識並非由物質造成。知識是藉理論來產生，是與物質無涉。辯證唯物論證實物質與思想是分開的，辯證唯物論不是物質衍生的次級現象。經驗主義將知識連結在具體的現象之上，將知識當成實在的部分，這是其錯誤之處。經驗主義的缺點為把真理與實在混為一談。歷史主義的毛病則把真理與「真實的歷史」合一，其結果是把科學轉化成「群眾活動與群眾經驗的直接產品」。

　　意識形態反映了利益，但非反映真理。意識形態乃（具有邏輯與嚴謹的）體系。這一體系擁有歷史的存在，以及在特定社會中的角色。它是經由混淆視聽與神祕化，來使各人適應社會強加於其身上的責任。因此資產階級的意識形態隱藏了工人被壓榨的事實，卻使工人被壓榨合法化。它偷偷摸摸地偏向資產階級的利益。由於在社會中的人群必須不斷地被塑造、改變、裝備其應付其存在條件的需求，因此意識形態永遠有其存在的理由。由是可知，意識形態強迫在每個人身上，是非身分的、非人身的結構，用以支撐社會的存在。它也是加強既存實在的客觀性，使現狀獲得合法化。社會之需要意識形態不亞於需要科學。但科學與意識形態卻是有別的：「在意識形態中，（人與其存在條件）真實關係無可避免地含有幻想的關係。此一關係表達了一個意志（保守的、隨風轉舵的、改良的或革命的意志），一個希望、一個嚮往，而非對一個實在

的描繪」。

阿圖舍把意識形態擴大到類似葛蘭西的「市民社會」。國家的制度有兩種：一為壓制性的國家工具，包括軍事、警察、司法機關；另一為意識形態的國家工具，包括學校、教會、傳播媒體以及其他合法化的符號等。就是在社會主義實現而國家消失之後，意識形態仍將存在。

阿氏借用巴歇拉（Gaston Bachelard 1894-1962）的用語「認識論的斷裂」（*coupure epistemologique*），來說明一個新的科學的觀點怎樣形成，並摒棄先前階段舊的意識形態的看法。蓋1845年馬克思經驗了「認識論的斷裂」，其研究主題與立論的方式固然連續不斷，但其理論的結構卻有重大的變化。換言之，馬克思在「斷裂」前後有兩種「問題意識」（*problematics*）。所謂的「問題意識」是指一組特殊性題目客觀上內涵的參考體系，特定的問題以及特定的解答之體系（Althusser 1971: 90）。馬克思早期受黑格爾影響的作品討論異化與人性（種類本質），顯示主體的意識形態之問題意識。只有他後來成熟時代的著作才涉及科學性的問題意識。更具體地說，1845年之前，馬氏的理論建立於哲學人類學之上；1845年之後，則建立在歷史唯物論之上。前者為哲學、為意識形態；後者為理論、為科學。從而阿氏認為只有1845年之後的馬克思著作才是科學的，這以前的作品則不足取。

依阿氏的說詞，馬克思的思想通過「理論實踐」轉變為科學理論的主要標誌是創立科學的歷史理論。他說：「由於創立了歷史理論〔歷史唯物論〕，馬克思就同時與先前的意識形態哲學決裂了，並建立起新的哲學〔辯證唯物論〕」。對阿氏而言，馬克思的科學性在於矛盾「多元決定論」（theory of overdetermination），這與黑格爾的一元決定論是不同的。黑格爾的矛盾概念是把歷史社會的多樣性化約為一個單純的內在原理，把一個民族全部的具體生活當成一個內在精神的外化與異化。可是在馬克思方面，「矛盾總是被多元的決定」，「矛盾是與它在其中

產生作用的那個社會無法分開，也是與它賴以存在的種種形式條件，和它所支配的種種層次分不開的」；反之，卻是受到這種種層次所影響。阿氏舉例說明，俄國近代資本主義的歷史發展，並非由「資本與勞動的矛盾」──經濟的矛盾──所決定。他說：資本和勞動的矛盾絕非單純的，它為其所處具體的歷史情況所「特殊化」，為國家、意識形態、宗教等上層建築的種種形態所「特殊化」。俄國1905年革命的發生就是上述各層次的矛盾集合為統一的破壞力所造成的結果。

　　馬克思的歷史觀是一個「具體結構模式」。這個具體的結構模式把社會看成是由經濟基礎、上層建築（法律政治）、意識形態這三者相互依存的多層次結構組合而成的具有結構性之總體。按照矛盾多元決定的結構模式，構成社會整體的複合結構的各層次（各要素）具有「相對自主性」，它們各有自己的內在結構和變化規律。各種層次在一定條件下都可能對社會結構整體產生作用，但經濟層次起著「最後決定性的作用」。他說：「在現實的歷史中，經濟追根究底的決定性作用，是在經濟、政治、理論等等要素之間主要作用的相互調換中行使的」。從而說明馬克思的歷史觀不單單是把黑格爾的歷史觀之「顛倒」、「扶正」，更不是經濟決定論或唯技術決定論。

　　阿圖舍有關馬克思主義的新詮釋，可由其基本問題獲知大要。他問：甚麼是馬克思主義的哲學？它享有什麼理論上的權利可以存在？假使它在基本原則上可以存在，那麼它的特別性應該如何來加以界定？為了解答上述的問題，有必要去研讀馬氏的主要著作《資本論》。可是阿氏仍舊認為《資本論》第一卷含有黑格爾影響的遺跡，只有《哥達綱領的批判》（1875）與《瓦格涅政治經濟學教科書的邊注》（1882）才「完全地與肯定地擺脫黑格爾的影響」。

　　在1845年之前馬克思曾以人性替代黑格爾所提的絕對理念，當作歷史的主體。但依據阿圖舍說法這是錯誤的。歷史根本沒有主體可言，因

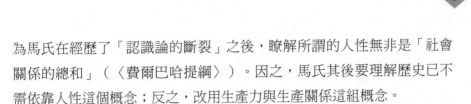

為馬氏在經歷了「認識論的斷裂」之後，瞭解所謂的人性無非是「社會關係的總和」（〈費爾巴哈提綱〉）。因之，馬氏其後要理解歷史已不需依靠人性這個概念；反之，改用生產力與生產關係這組概念。

阿圖舍接著指出，研讀馬克思的著作，應當採取「症候閱讀法」，原因是馬氏的著作就像其他理論體系一般，有其表象與深層結構。馬克思著作的表象文字，但在字裡行間，以及沒有言明的部分（「空白」、「沈默」等），為隱藏其思想之處。是故症候閱讀法在結合馬氏明言與不語的兩部分、而企圖掌握其思想實質。

要之，阿氏重新估量下層建築與上層建築的關係，意識形態與政治不再是經濟基礎的反映，而是經濟存在的條件。蓋所謂的生產方式不限於下層建築，而是經濟、意識形態與政治的複雜關係。阿氏也嘗試賦予意識形態新的定義，他認為意識形態應被看作實在的社會關係，或是一種的實踐，而不是幻象。他也嘗試把意識形態當成與科學相對的認識論之概念。最重要的是他指出意識形態的國家工具。認為它是資產階級統治的手段。它包括宗教組織、學校教育機構、大眾傳播、家庭、工會與政黨等。其目的在把社會的所有階級凝聚在國家名義之下，使其服從統治者的意識形態，使統治階級的優勢藉此得以鞏固。有時統治階級也藉鎮壓的國家工具，以長保其優勢地位。再說，阿氏反對把社會現象藉個人或階級的特徵來加以說明，蓋個人僅是社會關係結構的活動者之故。

阿圖舍對馬克思的新詮釋，特別是使用「問題意識」這一概念，以及他堅持科學的自主性，有助於對抗種種的化約論。包括對抗「歷史主義」（視人為歷史的主體），對抗黑格爾式的馬克思主義，以及對抗經驗主義。可是其理論也招致四點批評：

其一，阿圖舍主張辯證唯物論為科學，但未能為所謂的「科學性」（scientificity）找到判準──我們怎樣知道它的知識為真正的知識？任何回歸到「真正的客體」都因為他反對經驗主義而成為不可能。

　　其二，阿圖舍宣稱意識形態為幻象之領域，卻又主張意識形態不限於階級社會，且將續存於共產主義盛行的社會，這是前後矛盾、難圓其說的。

　　其三，阿圖舍強調歷史是無主體的過程，抹煞了人在歷史創造過程中的主動性、能動性，暴露其反人本主義的結構為主的客體主義。

　　其四，當作是馬克思科學的辯證唯物論被隔離在社會生產條件的影響之外，亦即辯證唯物論存在於社會形構之外，其最終甚至與工人階級的革命運動無涉，而成為知識菁英的特權，這便是理論與實踐的脫落。這點可以說是阿氏學說最大的弱點。由於科學知識只能為少數分子——黨或官僚——所應用，顯見他的說詞簡直在為少數菁英分子辯解。況且他對史達林的暴政只解釋為偏差與上層建築錯誤，也招致人們的指摘。

 ## 第四節　法、義「科學的」與現象學的馬克思主義

一、朴蘭查

　　阿圖舍的作品充滿高度的理論性，不免曲高和寡。可是在1960年代卻是引起相當爭議的學說。其跟從者企圖把他理念應用到當今的政治與

朴蘭查

歷史的研究兩個方面之上。在阿氏早期著作中幾乎隻字不提國家，但後期作品，特別是〈意識形態與意識形態的國家工具〉一文中，開始有系統論地述國家的機構，把它們分成「意識形態的國家工具」與「鎮壓的國家工具」。特別強調前者在階級鬥爭中所扮演的角色。但是把阿氏這一理念應用到資本主義國家及其階級的分析的，主要的是一度執教於巴黎索邦大學，但英年早逝的

朴蘭查（Nicos Poulantzas 1936-1979）。

在《政治權力與社會階級》一書中，朴蘭查反對純粹以經濟主義的方式來解釋現代國家，亦即反對把國家單單看作壟斷資本的工具（這是正統馬克思主義者的看法），而分析國家在某種程度上是獨立於經濟活動之外，擁有相當的自主權的。這是他企圖把阿圖舍的結構主義與葛蘭西的文化霸權說結合為一體，應用到資本主義的國家分析之上，進一步論說如何使資本主義的國家控制轉型為社會主義國家。朴蘭查拒絕國家當成生產關係的反映之說法，也拒絕是國家為達成資產階級營利目的之工具說。也就是說國家享有某種程度的自主、在追求資本主義利益之外，也追求國家特別利益。國家的角色是「社會形構體各種層次黏合的因素……也是把社會形構體當成一個體系看待整個平衡的調整因素」（Poulantzas 1973: 44*ff*）。目前的資本主義國家是一個階級的國家，其中資產階級佔有優勢，政治權力由其代表充分行使。這種解說的結果無異為馬克思主義與結構功能說的揉合混雜，其困難之處為如何來解釋結構怎樣的轉變。

朴蘭查進一步指稱：在資本主義社會中各種派別與利益分陳，彼此相互競爭排斥激烈，國家便設法進行協調，而造成社會團結穩定的假象，而究其實則在達致資本主義的長期擴張。儘管朴氏學說含有功能主義的趨向，他仍主張鬥爭、不穩定和政變。他藉歷史的考察與理論的反思來指出國家陷身於矛盾之中。的確，國家可以看作是革命介入的潛在場所，儘管其構成單位和元素追求相互矛盾的利益。要促成勞工階級的介入，干預、革命，有待學者對階級鬥爭中國家意識形態的角色之深入研究。朴氏的職責在於考察資本主義國家偽裝照顧公共利益的假象，偽裝代表冷漠大眾的假象，來探察國家追求自身以及資產階級利益的種種方式、辦法。在解除種種神密的過程中，他認為普勞階級解放的希望繫於意識形態與政治兩個層次的干預，而加強階級鬥爭的過程（Meehan

1986: 346-347）。

在《現代資本主義的階級》一書中，朴蘭查遵循阿圖舍的路線嚴格地把意識由其分析中排除，也排斥經濟的化約（濃縮）主義之各種形式。他描寫在現代社會中階級的結構的決定作用，也就是社會分工中的客觀地位怎樣一再出現，一再持續決定了階級的存在。換句話說，階級不是取決於經濟層次，而是取決於政治意識形態的層次。朴氏說馬克思主義有關社會階級的理論是指說階級為社會活動者的群體，它不單單以活動者的經濟地位來決定其階級之所屬，而強調「政治的與意識形態（上層建築）之因素，也有重大角色」（Polantzas 1975: 44）。「社會階級涉及社會矛盾或社會鬥爭的同一過程……社會階級與社會實踐（亦即階級鬥爭）是合一的」，「社會階級被界定為社會實踐之總和，這包括了政治與意識形態的關係」，朴氏遂以社會階級與政治意識之關係圖加以說明（**圖7.1**）：

朴蘭查特別關懷的是如何把工人階級限制於再生產的工人之集體範圍內，並把它與「新工人階級」（白領受薪階級與監工）分開討論。

實踐／階級鬥爭		
結構的決定作用／階級地位		事態局面／階級據點
社會階級、黨派、階層　社會分工	意識形態 意識統治的關係／降服、順從意識形態的鬥爭 政治 政治統治的關係／降服、順從政治的鬥爭 經濟 生產關係／生產剝削　經濟鬥爭	策略的概念：社會勢力 權力集團、人民

圖7.1　社會階級與意識形態的關係

資料來源：Poulantzas 1975: 44.

二、德拉‧歐爾培

在面對正統馬克思主義逐漸老化、僵化之際，也面對著科技影響力膨脹之際，有些依賴存在主義思想的馬克思主義者嘗試去恢復人本的、主觀的觀點。但另外一些西方馬克思主義者卻提供有關馬克思的新解釋。這些新解釋完全與黑格爾式的馬克思主義或存在主義式的馬克思主義相反。1950年代與1960年代在義大利的德拉‧歐爾培（Galvano della Volpe 1895-1968）及其追隨者認為：黑格爾藉辯證法由抽象進入具體，再回歸抽象，而把概念的過程與真實的過程混為一談。可是他方面馬克思的方法論卻含有認識論，這個認識論是建立在科學邏輯之上。它由具體出發，邁向抽象，再返回具體。這種以認識論與伽利略的假設——演繹的方法是相同的。

在《當作實證科學的邏輯》（*Logica come szienza positiva*, 1950）一書中，歐爾培回溯馬克思哲學的思想之源頭，溯及到亞理士多德、伽利略和休謨。黑格爾的辯證法固然為馬克思所吸收和改造，但黑格爾卻是徹頭徹尾的觀念論（唯心主義）者，其哲學在於正當化基督教與普魯士的民族國家。歐氏反對盧卡奇和葛蘭西所敘述的馬克思對黑格爾之關聯，原因是馬克思基本上便拒絕

休謨

黑格爾式的唯心主義之形而上學。黑格爾把先後重點倒置，用抽象的原理來解釋特殊的、具體的事物，在科學上無法證成。普遍的、當作科學的批判之馬克思主義是把黑格爾的學說倒置，俾扶正他的觀點。因之，歐氏認為馬克思主義是非教條的、非形而上學的，而為事實取向的學說；因之，也是對布爾喬亞神秘化的整體之批判。

恩格斯曾經指出黑格爾的體系是反動的，但他的辯證法卻是進步的。是故，馬克思簡單地繼承了黑格爾的辯證法，而摒棄了其反動的內

容。德拉‧歐爾培完全不同意恩格斯這種說法。因為黑格爾的學說無法
強行分裂為體系與方法兩種，就是青年與成年的馬克思的著作也證明黑
格爾辯證法與其保守的哲學體系聯結緊密，不容分開。

當經驗科學從笛卡兒主義的桎梏下解放出來後，它卻成為失焦的
科學，成為資料的靜態堆積，並且陷入沒有理論型塑，也沒有關聯重大
的資料範圍之局限。其結果導致經驗學者陷身於浩瀚無涯的社會事實的
資料之大海中，而缺乏理論的安排和指引。要解決此一困難只有在「決
定主義的抽象」（deterministic abstraction）中尋找意義與出路。也就是
在把經驗現象藉概念的抽象、或藉理論來加以解釋。是故，對歐爾培而
言，這種作法涉及其一特定的類的（generic）、先驗的理論（把複雜的
實在擠成簡單的概念）和把事物當成那個樣子的歷史上發生決定論之間
作一個選擇。換言之，我們用以組織和解釋經驗實在的理論應當看作該
經驗實在的一部分。這就是馬克思主張的歷史唯物主義。

馬克思認為每一個歷史時代（時期）都說明特殊的理念、價值、
和制度。這些理念、價值和制度中社會科學者抽出假設來進行經驗的研
究。馬克思有關資本發展趨勢的理論、勞動力的本質之理論、階級兩極
化和革命等等的理論都是從他在資本主義體制中的經驗尋找出來。這些
理論做為資料蒐集的用處是建立於它們歷史的具體基礎之上：這些理論
承認事物就是它呈現的那種樣子，而不是它們（事物）所不曾顯現的那
些樣子。凡是遠離資本主義歷史時期的假設，在從事這種科學探討時，
對馬克思而言是無關的、是表面的。

歐爾培「決定主義的抽象」（deterministic abstraction）既視為唯物
論的，也是歷史主義的在任何的歷史時期中，生活與思想的素質都受到
該時期物質運動的制約。每個社會滿足物質需要是經由獨一無二的生產
設備，該生產設備帶有特殊生產關係的印記。由於這些生產關係是解決
無法壓抑的物質慾望之工具，這些關係遂在民眾同文化制度之間進行中

介作用，也是對後者（制度）的內涵與形式產生型塑的作用。因之，經
濟基礎對社會理念有決定性的影響。對歐氏而言，物質主義的對立面便
是心靈（唯心）主義，但在他對黑格爾的批判裡頭便顯示唯心主義（觀
念論）扭曲了實在，因為它把未經證實的主觀抽象橫加在客觀的、具體
的現象之上。

　　儘管認可物質比思想優先的說法，歐培爾卻對主流派、正統派的
唯物主義提出批判。恩格斯為馬克思主義加上形而上學的辯證法，也就
是提供宇宙的客體觀，而使這種觀點在不考量歷史變遷（ahistorically）
下放之四海而皆準。馬克思主義在知識啟發（heuristically）方面，可以
解釋資本主義，但不是一個先驗的、客觀的真理。在歷史上馬克思主義
具有決定性，是從資本主義的社會中產生來的理論，也反映了資本主義
社會，其學理方便了對資本主義的經驗研究。馬克思主義被證實為有效
的學說，在於其理論支撐事實，而非由於它抽象的推理。就算馬克思主
義被證實為真，也不過是馬克思理論在其出生與應用的資本主義時期發
生效力而已，而非俟諸百世而不惑的永恆真理。正統的馬克思主義就像
唯心主義一般，喪失了其科學性，企圖抽象解釋具體的事實之實在，從
而把實在的具體性加以否定。史達林主義便是非理性的抽象之專橫、獨
裁，認為「真理」即便是破壞了實在都算是勝利的。總之，歐氏在剝開
布爾喬亞經驗科學的外觀之後，以「歷史主義的物質主義」之哲學來加
以取代。這一新的唯物論使馬克思部分的假設得到合理化，也指引了經
驗的研究（Dini and Gorman 1985a: 115-116）。

　　歐爾培的貢獻為強調歷史唯物論不該沈沒於辯證法的與方法論的抽
象爭議之上。換言之，他主張由辯證唯物論回歸到歷史唯物論，將歷史
唯物論變成一個認知上的工具能力去進行真正的階級分析與階級預測。
歐氏理論出發點有二：(1)黑格爾「思辨的辯證法」認知上的失誤；(2)馬
克思方法的正確，以及他「科學的辯證法」成功地運用於政治經濟底批

判之上。歐氏從馬克思對黑格爾國家觀的批評，以及1844年巴黎手稿有關自然科學與人的科學合而為一的說法，得出馬克思「科學的辯證法」之大要。

　　由於馬克思主義是歷史上具有決定作用的，以及是資料取向的方法論，因之主張自然科學和社會科學在方法論方面的統一性。這兩種經驗性的、實驗性的探索之方式需要使用歸納法（承認物質存在於思想之外，承認對物質事實的累積蒐集）與演繹法（提出合理的理論作為架構，在此架構之內事實得以蒐集、整理、分析和解釋）。不過演繹法要證明其本身也有綜合、歸納的能力。事實必然地與「假設的理念」（hypothesis-idea）牽連在一起。如果不這樣呈現的話，便成為不重要的部分。正統馬克思主義的毛病便是過度強調理性，認為它的作用與它的真理獨立於事實的證明之外。布爾喬亞的經驗科學卻失掉其哲學的存在理由，而沈溺在浩瀚無邊的資料大海中。馬克思與伽利略都認為科學需要理論與事實，是故自然科學與人文科學的邏輯是相通的，在利用思想去解釋事物之間的關係之時，也就是型塑假設之際，把相反而又相成的事物加以統一的「同一律」之邏輯是必要的。

伽利略

　　依據歐爾培的說法，馬克思對科學理論獨一無二的貢獻為在特定的歷史形構中，表面上孤立的物質現象卻是與龐大的社會總體（整體）伸縮自如地聯繫在一起，而社會整體卻是受到其經濟基礎所影響、所塑造的。這一被觀察的類型與典例是一個不斷的否定與揚棄的過程。這就是說資本主義塑造的文化會反過頭來取消與壓制其生產設施，儘管生產設施起了決定性的作用。馬克思主義便符合了科學的邏輯。它是一連串的假設，也就是對物質彼此的穿越、滲透、糾葛之假設，產自特殊的歷史情境裡，這些假設的具體適時在歸納法引用下證實了原先的理論，符合了同一律的要求（*ibid.*, p.116）。

在政治方面，歐爾培強調馬克思所受盧梭的影響，因此馬克思主張在由資本主義邁向社會主義過渡時期時，應實施平等的原則。為了達到公平起見法律保證是必要的。一個過渡時期的社會如將資產階級社會各種形式的法律與代議制完全取消的話，就難避免陷於專橫獨斷的危險。

盧梭

三、柯列悌

歐爾培有關馬克思方法論以及對民主體制之論題，由其學生柯列悌（Lucio Colletti 1924-2001）加以發揮。他追隨歐爾培的路線，把馬克思主義當成經驗科學看待，蓋經驗科學在歸納上使馬克思形式的理論產生效力。雖是強調馬克思主義的科學性，柯列悌卻在發揮馬派思想革命的另一面向。是故他補充歐爾培只重理論

柯列悌

的偏頗，而強調科學與行動的相激相盪、相輔相成。就像其師歐爾培一樣，柯氏對黑格爾影響馬克思部分刻意沖淡。他把馬克思的知識淵源推溯到康德。柯氏說：馬克思雖然沒有明顯地意識到，卻受康德下述兩項說詞的影響，也就是(1)客體現象的獨立實在和(2)科學是建立在相互主觀的知識形式之上這兩項說法。康德學說這種面向（自主的客體世界和對客體世界的認知）對布爾喬亞自然科學的體系化關聯重大，這是柯氏讚賞康德之處。他也認為這是馬克思歷史唯物主義的科學之起始。他把康德捧為「當代偉大思想家，他能夠幫助我們去建構知識的唯物理論」。

另一方面黑格爾把科學和道德連結在一起，把經驗和科學排斥為不夠精確描述與分析人文與社會現象之知識。是故對馬克思而言，康德比黑格爾更接近唯物主義。是故哲學方面，柯列悌認為馬克思的認識論接

近康德，但在政治哲學方面，則認為馬克思接近盧梭。柯氏強調盧梭的貢獻卓著。蓋盧梭是將資本主義社會中公民與市民（資產階級分子）的分開，提出批評的第一位思想家，況且盧梭還提出建立在群眾基礎上的民主政治，成為後來巴黎公社的理想典型。馬克思在批判黑格爾的法哲學手稿中，就是引用盧梭對代議政府之批判而為之。這包括國家仰賴社會才會發展，也包括對代議民主之批評，提出主權在民的相反（反主權在民統治者）理論，以及對資本主義國家一般的批評。

在哲學方面，柯列悌反對法蘭克福學派對唯物論的否認，以及對馬克思主義科學性格的貶損。但柯氏也反對恩格斯與列寧對辯證唯物論的解釋，因為這兩位大師是把黑格爾注重意識的觀點簡單地轉化為對物的辯證法，再加上「反映論」。柯列悌說：「事實上，若不考慮非矛盾的原則，我們是無法理解唯物論的。與此相反，物的辯證法這個原則卻是否定」（Colletti 1973: 192）。柯氏主張把辯證法保留在思想領域裡（因為他認為實在是沒有矛盾的），強調異化為馬克思的中心論題。

對柯列悌而言，馬克思批評黑格爾把主體與述語對調的轉型批評法（洪鎌德 2000：45, 45n, 46, 304），是使馬氏一生致力於把社會理論推向具體的激發力量。從異化理論到商品生產的分析之馬氏主張，無一不是涉及經驗上可以印證的現象，因之其敘述是在認知以事實為優先考慮的基礎之上的解釋。馬克思並不是泛泛地討論普通的社會，而是特殊的社會──資本主義體制。他是以科學的方式進行資本主義的研讀，擯棄理念的抽象、或是物質的抽象。與歐爾培一樣，柯氏認為科學要藉理論來解釋相關的現象。正統派的教條主義者荒謬地把實在看做是同時存有的（being）與非存有（non-being）的。其實，真實的存在必須在經驗方面證實其存在之物。被證實的矛盾乃是在實在當中的矛盾，而理性（做為特殊的、在歷史上可以規定的理性）是安置在客觀的歷史事實之上，而非座落於先驗的合理性之上。柯氏的方法論便是歐爾培方法論的延伸與

發揮。知識以兩個形式出現：其一為有關自然生成變化的過程之掌握，另一為心靈邏輯活動的推演。前者對思想會有實在方面之限制，後者則為了邏輯的純粹而不惜犧牲經驗的實在，而把實在轉型為思想的結果、或思想的效應。就像歐培爾所主張，柯列悌明示地承認物質主義為科學探究哲學的起點。是故實在或是存在於具體物質的感受裡，或是彼此相互主觀的認定中，否則科學界相互認定的科學便無法成立。就算相互主觀肯定經驗科學的成立，物質仍舊是思想存在的條件，是思想的「原因」。我們承認實在只有當我們想到它（實在）之時才有可能。儘管客觀的物質，使科學成為可能，知識卻是有關主觀思想過程之產品，這種思想過程把感知的物質予以範疇化，界定「事實」與「虛擬」。在這種說詞之下思想成為「原因的原因」（Colletti 1973: 119）。

柯列悌認為既存的馬派理論的兩種類型在科學上而言都不適當。首先，所謂形而上學的物質主義，是立基於思想與存有的異質性之上，而強調存有的優先性。非牽涉人身法則成為物質的特徵，法則也型塑包括思想在內的人文現象；其次為所謂觀念主義的馬克思主義，卻忽視思想與存有的異質性，只在強調一個辯證的思想過程用以規（決）定歷史的變遷。這兩種馬克思主義的類型可以簡稱為物質的馬克思主義與理想的馬克思主義。前者刻意地把知識和理性分開；後者把知識孤立於具體的、事實的世界之外。這兩者都把社會客體與主體精微而又複雜的混合加以扭曲。其扭曲之方法為把客體的物質生產資料同主體的人際經驗到的生產關係加以切開為兩截不相同之物。於是物質和思想，結構（下層建築）和意識形態的統一、被抹掉、被擦拭掉。

柯列悌的方法是事實上的精確之方法，卻同時以經驗到的邏輯之範疇來解釋事實。就像歐爾培之作法，這一方法把一般（普遍）的假設之演繹性的應用結合到經驗資據歸納法的蒐集，利用事實來證實假設。科學家從特別的、具體的世界抽取一系列有意義的解釋性概念，這些概

念在經驗界中早被證實無誤。只是柯氏拒絕現代社會科學笛卡兒式的基礎——主觀闡釋，而以物質主義為基礎，使主體與客體的相互穿越與互動作為認知的起點。這個主客體互動的理念基礎正當化馬克思歷史與經濟的解釋，就如同笛卡兒主義正當化布爾喬亞的形式理論一般。對柯氏而言，物質對主體性有所限制，但只有通過意識我們才能確定限制的界線在哪裡，也確定實在的本身是什麼。意識便是造成意識的「客體原因」之瞭解的「因由」——原因的原因。「主體是客體的一部分，為客體所呈現的瞬間、環節（moment），因之它本身便是客體的。是故主體與客體乃是客體的客體間主體過程的一部分」（Colletti 1972b: 10）。意識的主體性乃是客體的社會動物（人）反思的瞬間。意識就是社會生活的一個面向（aspect），也就是能夠反思社會整體、能夠認知客觀的社會整體之一個面向。在這裡柯氏建立起兩個觀點：其一為客體物質的確存在；其二物質包括不同成分的動態綜合，把各種不同質的部分統一起來。雖然他的唯物（物質）主義證實了存有優先於思想，但存有本身卻是物質與創造性思想之動態整體。

柯氏進一步說，社會的上層建築反映了基礎，也就是基礎的一部分，這表示社會學與經濟學的一體性，但他拒絕了經濟主義（經濟決定論）。他批評了正統馬克思主義把真實的世界打造成為無關人身的規律、規則之抽象物。原來教條主義者視物質可以二分化為經濟活動（特別是生產的，也就是自主、不受別人別物制約的、無法穿越、刺透的客體世界），以及上層建築的、主觀的意識形態這兩項。但純正的演繹理論，在響應了主觀有意義的感知之說法時，卻是客體性不可分割的部分。這表示經濟基礎與意識形態應當合成一個整體——社會的整體。

演繹理論在假設方面是從實在抽繹出來，而在經驗方面由事實證據來證實。因之，它的真實性與尚待解釋的經驗現象的真實性無異，這表示其概念為認知的人確實所經歷的。把這個假設的意義剔除之後，事

實成為隨意的、失焦點的和混亂無序的一大堆東西。正如理念是物質實在無法再化約的片段（瞬間、環節），理論成為科學考察不可或缺的要素。社會行動者乃是客體性的單元，其獨一無二的特質為主觀的、反思的思想過程。科學上證實的假設乃是把行動者反思經驗的行為模式作一個勾勒。撇開有意識的決定，在歷史當中沒有任何機械性的公式可以導向革命。每一個有效的理論基本上在表述被觀察的行動者主觀的信念。馬克思演繹的假設是呼籲普勞階級採取革命行動，在表達勞工階級日益增加的不滿之事實上的真理。馬克思這些假設可以從客觀的經驗取得證據，也在主觀上對這些研讀所做實在的承諾（獻身革命事業之研究）。在這一意義下，經驗科學不只是客觀的，也是主觀的。

可以說布爾喬亞的經驗科學反映笛卡兒主義和自由主義的價值觀。資本主義的科學研究表述了主體的世界觀，用以支援自由主義的原則與制度。教條馬克思主義者從馬克思革命理論出發。他假設了多面向、多層次、相互滲透穿戳的社會整體之存在，而刻意鼓吹普勞革命。換言之，只強調客體世界的重要。是故上述兩派一重主體，一重客體。把主客體分開而忽視了它們抽象的、哲學的與政治的價值。問題在於採用什麼價值觀會影響到相關現象的範圍和重要的資料。只有經驗理論，而缺少革命理論會演變成伯恩斯坦的修正主義。反之，只有革命理論而不考慮經驗科學，或是從經驗科學孤立出來會使革命理論缺乏現實性，也流於獨斷性，威脅到自由與人主體性的自我一致性。是故柯列悌所倡說的本真的（authentic）馬克思主義乃是經驗科學與革命理論的合一，成為一套社會科學，既能解釋實在，也打算改變實在。這可由馬克思的《資本論》一書中看出。

在《資本論》中，做為科學家的馬克思發現了資本主義生產方式發展與消亡的規律、法則。在這個科學家角色方面，他只做事實的分析，其分析卻得到經驗方面普遍的證實。但馬克思卻也承認物質是兩種

相反勢力的辯證統一，是一個客體的總體，卻可以蘊含與養育創造性的主體。具有規定性的整體是各種異質部分的統合，包含經驗方面有效的經濟律則，可以用來解釋具有心向的行動。客體性與主體性合成經濟階級，這是生產設施客體的結果，但卻也是主體的政治行動者落實歷史法律的所在。馬克思的科學「體現了生產的客觀因素……同時也表述了主體的行動者、或是社會階級〔之形成〕」（Colletti 1972b: 16）。當經驗性的律則表現在工人階級的意識時，實在就會轉型，其轉型的方式完全符合科學的證據與推演。不過這不是自動自發的過程，而需要普勞階級的介入。客觀的條件與主觀的意識是使普勞成為革命階級的動力。沒有普勞革命的意識形態，資本主義縱有事實資據指出其敗亡，也成為空洞的口號，科學家的社會角色包括對經驗事實的行動承諾，也包括對普勞革命運動的承諾。馬克思主義經驗科學家最終必然對其所研究的社會現象——資本主義——展開全面與全力的反對（Dini and Gorman 1985b: 99-103）。

在一篇題為〈馬克思主義：科學或革命？〉的文章中，柯列悌指出：馬克思主義是人類社會發展律的理論。在《資本論》中馬克思只在發現控制資本主義生產的法則，只做「事實的判斷」，而不做「價值的判斷」。因此，當作科學的馬克思主義只在描寫「因果關係」。這點是馬克思主義有異於社會主義之處。後者為一個目標、一項理想、一樁政治意願與行動的目的。前者則為一個客觀的、無偏無私的知識。然則為了發現社會發展律，顯然必須先檢討別人（別的思想家、理論家）對這些法則作何描繪，作何分析，作何理解？於是馬克思的著作中，大部分都冠以「批評」或「批判」的字眼，譬如他在早期批判黑格爾的法律哲學與國家觀，後期批判資產階級經濟學家對資本主義生產、交易、分配的種種解析，便是顯例。他首先指出他們對實在或現實的瞭解大有出入（甚至是把實在顛倒過來觀察），其次他指出所謂的社會實在不過是一

項「偽造的標準」，不足為判斷哲學家或經濟學家是非對錯的準據。要之，社會實在本身就是上下顛倒，有待扶正之現象。馬克思遂指出：「至今為止的哲學家只在對世界作不同的解釋，其關鍵所在則為改變它」（〈費爾巴哈提綱〉第十一條）。由是馬克思主義遂由知識轉化為革命（Colletti 1972）。

由於社會實在是上下顛倒，應該藉人們的革命來加以扶正。那麼馬克思主義作為革命的活動乃是自明之理。但如果是企圖改變實在，則馬克思主義只要求權充淨身淑世的熱望、或宗教的希望便足，何須科學？馬克思主義所以被稱為科學的社會主義，就是由於馬克思把他的理念與別人的理念，藉事實來衡量比較，以實驗的方式來測知假設是否可以禁得起實在的考驗。換言之，馬克思在批評黑格爾國家觀及其他經濟學家的理論時，仍需借助實在而非「理想」來做為批判的標準。因之，在資本主義社會中有兩個實在：一個是馬克思所表達描繪的實在，另一個是被他所批評的學者心目中的實在。做為科學的馬克思主義在分析資本主義生產方式，亦即正確掌握當今社會的實在，並揭發資產階級學者顛倒捏造的實在。

雖然馬克思主義可算是一門科學，但它同時也是一項革命性的意識形態，故此以勞動階級的觀點來分析社會實在。工人階級意識的覺醒將使他們成為革命的主角，不僅謀求本身一個階級的解放，也導致全社會乃至全人類的解放。

柯列悌認為近世有兩大著作論述傳統的民主。其一為洛克《政府論》（第二論，出版於1690年）；另一為盧梭《社會契約論》（1762年）。此外，黑格爾《法哲學批判》（1821年），馬克思《法蘭西內戰》（1871年），與列寧《國家與革命》（1917）則探討社會民主的理論。這兩大理論傳統基本上的不同為洛克認為民主是國家給予的，盧梭、黑格爾、馬克思和列寧四人則認為民主是人民爭取的。

　　柯列悌認為造成盧梭、馬克思與列寧聯繫成一線的主要觀點為：(1)
他們攻擊代議國家，人民選舉代議士藉立法來代表民意，最終人民消極
地接受代議制的結果；(2)不管政府是怎樣形成，其最終仍取決民意，人
民可以更改政府；(3)期望國家權力的萎縮、甚至消失。盧梭是這種民主
理論的鼻祖，馬克思與列寧巧妙地把它安插在特定的經濟與社會情境之
上。換言之，他們把民主的概念應用到社會主義之上。

四、現象學的馬克思主義

　　義大利人帕琪（Enzo Paci 1911-1976）首先倡說現象學的馬克思主
義。帕琪曾創辦《哲學研究》（*Studi filosofici*）期刊，成為義大利第一
份具影響力的學報。他與克羅齊爭論存在主義的意義和重要性，後來也

曾創辦《優先》（*Primato*）一雜誌，致力存在主義的
宣揚，1943年8月為納粹徵召入伍，不久即遭監禁，被
居囚於華沙附近集中營。戰後在Pavia與米蘭大學執教，
另辦雜誌闡述胡塞爾與現象學。後於1958年任米蘭哲學
教授，常在《實踐》（*Praxis*）與《目標》（*Telos*）撰
稿，詳述馬克思主義與現象學之關聯。其後在加拿大與
美國講學，1976年在米蘭家中逝世。

帕琪

　　帕琪的作品《科學的功能和人的意義》（1972年）是激進的社會
哲學中，米蘭學派最重要的著作，他企圖從胡塞爾超驗的現象學產生馬
派的哲學。帕氏認為胡塞爾對純粹與超驗的主體性之還原，是科學的社
會考察之必要第一步。超驗的主體乃是意識，這一意識開放給「時間的
不可逆轉性」，也受時間不可逆轉性所玷污。做為此時此刻在反思上存
活的人群，他們對實在的體驗，不過是把過去轉化成未來而已。純粹的
自我性、主體性之本質乃是「變化生成」（becoming），這是靠對時間

的內在的意識來體驗的。是故超驗的主體性是在時間中有意向的意識，是海德格與馬孤哲所稱呼的「歷史性」（historicity）。體驗過的世界（包括單子之間的、感受的、感知的、形體的、精神的世界）也是在時間之內建構起來的世界，因之也是歷史的世界。換言之，純粹的自我和真實的、體驗過的世界兩者在時間方面都是開放的，因之其特徵乃是歷史性。是故，純粹的主體性產生了有關這個世界一個本真的、反思的經驗，而不是一個在理念上形而上學的實在。儘管胡塞爾主張純粹的、自我超越的世界，帕琪卻說：「主體性不需要世界來範圍它、包容它」（Paci, 1972: 35）。純粹主體性本真地體驗的世界，對帕氏而言就是他的「生活界」（Lebenswelt）。這是與日常生活的庸俗世界分明的世界，因為庸俗的日常界把本真的意識排除之故。只有透過有系統的、反思的自我意識，吾人才能夠把幼稚的、普通的偏見打碎，從而體驗了「生活界」。主體性同本真的生活界之間並無衝突。純粹的主體性與純粹的客體性是搭調、配合的。

　　帕琪稱，在資本主義社會中生活是膚淺、庸俗與拜物的。另一方面「生活界」卻是合作與理解的實在，在此一實在中的存有，無論在空間或時間中，都對社會生活的每一面向開放，也對人類同儕、同僚開放。生活界乃是真正的共產主義之社會。歷史唯物論存活在每個主體的願望中，希望「變成」去體驗這一實在，也就是把過去轉化成未來的實在。人類的「目標」（telos）是人主觀取向、尚未實現、尚有待解放的生活界之目標。歷史的「目標」則是唯物論最終要達成的具體之實在。上述兩種（人的與歷史的）目標怎樣表達出來呢？是靠本真的主體（普勞階級）在自由的實踐裡表達出來，並把兩個目標一起落實下來。胡塞爾所主張現象學還原過程中的判斷擱置（epoché）是一種沉思的過程。這一沉思的擱置卻可以使普勞轉化為革命的實踐。超驗的知識透露了「資本主義把主體與真理排除」，但其結果卻促動主體朝向社會主義，在社

會主義中人的潛力有發揮、有開花結果的機會（*ibid.*, 323）。對帕琪而言，馬克思的歷史辯證法活在超驗還原的實踐結果中。

帕琪分析超驗的主體性，認為分析的結果可以造成透明可知的客觀性。他把超驗的主體丟回社會，是預設一個理念的、形而上學的質素用以界定生活界，這點與黑格爾相似，但他對生活界的詮釋顯然遠離了胡塞爾使用這個詞謂的本意。他的學說始終圍繞著胡塞爾的現象學在打轉，尤其重返胡塞爾的超驗主義，這就無法顯示馬克思主義的特色（Dini and Gorman 1985c: 331-333; Gorman 1982: 227-228）。

現象學的馬克思主義在1960年代由皮科涅（Paul Piccone 1940-2004）透過其創辦的雜誌《目標》介紹至美國思想界，而引人矚目。此派認為

馬克思的理論概念乃是由人的「生活界」出發的。所謂的「生活界」無他，乃是個人日常生活庸行庸言的普通經驗。此派又說：革命的活動，也是人藉由理論化的經驗有意識地產生。就像存在主義的馬克思主義者一樣，現象學派企圖把馬克思的理論建立在主觀經驗與動機之上，並且反對唯物論當中客觀決定的說法，反對將革命鬥爭化約為結構性的運動。

皮科涅

現象學的哲學根基為：所有的理論性知識發源於理論形成前（前理論的）人的經驗，這種人的經驗存在於「生活界」當中。在這種意義下，馬克思主義必須追溯其發源之處的生活界，特別是異化的經驗以及追求解放的意願。就像存在主義一樣，現象學派特別強調解放云云，最終無非是一種的「選擇」。人的自我選擇，非超越人的勢力所能左右的。

因此，馬克思主義現象學的重建之目的為恢復個人與階級之間的辯證關係。蓋統治關係是建立在資本主義生活界人的經驗之上。有關統治關係的分析與批判所需的範疇，是由人所創造之故。扣除了積極的，自我意識的人，則所謂的階級鬥爭云云，都是缺乏主體性、缺乏意識、缺

乏意志的抽象事體。與精神分析以及與存在主義相似，現象學主張個人
與階級之間的辯證互動，必須先有個人的反叛，然後才會導致全人類的
解放。

　　帕琪與皮科涅認為人異化的經驗是激烈的政治活動之先決條件。所
謂的生活界「是產生人類各種表達的泉源，這也是各種各樣的理論與政
治活動的出發點，馬克思主義可以藉重估歷史結構與人的生活界之間的
關係來重新提出激烈的革命理論」。

　　皮科涅在1971年一篇有關現象學馬克思主義的理論文章中，指摘盧
卡奇所主張的黑格爾式馬克思主義的理論缺陷。皮氏說儘管盧卡奇大大
超越了教條派的馬克思主義，以及超越了第二國際的社會民主，但盧卡
奇的分析當中問題多多，主要的是盧氏忽視了「他所處時代的具體實在
情況」，因而抱持1920年代對歐洲大陸毫無關聯的某些馬克思的範疇。
皮氏稱：盧卡奇所缺乏的是「置於社會兼歷史的實在之內的基礎」，因
此有必要藉現象學來補救，就是修改馬克思的理論，使其適合歷史狀
況，使其適合「生活界」。換言之，盧氏的書儘管口口聲聲說是符合唯
物論，卻始終是以唯心論的辯證方法來貫穿全書，但卻未曾落實在其所
處的時代與環境中。

　　對皮科涅而言，現象學提供理論範疇與人類經驗的「中介關聯」
（mediation）。此處皮氏暗示馬克思主義並非超越時空，到處可以應用
的學說。反之，卻是一組臨時起意的假說，隨時都應該返回理論建立前
的實在之上，這些實在是馬克思主義者企圖加以理解與改變的。在盧卡
奇1923年出版的《歷史與階級意識》一書中，他未能適當地分析當年階
級意識下降的因由。據皮氏的看法：令人深感怪異之處，乃是西歐革命
可能性幾乎等於零之時，盧氏這本書竟告出版。這是由於盧卡奇未能解
釋此一發展，也未能修改馬克思有關階級以及階級意識的概念之故。追
根究底還是他（盧卡奇）未能適當地理解他所處歷史期間，理論與實踐

之間的「中介關聯」，才會造成這些缺失。

現象學理解這些「中介關聯」為人創造性的基礎，皮科涅說：「以批判的立場加以理解，現象學追溯所有中介關聯及於人類的各種運作活動。這些運作活動形成了中介關聯」。盧卡奇把希望寄託在具有階級意識的生產階級身上，但時機卻是錯誤的。因為彼時無產階級根本就不是成熟的革命主體，當時無產階級正紛紛被西歐各個民族國家所吸收，所統治之故。皮氏聲稱，人類建構各種各樣的中介關聯，這些中介關聯把理論與實踐結合為一體，也造成社會重大的改變。現象學使馬克思主義發展這些中介關聯，從而隨情勢之變遷而即時修改其理論。

皮科涅續稱今日馬克思主義的危機必須從政治上與理論上謀取對付之道。「現象學的馬克思主義……〔是〕那種研究途徑……把所有理論的建構體（包括馬克思主義在內）回歸為活生生的情況，為的是保證概念對研究對象的適合性，也保證他所追求的目標可以適當地實現」。要之，一個生氣勃勃的馬克思主義必須能夠適應變化中的情況，也適應人類異化的各種形式。

現象學哲學之中心假設為人類創造了不少的範疇用來把他們所經歷過的經驗加以概念化與改變形狀。皮氏認為人們只要與此種基本上屬於人類的能力接觸，那麼人們能夠逐漸脫離異化的羈絆。現象學是革命的哲學，它主張人群可以從強行加在他們身上的知識與權威裡解放出來，恢復他們做為活生生的理論家與其前途締造者的適當能力，就如同存在主義者一樣，現象學理解人創造與想像的可能性，蓋此種可能性之理解乃是「生氣勃勃的馬克思主義」之源泉。

8 西馬的女性主義

 ## 第一節　女性主義的崛起

　　1960年代末與1970年代初隨著巴黎五月風暴學生運動的爆發，北美、西歐、東亞、澳紐都有激烈的學生抗議活動之展開。這些學潮與反越戰運動、反種族迫害運動、反生態破壞運動的結合，也與方興未艾的女性主義、同性戀運動結合在一起，形成西方新一波的社會運動。這個號稱「新社會運動」的矛頭，對準了資本主義、新殖民主義、新帝國主義。在很高的層次上，可以說是左派的激進主義（radicalism，偏激主義、基進主義），與馬克思主義，特別是西方的馬克思主義之掛鉤。

　　女性主義崛起於20世紀下半葉，特別是第二次世界大戰結束後的半個世紀中，這與女性走出家門、大量投入勞動市場有關。固然倡導女性平權的理念、學說、主張，早出現在19世紀，而在20世紀初也造成英國女性擁有投票權，但第二次世界大戰方酣之際，包括蘇聯在內的同盟國（尤其英、美、法）大批婦女參與國防工業的生產，以及遭受戰爭破壞的家園之重建，都抬高婦女的社會地位。加上核心家庭的流行，傳統婦女與性別角色的改變，使得女性主義再度興起。及至1960年代中，主張新左派的婦女在積極參與民權運動、學生權力和反戰示威之後，成為一股新興的社會運動之潮流。然而她們卻發現婦女無論在家庭、在社會、甚至在社會運動的群體裡，多是受歧視、受排斥、受奚落的一群。這種遭受壓迫的情況無法在革命的理論裡找到合理的解釋，而婦女遭受壓迫的事實也得不到男性革命領袖的同情與理解。於是企圖對此自古至今形成的男尊女卑、女性受到不公對待的現象從事系統性的研究與理論性的探討遂告展開。於是把馬克思主義加以重新詮釋的現代化的馬克思主義（西方馬克思主義），有關階級宰制的理論合併到男性主宰的理論之上，從而出現了社會主義的女性主義及其學說與運動。

建立在西馬的理論之上，社會主義兼女性主義者否認性別的角色是單純的經濟體系或生產方式的產品。只把工資制度取消，有可能化解階級的壓迫，但無法取消其他的（包括性別在內）的壓迫。要理解婦女的經驗和需要，有必要先分析公共的生產方式和私人人類「再生產（繁殖）」之部門互動的關係，後者牽涉到家庭生活、性活動（性事）、情緒上的依附（感情生活）和養兒育女諸種「私人」的領域。事實上，社會的各種面向、各種方面無一不立基於性別之上，而對女性遭受的壓迫也型塑了公共的生活與私人的生活。是故，女性主義的理論家一方面描繪經濟剝削與階級結構的互動；他方面也分析性別主義（sexism，以性別為中心而展開的學說和主張）與性別分工的互動關係。在實踐方面，女性主義者把傳統馬克思主義（馬派）對經濟問題的關懷，連結到男性對婦女施加暴力、婦女要養兒育女，女性在經濟活動上所受到不平等待遇等等問題之上，她們要求婦女的需要與經驗變成社會主義關心的議題之一。

社會主義的女性主義者對政治有新的界定方式。她們主張重新認定在種種壓迫下，女性求取解放並繼續奮鬥。女性主義所提出的響亮口號之一為「身分的就是政治的」（"the personal is political"），表示任何與人身有關的活動關係都離不開政治的權力運作之範圍。這也表示新女性對日常私人的習慣、感覺和態度上所受各種各類的壓迫之反抗。因之，她們認為反抗的場所不限於國家和職場，而是包括人群的心理。是故「革命」先要「革心」，要從人群對性、婚姻、生兒養女的態度上去做革新的工作。就在上述諸場所、諸領域，布爾喬亞的社會之人格結構，完全建立在性別的歧視之上，以致婦女之遭受壓迫和社會主宰形形色色之樣式得以長久存在，甚至永續地在施虐。

最後，社會主義兼女性主義者察覺到革命組織、造反群落中仍舊殘存父權（長老、家庭式）的社會主宰的男性沙文主義，是故她們批判

的矛頭又指向革命團體中的男性菁英主義、一人稱雄、個人崇拜或是以革命為志業的生涯主義（careerism）。婦女要求對其個人的、身分的參與的工作之承認，也就是承認女性對革命者感覺和需要所做的調和、鼓勵、慰藉、撫慰的貢獻，也就是婦女在革命路線與策略上的正確無誤應得到肯定，而不是把女性只當作革命時期人際關係的勞動者，甚至提供性服務的工具來看待。在把政治融合為人身經驗時，女性主義者促成西方馬克思主義理論批判的發展，蓋西馬的政治批判不限於資本主義的文化，也涉及具體的革命組織及其專門知識與專精（expertise）。女性主義者證明革命者不只在抬高勞動階級的意識和自主性，也應該隨時反省與體悟革命者本身對現代世界的壓迫與異化之參與，多少沾染了世俗的污濁，成為腐化惡劣的世風之犧牲品。就在這方面，社會主義的女性主義完成了西馬未曾完成的計畫與目標——革命與革心同時推動。不過與西馬理論家不同之處為，女性主義者強調婦女在資本主義體制下所受的壓迫大於勞工階級（這點主張與自由主義的女性主義忽視勞工問題不同），因之贊成與男性反對運動者作出政治上的結盟（這點卻與偏激、激進、基進的女性主義者之主張不同）。

席蒙妮‧戴波娃

　　女性主義者的關懷和卓見激發當代激進運動，這包括各種各樣的受壓迫者，像男或女同性戀者、種族、族群、宗教少數派、年長、老弱、身體缺陷者在內。其最激進的看法是認為，這些運動常牽涉到資本主義體制一般性的壓迫加上每一弱勢群落特殊社會情況所造成的困局。在這種觀點下，她們加入西馬的行列，把教條式的馬克思主義（放諸四海而皆準的理論，卻造成教條式的共產官僚與獨裁統治）轉變成活生生的理論，俾為建構一個合理的、自由的、解放的社會而奮鬥。

　　在1970年代這一波社會運動中，西馬理論的健將有郭茲、馬孤哲、

沙特和哈伯瑪斯。而女性主義則有勞珀坦（Sheila Rowbotham）、米徹兒（Juliet Michell）、哈德曼（Heidi Hartmann）、艾蓮萊（Bartara Ehrenreich）和費菊珣（Ann Ferguson）等人。這些理論家的著作多少反映第二次世界大戰結束以來非共產黨推行的革命性（非官方、非教條的）馬克思主義底關懷、經驗和目標之奮鬥情形。在他（她）們的著作與語言中，這一奮鬥是具體的、形象的、重要的、值得大書特書的。他（她）們也顯示與馬克思原著或長、或短的差距。儘管西方馬克思主義者，以馬克思原有的理論做為起點，卻發揮他的卓見、識見，而棄絕他的局限、缺陷、他（她）們分享馬氏要創造一個無階級、無異化、無剝削的和樂社會，其中人的能力可以自由發展，也同意馬氏的說法，這一新社會與資本主義無法並存。但西方馬克思主義者拒絕馬氏把經濟當成社會唯一的優先（經濟決定論），唯一的首要大事，也拒斥他歷史發展的律則（唯物史觀），也難以苟同他視鐵板一塊的勞工階級可以在無產階級革命中充當政治領導的角色（Gottlieb, 1989: 20-22）。

第二節　勞珀坦談女性的意識

勞珀坦

　　勞珀坦1943年出生在英國的西約克夏，進牛津大學念歷史，而後進入倫敦大學就學的勞珀坦女士為獻身社會主義的學者兼理論家，曾參與女性自由運動（也被稱為第二波女性主義運動）。她在1969年出版了著名的《女性的解放與新世界》，在該書中強調社會學界應當關注女性除了在經濟受到壓迫之外，同時在文化也遭到宰制。接著她在1973年出版了《婦女的意識、男人的世界》一書，算是1970年代初對英國新左派和西馬的理論有貢獻，而又是社會主義派女性主義投石問路的人。

勞珀坦回憶幼時在梳妝台前看見自己的鏡影，而尋覓自我的情況，因而想到大部分的群眾對自我的無知覺、無意識，儘管少數的人會在獨居孤處時想到自己究竟是誰。她遂指出每個受到壓迫，而從事政治運動的人有必要自我省思，把對自己的想像、映像呈現出來。這種自我意識的開端常是零碎的、特別的。原因是當前存在而又流行的社會秩序就像一大堆相互反映的鏡子之大廳，它所反映與照射的是圍繞著有意識的個人及其群體相互之間的影像、以及影像的影像。這個社會秩序不但佔據現存世界，也是它所見所聞的世界。今日西方世界的社會秩序是資本主義的體制暢行下之秩序，但這個資本主義並非完整無瑕的鏡子及其映像。剛好相反，由於被壓迫者的反抗運動，這個鏡子及其映像也留下不少創傷的疤痕，也就是鏡子的污點、瑕疵與映像的扭曲、變形。

反對運動者、抵抗運動者為了創造資本主義之外的另一個選擇、另一個可能性，必須把包圍他們，也是不斷自我反映的世界之鏡框與玻璃打碎，然後把自己的映像投射到歷史上面。為了使自己有別於壓迫者、剝削者，必須把自己的映像突顯出來，這也就是說所有的革命運動都要創造新的看法、新的觀點。如何使沒有經驗、沒有文化、沒有自我意識的人群，產生新的看法與新的觀點，就需要特別的努力。其第一步在於與別人連結，也與別人建立互信。革命運動中的意識會變成連貫一致，也變成充滿批判，只有當意識到的世界變成清晰可辨，也只有當意識的主體對它自行創造的事物有所覺悟、有所意識之時，當人們能夠回頭看清與意識他（她）們所從事的文化創造、行動、理念、宣傳手冊、組織歷史、理論之時，這些革命者才會把他（她）們融化在新的實在、新的實相之中。只有在革命者理解他（她）們之間的關係，才會認識到革命運動的意識，革命者可以看見從前所不曾看見的事物。

群眾運動在人類歷史的長河中是近期的、短暫的、大河潮流中的一小波浪，而女性的革命史更是這波群眾潮流中的幾滴小水珠。要在歷史

潮流中把舵揚帆行舟是相當的艱難，更何況要超越既定的目標，更是難上加難，這就是說我們伸手碰觸以往的歷史，常是毫無所得，更不要說張手要把握未來。環境的變化是那麼迅速，連同人們對待環境的關係更是瞬息萬變。這個世界可以說沒有任何固定不變的事物，我們所熟知的理念與新的現實無法對頭。鏡子溶化成光和影的交互呈現，而革命者就活在這種主體的光和影的相互交織當中。

從政治行動中產生的意識需要與別人溝通，其關聯常是突發性的、沒有協調的。因之，這種意識需要長時間把它與世界關聯起來，從我們新做的行動與同別人連結起來的組織，我們創造了新的實在、新的實相。這時我們也要體認自我、瞭解自我是創造新實在的主體。是故集體的意識可以促成團結，而集體的意識乃是產自個人的意識，以及對個人意識改變的結果。

可是阻止我們集體的團結或共同的認同認同體的因素頗多。其中之一為權力操在少數人群手中，或是某一階級的手中，他們就像持有三稜鏡來看待世界。在資本主義當中，傳媒就是一個三稜鏡，透過它人們創造了對革命運動的映像，這種映像常常也融化在革命者對自己的看法裡。於是外頭的世界（資本主義及其御用媒體）侵犯和扭曲了革命者的組織和意識。像以男性為主導的黑人和勞工運動常在犧牲女性之下展示他們「男人特徵」（manhood），這樣做不但欺騙自己，也喪失人際關係乃是男性，同時也是女性（man-womanhood）的可能。

被壓迫的人一旦沒有希望，常是奇怪地變成緘默、啞巴的一群。他們一旦認為改變無望，便喪失了對不滿的描寫與表達的能力，以致使人誤會到不滿的事實根本不存在。這種誤信肇因於人們無法理解緘默，只有把它打破的瞬間，才知道緘默不語的存在。打破緘默的聲音會使人們理解何以先前沒有人說出、沒有人聽到的事物。我們聽不到並不意味沒有痛苦的存在，而不滿正是這種痛苦。是故革命者應當要小心傾聽無言

之語。而女性長期以來就忍受這種無言的緘默之痛苦。

以女人的角度而言，我們瞭解自己是透過別人的敘述，也透過我們親身經歷的種種切切。這個世界就是我們處於其中的地方。對世界只有靠我們的摸觸，和我們的行動對它的影響而獲知。我們所看的世界是透過男人的設計、所製造的鏡頭來觀察的世界。我們沒有其他的工具或手段來把我們的內心與事物外頭的運動連結起來。所有的理論、所有連結的語文、和理念，足以使我們同不斷變化的連續體（歷史）發生關聯，都是別人（男人）設計的、外在於女人的東西。女人在這些製作、設計中幾乎都沒有參與，都不是其中的一部分。我們所借用的、男人設計的概念都未必符合我們的形貌。我們的一顰一笑完全是為了取悅男性的荒謬舉動，最終我們連自己也不相信。就是我們當中的姊妹有人膽敢誤闖政治叢林，也會變成遍體鱗傷的小白兔，夾著尾巴敗興縮回。

只有當我們偽裝得像男性一般，就可以被允許玩著他們的文字、理念、文化。本質上男性在為某些理論爭吵的面紅耳赤、拍桌怒吼之際，女人只能權充旁觀者，而無法入場計較，因為「我們不能負起應接〔對抗〕的責任」。女性常因為躊躇於是否要參與男性的種種活動。有時對於那些敢於參與男人事業的女性表示懷疑、表示不信任，但很多場合女人卻也樂意扮演這種積極參與的角色。於是婦女常陷於自我分裂當中，既願意固守本我而保持緘默，又喜歡介入而表現另一個自我。這種本我與自我的割裂，使婦女認同體陷於無言的麻痺中。因之，婦女並非永遠在一地方活動的人，她們是誤闖別人領域的移民。「我們覺得不自在，被人看管，隨時都覺得生病一般。作為歷史的人，特別是女人，我們瞭解自己的方法、方式，完全與我們本身不同。我們對自己的直接看法完全被封鎖在反對我們社會潛能〔的機制〕中」。

那麼女性如何來找出不同於傳統與現實的意識呢？法國婦女領袖，也是沙特的同居人席蒙妮・戴波娃（Simone de Beauvoir 1908-1986），就

研討婦女這種被塑造的典型之來源，乃是出自嬰孩與少女期，被教育的「被動期」（passivity）。小女孩自幼便被教育蹲著排尿、壓抑侵略性和自我表現，從小就被教養著把其精力收斂轉向內在。換言之，一開始便要處處表現「女生」（famine）的氣質，然後再把她強迫進入陌生的世界。不只是「權威性」家庭，就是資本主義的社會，不斷在塑造女性的意識。此外，語言也扮演重要的角色。語言把我們帶離本身之外，進入另一個世界，語言也傳達了某一權力。它是宰制的手段之一。上司使用的精練「高雅」的語句使他們永保其優勢。下層社會的語言雖然便於彼此的溝通，但卻把她們限制於仰賴有權有勢之人的鼻息，而苟活的人群當中。另一方面理論的語言，卻是壓迫者、統治者、剝削者表達其經驗的事實之工具。只為其世界而發言，為他們所理解的世界而描繪。是故革命運動應該破除統治階級對理論的獨佔。須知語言成為統治者政治的和意識形態的權力之一。

由於女性把壓迫內化於心中，因之，不能表達的笨拙、遲鈍也深入女性心理的底層。加上語文一向就是男性發明與使用的溝通工具。每個字、每個詞女性在使用時，就無法更改其意涵、其意義，像「她」只代表女性，而「他」卻能代表人類。凡是既存、現用的語文都把婦女排除出去。這種徹底的排除顯示女性從可以概括化、普遍化的任何的文化裡被疏離、被異化出來。連革命運動也不例外，其活動與意識都是把女性排外，讓她們感受異化與疏離之苦。

其結果造成女性所看到、所想到的世界是脆弱的、是朦朧的。女性被迫不時返回其本身。但壓迫女性的泉源，就像所有宰制的根源，都應該回溯其業已消失的過去。但婦女對過去的回憶完全空白一片。部落與氏族的女強人的神話、母性社會的傳說，都是男性文化的虛構故事。只有透過男人害怕的、恐懼的投射性，我們才會幻想到自由自在的女人之出現。這種自由自在的女性是通過男性的想像而進入女性的意識裡。

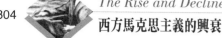
這不曾存在於過去任何的歷史中，尤其是近代史中。婦女成為歷史的背景，而非舞台。女性當今的情況就充滿了零碎與孤立。我們內心的分裂和別的女人過不去，就導致形體上與階級上婦女之不團結。「家庭把我們限制在一個內在的世界，我們的男人所屬的階級給我們外在世界的地位。我們反映了他們（男子們）所獲得的地位。我們在資本主義中只成為社會的附屬品」。

由此看出，男女的關係不亞於壓迫者與被壓迫者之間的關係。它是微妙的、也是複雜的，這兩者有時也彼此相愛。這只是委婉的、紳士風度的暴虐而已。男女的親密關係使女性渾然忘我。這種令人激情狂喜的征服，自然不同於雇主與雇傭的關係，工人們可以幻想有朝一日資本家消失的世界終於降臨。但女性無法想像將來的世界不再有男人的存在。

因之，女性的政治出現一定要有別於男性，但也與男性有所牽扯。但女性有異於男性的意識不會來自於外頭世界的工作、或是生活的外頭遭遇。女性革命意識來自無法記憶的嬰孩時期之朦朧（黑暗）狀況。女性的生殖器官、月經、性交亢奮、停經這類的經驗都是切身的，是女人生理和心理的感受。但這部分的經驗與感受卻要從壓迫者男性那裡去學習。這就是說把自己切身的經驗交由男人去決定，也就是把切身的、零碎的感受，置入於男人建造的架構裡。結果女性的所有表現都成為男人表現的附屬或次要的事物。造成女性意識之滑溜而不易掌握，也是女性意識變成解體的感覺之原因。

當女人把她獨特的經驗講給男人聽的時候，她會發現男人以其本身的經驗當成正常來加以接受、加以承認。他認為女人所敘述的獨特經驗不過是一個正常的、無新奇的，其原因在於主流的意識形態一向支持他的看法、他的承認、他的判斷是正確無誤。是故女人在現存的文化找不到立身之處。不限於女性，連工人階級、黑人、少數民族在內。這些群體都消失在資本主義所投射的映像裡頭，成為沒有光線的黑影或無足輕

重的回音。

對女人而言她們的問題常被內心化，這是歷史造成的結果，女性求取解放的運動比起勞工階級的解放運動來顯得軟弱，原因是勞工運動喜歡稱兄道弟，大談兄弟情誼（brotherhood），反之，女性所共享的事物，卻常導致彼此意見不合、看法迥異，最後以各走各路而分手。

把問題內心化可能與女性的生理有關。性的分別曾使女性與男人大不相同，但也使兩者緊密綁在一起。兩性的分別侵入婦女的感覺與經驗的層次，這兩者與外界無關。

在這種情形下探察意識的深層是政治上必要的作法。就是致力革命的男人也見不及此，這就是男人何以把政治界定為外頭（身外）的事物之原因，認為政治涉及的是示威、遊行、罷工、群眾集會、抗爭、造反等等。他們視革命為事物外部形狀的象徵，而內心世界則走其向來的老路。這是不完整的圖像。不錯，經驗雖然產自外頭物質的情境，但女人的意識無法與生理上的解剖分家。這點可說生兒育女和性活動上看出端倪。畢竟男人是經由陰道進入女人的體內，女人感受到男人的身體是由於他的進入。在床上女人與男人的接觸是女人學習認識自己的方法。

對於婦女有關性事的探索成為女性革命意識創發的重要契機。女性必須探究自己的全部，而非進入男人世界的那一小部分的女性特徵。要達成此一目的，必須彼此相互溝通。沒有參與政治運動，女性連描寫他們的性事的經驗也無法達成。只有與其他的婦女溝通，才會使婦女受鼓舞去信任她們孤立的、原子化的零碎感覺。

婦女的疾病在男醫生的眼中無非是誇大的埋怨，甚至是歇斯底里亞的表現。這種說詞的政治意涵必須予以揭露，特別是當婦女希望從生男育女、阻止懷孕（優生）或墮胎有關的問題解放出來。「我們對自己身體缺乏控制無異工人對其生產之缺乏控制」，都是人的失控狀態。

那麼女人要如何打破緘默呢？第一步需要體認當前的一般情勢是強

霍妮

而有力者對弱勢族群宰制的局面。對女性而言，只有當妳發覺自己的無能為力時，才會開始直接尋找妳的權力之所在。男人主宰女人並非今日才發生的新鮮事，是自有人類出現地球之日，就無日不發生的日常世事。著名的德國社會學家齊默爾（Georg Simmel 1858-1918）就曾經指出，現存的文化完全是男性主宰、男性界定的文化。因之連所謂的「客觀性」都無異為「男子氣慨」的同義字。他說衡量男性與女性的標準並非中立、客觀，而是以男性為主。以英文之"human being"（人類）和"man"（一般人）都是使用男性的稱謂，而所有差勁的或令人輕蔑的事物（像「婦人之仁」）都屬於女性。霍妮（Karen Horney 1885-1952）也把齊默爾的社會學理論應用到心理的研究方面，指出任何的意識形態都是社會中強勢的一群為保持其優越的地位，而讓弱勢者乖乖接受的盾詞、藉口，是利用意識形態來否認或掩蓋鬥爭之存在。女性對鬥爭存在的忽視或無視正是男性主宰的文化所產生的效應。掩蓋事實的方式並不在為女性重塑另一意識，而是透過世界觀來使這種宰制的特殊理念變成模糊不清。於是主宰的群體也自認其融入文明，是文明的代表。

戴波娃就說「男性代表正面與中立，而女性代表負面。女性的任何一舉一動都以認同男性之作為，才是人的行為」。女性的自卑並非其個人的想像，而是社會文化的產品。

一旦對整個情勢——女人被男人宰制的局面——有所認識，對這種不公不平的理念就會進入女性的意識當中。但只有交鋒、只有認識是不夠的，所以第二步要加以理解。理解男性的優勢對妳的影響，這是女性自我承認過程的第一步，這也是創造女性的語文，發現女性的映像的開端。下一步則為通過組織與行動來證實婦女的理解。

在沒有政治運動產生與推行之下，任何的婦女都是男性共犯結構

的一部分。很多婦女的消極態度是造成共犯結構的因由之一。上層階級被解放的婦女享有的自由，就來自下層普勞階級婦女的不自由。這種自由的一面與不自由的另一面也存在於性的上面。解放的受教育的婦女是碰不得的，她們獲得與性無關的被保護的尊嚴，這成為傳統婦女惜身如玉的另一方面。她或者接受這種情況，或是進入傳統婦女的內身，變成消極無為者。當你的一部分從你身邊躍出，另外的一部分會鑽入您所想像的自我當中。這樣你把自己鎖定為流血流淚、受苦受難的那種婦女典型，於是妳女性的煩惱繼續發酵醞釀，當妳同一個男人睡覺，妳享受他強迫妳聽話的快活，但妳卻被撕裂在羞恥與愉悅之間。就在婦女被瞭解的片刻得到狂歡，男性雄偉的典型鼓勵女性去享有被虐待的樂趣。婦女誤信忍受各種痛苦與災難最終不再感覺痛楚，誤認婦女不會也不能被搗毀的，因為她們可以從自己選擇的、自己製作的墮落下拯救出來、生存下去。是故承認婦女是虐待狂的犧牲者，可以是採取政治行動的起步。只有與別的女人甚至男人合作才能打破虐待狂的緊箍，也可能經驗到解放運動中集體的肯定的成就。

女性應瞭解幻想的、作夢的和亢奮的經驗同政治策略所產生的知識的、認知的經驗之間的關係。這種關係對婦女而言是非常明顯的，原因是婦女所覺識的性高潮，不只是一個女人與其親密男性所有關係的一環，而是她與其肉體、與其他女人、以及同外頭世界的關係之一環。所有這些關係或多或少都會在實質上影響了性高潮的高低。不只一般的事物要同特殊的事物溝通，特別的事物也會為事情發展的路數拍板定調。婦女政治活動的崛起的一個重要部分為婦女對其本身的特殊性要及時發覺，可惜向來的教育便教訓女性不要把特殊感受作認真的處理。「假使我們還要繼續生存下去，並且改變事物的情狀，我們有必要做出更多的事，而不只是在理論上對這些事情企圖掌握、理解而已」。

婦女總是愛戴假面具，愛在眉毛上加上修飾，尤其是在其所愛的男

性面前，這些面具、這些睫毛有掩飾瑣屑不美之處。但主要在發揮女性
嫵媚的作用。一個女人所擁有的面具，睫毛並不重要，重要的是她與它
之間的關聯。如果一個人只耽溺於這種化妝，其結果只是把個人一個特
殊的部分強化，而對整體一般的、政治的事物不加措意、不加關心。這
就是一種非理性的政治。只有理解婦女化妝的需求與大眾政治的訴求之
間的分別與關聯，女性政治運動才有崛起的希望。

要把馬克思主義當成女性革命的武器，就要首先面對它、並把它
現存的樣式與風尚轉變到婦女受壓迫的特殊情勢之上。透過我們特殊性
的經驗把馬克思主義的應用延伸到那些男人嘗試過，但卻無能為力的領
域。換言之，婦女的處境是那麼充滿複雜性與各種糾結，因之，「我們
有必要把我們活生生的女性生活之奇特現象轉譯為理論的文字」。可是
這種理論的意識必然更為混亂，因為婦女本身有一大堆穿不透、混沌不
明的事務等待澄清、去理解。這是令人沮喪的事實，但沮喪不能造成婦
女使用現存抽象的理論去呈述實相，因為這種自欺欺人的手法更會誤導
蒼生。所幸今日婦女生活在聯絡與溝通便捷的時代，尤其是過去遭受踐
踏、壓迫的人都有機會出頭天與揚眉吐氣，一旦權力握在自己的手中的
話。

當婦女從消極性與緘默中醒覺過來，而對歷史走向共產主義深具信
心之際，如何把女性最寶貴而有異於男性的特出卓越加以傳播，應該是
參與解放運動者要虛心學習之所在（Rowbotham, 1989: 279-295）。

 ## 第三節　米徹兒論婦女的處境

出生在紐西蘭，生長在英國，研讀文學於牛津大學，並曾任《新左
評論》的編輯，教授英語，也兼任精神分析師的米徹兒在其著作《婦女

的財產領域》（*Women's Estate*, 1971）一書中，指出婦女的處境不只是傳統馬派所強調的生產一個領域所造成的，而是從她們所處社會的地位產生出來，這包括了生產、再生產（繁殖後代）、性與兒女的社會化四個領域產生出來，由此引申出來的婦女解放應當是在這四個領域中女人的「性主義」（sexism）之克服，而不是傳統馬派只強調的生產部門女性地位之壓抑與待遇之不公底改善，使婦女得到解放。

米徹兒首先指出，對激進的女性主義者而言，分析女性受壓迫成為最優先、最急迫、最大的問題，但卻沒有強調問題的嚴重程度。人們需要一個妥善的理論來解釋女性何以被壓迫？壓迫的方式為何？這種壓迫與別種的壓迫有何不同？

女性的處境與其他被壓迫的群落之情況不同。這是因為婦女佔全人類人口的一半，在很多的情況下，她們遭剝削和壓迫，不亞於勞工、或黑人。在生產尚未發生革命之前，女人的勞動情況完全局限男人的世界裡頭，成為男人勞工問題的附屬。女人被賦予一個全世界皆然的負擔，那就是她們的家庭。女人在工作中遭壓榨、或被歸類持家的範疇中：這就是壓迫她們的兩個場域。她們在生產中的從屬地位，被她們在家中主宰的地位所模糊。什麼是家庭？女人在家庭扮演何種角色，完成何種的職能？就像女人本身一樣，家庭是一個自然的客體、對象（natural object），但究其實卻是文化所創造（cultural creation）。無論就形式、角色而言，家庭並非必不可免的制度。把它當做自然的客體、對象乃是意識形態的傑作。工作與家庭常被視為和平與豐盛的象徵，卻也是絕望與暴力的場所。把女人與家庭緊密聯結在一起，並把家庭當成女性最後歸宿，卻是意識形態所塑造的概念。理論的分析與革命的行動在於把這種必然的、不可避免的聯結解開。

過去的社會主義之理論無法分辨女性在不同的、分開的結構下之條件。誤把這些條件當成整個複雜的統一體看待。像恩格斯把女性的條件

當作是象徵上等同於社會，卻未能看出女性所處特殊的結構，是各種因素湊合的統一體。在歷史上女性條件的變化繫於幾種因素結合的結果。它是整個結構在不同時空中以不同的步速來進行運動的產品，它永遠是「泛層決定」的。

那麼什麼是女性條件或處境的決定性因素呢？米徹兒指出至少有四種：生產活動、繁殖（生男養女）、性事、孩童的社會化。這四種因素的結合產生了女性地位「複雜的統一體」。但在任何歷史的片刻四種中的任一因素達致不同的「法則」而造成統一體的前後不相同。

一、生產活動

生理上的歧異導致性別的分工，在人類發展史上成為必須、必然的現象。身軀的嬌小與體力的不足，常使婦女成為勞動力較差的成員。在人類的發展史的早期男性體力的優越使他們可以征服自然，相反地女性則不允准做這種粗重危險的工作，她們限於保存與看顧男人征服與搶得的事物。被當成事物看待，變成了男人財產的一部分。馬克思、恩格斯、貝倍爾和戴波娃都證實女性之被壓迫和壓迫之延續，起因於女性體力之差勁和私有財產之建立。但女性的體弱並沒有妨礙某些時期某些文化中女性驚人的勞動量。就是現代女性的家事操作，以生產勞動的價格來衡量，仍舊是大得驚人。以瑞典為例，每年有23億4千萬小時花在家事操作之上，相對的只有12億9千萬小時花在工業生產之上。曼哈頓銀行估計一個女人平均每週工作時達99.6小時。在農耕社會中，女性耕田時數常常超過男性的農耕人員。

女性的服從性並非源之於較少能力以從事體力操作，而是體力工作較少之外，女性傾向於和平、而非訴諸暴力。在很多社會中女性不只較有能力從事艱難的工作，也較少有能力去從事鬥爭。男人不但有征服自

然的能力，也有控制別人的能力。社會控制與勞動分工常是相輔相成，不停互動、互用。是故婦女被迫去從事「女人的工作」。原始社會中男人外出狩獵與女性留在家中育兒煮飯是顯例，這與女性體力不足有關，這種性別分工並非強制性、侵略性。反之，在某些農耕社會中，女性做耕種的繁雜艱難之工作，則是被強制性的。在發展為文明的社會，婦女體力的缺陷似乎被尊重，所以戰事與建城的工作就不讓女性參與。及至工業化降臨，女性進入工廠、市場工作，強制性又告抬頭。是故馬克思認為使用機器的資本家知道婦女與小孩的四肢敏捷，可以取代粗壯的男工，進行勞動生產。今天在非洲鄉村中，婦女做粗工的人數極多，這並非「自然」生成的，而是傳統習慣把她們造成這種的角色結構，強制她們去做粗重的勞動。強制與剝削不同，前者是政治的，後者為經濟的。並非婦女「自然」方面的弱勢，使她們陷身於被剝削的奴隸群中。

恩格斯強調現代的大規模工業的興起，迫使女性走出廚房，進入工廠，甚至把家務變成公共的工業。工業勞動和自然化的科技固然可以使婦女連同男人獲得解放，但工業化的降臨並沒有使女性真正獲得自由。戴波娃還曾經幻想自動化與高科技會使兩性的軀體分別消失。但這種幻想是建立在技術完全脫離人的操作，變成獨立運作才有可能。在至今的歷史尚未見證獨力操作的自動機器之出現。在資本主義體制下，自動化反而造成更大的失業結構，甚至排除婦女的生產參與。由是可知科技要受到社會整體結構的中介。科技與社會力之間的關係，決定了女性未來的勞動關係。女性在生產關係中被排除，其工作權遭否定，這點說明婦女在職場上地位之低落。不但在職場，就是在家中婦女她遭到強制與壓迫。

二、生男育女

　　女人從重要的生產部門抽退，不只是因為體力上較男人為差，還是由於婦女被賦予生兒育女、傳宗接代的角色。產期需要靜養而無法勞作，但這不是重要的現象。反之，是由於婦女要在生兒育女、繁殖後代中扮演角色，來使男人負責生計、外出工作、找到精神上「補全」的藉口。生男育女、帶長後代、維持家務成為婦女傳統的「天職」（natural vocation）。這種說法與想法變成了信念，而這個信念又藉家庭是普世的、泛宇的社會制度，而獲得增強。馬克思主義者可以炎炎大言，要取消市場、階級、國家或哲學，而獨獨無法揚言取消家庭。中共企圖以公社取代家庭，最終歸於失敗。因之，凡有家庭存在之處，婦女生男育女、照顧後代、整理家務便成為其宿命，無從逃脫。

　　婦女做為母親的生物功能是超越時空的普世現象，不為馬派歷史分析所關懷，也就是自明之理。但從女性變為母性知識時衍生出捍衛家庭的穩定和全能之說詞，造成婦女社會上的卑屈，也就是婦女的順從變成天經地義的生物兼歷史（biohistorical）之事實，而這一事實也成為「永遠不能改變、或克服」（insurmountable）。整個因果關聯就是：母性→家庭→職場的缺席（不外出工作）→性別不平等。

　　結合上述四種連結點之最關鍵的項目乃為家庭。認為家庭與社會並存，或是先進的社會立基於核心家庭之上，這種觀念至今仍廣為流傳。但問題在於家庭究竟是什麼東西？婦女在家庭中扮演什麼角色？只有在討論到這些問題之後，新的觀點才會出現。原因是婦女在家庭中扮演了繁殖（再生產）、使後代接受社會化（教育兒女）和性事（提供男人性的服務）這三樁重要的職能。歷史上這三樣職能相互關聯，至今天摩登時代情形並沒有太大的改變。是故討論家庭時，主要在討論家庭做為諸結構體的綜合，這些結構體並非一成不變，在今日我們可以分析

這些結構體，明日可能要把這些結構體解構，而形成新的類別、型模（patterns）。

生男育女似乎不受區域、不受時代的影響，為一個生物學的現象。這種說法其實是一種幻象。「繁殖的方式」（mode of reproduction）並不隨「生產方式」（mode of production）的改變而改變。也就是說不論古代奴隸、中古封建和當今資本主義時代的繁殖方式有可能保持同樣，而少有變化。原因是繁殖的方式至今仍受到天然的影響大，而為一種生物學的事實。只要繁殖仍屬自然現象，那麼婦女在社會上遭受到剝削也就成為「不可避免」的宿命。換言之，她們的一生中，成為自己命運的主人為時頗短。她們無法選擇多久才產生一個嬰孩來，除非避孕成功、墮胎有效。換言之，婦女的生存基本上受到她本身難以控制的生物過程之操縱。

做為理性的技術之避孕係在19世紀出現，可謂為具有歷史突破的重大發明。在避孕藥有效服用下，人們更可以發現避孕造成的重大後果。這就意謂再生產（繁殖）的方式可以使用人為的技術加以改變。產生後代如果完全變成父母的意願與抉擇時，女性可以從其「天職」解放出來，生男育女成為她們可以把握與選擇的事項。

歷史成為男性改變自然，包括改變其天性的發展過程。今天「人的成形」（humanization）之改變技術（避孕、生命與遺傳基因之改造工程、複製人）出現了，人類文化中最富自然的部分，也可以改變，這就是繁殖方式的重大改變。不過避孕藥與避孕技術的長進與容易取得，造成生男育女同性的活動變成兩碼事，儘管當代的意識形態（宗教教規、道德、習俗、家庭訓示、法律等等）企圖阻止兩者的分開，把兩者的結合看作是家庭存在的理由。

當今的世界，一個社會中的再生產（繁殖），常是其生產的可悲的複製、可悲的仿冒。在資本主義的社會中，工作（勞動生產）是一種

異化的勞動，工人的社會產品成為資本的佔有。不過這種工作有時還
會被披上創造的外衣，使工人彷彿覺得其勞動是創造性、有目的，而
又有回報的。生物學上的產品——嬰兒——卻被視為堅固的產品（solid
product）。製造嬰孩的雙親成為另一種工作形式的取代，小孩變成為母
親創造的客體。不過有如工人製造商品，而商品卻離開他而跑到其上司
（資本家）的手內，母親的異化感受可能更為嚴重。原因是被視為父母
的財產或所有物的兒女，一旦長大成人（成為自主的人身），便要脫離
父母而自立。小孩變成成人的每一動作，對母親都會或多或少造成一些
威脅，因為母親在完成在誤會本身繁殖角色之餘，她的自主觀念早已蕩
然無存。

在感情上女性縱然能夠一時控制到兒女，但在法律上和經濟上，她
與孩子都隸屬於男人（丈夫兼父親角色的男人）。母性的歌頌不敵婦女
在社經上的無權、無勢、無力。男人一旦回到家庭中，便收斂其職業上
的面具，而做為一家之主，家中的一切都歸他所有、歸他所管，女人什
麼都不曾擁有。不像她在勞動、或生產場域沒有地位，女性至少在母性
方面是她被界定為婦女最重要的特徵。但這只是生理上婦女的定義。這
個定義只是便利婦女成為勞動與創造不在場的證明，或是勞動與創造的
取代的藉口。家是男人休息、解除疲勞、輕鬆自在的場所，卻不是婦女
歇腳喘息的所在。婦女仍舊被監禁於其種類的特質中，也就是被拘禁於
普世的、自然的條件與情勢裡。家成為婦女天然的囚籠。

三、性事的動作

在婦女的活動空間中，傳統上性事被當作最為禁忌，最為避諱的事
情來看待。性的自由，以及牽連到性的婦女之自由，連一向致力社會主
義的作家大都視為應當規避之事。連前蘇聯在涉及舉世的共產主義運動

中，還避談「社會主義的道德問題」，更遑論直接涉及性的爭議。不如恩格斯的開放自由，馬克思也僅含蓄的指出傳統對性事的看法，他說：「……藉排除公開，完全私密來神聖化性的欲望、藉法律來制止性慾、用情緒結合之形式來把自然的驅迫之理想轉化為道德的美麗，這些都成為婚姻的精神本質」。

但十分明顯的，歷史上婦女一直被當作性的客體物，也就是生殖機器、後代的製造者。事實上，性的關係看作佔有的物品之規定比當成生產或繁殖的工具之關係更容易、更完整。後期的馬克思甚至坦言「婚姻關係……無可爭議地是排他的、私人的財產關係之一種形式」。他以及跟隨者卻不曾分析這種私產關係對社會主義的意涵，也不曾對婦女處境的結構進行分析。馬克思只說共產主義並非把共同財產的婦女「共產化」。但除此以外，共產主義對婦女而言是什麼東西，他就三緘其口、不再提起了。

社會主義者所不欲談、不敢談的性事，卻被自由主義者所侃侃而談。他們曾討論古代社會與東方社會婦女的性事之開放，但比起這些社會中的一夫多妻來，婦女的性事之開放，並沒有反映她們被宰制、被剝削、被壓迫的情況。以古代中國為例，父親在家庭中高高在上的地位，使他能為所欲為，變成家庭中的暴君，實行高壓暴政。在西方一夫一妻制並沒有帶來「絕對」的改善，恩格斯認為，一夫一妻制並沒有使男人與女人之緊張關係和解。反之，是兩性中之一方被他方降服，以致歷史初期中兩性的衝突還是延續至今。

不過在西方基督教的教義訓示之下，一夫一妻制表現了特殊的形式。這種制度同史無前例普遍的性壓迫之管理掛鉤。在保羅眼中，表現出明顯反女性的偏見之性格，其出處為猶太教。然而隨著時間的消逝，這種偏見似乎較為沖淡，表面上社會尊重與奉行一夫一妻制，但統治階級事實上仍接受一夫多妻的行為，在性的自由的方面只限男人享有。16

世紀一個重大的變化產生，那就是信仰堅定且人數增加快速的清教徒及其禁欲主義，伴隨著經濟發展而崛起。在喀爾文教派批判之下，貴族有多名妻妾、享齊人之福的做法便受到攻擊。

其後資本主義興起，新興的資產階級抬頭，他們賦予女人新的地位——做為妻子與母親的地位。女性的法律權利增加，但她的社會地位仍引發爭議。雖然虐妻會遭受譴責，但布爾喬亞的男人視其妻子只是其對手，而非完全平等的伴侶。只有貴格會信徒承認婦女的平等權利，以及讓婦女享有自主權。的確，比起其他教派來，清教徒曾經提昇婦女的地位，但並未提升至能與男人平起平坐。做為新的生產方式之資本主義仍保留了家長制、父權制。只有當現代布爾喬亞社會出現後，一夫一妻制才終告落實，這多少表示歷史上人類又邁進了一大步。資本主義社會中形式的、法律的平等和資本主義的理性不只應用在物質（商品）交易之上，也應用到勞動契約之上。這兩樁事件（交易與契約）上，表面的形式的平等卻隱藏著真實的剝削和不平等，但無論如何形式的平等代表了進步與文明，希望有助於未來更佳的進程。

當今的情勢可以用新的矛盾來加以界定與描述。一旦形式上的一夫一妻制獲得確立，性的自由（一度被一夫多妻者所壓榨、濫用）變成了解放的一種可能性手段，這表示夫婦雙方可以踰越目前性制度之限制。就歷史上來觀察，曾經出現過辯證的運動，其中在清教徒壓制之下，性的表達（縱慾）被「犧牲」掉，因之，造成性角色的對等，也因此產生的真正解放的契機，也就是使平等和自由的雙重意義得以落實，這便符合了社會主義的訴求。

這一運動可以在情緒或感情的演變史中找到證實。對愛情的歌頌與崇拜是在20世紀才出現的。自由戀愛有異於法律形式的婚姻，它也抬高女性的價值。愛情的尊重逐漸擴散至四方，也與婚姻連結起來，遂產生了一個荒謬——對生活可以自由選擇。西方的一夫一妻制早就預感到愛

情的理念。婚姻和愛情的協調本是官署的做法，但這兩者卻常有爭執，其緊張並未消除。婚姻是一種自願的契約，戀愛是自動自發、難以控制的激情，但存在於婚姻和愛情之間卻有一道形式的矛盾。原因是戀愛應是每個人一生中一次奇妙的、狂熱的感受，現在要把這種感受硬行套入、或整合於自願的契約中，其可能性、被接受性愈來愈低，特別是牽連到日常的經驗之上，也就是對性的壓抑（不可任意發生非婚關係的性行為）愈來愈放鬆之際。換言之，俗人所說婚姻是愛情的墳墓，就是在透露這兩者（愛情與婚姻）並非時時搭調、長久配合之訊息。

傳統的價值模式（婚姻與愛情兼顧）之破壞可能從婚前性行為的經驗之增多可以看出。這種婚前性行為之浮濫似乎為當代社會所認可、所合法化。但它的涵意對控制現代社會的婚姻之傳統觀念是具重大的破壞性與爆炸性。原因是婚姻是排他性、也是永久性的男女結合。以猶太教和基督教義來說，婚前的守貞和婚後的忠實都是兩性必要的倫理規範，但如今這一倫理已被婚外的性氾濫破壞無遺，是故反對性浮濫的鬥爭愈來愈失利。

性的解放之浪潮有可能讓婦女享受更大的普遍性之自由，但也可能造成新形式的壓迫。受到清教徒影響的布爾喬亞既然發明了「伙伴」（並非完全平等的伙伴，係指當代女性而言），雖然為婦女製造了解放的契機，但它卻賦予兩性規範性的法律上之平等（而不再濫施壓迫），就像對私產的管制一樣，對自由的性事之發展採取緊急煞車的措施。這表示當前婦女性的自由還是要受到法律的限制。假使資本主義的市場體制是產生社會主義的先決條件，那麼布爾喬亞的物質關係（一反《共產黨宣言》對此的貶損、斥責）可能是女性自由的先決條件。

四、孩童的社會化

　　婦女在生物學方面的宿命，是擔當母親的角色，使她們變成孩子社會化的力源（socializer），亦即負起文化培養的責任、成就文化的志業。把小孩養育成人成為女性重大的社會職責。她之適合於後代的社會化是由於她的生理條件：她能夠以乳哺嬰和她不善於做粗重的工作（打獵、捕魚、投機、經商）。不過適合做某事並不是意味非做某事不可。人類學者曾經指出，不少的部落曾經讓男人幻想他們也能生男育女，可以有繁殖後代的能力。

　　文化上的分工，把小孩照顧、教育、培養、帶大，固然是女性合適的工作，但這裡不是要加以考慮的本質性問題。比這更重要的是分析社會化過程的性質及其要件。美國社會學家帕森思（Talcott Parsons 1902-1979）曾經指出，為了使社會化完善，一個小孩需要一對的雙親，一個演「表現」的角色（母），另一個演「工具性」的角色（父）。所謂的表現或表述，就是贊成或反對、愛和關懷，比較是訴諸情緒方面，促成嬰孩感情方面之事。反之，工具性事涉及處理日常生活的技術層面，以及因果關係的邏輯，由手段以達目的之方法等等。男人在現代社會中則扮演能夠生殖的成人角色與出外工作的職業角色。女人的功能則為持家教子，其統合、適應和表述的角色使她很難外出工作，也就是女性要發揮工具性、職業性的本事先天上就受到阻礙。由於社會化過程是任何社會構成所不可或缺的，其重要性不言而喻。帕森思指出，儘管每個人的人格都與別人大不相同，但在他或她幼稚時期所型塑的「性格」之基本形態，不會受到成年後的經驗引起根本上的改變。「重要的事情是童稚時期的性格形成及其後相對的穩定」，這一事實值得吾人去省思，從而看出母性社會化職務的重要。

　　可以說現代心理學的重大突破，便是童年對個人生活的歷程之重大

影響。有人（像Melanie Klein 1882-1960）甚至稱：出生到一歲大小的嬰兒，其第一年的心理過程會決定下半生的人格生成。一個嬰孩後來人格的穩定和統合之先決條件繫於照顧他（她）的人之關懷與智慧，也繫於照顧他（她）的人之先後一貫。這一科學的發現更證實母親功能之重大，特別當傳統的家庭更趨向式微之際。

由於現代核心家庭成員愈來愈少，生育本身重要性大減，反過來養育與教育卻愈來愈重要，加上社會風氣的劇變，使小孩和青少年的身體、心靈、道德的發展問題愈來愈多。而這些養育與教育的責任多半推在做母親的婦女肩上，使她生育功能減少，而撫育責任大增。儘管義務性教育提升（降低學童年齡）實施，母親的負擔依舊沈重。

在結論中米徹爾指出，女性要能夠達成解放的目的，勢須把生產、生育、性事和社會化四項傳統的結構一一加以轉型改造。這四項結構彼此也有相當的牽扯，例如增大的社會化會使婦女的生育減少；婦女外出工作機會的增多，使她們投入生產行列的可能性增大，也有可能使性事更為開放自由，連帶影響了對子女的教育與養育（減少社會化的工作之捲入）。至於婦女還未獲得真正的解放，最多是她們被壓榨、被剝削的形式有所減緩與改觀而已。英國與美國過去一世紀來婦女運動的結果，終於贏得投票權，而參與政治活動。只有法政領域上的形式平等，並沒有抬高婦女在社經方面重大的地位。在俄國十月革命後則產生另一種的景象，1920年代蘇聯曾有進步的立法，讓婦女性行為得到更大的活動空間，也便利婦女的離婚要求，其結果造成婚姻形同虛設。這種鬆軟的法律規定，在俄國大力推動工業化急需人力來參與生產之際，只造成嚴重的後果，迫使獨裁者史達林改弦更張，重返傳統嚴格的規範裡，於是又回到允許繼承、反對輕易離婚、反對墮胎的舊樣裡去。

中國的情形又是另一特例，在中共建政不久大力推動婦女解放，俾女性從廚房走進工廠、參與生產勞動。這種作法大大抬高婦女的社會地

位，但在婦女的性自由受到限制與婚姻規定（特別是離婚要經過繁瑣的程序），以及生育（一胎化）規定轉趨嚴格之後，中國婦女的解放夢想並非短期可以實現。

看樣子只有在高度發展的西方社會中真正的婦女解放還存在一絲的希望。不過要達成解放的目標，上述四種結構一定要轉型，而四種結構又是彼此牽扯，而合構成一個社會整體，要改變其中的一種又會引發另一種的效應（牽一髮而動全身）。如何把其中的糾葛理清，如何把各種矛盾解開，如何在「分裂中尋找統一」（*unité de rupture*），都需要婦女明瞭與反思。由於四個結構各自發展的速度不一致，革命運動者界要擇弱處來先行進攻，俾為整體的轉型鋪路，因之革命者應該自問：「今天這些不同的結構所呈現的情狀究竟是什麼？今日婦女具體的處境是什麼？在這個處境中她們居於怎樣的地位？」（Mitchell 1989: 296-315）。

 ## 第四節　哈特曼論父權制和資本主義的勾結

哈特曼

　　　　　　　　　　　出生於美國，哈特曼為一經濟學家，曾任職國家研究理事會與美國科學院，也曾編輯《女性主義研究》（*Feminist Studies*），討論過科技同家事操作之關係、婦女就職的問題、以及馬派的女性主義之理論。在〈馬克思主義與女性主義不平的結合〉一文中，他以唯物史觀來討論男性的宰制，並把這種觀點應用到父權與資本主義的體制之上，俾發現父權與資本主義的互動如何來壓迫西方的婦女。

　　首先，哈特曼論述激進的婦女運動和父權的關係，其次分析父權與資本的伙伴關係，最後討論婦女所受的壓迫情況。

一、父權制的定義

　　激進的婦女運動與女性主義的作品都指向一個口號：「身分的就是政治的」（"The personal is poltical"）。婦女的埋怨並不是無法適應新環境、新情勢的女人神經質的呻吟，而是對有系統的宰制、剝削和壓迫婦女的社會結構之反彈。婦女在勞動市場低劣的地位，中產階級婚姻以性為主的情緒結構，利用婦女從事宣傳廣告，把女性的心理活動當成不正常的心理分析，這一切有關女性在先進與資本主義社會的事項、面向都被學者或文化工作者一再剖析、一再研究。在這種情況下女性主義的文獻雖是汗牛充棟，但彼此競唱爭鳴，無法理出一個頭緒來。她們或以心理學或以心理分析來探察婦女的心路歷程。因之，有研究「自我的政治」者。「身分的就是政治的」口號對激進者而言，是稱最早的階級分化是以男女兩性而劃分，歷史變遷的動力為男性爭權奪利，俾能宰制女人，辯證是圍繞陰陽兩性而展開等等的說詞。

　　為此費絲敦（Shulamith Firestone 1945- ）重寫佛洛伊德的看法，以權力的爭取來描繪男女由小孩發展為成人的經過。男人在成長過程中不斷追求權力與主宰地位，他是自私自利的人，也是孤獨的個人主義者，好競爭與追求實用，是故「科技的方式」是男性的。女性則懂得養育和看顧後代、富藝術氣息、沈思而懂哲理。是故「美學方式」是女性的。不過這種描寫與分類用到當前兩性的比較之上，也許適當，如果追溯到古希臘的文明，則令人生疑。換言之，激進女性主義善用心理分析為其長處，對歷史之缺乏認知則為其短處，也就是方法應用之不當。

　　不只激進女性主義者方法有誤，就是父權（家長）體制的性質也有謬誤的所在，這是因為父權制度是社會組織頗具彈性與活力的一種形式。激進女性主義者

佛洛伊德

把父權體制看成是男性宰制女性的社會體系。她們認為西方的社會，無論是軍事、還是工業、科技、大學、科學、官署、金融等有權有勢的機構都操在男人手中，這還包括具有鎮壓職能的警察在內。這種父權、或家長、或長老制度，其實不限於今日的西方世界，而是幾乎無處無之。但對馬派和社會科學者而言，長老或父權制度是男人與男人之間的關係所形成的社會體系，這個體系形成封建或封建之前的社會之政經外觀。在這一體系中，上下垂直的不平等關係（hierarchy）是遵從傳統所規定、所賦予的（ascribed）特徵，而非個人憑其能力、表現而爭取的（achieved）成就。布爾喬亞的社會學家所理解的資本主義社會是以業績、官僚和非人際的、非人身的（不以個人的生產、背景為考量的標準）形成的體系。馬克思主義者則視資本主義的社會為階級宰制的體系。這兩種看法都與激進女性主義者的看法相左，也就是視父權體制與資本主義社會並非男性宰制女性的社會體系。

那麼父權體系、家長體系、長老體系要怎樣去理解呢？哈德曼說：「我們平常可以給父權制度一個定義，也就把它看成一組男人與男人之間的相互依賴和團結，俾他們可以宰制婦女。儘管父權制度是上下不平等的，不同階級、種族、或族群的男人所形成的組織與行為定式，但男人在此制度中擁有不同的地位，他們卻為一個壓制女性的關係，而凝聚起來、統一起來形成了體系。這些男人相互依賴為的是維持這一宰制。上下垂直的不平等關係對擁有大權高高在上的人極為有利。他們藉酬庸、提拔、升遷的好處來使下層人員乖順降服。所有在此上下高低結構任職的男人們有志一同，在享受買收與被買收的好處之餘，全力來宰制婦女。有證據顯示早期掌權者，給予男人家長的職位來換取他們的忠誠，俾統治者能夠發號施令。由此可見男人是仰賴其他的男人，來達到控制妻子與兒女的圖謀」。

父權制度的物質基礎在於男人對其妻子勞動權力的控制。其控制的

方式為排斥婦女參與和取得生產資源，也限制了婦女的性活動。一夫一妻的兩性婚姻是近期而又有效的制度，來使男人可以控制婦女既不佔取資源、又不搞婚外情。在控制婦女在上述兩個範圍（資源與性活動）內「不踰矩」之下，男人也就達成控制婦女勞動力之目的，使女人只能滿足男人的性慾、又能看管小孩。女人所提供的服務使男人不只在家中，也在其職場，免除繁瑣的操勞（例如清洗廁所），又可以使女職員端茶燒咖啡、供男性頤指氣使。女性照顧與養育小孩，便利家長制、父權制之永續經營，正像階級社會的維持需要學校、訓練所、職場、消費規範等的再生產、再提供，父權制也需要一大堆的社會機制（教會、幼稚園、運動場、健康室）來輔導、來支撐。

是故父權制的物質基礎並非家庭中小孩的養育，而是全社會的結構，俾有利於男人對女人勞動的控制。人一旦出生，是男是女便有性的特質（sex），但人們對男或女的不同，卻加上男人與女人的特徵之標記，這便是「性別」（gender）。「性／性別的體系」（sex/gender system）是以社會來改變動物學上的性特徵，為人類活動的產品。在這個體系中業已改變的性的需要獲得了滿足。這意思是指生為男人或女人本是自然的生物學的生成現象，但人類的家庭、社會、文化卻對男與女的性別加上了人為的、社會的、文化的區別，強迫男人與女人隸屬於截然有別，甚至相互對立的範疇中。是故性是自然的、動物學上的概念，性別則是社會的、世俗的承認。人類怎樣來被創造成男或女，可以說是「生產方式」的第二個面向（第一個面向是指人類在歷史過程上，以怎樣的工具、方式和合作關係從事人對自然的征服、開發、利用而言）。這也是恩格斯所說的「人生產人的本身，就是人類的繁殖」。

人群怎樣傳宗接代、產生後嗣，完全由社會來決定。假使生物學上人們可以在性方面隨意交往的話，社會的組織定會讓男女性事自由，這樣一來繁殖便由兩性的交往自然出現。但人類的社會卻不遵照生物學上

兩性的隨意媾合。反之，卻藉由嚴格的分工而區分了兩種分離的性別人物（男人與女人），並為了經濟的理由，而創造了他倆的結合之需要。這種作法便引導了他們以兩性的媾合，而滿足他們的性慾，進一步保證生物學上繁殖的順暢。人們固然可以幻想使用人工而進行繁殖的可能性，但以性做分工的作法，卻是至今為止各種社會通用的繁殖方法。固然性別的分工不一定意涵男女的不平等，可是至今為止分工還是不利於女性。性別分工還內涵另一與性有關的次級文化，那就是男人與女人對其生活、生涯將有不同的體驗。它是男性權力的基礎，這種權力不但在家中做事時發揮出來，就是在職場爭取優越的職位時，也在充分運用。在面對女性時，不只在形體上，就是在心理方面，男性的權力都會適時地運用與發揮出來。

人們如何來滿足他（她）們的性慾、如何來繁殖、如何教育下一代，如何認識性別、如何來感覺其本身為男人或女人。這一連串的問題及其解答都出現在「性／性別的體系」中。親族的影響、以及小孩從小至大的耳濡目染都是導致這一體系出現的原因。儘管歷史上有男人為主或女人為主、兩性平等的種種「性／性別的體系」之分別，但在這裡我只注意父權制或家長制是規範上下垂直不平等的人際關係，同時也造成男性宰制。

馬派人士用來指涉為「生產方式」的經濟方面的生產（以別於人類繁殖方面的再生產）和性／性別的範圍中的傳宗接代這兩者，決定了社會組織（某一時期某一社會人群所寄生的聚合體）之形態。社會的整體可以看作是人與物的結合，也就是住在該社會中的人群結合與生產的貨物之總彙，他們生產與再生產（繁殖）的總成績。從這個觀點來看不存在「純粹的資本主義」，也不存在「純粹的父權制」，兩者都是合而為一，可以稱做「父權制的資本主義」（patriarchal capitalism）。生產與再生產始終緊密聯結，要改變其中之一，就會造成另外一方面的緊張、變

化與矛盾。

種族的垂直不平等（racial hierarchy）也可以用膚色／種族體系來界定。膚色是自然的、生物學上的現象，種族則是人為的、社會的認定。種族的垂直不平等同性別的垂直不平等相似，卻構成生產方式的第二個面向。

資本主義的發展替工人們在社會垂直上下不平等的位階上安排地位，但傳統馬克思主義者卻不會告訴我們那個工人會佔那個地位。於是性別的上下不平等和種族的上下不平等，便決定了誰可以在社會垂直不平的位階上佔有那些空位置。父權制不僅僅是上下有別、地位高低的組織而已，而是一個上下不等的位階，其中那些特別的人佔有那些特別的位置。只有研究父權制才會理解婦女何以被壓制，以及怎樣被壓制。至今為止所有為人們所熟悉的社會都是父權制的社會，但這並不是說父權制可以不管時空永遠長存，也不意味它不會改變。反之，做為男性彼此關係的組合，而讓男性宰制女性的父權制卻每受時間的變化而改變其形式與強度。首先要檢驗這個男人的組合中上下不平等的結構，以及何人可以取得何種特別的益處。此時階級、種族、國語、婚姻狀況、性向、年齡等等特徵都會扮演決定性的角色。不同階級、種族、國籍、婚姻狀況、性向、年齡等等特徵也會降服於不同程度的父權宰制之下。婦女本身也會運用其階級、種族、或是父權的（透過其家庭關係）權力來控制比她們地位低的男性。

重述一遍，父權制是一組男人與男人之間的社會關係，它有其物質基礎，在男性宰制女性方面，這些男人團結一致、有志一同。父權制的物質基礎為男性控制了婦女的勞動力。這種控制得以維持是由於排除女性於經濟上必要的生產資源之外，而且對女性的性活動加以限制的結果。男性在運用這一個控制，俾從女性那兒得來人身的、身分的服務，不用為家務與養育子女而操心，而可以進入女人的肉體而獲得性的滿

足,並且因此而覺得很有權力,也變得有權有勢。父權制主要的因素為異性的婚姻(排除同性相親的害怕)、女人負責養育後代與持家,女性在經濟上依賴男性(藉由勞動市場的安排,達成女性收入少,或根本無所得可言),此外還有國家、及無數男人專用的機構組織(俱樂部、運動、工會、專業、大學、教會、公司、行號、軍隊、警察等等),把女人共用、或單獨使用的機會排除。

上下垂直不平等的位階和男人彼此的依賴,加上女性的卑躬屈膝,成為社會發揮功能不可或缺的「統合性」(integral)功能。這就是說上述的諸關係(不平等、男人相扶持、女人屈服)都是體系的、系統的(systemic)。暫時不去談論這種體系的關係怎樣被創造、怎樣產生出來,而考察父權關係與資本主義社會之關聯。在資本主義的社會中男人與男人的緊繃關係(bond)之存在,雖被資產階級與馬派的社會學家所否認,但女性主義者還是要詳加考察、深入追究。

二、父權與資本主義之結合

在資本主義社會中,表面上每個婦女都被其男人所壓迫,因為壓迫是婦女私人的事件,在家庭中,或其他場合,男人之間的關係似乎零碎化,而無關宏旨。人們遂誤認男人與男人之間的關係、男人與女人之間的關係與體系性的父權制無關。但女性主義者卻力稱,父權制是男人與女人之間的關係所形成的體系,而這一體系存在於資本主義之中,在資本主義的社會中存在著堅強與緊密的父權與資本的聯繫。不過如果以父權概念與資本主義生產方式為考察的開始,卻會發現父權與資本的伙伴關係並非必然、無可避免的,原因是男人與資本家在利用婦女的勞動力方面常持衝突的看法。原因很簡單,絕大多數的男人都希望把女人關在家中,只提供給他們個人的身分的服務。少數的資本家則期待婦女在工

資的勞動市場賣力，供他們發財致富。在考察歷史上，這種婦女持家或就職的衝突之後，我們才會把資本主義社會中父權關係之物質基礎找出來，也才會把父權同資本的伙伴關係找出來。

　　馬克思主義者曾經把他們經歷與目擊的19世紀之社會現象，以邏輯的方式推演出一些結論。不過他們卻小看或低估父權的勢力對新興資本的競爭，以及如何駕馭資本來適應父權勢力的發展。工業革命將所有的人轉化為勞動力，包括女工與童工。女人與小孩可以有別於男人賺取微薄的薪資，造成工資的普遍下降，也改變或顛覆了向來的威權關係（男人反抗雇主的抵抗能力減少）。在低工資的全家勞動下，婦女在操家的負擔之外多了另一層外出勞動的負擔，這對勞動男性更是受苦，多了低工資的競爭伙伴，少了妻子在家服侍的舒適。於是男性勞工群起反對女工與童工，不讓他們進入工會成為會員，要求男工每日至多十小時的工時。最先通過工廠法改善女工與童工待遇，其後要求「家庭工資」，也就是使男性的工資高到可以養妻育子。於是在先進的資本主義國家中，家庭薪資制在19世紀末與20世紀初大致落實。換言之，男工不為女工的同酬而奮戰，卻斤斤計較家庭薪資的落實，就說明自私的男人不過是要求妻子在家中做全職的女傭兼免費的性工作者而已。在沒有父權制的情形下，聯合的勞動階級可能有效對抗資本主義，但父權的關係分裂了勞動階級，讓一部分的人（男人）被收買，而犧牲其他部分的人（女人）。男人之間的合作與團結（儘管他們有上下垂直的不平等位階）成為解決勞工與資本的衝突之辦法。換言之，家庭的薪資變成了有關婦女勞動力爭執的解決辦法，這就是在家長制和資本主義利益掛鉤的時刻所發生的事件。

　　家庭薪資制是在減低婦女、兒童和弱勢人群（愛爾蘭人、黑人等）的收入下，由工會和資方所協議達成的工資機制。其落實會造成勞工場所的職務隔離，規定那類工作專屬成年男人做，那類工作由婦女、童

工、弱勢族群去做。這種族群之外的性別隔離，不但在家庭、辦公廳、職場出現，甚至家中的操作也加以區分（煮飯、洗衣屬於婦女；打掃清潔屬於男性）。由於性別而施行的職務隔離，以及女性同工不同酬的低薪待遇，使婦女永遠得仰賴男人過活，也把兩性活動空間區隔開來。對男人而言，家庭薪資在兩方面提供男性宰制的物質基礎：其一為在職場中男人佔有比女人工作條件更佳與收入更多的職務，迫使婦女以從屬丈夫的家庭主婦為其專職。第二、婦女被迫在家中操持家務，為丈夫提供服務，而讓男人直接受益。婦女持家的責任加強了她們在勞動市場低劣的地位。

在20世紀初所提出解決衝突的方法，一般而言既有利於資本家的利益，也符合父權制得利者的好處。資本家也看出19世紀工業化初期悽慘的工作環境不利於工人的繁殖，最終會影響勞動力的短少，而不利資本的累積，其後看出女工與童工就比較便宜，但不若受過教育與訓練的成人男工對其利潤的增生有助。是故家庭薪資的發放既可以使男工心滿意足，也使婦女不必外出工作。是故家庭的功能以及婦女在家中操勞對資本家還是有利。事實上，婦女在家中相夫教子、滿足男性的慾望，也成為資本家產品的消費者。更不要忘記家庭就是宰制與屈服最佳的訓練所。服從的子女變成服從的工人，在家中男孩與女孩學到自身適當的角色。

如果說家庭薪資顯示資本主義配合了父權制的話，那麼孩子改變的地位是父權制配合（調適）了資本主義。兒童如同婦女被排除於工資勞動之外，當小孩賺錢的能力減少時，親子間的關係隨之改變。美國工業化初期，滿足孩子的需要成為父親重要的思考要事，也就是造成小孩快樂的發展是父親主要的關懷，因之在有關孩子養育監督權的爭議時，父親獲得法律的優先權。可是一旦小孩對家庭經濟福利貢獻的能力減退之後，母親成為小孩快樂的發展之重要支柱，婦女在兒女監督權上取得

優先。這裡父權制調整為配合孩子經濟能力的改變。當孩子們有生產力時，父親可以要求監護權，當孩子無生產力時，則交給母親去監護。

19世紀的馬克思主義者預言，在資本主義即將把工人變成普勞分子的情況下，家長制將會消亡，可是這個預言完全落空。在這裡馬派人士不但低估了父權制，還高估了資本的力量。他們只見到資本主義新的社會勢力，把封建體制摧毀。現代的觀察者則能夠看出純資本主義與實際的資本主義發展趨勢之不同、資本同種族秩序的伙伴關係、資本同勞動市場各部門之伙伴關係成為大家討論的議題。在這個過程上資本主義展示了驚人的伸縮自如和彈性。

理論上，資本家總是大力榨取剩餘價值，但實際上他卻要考慮員工的反抗、社會的控制和國家的干預。國家可能為了當成整體的社會之再生產（繁殖）而實行干預，它可能監視某些資本家、阻止其竭澤而漁，或防阻惡劣情勢之爆發。考慮到這些因素，資本家只能在實際上能夠接受獲取最大利潤打主意和採取行動。在此情形下，資本家集團變成了社會上最具宰制勢力的群體，同時也變成了種族偏激分子或是男性主義者。以這個角度來觀察，資本主義固然推翻了封建主義，卻又承繼封建主義一些注定的、賦與的（ascribed）特徵，也就是主導群體與降服群體（使群體降服於資本家宰制之下）的傳承特性。

最近有關壟斷資本能夠為勞動市場分割成各個部門（segmentation）而引發論爭，這可以說是從注定的、賦予的特徵之角度來考察。資本家有目的地把勞動區隔為各種部門，也是使用這種賦予的、指定的特徵之手法來分裂勞動階級，並非由於資本累積的需要使然。從這個角度來看資本主義的發展並非無往不利、始終有力，但它卻是伸縮自如、極富彈性。資本的累積碰上已存的社會形式，其結果不是摧毀社會形式，便是與社會形式求取調適。資本的調適可看作是，既存社會形式在新環境中，設法保留其本身的力量。就算社會形式能夠保留，並不意味它們不

生變化。瞭解今日重視性以及種族的特徵之意識形態，強烈地被性的分離和種族的分離之特別方法所塑造，而這種特別的方法是在資本累積過程中不斷的加強、不斷地形成出來。

上面我們曾經提及資本主義和父權制彼此適應、或調適就表現在家庭薪資制之上，這是20世紀初的情形。家庭薪資制使家長制與資本之間的伙伴關係凝固地結合在一起。儘管第二次世界大戰結束以後，婦女外出工作機會大增，家庭薪資制仍舊是現代兩性的分工之基石——男主外、女主內之性別分工。婦女工資之低微，加上必須照顧小孩，使男人的收入變成以家庭為單位匯聚的錢財來源。就靠家庭的薪資之支撐，家庭的存在就便利了男人對婦女勞動的控制，這種勞動不管是在家中，還是外頭的職場都是一樣。

婦女有薪工作的增加，固然會導致家庭工作無法兼顧的焦慮與緊張，但其結果尚無法達成家庭消失，或性別分工的失敗之夢想。原因是性別分工在勞工市場再告復現。職場上的工作仍舊以符合女性的體能、興趣為基本，像烹煮、清潔、服侍人群之類的工作。這類職務乃是收入低、地位也低的操勞，也就是造成仍處於父權制的體系中男尊女卑的關係裡。

以工業為基礎的父權關係（男女不平等關係），藉由幾種方法而不斷在加強。透過工會的契約，刻意壓低婦女的工資、減少其福利、抑制其升遷的機會，是傳統重男輕女，視男人優越的意識形態之殘餘，但卻是父權制的物質基礎。儘管女性出外工作人數與機會日增，但男女薪資的不等（同工而非同酬），使父權制永續存在，也使男性永遠控制女性的勞動。薪資的不等把女性定義為次於男性者，從而迫使女性在經濟上永遠附屬與依賴男人。是故，職場的性別分工可以被目為父權永續維持的表徵。

有人認為資本和父權制難以長久和平共存。資本主義可能最終難以

忍受父權，而改變了家庭關係和摧毀父權制；另一方面這種說詞也說明婦女最終要擺脫男人的控制，增加外出工作賺錢的機會，而不願待在家中受盡壓迫。不過這項說法仍不具說服力，因為在家庭中存在數千年的父權關係會在一朝一夕中被資本主義所擊垮、所摧毀。也無證據顯示家庭體制正在解體中。不錯，隨著女性積極參與生產、勞動，離婚率有增大的趨勢，但單憑婦女有限的收入難以養活其本身及其子女，是故預言家庭的解體還嫌太早。

認為資本摧毀家庭的說法，未免忽視其他社會勢力造成家庭的吸引力。儘管批評核心家庭對成員心理的發展常具破壞性，但家庭還是能夠提供成員去滿足其需要，這對一夫一妻制固然為真實，對兒女的養育更是真確。單親家庭負荷太沈重的財政與心身的負擔，這些負擔造成就職婦女所奢言的「獨立」變成幻象。是故單親家庭被視為轉變到雙親家庭的過渡時期，一旦單親再結婚的話。

或者有人會說婦女外出就職的增加，不致於造成離婚率的上升，而是家中的性別分工重做安排，也就是讓丈夫做更多的家事。不過西方調查統計的結果，在職婦女仍舊包辦家事的絕大部分，只把小部分的工作讓給丈夫或孩子去幫助處理。是故就職婦女一天當兩天使用，內外都要兼顧。期待未來家庭關係有所改變，而讓父權制壽終寢的想法是不切實際的。要之，父權制就像資本一樣具有驚人的靈活性與適應性。

通過男人之間上下垂直不平等的尊卑關係之建立與正當化，俾使各種男性群體得以控制部分女人的父權制是哈特曼分析的主題。父權制和資本之間的伙伴關係也如上述緊密而不易分開。可以說是父權制加強了資本主義的控制，而資本主義的價值也界定了父權制的產品之價值。

激進人性主義者所描繪的資本主義社會中男性為愛競爭、富有理性，但傾向於宰制別人。這種男性特徵與資本主義的特徵完全一致，因為這些是資本主義社會視為有價值的性質。其理由有二：其一，做為薪

資勞動者的男性在勞動時，被吸入資本主義關係中，身不由己地被資本主義的關係投入競爭之中，也把這種體制的價值全盤接受；其二，縱然在性事的規定上，男人比女人主動好戰，只求肉體的滿足而不顧情緒的慰藉，為符合當前的意識形態所尊重的價值，男性也會把競爭、理性、宰制之特徵加以掌握、聲稱，與運用自如。

不只資本主義的社會，造成女性要為男性的宰制和資本主義的生產之持續兩重目的服務，就是資本主義社會以性為主導（sexist）的意識形態也歌頌男性的特徵與資本主義的價值，而賤視婦女的特徵與社會的需要。在資本主義以外的社會女性被輕視、被認為軟弱無力，其提出的理由，或稱其辯解的理由完全不同。只有在資本主義的社會中把婦女看低，貶稱為情緒或非理性的，自有其道理。同樣的稱謂對文藝復興時代的女人而言，則不合適。只有在資本主義的社會稱女人是依賴的眷屬，這種依賴的描繪又不適合封建主義社會的婦女。須知分工使女性在家中既是妻子又是母親，可以大部分關心使用價值的生產。把生產這種價值之活動加以賤視、小看，模糊了資本的無能，也就是資本沒有本事決定需要，同時來為男人的宰制提供辯詞。換言之，資本主義所重視的是交換的價值，而非使用的價值。男人是進行交換價值的生產者，而婦女只被限囿於使用價值的領域，這說明了何以20世紀以性為中心主導的意識形態對資本主義的社會中之女性會看輕與賤視之緣由（Hartmann 1989：316-337）。

 ## 第五節　艾蓮萊談女性主義的新理論

艾蓮萊（Barbara Ehrenreich 1941- ）出生於美國，在洛克斐勒大學就讀，獲有生物學博士學位，曾積極參與婦女運動，為《密司》雜誌的主

編，也擔任過美國全國婦女健康網絡的理事。1983年任
美國民主社會機構副主席職位，也為政策研究所成員，
其重要文章〈沒有父親的生活：社會主義的女性主義之
省思〉刊於1984年《社會主義評論》雜誌上，係檢討之
前十年間社會主義的女性主義的理論與實踐、發展的情
況與遭遇的困挫。

艾蓮萊

艾蓮萊指出1970年代末，大部分的社會主義之女性主義者所接受
的理論為：女性是活在資本主義和父權制這雙重體系、雙重結構當中。
這兩種體系，或兩種結構大體上都具相等的重量或分量。資本主義和父
權制以千頭萬緒的作法相互聲援、彼此勾結。它們之間的盤根錯節之糾
纏，可以看作「整合的過程」。每一體系的特別部分成為另一體系所必
須而不可或缺者。資本主義加上父權制便足以描寫整個世界，而這個世
界居然像牛頓想像的宇宙那樣有序地、和諧地運作。這當然是一個大膽
的理念。可是幾年以後的今天少數女性卻提出更廣大、更廣包的理論綜
合來。結果早期女性主義的理論大師多在忙著大專校園出版及著作，以
免「不出版、就滾蛋」。於是討論性與階級、家庭操勞與工廠工作、家
庭與國家、種族與性別、性與利潤等各種各類問題的人彷彿只剩下極少
數「不識時務」的女性主義者。假使認為「資本主義加上父權制」的女
性處境太簡化問題，那麼這批不識時務的女性主義者，便要來探討更為
複雜、更為難解的問題。

「資本主義加上父權制」的確曾經是好的理論，因為它證實社會主
義兼女性主義存在的價值。可是在1970年代中期社會主義的女性主義成
為到處喊打喊殺的過街老鼠。原因是出現了以文化或以分離主義為取向
的女性主義，從女性現實的苦難飄向精神性、性靈的領域，也就是形成
了對偉大女神的崇拜。另一方面卻出現社會生物學的理論，指陳男性永
恆的失信與背叛。這些激烈的、基進的女性主義視社會主義的女性主義

者為左翼的認同男性之騙徒，也就是被她們描繪為「男性的左派」者。此外，當時左右派陣營中不少人執迷於新興的馬列趨勢，隨時要迫使人人自我普勞化，對每個人都要「矯正」其錯誤。於是把社會主義的女性主義打成小布爾喬亞的間諜，企圖把勞動階級的鬥爭分化或轉移鬥爭的目標。

資本主義加上父權制是一個聰明的防禦性的心態。因為世界如果是由資本主義加上父權制構成，這兩者又無法簡化為任何一方的話，那麼要對抗這一體系（或兩個體系所形成的世界）就不能把社會主義從女性主義分開。假使父權制不只是分開明確的，也是一個「體系」，而不是一個態度（例如堅持性別的性主義）或潛意識的結構（米徹兒就主張它是下意識的結構）的話，那麼反對家長制的人絕不是虛晃一招，而是對「真實的」、「物質的」敵人，而展開戰鬥。再說，如果父權制與資本主義彼此相互加強、缺一不可的話，那麼探討其中之一，必然也涉及其他。因之，對抗資本主義加上父權制這一整個體系，只好靠社會主義的女性主義者了。

但不是所有社會主義的女性主義者對「資本主義加上父權制」感覺滿意，原因是這個概念不免有點靜態與結構主義的意味。因之，艾蓮萊及其合作者因此覺得有必要讓父權制留在未工業化時期的歐洲社會中，一如馬克思最終看到的事實，而不是讓女性主義者拘泥於某一時期中。再說，社會主義兼女性主義者也難以信服資本主義與父權制並駕齊驅成為理論探討的焦點。如果理論無法解說兩項事象彼此的增強或彼此的衝突，那麼這個理論就無法說明變化的經過。把資本主義同父權制看成一體，就無法看出它們的演變，也就看成一個缺乏主體的單一世界。

另外一個問題發生了。世事不斷發生變化，但其變化之道似乎不影響鐵板一塊的資本主義或父權制（艾氏與其他女性主義者均認為最好稱作「父權式的資本主義」，patriarchal capitalism），這也難以說得通。

是故社會主義的女性主義者已接受這種「體系」的假設一開頭就是錯誤的，不管這個體系是什麼？就讓它自生自滅吧！

社會主義的女性主義的理論之所以可以同時與馬克思主義結合，其主要原因在家事操作的關鍵問題上。理論上持家的工作包含烹煮、清潔、養育小孩、以及提供男人性服務等各種各類發生在家中的大小事務。基進女性主義者會指出：這種服務，不限於在家中，就是在職場、在革命運動的指揮部，替男性端茶、燒咖啡、也是為某人的利益服務，大多是女性做的工作。是故艾森絲坦（Zillah Eisenstein）說：

> 所有家事工作的過程來協助現存社會的承續：(1)婦女穩定了父權式的結構（家庭、主婦、母親等等），當她們完成這些角色之後；(2)同時，婦女也生殖了新的、下一代的工人，提供付款或未付款的勞動力……；(3)她們在較低的工資下勞動；(4)她們以消費者的身分穩定了經濟。假使生產的對立面是消費的話，那麼資本主義的另一面為父權制。（Eisenstein 1979）

女性家事操作的重要性，其發現使資本主義和父權制抽象的聯盟有了具體的內涵。第一，它給虛無飄渺的父權制概念一些「物質基礎」，也就是男人對女人工作的控制；第二，它揭露了「私人範圍」（父權制安放之處）與「公共範圍」（資本發號施令的所在）的並行。在公共場合男人的操勞在於「生產」；在私人領域女性的操勞在於「再生產」（繁殖後代）。女性的再生產不只是後代子女的生產，包括對各類工作態度與能力的再生產——教育子女怎樣「做人」、「做事」；第三，它表現了父權制對資本主義的重要性。大部分資本主義的制度生產了事物，只有父權式的制度藉由婦女的運動產生了可以製造事物的人類。

假使婦女在家中的操作對資本主義與父權制的再生影響這麼重大，是否婦女不做家事，來使這兩者垮台呢？是不是她們可以抵制呢？1974

年美國開始出現「給予家事操勞工資」的口號,這個口號給美國社會主義的女性主義一個策略性的回應和意料不到的勾畫。不只美國,就是義大利的女性主義者也同聲要求對操持家務的女性付酬,因為女性的家務工作對資本主義的發達是「必要的」,婦女的家中操勞為資本主義帶來「剩餘價值」。家庭式工廠的附屬機構,它產生勞動力,不亞於工廠所需的原料,家庭(和學校等)是「社會工廠」,是使工廠機器運轉不休的力源。婦女的家庭活動不再是陰影般的小貢獻,是可以量算出來的生產因素,與馬派所說的剩餘價值的生產可以分別的重大生產因素。至今為止男女的操作之分別只是前者付給薪資,後者沒有報酬,如此而已。

這個提議及其附帶的理論使美國及英國的社會主義之女性主義大為震撼。她們開始討論這個要求的可行性,究竟誰要為家務操作付款?此舉會不會造成財富重大的重新分配?在理論的層次上辯論集中在嚴格科學意義下,家庭工作會產生剩餘價值嗎?家勞付酬的辯論說來說去都離開社會主義的女性主義本來的理論,那就是說:每個婦女在家中所做完全為資本服務,是資本的成長所不可或缺的要素。當母親晚上對子女吻別說晚安的時刻,她正在生產下一代的勞動力。當沒生兒育女的女性職工在刷牙之際,她也是在生產勞動力(她自己的勞動力)。這是商品拜物教,但心裡卻是存著報復的商品拜物教。因為向子女吻別到晚安最多只是加強家中父權制的安固之習俗,卻對公司資本無直接的影響。最多只能解說,父權制始終與資本主義相搭配,兩者缺一不可。

儘管家庭主婦所提供的服務的如何有價值,但很少男人賺夠錢來使全職的太太能夠安心持家,男性「家庭薪資」之有名無實,加上結婚後婦女外出工作彌補家用,幾乎成為時尚,其理由多過一籮筐。一個明顯的事實為在職女性在家中工作時數,由全職主婦的每週55小時減一大半而為26小時。其中有部分由家庭其他成員協助操作(但丈夫的貢獻還是微小)。假使一如社會主義的女性主義者所說,婦女對維持現狀貢獻至

鉅的話，那麼家事操作之銳減豈不是要大大削弱了資本主義？但至今無人膽敢指出美國生產力的下降是由於男士襯衫沒有燙平，或是吃了僵冷難嚥的早餐所引發的。而沒有任何的資本部門提供恢復家庭薪資制，來使婦女重返廚房。

假使資本不需婦女的家事操作，一如女性主義的理論所預言的話，那麼個別的男人又是如呢？1970年代中期女性主義的理論，傾向於把男性描繪為迫切需要女性服務與勞動的人。自1975年至1984年的十年之間卻發現一個驚人的事實，那就是男人單靠速簡餐和短期的感情慰藉也可以活命苟存。其理由何在？以馬派的說詞必有其「物質」的理由。第一，速食店、自助洗衣店到處林立，使男人無需女性的服侍，單獨可以過活；其二，除了花費「家庭薪資」給真實的家庭需用之外，還存在其他花費的可能性（在吃、喝、嫖、賭之外，找個情婦、買輛跑車、參加地中海俱樂部）。為此美國的男性已慢慢割捨他們傳統上做為丈夫的角色，賺錢養家的角色，甚至「資本主義加上父權制」中做一個小型家長，擁有父權的家長之角色。

過去十年間（1980年代至1990年代）全球化的變化，甚至顛覆了女性主義某些看法，包括以往宣稱的「資本在獎勵勞動力的繁衍」。資本如同勞動力都在國際之間竄流，以致跨越國界的美國大公司、大商號、大財團很少依賴本國土生土長的勞動階級。再說資本家不再是工業資本家，他們在生產方面不一定大力投資，而改在土地房產上投資，或進行金融投機，他們這種冒險投機的作法，既不聽從善意勸告，也不理會供給方面的利基引誘。在他們的實際行事和政治遊戲中，資本家及其代理人展示了對「勞力再生產（繁殖）」的興趣缺缺，也就是對人生命之永續變化毫不關心。

這並不意味個別的公司或產業對作為消費者的女性生命之忽視。剛好相反，一旦女性擁有「買點」，它們會蜂擁而至，詐取妳皮包中的最

後一分錢。只是無法再辨認出資本家或父權者（家長）一體性的關懷而已。資本家早已計算出兩份薪資的購買力強於丈夫加上妻子的「家庭薪資」之購買力。在勞工鬧工潮之際，資本家階級有眼光之代理人早已仔細研究出普遍人怎樣安頓其生活、持家、育兒，而思索出榨乾其口袋之策略。

我們回想一下，艾蓮萊發現「資本主義加上父權制」未免是一個太「仁慈的」體系。為了把婦女隱藏的和秘密的興趣、利益擺放在經濟圖表上，人們不得不假設這些興趣與利益構成了或反射了更大體系之興趣與利益。由於婦女的努力事實上涉及關懷與照顧方面的操勞，人們又把關懷與照顧的功能投射到巨大的、非身邊（身分）的「結構」之上，認為這些結構對世界具有管轄的作用。在這種投射下誤認資本主義有鼓勵社會「繁殖」的意願，而把社會轉化為「父權式的社會主義」。這意味著我們的理論乃是世界的譬喻，把世界當成家庭的譬喻。資本家變成了「父親」、男性職工變成了「兒子」，而所有的婦女不是妻子，便是女兒，不管是妻子或女兒都在調解父與子之間的關係。這個女性主義的理論不但把家庭的譬喻擴大到世界，還指出婦女多多生產兒子與女兒，俾資本主義體系（與父權制體系）可以永續發展。兒女們雖是家中的成員，卻不擁有籌碼，而這個想像中的家庭，一如真實的家庭，企圖代代延續下去，其動機似乎不再是與男性控制女性的勞動與資源有關，而是結構或機制的自動運作使然。

艾蓮萊覺得「資本主義加上父權制」的模式不免把資本主義過度人格化或過度人化，其原因是這一模型把婦女的人格消除、去人身化、去人格化（depersonalized）。這一模式居然變得太仁慈，因為它沒有給婦女以空間，沒有關心婦女之存在。一旦把婦女養育子女的辛勞簡化成「勞力的再生（繁衍）」，那再也沒有人類企盼熱望的餘地，也沒也人類反抗反彈的餘地。一旦接收了「所有家事操作的過程協助現存的社會

之永續化」底說詞，則運作這些過程之婦女便喪失了潛在的自主性與人的主體性。再說一旦宣布除了生產以外的所有活動都屬於「再生產」的範疇時，婦女要對抗這種無聊的人生大概只有自殺一途，或刻意破壞勞動力的另一途而已。

諷刺地說，「資本主義加上父權制」的模型最先的用意在於證實與性主義有效的訴求，也把女性投入於馬派鬥爭的勝算中。但問題是左翼女性主義者對馬克思主義太敬重，以致社會主義的女性主義者動輒把女性的經驗解釋為商品與交易的過程，也就是使用馬派科學的術語來解析女性的活動。該是改弦更張的時刻了。取代提出下列問題：「怎樣用馬克思主義的詞彙來說明婦女在家庭中的操勞？」現在就該這樣問：「怎樣用女性主義的詞彙，來說明男性在家庭之外的勞動？」嘗試把婦女的操勞經驗用市場的名詞來求取解釋，效果不彰。現在再加上父權制，一樣地沒有幫助，得不出正確的答案。

那麼婦女要怎樣向前走呢？難道社會主義的女性主義者就欠缺社會主義的女性主義之理論嗎？回答是肯定的，儘管婦女運動者的努力，至今可能只找到半個理論而已。事實上，社會主義的女性主義一定要有方法去瞭解她們所處與所活動的世界。除了「資本主義加上父權制」之外，是不是對這個世界還有更新的理論，來更好的解釋呢？這個新理論在那裡？呈現什麼樣的樣式？它是不斷變遷翻新的、比吾人期待的想像還具暴力性與毀滅性的樣態在進行劇變？須知「資本主義加上父權」的模型是靜態的，它正從吾人的視平線退縮消失，原因是構成這一理論的要素，無論是「家庭」、還是「國家」、還是「經濟」，本來是固定的、堅定的範疇，如今卻成為流動的、幻化的事物。本來視為堅固的、穩定的「家庭」，如今卻發現它可能是臨時起意（improvisation）的男女組合。新的科技革命，不但橫掃工業的資本主義，也掃蕩了國家的社會主義，它改變了生產，也轉化了看法（perception）。整個工業，特別是

夕陽工業的劇變，使它成為明日黃花，成為無人再度記取的、值得回憶的事物。工業一旦成為過時的遺物，各種階級也無情地散落。就在同時美國國內的種族分裂、國際上的南北對抗裂痕接深著增加大，造成到處婦女的普勞階級化、貧窮化，大家成為遊民、移民、難民，也淪為「廉價的勞工」。大小的強權投入濫殺的競爭中，婦女的自救、鬥爭、運動，各種奮鬥的訴求與期待完全被摧毀一空。於是「所有固體的事物都融化與消失於空中」。

　　艾蓮萊仍舊相信，有一個制高點的存在，用來理解世界，也用來改變世界（我們今日所處的世界），這個理解與改變的制高點顯然是社會主義，也是女性主義。它是社會主義的（或者乾脆說是馬克思主義的），是因為馬派的想法幫助吾人去看出改變（變遷）的力道在於資本的盲目驅力，社會的落差（失據）、科技的更新和全球的重新洗牌（全球化）。這個制高點是女性主義的，因為女性主義提供自古以來最難對付的人類共同處境之真知灼見：以性別把人類悲劇性地瓜分成兩半，而造成鴻溝。鴻溝不只存在兩性之間，也存在於自然與人性之間。女性主義的灼見是吾人的智慧傳承，可是「我不認為我們已看出它的全部力量，這種力量是我們自己的〔而非別人的、超自然的力量〕」（Ehrenreich 1989: 346）。

第六節　費菊珣論性與工作

　　費菊珣為一位美國社會主義兼女性主義的哲學家，曾參與民權運動與反越戰運動。她為社會主義女性主義哲學理事會（SOFPHIA）會員。在其大堆的作品中討論雌雄同體、女同志的認同、母性與性事、男性宰制等主題。在談論女性在美國可能成為革命階級時，她指出婦女這種基

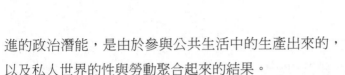

進的政治潛能，是由於參與公共生活中的生產出來的，
以及私人世界的性與勞動聚合起來的結果。

費菊珣

　　她首先指出愛情、性與工作是三個區域，為激進
社會理論家尋找男人主宰的起始與永續之所在。佛洛
伊德認為孩童的伊地帕戀母情結、受到父親權力的壓
抑，而創造了性的認同與性慾，造成男人對女性的佔有
與控制，以及女性之被男性佔有與被控制之情形。馬克
思主義者對佛洛伊德學說的批判為其遠離歷史，提出性
主義乃為階級社會的產品，一旦共產主義實現，這種強調性的重要之學
說便會消失。激進女性主義左批馬克思主義、右批佛洛伊德學說，強調
男性的權力早在階級社會成形之前便已存在，也指出伊地帕戀母受壓抑
之前，就有男性的宰制之存在。是故對激進女性主義者而言，社會最基
本、最重大的矛盾與衝突（可用來解釋社會主宰的體系），乃為存在於
男人與女人之間的戰爭。

　　當代的社會主義的女性主義者對上述三種學說多深覺不安，而指
出有兩個相互連鎖，但同時卻又各自存在的體系，亦即資本主義與父權
制，造成了經濟階級，和男性宰制的情況之發生。只是激進女性主義者
對父權制究竟是什麼？為何持續存在？怎樣同資本主義結合？大家都有
不同的看法。費菊珣便是要利用本篇論文澄清男性主宰地位的基礎，解
釋它何以持續，而在結論上聲稱在家庭與經濟活動上，男女關係之據點
的改變，有可能使婦女變成革命階級的潛在力量。

一、性與歷史

　　經典的馬克思主義的教本中獨缺性事的社會生產之歷史理論。性也
是辯證物質觀的一種。這點是費菊珣採用馬克思在《德意志意識形態》

的觀點，並予以擴大和超越之所在。馬克思與恩格斯曾避談性是物質的需要之一，是社會組織和物質基礎的部分。在《德意志意識形態》一長稿中，他們偶然碰觸到「日常生活的再生產（這應包括滿足性的需要、生男育女等事）」，視它相等於「日常生活的生產」。另一處他們表示家庭原為社會經濟基礎的起點，變成了資本主義社會上層建築的一部分，也就是不再是物質需要的滿足所必要的組織云云，甚至把性慾與生育看成「自然」，而非社會產生的需要。

一言以蔽之，經典的馬克思主義對性事採取曖昧不清的態度，究竟性是一種衝動不需社會的規範與組織，變成一種基本的物質需要，其滿足的對象變動不居，只有其滿足的完成才要社會的組織。或是把性事當做一種社會的需要，目的在為其他更基本的需要充當工具（例如為將來社會新的勞動力之出現提供生產準備），這種的爭辯迄無定論。於是在接受馬克思、恩格斯教示的左派激進女性主義者，就無法提出這樣的問題：究竟不同的性歷史主義者的組織、或後代的產生、或是社會的結合（費氏發明了性／感情的生產之方式 modes of sex / affective production）創造了男性擁有宰制和剝削女性的權益之社會（體系），這種社會（體系）顯然不是單單從階級宰制的反覆再生中得出來的。換言之，不單單是階級的宰制產生了男性的宰制，而是性、下代的出現和男女的結合造成女性長期受到男性的宰制。

費菊珣認為馬派使用諸個人的階級地位一項無從捕捉的概念。當今以種族、以資本為主的父權社會中，複雜的與矛盾的生產關係之實狀使階級觀遜色。反之，至少有四種歷史上不同的發展的階級關係，用來描繪同一時期中的任何的個人，那就是：種族階級、性階級、家庭階級和個人的經濟階級。在任何適當的歷史條件下，每個人所屬的階級角色，都包含上述四種的成分，這四種成分的階級角色可為婦女扮演革命者提供了物質的基礎。

二、社會主義的女性主義之三體系論

利用階級的概念之分析從事社會的批判與反抗，其反對是有重大的意義。因為藉由反抗的行動來揭露美國境內有色人種、女性、低收入家庭與個人經濟的狀況，以及他們被壓迫、被剝削的情形。要達成這種反對的目的必須首先堅持馬克思主義把資本主義的階級觀限定為個人與其經濟的關係是太狹隘，這會模糊個人其他的社會關係（種族、家庭、兩性之間的關係），而誤認個人的經濟處境是他（她）界定為隸屬於某一階級唯一的標準。這樣只反對工人階級的生產關係之不合理，而不反對他（她）在其他群落（種族、家庭、兩性之間）所受之不平等待遇，就是馬派的局限。

就以經濟處境來界定某些是工人階級（靠勞動薪資以過活），或是資產階級（靠私產之回報以過活）的成員來考慮，就未把婦女的階級屬性界定清楚。她的階級屬性取決於其丈夫，或是其父母的生產關係。

一個縱然沒有經濟階級屬性的女人，至少還有家庭階級的屬性。再說，階級屬性與認同的混亂常由於某人職業上的認同（譬如工人），以及由其父親職務關係衍生的認同（富翁之子、被視為資產階級的一員）之衝突。這種衝突的解決之道為強調個人本身的經濟階級之自認，比家庭階級的屬性更為優先。此外，個人所認同的階級常也依賴教育、生活方式、社會認同與社會結合，因此我們不能把家庭階級看作只是個人經濟階級穿鑿附加的因素。因之，一個人可能是擁有一個雜貨店的老闆（資產階級成員），其妻可能幫工或全職家庭主婦（名義上的老闆娘，也是資產階級的成員；事實上卻是一名勞工），但她也可能外出在某一工廠做工（工人階級的勞動婦女）。無論如何就這一家庭的階級認定方面，既不是大資本家，也不是勞工階級，而可稱為小資產階級，或今日通稱的中產階級之家庭。

　　與此情況類似，在薪資勞動、家庭管理和社區的生活中我們也看出性別分工與種族分工，成為歐美社會的生產組織之面向。這種勞動分工造成男與女、白人與非白人之間利益的不均與衝突。婦女和少數民族在結構上的相似，在收入方面比男性與白人為少為低，在聲望、地位上也不如男性與白人（不管其家庭背景為何、家庭階級是什麼），可以看作是資本主義社會中經濟階級對抗的表現。換言之，資本主義社會重視男性與白色皮膚為性別與種族，就會製造了新的、敵對的階級。性別與膚色的區隔之勞動便利了男性的勞工，而使女性、少數種族之勞工吃虧，這一事實挑戰了馬克思所稱資本主義把勞工同質化的說法。把種族主義、性別主義、和資本主義看成社會宰制的半自動體系來看待，吾人便可以看出不單單是資本家階級在壓迫與剝削勞動階級，白皮膚的男性工人階級也會壓迫與剝削婦女和少數民族的成員。

　　由是可知資本主義、種族主義和性別主義是三個相互重疊的社會宰制之體系。這三重體系界定西方資本主義社會中個人的物質利益。美國的婦女也活在這三重體系的壓迫與剝削中。這三重階級地位之間的矛盾和矛盾的發展，用來界定家庭與經濟變化中的個人，也為美國婦女轉化為革命的潛力起著催生的作用。費菊珣指出：她這一個理論架構提供社會主義的女性主義覺察，在家庭和薪資勞動方面男性的控制，是瞭解經濟生產的資本主義控制和男性持續宰制的鑰匙。種族、性別、家庭和經濟四種的階級之間在歷史上發展的矛盾，是導致社會不安的緣由，做為女性主義者在進行政治組織運動時就要把重點聚焦在這四個階級的相互衝突之上。

三、馬派的階級觀

　　馬克思主義者的研究途徑之優點就是強調社會的改變之理解和通過

革命的手段來使社會改變的方法。馬克思和恩格斯為了證實他們的理論而去進行階級的分析，並且把階級鬥爭當作歷史進展的驅力，從而說明封建主義怎樣變成資本主義，法蘭西大革命會爆發，和巴黎公社怎樣會產生。經濟階級的概念不但是他倆知識活動的起點，也是說服吾人革命改變的必要。他們的理論不但用以解釋以往的歷史變遷，更指出是當今社會革命改變所仰賴的政經勢力。

應用馬派階級概念來分析當今先進資本主義的嶄新發展會發現問題多多。其中之原因為他倆用以理解封建主義和初期的資本主義之概念，在今日已成明日黃花，無法找到一個毫無曖昧、清楚明白的群體，俾為推翻資本主義、解除人類困境的革命工具。是故把馬派的經濟階級加以剖析，從中找出傳統的、仍可用的因素與標準，成為吾人當務之急。

馬派的經濟階級之核心為以政治和經濟的名義來界定的一個群落。也就是所謂階級乃是一群人，由於其工作而捲入權力關係中，以致他們或是要維持現存的體系，或企圖改變、甚至顛覆現存的體系。因之，階級必須在某種生產的關係中特別標出，這種關係是在某一生產的方式中每一個人都要承擔的、無可推卸的。

為了使階級的概念更為具體，有必要把關聯的生產關係以及權力關係說得更仔細、更特別。一般而言，馬派在討論階級的分辨時使用五種標準，而前三種是馬克思、恩格斯、列寧、史達林概念架構中常常提起的：

(一)剝削關係

據此標準，一社會的剝削階級，乃是擁有或控制了生產資料的階級，以致它能壟斷該社會的剩餘價值。另一階級則為被剝削的階級，它是生產者，而非擁有者所形成的階級。這個階級的成員，像封建社會中的農奴，對其生產品也有部分擁有的權力，或是像資本主義社會中的普

勞大眾,以出賣其勞力的商品。這個標準費菊珣稱做階級的經濟標準。

(二)政治關係

馬派歷史觀的重點為階級的鬥爭是歷史往前發展的推手。階級不但是歷史名詞,更是政治單位的概念。這兩大階級被視為反動的與革命的兩大陣營。每一陣營為著經濟利益而趨向聯合、團結和型塑共同意識。馬、恩、列、史四位革命者與理論家都認為第一與第二標準結合成關鍵性階級(以及其間的鬥爭)乃為無可避免的事實。換言之,客觀條件造成某人成為某一階級之成員(「自在階級」),會導致他及其伙伴發展成對該階級的認同、協力,為之犧牲生命、自由、勞力在所不惜的階級意識(「自為階級」)。換言之,從經濟階級變成(保持現狀、或是改變現狀的)政治階級。並非所有的經濟階級都會化做政治階級,例如農民只靠其本身難以轉化為革命的階級。轉化為政治群體有賴歷史與社會條件。

(三)歷史的凝聚性

階級並非社會學家所稱呼諸個人抽象的結合之隨意標籤,而是共享相同歷史背景、共同文化、共同價值的人群。他們甚至擁有集體的自我意識、集體認同感、共同的利益。常常因為結構或意外的原因,使一個階級無法發展其歷史的凝聚性,也使它無從演變成「自為的」政治階級。在《路易·波拿巴的霧月第十八日》一著作中,馬克思就分析法國農民受限於結構的緣由,連形成階級都有問題,更不必談到參加革命。因為小規模自耕農的貧困與彼此溝通不良,他們陷於孤立中,無法產生社群,不能形成全國性的結合與政治性的組織,以致連國會的代表都沒有。費菊珣指出美國勞工階級為何無法把第二與第三標準結合在一起,是由於一波波的移民從不同地區與文化移入新大陸,以致種族主義發

酵，形成南方農奴的孤立無援；加上郊區的發展也使工人雞零狗碎化，彼此難以互通音訊。工會運動把有技術的工人大量吸收，而摒棄無技術的工人於工會門外，只有15%的美國工人參加工會為就是明證。西馬與新馬指出國家地位的抬升、傳媒意識形態的洗腦，只有加強先進資本主義社會中兩個階級的政治宰制與屈從的關係。新馬另外說詞是指新興階級的出現，藉由管理層的特權地位，可以控制生產、本身擁有自主，而造成現狀的繼續。這些因素可以看作歷史的、非常的、偶然的因素，也是減少歷史凝聚性的抵制之勢力。

(四)宰制的關係

造成階級與階級之間的分別不再是赤裸裸的壓迫或是經濟上的剝削，而是建立在對工作過程的權威與控制之上，這就是宰制與順服的標準。凡是控制別人勞動力的那群人，像上司、經理人員、領班都屬於宰制的階級。反之，遭人發號施令、銜命工作的人另成一個階級（順服的階級）。不很明顯的宰制與順服關係出現在醫師與護士、老師與學生之間。護士與學生可以說是「現職或未來職務受訓中的工人」。廣義的宰制關係關係出現在家中男人對女人的發號施令、雙親對子女的訓示教誨。馬克思主義者可能否認家中或學校中夫婦或師生的關係可以看做階級的關係，因為家務和教育並不能生產剩餘的價值。所以丈夫與老師都不是剝削剩餘價值的人，難以列入階級；同理妻子與學生也不屬於順服階級。

(五)獨立自主

這點與前面四種的宰制與順服有關。也就是說一個工人在生產其產品以及在生產過程中與其他工人之關係是否獨立自主。凡是能夠控制他自己的勞動和產品的人所形成的群體，便是自主的階級；反之，則非自

主的階級（依賴的階級、受控制的階級）。自主的群體可能與宰制的群體有某種程度的重疊，但不能視為完全雷同的團體。個人們可能會做到控制自己勞動的程度（像自由派的作家、非被僱傭的照相師等），但對別人的勞力沒有控制之機會。此外，一個人也可能對別人主宰（例如領班、工頭），卻要受別人（其上司）的控制，因之並非自主的人。

四、性／感情的生產

　　假使女人與男人隸屬相反的兩性階級，那麼他（她）們做為個人，除了與資本主義的生產有不同的關係，除了做為特殊的家庭和種族的成員，而有不同的表現之外，是什麼樣的生產體系來把男女分開呢？費菊珣的理論是主張性別主義是立基於社會宰制的半自主體系之上。這種體系持續存在於，也是穿了歷史上各種經濟的生產方式當中。隨著歷史的變遷，其組織、捏造、型塑人類有關愛情與性之方式有所不同，其結果會形成社會的代代之間的親子關係（parenting），以及社會橫向方式之聯結（bonding）隨之各個不同。這些體系費菊珣稱為「性／感情（sex/affective）的生產」，別人則稱為「愛慾的（desiring）生產」（Deleuze and Guattari 1977），或是「性／性別（sex/gender）的體系」（Rubin 1975）。通過這些體系（為人類社會所建構的，也會產生人類社會結合與性慾滿足的各種特別形態），各種各樣的男性宰制或其他形式的社會宰制（種族主義、族群意識、資本主義、以階級分割的社會宰制等等）得以再生產、不斷繁衍、不斷繼續散開。

　　費氏的研究途徑，也就是理解性事、社會結合和照顧老少的研究方法。這一方法在於把這些事項看作為物質的需要，由於缺乏生物學上可以滿足的客體，因之，必須靠社會的力量把它們組織起來，藉社會的力量把它們生產出來，也解決出來。在這種情況下，性／情緒的能量

（energy）與飢餓與尋求庇蔭一樣，成為人類的物質需要，必須靠社會的力量來滿足、靠文化的助力來解決。再說兩性的性活動之產品，就是兒女、就是後代，不只在功能上與任何社會的經濟之再生產聯結在一起（孩子成為未來的工人），而且也會為新的性／感情的需要製造了照顧後代的能量，以及製造照顧能量的客體物。

因之，性／感情的生產體系就像經濟生產方式一樣，而且在功能性方面構成這種體系的部分，這些都是人類組織的方式，用來創造物質的需要之社會客體物，而聯繫到性／感情的能量之上，並組織人的勞動來達成這個目標。就像經濟的生產方式一樣，性／感情的體系也包括了辯證的方面，它會產生相反的趨勢來阻止體系的再生產（繁衍）。正如馬克思所說，資本主義體系辯證的不穩定會使被壓迫的工人階級產生社會改變的革命運動，當前父權式的性／感情體系之不穩定也為被壓迫的婦女階級帶來革命性改變的可能機會。

每個社會必然有一個或一個以上歷史中發展的性／感情生產方式，為的是滿足人群的需要，蓋這個需要的滿足對人類社會的操作與發展關係重大，其重要性不亞於飢餓和蔽遮風雨等等物質需要的滿足。人類基本需要的性事照顧生男育女等等，在資本主義誕生後的初期便在家庭中進行。雖然現時的性／感情生產方式，種族主義的、公開的、父權式的資本主義等等，好像從家庭移向公共的父權制（包括薪資勞動的公共場域、福利國家）和一部分的家庭，要對資本主義中權力關係和階級關係有一個完全的理解，仍須分析家庭生產中的性／階級之關係。

要把性／感情的生產同整體的經濟體系之掛鉤和互動加以描述，就要使用「社會形構」（social formation）一概念。一個社會形構乃是一個特殊的社會所使用的生產體系，其中可能包括數個歷史上發展的生產方式。舉個例子，在美國內戰發生之前，社會形構為資本主義的生產方式同奴隸的生產方式之結合。這兩者都有相似宰制的生產關係：其一為資

本與薪資勞動之間；其二為處在家長制的性╱感情的生產中男女之間的關係。另外在美國還存在次要的階級關係，也就是從福利國的資本主義衍生的，使制度化的貧窮者自成一個階級，靠著國家的津貼與失業補助而倖存。此外，種族的分工與種族分別居住於特定的社區也造成白人男性工人階級宰制非白人女性家庭婦女的階級之現象。最後必須指出資本主義生產方式中佔主導的部分是控制在跨國公司手中，其餘資本主義生產的次要部門則歸較小型的中小企業、家庭商號來掌握。這一切說明當今美國的社會形構是由好幾種不同的生產方式所組成，而非只有資本主義、或父權式的生產方式而已。

至於父權制是社會中一種社會關係的系統。在該系統中凡是擔當「男性」角色（例如當兵、下礦坑等男性之職務、工作）者擁有更多的社會權力，可以壓榨和控制那些擔任「女性」的角色（例如操持家務、養育子女屬於女性的工作）的人，這樣的定義比從前把父權制看成受到「父親的控制」之定義要廣闊得多。性╱性別的體系組織了物質的工作與服務，也界定了文化尚可被接受的何種工作屬於男性、何種工作屬於女性。它也組織了照顧老少、性事和生殖，這些工作是依照性慾的指示，藉交友、藉父母雙親角色的界定或親屬關係的建立等等來推行。

父權制的關係經歷了各種各樣的生產方式，包括前蘇聯、當今的中國與古巴的社會主義生產方式。父權式的性╱感情之生產同其他經濟的生產方式之結合，表示性工的內容有所變化。但其他的剝削關係也會發生變化（例如從前的封建主變成今日的男性資本家，他們的被剝削者也從農奴化成工人，其關係隨生產方式改變）。

父權式的家庭生產方式牽連到男女在持家和性╱感情的工作方面之不平等和剝削的關係。但在家庭中男人對女人擁有權力之數量，也隨著他們夫婦同經濟的生產方式的關係之大小而發生變化。因之，假使婦女在經濟階級擁有一席之地（亦即出外工作、有其收入），且其收入不低

於男性，那麼男人在家庭開銷之餘難以把多餘的薪水私下吞沒，這就是何以美國核心家庭一般而言較少是父權式的，至少與從前相比，這種情況是令人欣慰的。而且美國家長由女性出任者佔絕對的少數。不過歷史上父權式的家庭佔的比例依舊極大極高，加上性別分工創造了男性收入高於女性。因之縱然婦女當家擔任家長，也非母權式的家庭，像這種女性當家的家庭常生活於貧窮上而要靠福利補助為生。這一切說明男性主宰的情形迄未改變，而一切機制反而增強這一說法。

五、父權式核心家庭中女性屬於性徵階級

在今日資本主義社會中，男人與女人各隸屬於對立的階級中，這就是性徵階級（sex classes）。她（他）們構成的階級是家庭中性別分工所界定，由於薪資勞動的性別分工所加強的。費菊珣在這一節裡面討論在家中婦女是在相對於男人受到剝削的。也就是婦女符合上述第一、第四與第五的標準之下變成與男性相對，且地位較低、權力更少的劣勢者、弱勢者。

資本主義、父權式的核心家庭乃是由夫妻與子女構成的經濟單位，其中丈夫為全職的薪資勞工（所謂家中生活費的主要賺取者），妻子則可能是全職主婦，也可能是外面做事的、兼職的員工。

那麼在這種家庭中婦女怎樣受到剝削呢？在性／感情的生產中有四種貨務（goods，貨物與勞務）是在家庭中生產出來的：家務維持、生男育女、養育子女、性服務。由於性／感情的生產體系是一種貨務與勞動交換的體系，我們可以從其中的權力關係來加以分類。例如在伙伴（夫婦）之間交換是否公平呢？假使不公平，那麼是誰控制交換呢？父權式的性／感情的生產之特徵為男女不平等的交換。婦女所產生的貨務比起男人來回報（收）更少，而勞動與工作更為辛苦，也就是在更多的時間

花在生產這些貨務之上。這時男女之間的關係可以說是剝削的關係，乃是由於男人可以把婦女多花費的勞動時間之成果據為己有，而不是婦女佔據男人多費時間的勞動成果。此外，男人也把兩人產生出來的產品（勞動成果）之大部分佔取。這種關係不只是剝削的，有時還是壓迫的，因為性／性別角色還要傳授給子女，使性別分工導致下代婦女的性格之乖順、認命，也就是女孩內化母親這種行為規範，準備將來比男孩接受更少的回報，而不思反抗。

由於照顧小孩的托兒所、育幼院之不夠齊全、不夠普遍，婦女常被迫放棄全職（即便是全職的婦女，又因為沒有時間持理家務、養育兒女而受社會指責，引發良心不安）而去接受低報酬、低工資的煩瑣工作。更因為日夜工作的分割，使全職婦女（而非男性）感受「第二輪問題」的壓力，也就是持家、育子無法兼顧的痛苦。表面上看來女性單親為首的家庭中，婦女不再受男人的壓榨。其實因為單親的母親還要兼顧父職，更要受到內外工作與收入短缺的煎迫。

通常我們把剝削關係看作擁有或控制生產資料者，對不擁有人、不能控制者所生產的成果之佔取。應用到資本主義、父權式的核心家庭之上，男人擁有薪資，因之把性／感情的生產加以控制，俾佔取剩餘的薪資、剩餘的照顧、和性的服務。儘管在美國由於福利國政策的推行、照顧兒童福利的增強，使資本主義的、父權式的核心家庭不再成為家庭維持的優勢聯合的手段，但它對性別薪資勞動的分工之影響仍然在家庭中、職場、政壇、法庭上發酵，繼續發揮其作用。

當作階級劃分的標準之第四為宰制、第五為自主的關係。這兩種標準可以用到把男性與女性在家中和其他社會場合當作不同的階級之判別衡量。須知權力的關係不只在家中、在職場，也在性／感情的工作，以及性事活動與照顧兒女之上表現出來。無論如何，女性就是有薪資報酬的工作中主要與其性／感情之類的工作類似，男人成為被服侍的顧客、

上司、消費者，他們主控了貨務與金錢（薪資）的交換。

在性事和照顧方面，男性宰制和控制女人。在性的活動上男人享有較大的自主，不像家庭中性別角色所定義的只扮演性伴侶的身分，還兼是性事的消費者。顯然性活動對婦女而言是工作，對男人而言卻是遊戲。從性徵及其活動上也可以看出男女的不同，把她（他）們分隸兩個性徵的階級來看待，誰曰不宜？

六、做為革命性階級的婦女

馬克思與恩格斯一開始便認定資本主義中的勞工、無產階級、普勞階級是改變現狀、推翻資產階級統治、推行社會主義和共產主義的革命階級。它不但會成就歷史凝聚的焦點，還會從「自在階級」變成「自為階級」。

費菊珣認為她把馬克思的階級理論擴大到不只限於個人的經濟階級，還包括家庭階級、性徵階級、種族階級之上，從而指出任何一個男人或女人的階級認同牽連到經濟活動（所從事的生產行業）、性別、家庭中的地位和隸屬於什麼樣的種族諸問題。問題的癥結在於資本主義父權式的家庭中有沒有馬派人士向來主張的運動律之存在，來使一個階級的成員之政治重要性增加到推翻另一個階級之可能？

要找出這個問題的回答，就要打破馬克思對1850年代法國農民的孤立無援、封閉保守的想法可以應用到今日婦女身上，以為婦女也是不知團結的散沙一盤。取而代之的是把婦女推崇到普勞階級的地位，成為革命運動的主力。向來婦女受著文化薰陶與社會觀念的型塑，認為她們屬於性徵階級（女性階級）的意義大於家庭階級或種族階級。如果能夠把男女的文化之不同加以推論，就會發現婦女的性徵階級同其家庭階級之間的矛盾，以及為何婦女認同性徵階級多，認同家庭階級少的因由。

　　凡是父權式的社會愈明顯之處，男女不同文化的發展也更為顯著。但在歷史上不乏性徵階級的結合大於家庭階級的結合，像19世紀美國的第一波婦女運動崛起時，由於經濟生產方式的改變，導致家庭階級的轉型。第一波婦女運動的失敗，是由於中產階級的婦女與勞工階級婦女無法團結，也是由於南方黑人同北方白人婦女的聯繫不足，婦運失敗的理由也可以說是中產階級（小資產階級與富裕農婦）婦女的家庭階級認同阻止她們去挑戰經濟階級的結構，以及種族階級的結構。

　　但情形大有改變，特別是當今先進的資本主義社會中，在社會中資本主義的生產和家庭中性／感情的生產之間矛盾激增。這種矛盾的發展之經濟條件包括(1)提供婦女維持溫飽的薪資勞動職務的出現；(2)國家福利政策的存在，俾為沒有丈夫贍養的婦女與小孩提供扶養；(3)大量避孕藥材與設備便利婦女控制生育；(4)家庭開銷日趨浩大，逼迫婦女外出牟取專職或兼職以輔助家用。

　　這些物質條件造成的結果，就是父權制核心家庭日增的不穩定，於是離婚的頻繁、三從四德的消失、男女婚外性關係的浮濫以及每個伴侶自尋刺激、歡樂的流行不一而足。美式的個人主義鼓勵男性做自己喜歡的事，如今也成為不幸婚姻下婦女仿效的價值觀念。與道德改變平行的是物質條件的改變，婦女可以脫離父權式家庭而養活自己，甚至其子女。過去父權主義盛行下，婦女除了幹娼妓行業之外，否則難以為生。但日益增加的公共部門、秘書、職員工作、服務業的興起，使女性能輕易在外謀得專職與兼職，提供女性財政獨立的機會。外出工作與料理家務的工作負擔，造成夫婦、或家中其他成員社會關係之緊張。

　　不只外頭的工作改變了婦女的地位，就是核心家庭的穩定性下降之後，婦女已無法安心做傳統觀念下的「賢妻良母」，這也導致婦女們更為認同性徵階級，而較少認同其家庭階級。由於外頭的工作使婦女同家庭之外的其他廣大的女性有所接觸，加上男女的區隔工作性質，也造成

婦女更為認同其她的女性。

此外，婦女逐漸認識到她們的家庭階級的認同正在喪失中，也使她們不得不認同性徵階級。婦女可以做的外頭工作，大部分為領取薪資的勞動階級工作。一個女人如為單身，她就是勞動階級的一員，一旦失業便陷於被救濟的「貧女」。就算是結婚，一生中離婚一次在美國也是常態，離婚者為維持本身或其子女的生命不得不工作，大部分又是接受薪資的勞動階級之工作。以美國學者的調查，即便離婚前（丈夫、父親）屬於專業與經理階級家庭的婦女，在離婚後淪落於本身（單身）勞工階級，甚至落入「窮籍」，而接受國家的福利補貼。由是說明婦女的家庭階級有起落，但性徵階級則大體一致、少有劇變。

當代美國婦女的贍養費、子女養育費絕大部分都未履行離婚協約的規定，做為個人及其子女生活的支柱，以加州女方無過失離婚後的調查，顯示離婚後婦女收入銳減45%，而丈夫卻激增73%。再說美國社會安全受益對離婚女人的養老並無保障。中年離婚婦女常流浪街頭、無家可歸，因為她們既無一技之長，可以單獨謀生，也意興闌珊、沒有心思重起爐灶，尋找第二春。

婦女不再以做賢妻良母來做為其生活的重心，來保障其未來經濟的安全。她們也不能找出養育子女的輕鬆方法。這中間存在一個重大的矛盾，亦即資本主義生產的要求和現存父權式性／感情的生產體系對子女養育的要求之間的衝突。通貨膨脹要求婦女外出工作增添家用，但對六歲以下幼童的托育，教育的機關卻嚴重缺乏。以美國1976年為例，當時擔任職工的婦女全國算來擁有2760萬六歲以下的幼童，但只有100萬的小孩照顧席位可供在職母親托育。至1987年情況並未大幅改善。由是可知無論是單身、再婚的婦女由於照顧孩子的問題，就會形成性徵階級的認同。

婦女這種性徵階級的認同，會不會讓她們發展出歷史的凝聚性、

社會的團結力，衝破了家庭階級和種族階級的藩籬，而發展為革命階級呢？費菊珣的回答是斬釘截鐵地說「是」。這是由於婦女的工作使資本主義的生產、父權關係的生產得以持續繁衍的性／感情的生產。女性是家庭階級裡頭的「文化載體」（cultural bearers），也是性徵階級提供性歡樂的工具。女性教給兒女人生的期待和目標，訓練她（他）們尊重權威，在持家之餘讓子女學習怎樣讓父權制與資本主義的體制能夠繼續滋長。再說，當女人在操持家務、照顧老少與提供性服務之時，男性完全依賴女性的勞動力之繁殖（再生產）。

因之，當作性徵階級的婦女，具有潛在推翻現存社會秩序的能力和動力，也就是有打破資本主義同父權式性／感情生產體系聯結之能力與權力。如果女性拒絕把當前組織好的婦女工作繼續承擔的話，則資本主義也好、父權制也好都難以為繼、無從再發揮它們兩者的功能。

儘管當成性徵階級的婦女穿越了個人經濟階級、種族階級、家庭階級，而成為超越障礙的個別自由人。但進一步來說，大多數婦女都有形成革命階級的可能，這是因為做為性徵階級的婦女，對維持現存體制，並無客觀的利益可言。是故婦女如果能夠組織起來認同大家都是女性（性徵）階級的一員，那麼婦女可藉由她們目前再生產（繁殖）資本主義的父權制之中樞地位去挑戰父權制家庭的囂張，去提升職業（經濟）階級、勞動階級婦女追求進步與解放的意識。事實上單單做為性徵階級之一的婦女，加上這一階級本身便會涵蓋所有其他種族、職業、家庭等階級，便可以組成進步的各階級婦女大同盟。有證據顯示經濟（職業）階級和種族階級滋生的各種問題有助於婦女團結意識的增強，而避免重蹈從前中產階級婦女運動失敗的覆轍。例如把墮胎和生育控制的問題擴大為非強制性，以及由國家財政支援的問題，對婦女結盟的意向必然大增。另外發展婦女組成工會推展婦女新知工作，也刻不容緩。

費菊珣認為婦女當成革命階級不是白日夢。更何況婦女並非唯一

反抗現存建制的階級。勞動階級中男性的那部分就是經典馬克思主義者所鼓吹的革命後備軍。加上少數民族和專業、經理階級中開明人士。今日美國工人革命勢頭大失，主要的原因為工人階級與管理層（經理、專業人士）階級之間的矛盾，以及性徵階級、家庭階級和種族階級之間的客觀性矛盾重重，使得階級聯合不可能或不容易，儘管大家都認清美國社會是資本主義、種族主義、男性主義（家長制和父權制）三合一的體系，也是女性的最大仇敵。至今每一階級都以其本身最緊迫的問題為其聚焦之處，因之大家的聯盟、聯合極為不易。且聯盟與聯合的機制究竟是政黨、是草根組織或是訴求問題之組合，迄無定論，而有待婦女界之不斷努力（Ferguson 1989: 348-369）。

漫畫家筆下的女強人

不同文化的性別看法

放入河水中浸泡：以水治禍水？

後現代主義的新女性，布希亞一書的封面

資料來源：洪鎌德，2003年《女性主義》，台北：一橋，插圖第11與12頁。

英國女權運動推動者：戮力
擴大婦女選舉權的潘克荷絲
特（Emmelline Panhhurst,
1858-1928）

英國婦權倡導者：歐爾絲敦
克拉芙特（1759-1797）

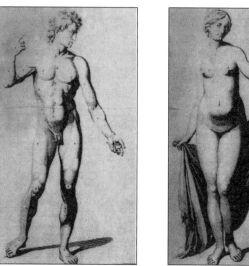

男女有別？解剖學的啟示（1798）

女性主義先驅、法國女權運
動推手席蒙妮・戴波娃

十七世紀英國婦女痛打丈夫

資料來源：洪鎌德，2003年《女性主義》，台北：一橋。

西方馬克思主義的式微：結論

9

第一節　廣義與狹義的西方馬克思主義

　　西方馬克思主義應有廣義與狹義之分。前者係指馬克思1883年過世以後在西歐出現與流行各派的馬克思主義信徒之主張。更為廣泛的說，西馬並沒有特定的學說，而是指陳一大堆生活於資本主義國家中的哲學家共同的關懷，包括(1)認識論；(2)倫理基礎和(3)實踐推行之類的問題。狹義的西馬，則泛指馬派的哲學家，堅稱馬克思的學說受到黑格爾的辯證法的影響，因之主張馬克思主義的研究焦點，不再是資本主義體制之下的生產與流通等等經濟基礎，而為上層建築的文化與意識。換言之，狹義的西馬為俄國爆發布爾什維克十月革命前後至史達林逝世（1953）之間流行於西歐與英倫的馬克思主義學說，也可以說是蘇維埃共產主義與歐洲社會主義的鴻溝浮現之際（Torrence 1998: 141-143），這就是有別於蘇維埃馬克思主義的歐洲馬克思主義。不過我們仍舊把西馬延展至1960年代，甚至連1970年代的西馬女性主義也包括進來，儘管西馬與新馬仍有差別與分辨的必要（洪鎌德 1995：10n）。

　　西方20世紀初馬派哲學家關懷的三個主要的議題為：

1. **在認知論、知識論方面究竟是採用什麼東西可以證成馬克思的社會理論和歷史唯物論是正確無誤呢？**這個問題的提起顯然涉及恩格斯把馬克思的社會學說抬高到與自然科學看齊的「科學的社會主義」之說法。很多主流派學者認為馬克思使用的辯證法並非科學中的傳統邏輯、更與經驗和實證的科學方法相違背。對此盧卡奇的說法是馬克思不需用自然科學、實證主義、經驗主義的方法論進行社會研究，他的辯證法是黑格爾辯證法的活用，特別是認為歷史唯物論的真理與未來共產社會的好處可透過革命的普勞階級的階級意識之辯證發展證明出來，這有異於布爾喬亞斤斤計較、經驗事實的零星知

識和缺乏歷史總體觀的現實的庸俗的實證說詞。

2.**在倫理方面，問題是指出馬克思對資本主義的批判與撻伐需要不需要倫理的基礎？**如果答案是肯定的，那麼馬克思的倫理基礎在那裡？如何發現？對此早期的馬派異議者，像修正主義大師的伯恩斯坦就企圖在馬克思主義之外，尋找抨擊資本主義的倫理基礎，他引用了康德的倫理學說。這種說詞隨著青年馬克思巴黎手稿（《經濟哲學手稿》1844）之重新發現而有重大的轉折，不只法國的人道主義、存在主義、現象學的馬克思主義大量引用這些手稿，就是法蘭克福學派（特別是佛洛姆），都把手稿中涉及異化的部分抽出，做為馬克思倫理學說的核心。

佛洛姆

3.**在實踐方面，問題為如果資本主義的經濟崩潰無可避免，那麼誰是行動者，俾完成社會轉型的歷史任務？**對此問題大部分的西馬人士仍遵守馬、恩的說法，把普勞階級當成革命主力與新歷史的改寫者。特別是盧卡奇一再強調必須讓無產階級發展出真正的階級意識，以有別於長期受到布爾喬亞蒙蔽、欺騙、扭曲的意識形態。法蘭克福學派則主張對資本主義大力批判、攻擊，卻找不出革命的主體、歷史的載體來。只有馬孤哲在1960年代末，企圖鼓動學生、激進的知識分子、少數種族、弱勢團體來進行社會革命。葛蘭西卻主張勞動階級聯合其他階級，在文化取得霸權與優勢下發動革命，奪取國家的領導權。

當馬克思在1883年逝世的時候，他遺留下來的哲學立場並非旗幟鮮明、條理清楚，原因是他平生的著作尚未整理、更未刊載。很多人對馬克思的哲學想法，只知他倡說「唯物論」而已。這個與唯心論、觀念

朴列哈諾夫

論、理想主義有別的唯物主義真正的內涵，除了馬氏所強調的社會基礎為人的經濟活動，歷史演變的推力在於生產與物質生活的重複生產（再生產）之外，並沒有更為明確、有系統的介紹。在馬氏逝世後，企圖把其蕪雜的主張與學說組織化、體系化的人，為其終生的戰友恩格斯，這位比馬克思多活十二年的忠實夥伴是把馬克思的思想轉變為馬克思主義的第一位人士。其他尚有俄國的朴列哈諾夫（Georgii V. Plekhanov 1856-1918）、考茨基、列寧、史達林等人，也為馬克思主義擦粉塗脂。以恩格斯為主的第二國際（1889-1914），可以視為第一代的馬克思主義者，他們很少是專業哲學家（拉布里歐拉是例外），而是致力勞工運動與革命事業的活動家。恩格斯認為馬克思的經濟學說雖是對布爾喬亞政治經濟學，以及當代資本主義的批判，卻是遠遠超越經典政治經濟學的科學成就。因之，認為馬

達爾文

氏在這方面對人文歷史的貢獻可以媲美達爾文物種進化說的影響。恩氏認為馬克思有關社會進化的新知之發現，配合了自然科學的成就，對辯證的、物質的本體論之真理有闡釋發明的功勞。他進一步認為馬克思的學說（辯證唯物主義、歷史唯物主義）既可以解決本體論，也可以解決認識論發生的問題，這是符合自然科學的客觀求真之精神，所以他認為馬克思主義為「科學的社會主義」。

　　不過馬克思的歷史理論並非完整無瑕，是故恩格斯設法填補其漏洞。他把歷史唯物主義當作是因果關係解說的理論，也就是把社會下層建築的經濟基礎做為上層建築的典章制度變化的原因。生產力在「最終的例子」、「最後的關頭」起了決定性（制約）的作用。他還把馬克思本人使用的「法律與政治的上層建築」加上了「意識形態的上層建築」

這一稱呼。為了使「科學的社會主義」不致變成意識形態，他還為意識形態加一頂帽子：「虛假〔錯誤〕的意識」，也就是無法看清人理念與欲望的客觀原因在於階級的利益（只見個人的理想、欲望、卻見不到這種主觀欲望的客觀原因在於階級利益，這是受到虛假意識蒙蔽的緣故）。由於強調階級利益，以致認為階級鬥爭中最重要的革命動機在於落實勞工階級本身的利益。但這是長期奮鬥的目標，既然強調這個長期的目標（階級利益），遂犧牲了短期的工人的主觀動機。這就能夠解釋何以上層建築獨立於經濟基礎（階級利益）之外，或是對階級利益採取中立的立場之原因。這也能夠解釋何以歷史的科學理解同參與歷史締造者的看法或編年史不同之處。但是科學的社會主義（馬克思主義）卻能夠使普勞階級追求其階級利益，因為普勞知道他們的勝利是無可避免、必然達致的，這是普勞的願望和物質的發展相輔相成，完全合致的結果。在這些說詞之下，恩格斯把馬克思的理念盲目地推向封閉的知識體系之內。

做為恩格斯秘書與弟子的考茨基，變成了第二國際馬克思主義的理論大師。他把恩格恩的哲學揉雜了那些影響1870年代以來德國思想家中盛行的物質主義、實證主義和達爾文主義。考茨基的哲學觀點更近乎決定論。他仰賴資本主義危機歷史的必然性和普勞革命的必然發生的說詞，來解決教條式的理論問題和政治問題。他沒有看到社會主義的必然到來需要道義上的支持力量。這種決定論與謹慎的政治策略聯合，所以大力歡迎工會主義和代議政治，做為組織工人階級達成最後決戰（最後勝利）的工具，而忘記這些做法將使勞資對立的局勢不斷地、永續的延長下去，甚至可能阻卻了階級的兩極化，使無產階級革命久久無法爆發。

考茨基

考茨基的決定論受到他的同僚伯恩斯坦的攻擊。後

者在受到英國費邊社影響下，主張經驗主義和「進化〔改良〕的社會主義」，企圖把馬克思主義中的革命主張清除。伯恩斯坦認為馬克思主義當中的革命理念是受到黑格爾辯證法的污染才會出現。他主張採用改革的策略使社會主義達成，也就是合法地、民主地落實社會主義的理想。相對於恩格斯過分重視經濟基礎成為上層建築變化的因由，伯氏堅稱：社會的進化使道德的影響力蓋過生產的要求。他以新康德主義的說詞強調倫理的普遍主義來證成其道德立場。因之，他否認像社會主義這樣一個富有實踐精神的體系，居然是科學的，而非倫理的。

以上簡述恩格斯與考茨基的正統馬克思主義及其反對者的修正主義。但正統的馬克思主義卻受到一批新康德主義理論家的批評。他們主要在不滿意恩格斯粗糙的、過時的唯物主義觀。馬堡學派的倫理學社會主義者不認為倫理是建立在人類學的基礎之上。康德的原則是把人當成目的而非手段看待，這個原則便不容許勞動者的勞動力轉化成商品。福蘭德（Karl Vorländer 1860-1928）認為馬克思的歷史理論剛好可以補充康德的倫理學，兩人都視每個人具有不可再化約的價值，他倆的學說意涵人類的聯帶關係，也證成了普勞革命與人類解放的密切關係。

康德學說的復興對奧地利馬克思主義的學派造成重大的影響。在20世紀初奧地利社會民主黨的領導人阿德勒、包爾、希爾弗定和雷涅等人都認為科學的社會主義同社會學一樣，都是經驗科學。希爾弗定把這種看法應用到經濟學之上，雷涅則以此觀點來談法律，包爾用這種想法應用到政治的分析之上。他們都共同信持新康德學派倫理的普遍主義，而阿德勒提供認識論的基礎。反對恩格斯機械性的因果論，阿氏聲稱：既然所有的社會現象都是心靈的，那麼社會的因果觀可以用經驗來檢證，只有當馬克思主張的「社會化的人類」（socialized humanity）變成先驗上的給定，而又要超驗的範疇來加以處理之時才有可能。這種康德式的馬克思主義都遭受馬赫（Ernst Mach 1838-1916）以及維也納邏輯實證主

義所影響的其他奧地利的馬克思主義者之反對。

因為知識傳承的不同、國籍的差異，和以階級意識形態吸引力之分別，導致馬克思主義陣營中各種意見與主張的分歧。伯恩斯坦的修正主義是受到自由派改良主義（費邊社）的影響、盧森堡的激（基）進主張卻來自工團主義（syndicalism）。工團主義是工業好戰派中傾向無政府主義的那群流派，大部分在法國擁有黨徒，他們是在第一次世界大戰前與馬派爭取群眾加入革命的積極活動者，其代表人物為索列爾。索氏對其後西方馬克思主義的發展趨勢，似乎有未卜先知的本事。

馬赫

索列爾拒絕科學的社會主義之概念，也排斥馬克思主義中含有合理性的種種動機說。他把《資本論》當作是腐敗的經濟體系之描述，是對布爾喬亞衰弱的表白、贖罪。由於索氏對修正主義失望，遂轉向工團主義和採取直接的罷工、反抗、革命之行動。對索列爾而言，階級戰爭是核心的實在，馬克思主義成為鼓舞群眾起義的「神話」，而非無產階級革命的預言、或指導。藉暴力使工人群眾團結與精純（火的磨煉），他們在暴力革命中獲取英雄式道德素質，俾推翻資本主義之體制，而創造生產者之新社會。

在這個時候，義大利的馬克思主義從拉布里歐拉的作品中得到非教條的啟示。拉氏是專業的哲學家，也是反對形而上學的黑格爾學者。他對歷史唯物觀的析述顯示其學說反對無所不包、決定論與教條式的解釋。他開放的、人本的、經驗取向的詮釋，對義大利學界影響重大。

這段期間中意識形態一詞已喪失馬克思與恩格斯所給予負面的、不好的色彩。這時的馬克思主義者，被迫去分辨科學與道德的不同。人們不再視道德是虛假的意識形態。伯恩斯坦就辯稱：並非所有非科學的理念一概當作意識形態來看待。馬克思主義本身就是意識形態，因為它立

基於道德理想（人的解放）之上。考茨基也承認科學的社會主義同社會主義的理想多少有點分別。不過他堅稱後者必須與布爾喬亞的意識形態有所區別，原因在於社會主義的理想是符合人類解放的需要。對流亡在瑞士的列寧而言，階級鬥爭正捲入布爾喬亞資本主義的意識形態和普勞階級社會主義的意識形態針鋒相對的鬥爭中，這個鬥爭的勝敗將由歷史做出判決（Torrence, *ibid*., 142-143）。

　　狹義的西馬之基本論調為把馬克思當成黑格爾學說的傳人，把黑格爾唯心論辯證法改變為唯物辯證法（洪鎌德 2007a：428-436）。做為黑格爾式辯證法哲學家的馬克思卻遭到恩格斯和第二國際正統馬派人士的誤解與曲解。為了回歸馬克思學說的真面目，遂有盧卡奇和寇士的新詮釋。他們兩位都是在參與匈牙利和德國工人革命失敗後，從行動返回理論，而檢討馬克思主義的本質，提出與當時官方或主流派不同的看法。

　　盧卡奇的《歷史與階級意識》認為馬克思與黑格爾一樣都主張人類的歷史是一個充滿活力的整體、充滿韌性的一個總體，是理性的展開與顯示，必須以辯證的方式來予以理解，並依理解來付諸行動。是故理解（理論活動）成為改變整體、總體的行動（革命實踐）。換言之，這是一種即知即行的辯證過程。革命必然成功的真理只有讓歷史載體、歷史行動者的普勞階級知曉，在普勞有意識而刻意要改變歷史總體時，他們所採取的革命行動必然奏捷，是故普勞成為人類歷史締造者、解放者，其優越的地位無其他的人群、團體可以比擬。普勞的革命從此化除言與行的對立、理論與實踐的對立、理想與現實的對立。

　　一反康德式的馬克思主義者和反對實證主義的馬派人士，盧卡奇認為「實然」與「應然」的對立是由於冥思與實踐的社會分離產生出來的誤會，要掃除此一誤會就是把冥思和實踐當成歷史總體過程的兩個環節，靠著對歷史辯證的理解，把它們合併為一體。與馬、恩不同，盧卡奇反對馬克思主義的科學性，而強調馬克思主義的有效性繫之於真理的

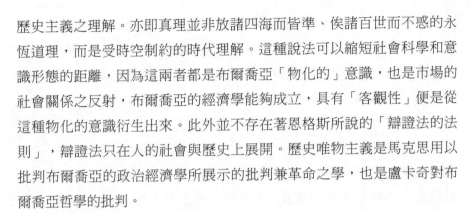
歷史主義之理解。亦即真理並非放諸四海而皆準、俟諸百世而不惑的永恆道理，而是受時空制約的時代理解。這種說法可以縮短社會科學和意識形態的距離，因為這兩者都是布爾喬亞「物化的」意識，也是市場的社會關係之反射，布爾喬亞的經濟學能夠成立，具有「客觀性」便是從這種物化的意識衍生出來。此外並不存在著恩格斯所說的「辯證法的法則」，辯證法只在人的社會與歷史上展開。歷史唯物主義是馬克思用以批判布爾喬亞的政治經濟學所展示的批判兼革命之學，也是盧卡奇對布爾喬亞哲學的批判。

做為歷史的主體兼客體的普勞階級要接受馬克思主義者的領導，才能擺脫物化的現象、去除虛假和錯誤的意識。後來盧氏在解釋階級意識的理論時，居然採用列寧以黨領眾的，由知識份子把革命意識灌輸給普勞大眾。他也視史達林的暴政較之資本主義的剝削為惡較小，是故盧氏的理念固然有批判的成分，卻也有與正統與教條馬克思主義妥協的味道，這和他陷身莫斯科的軟禁生涯有關。

盧卡奇批判的精神那一部分卻激發了法蘭克福學派開發「批判理論」。霍克海默、阿朵諾、馬孤哲都是哲學家，另外不少人士則對經濟、政治、文藝、心理分析進行研究。佛洛姆的文化學、心理分析也擴大法蘭克福學派的影響力及於北美。

法蘭克福學派的馬克思主義者，認為現代西方文明不是靠改良就會醫好其沈痾。他們固然也相信未來的烏托邦，但不認為是靠普勞革命可以獲致。是故他們空有批判理論，卻沒有政治革命的綱領。他們與盧卡奇都相信辯證法的哲學自足性，因之為了他們的烏托邦理想必須營構辯證的理論基礎，這就是在知識論方面以及倫理方面著力，儘管批判理論基本上反對理論有其特別的基礎。是故法蘭克福學派的矛頭對準的不只是資本主義，也攻擊蘇維埃國家社會主義、法西斯主義、自由主義和布爾喬亞哲學的各種學派，特別是實證主義和存在主義。

　　法蘭克福學派的理論家把馬克思主義不當成理論，反而是方法來看待，並且倚賴心理分析來解釋西歐和蘇聯的群眾何以盲目信服威權主義。他們還把韋伯對當代官僚制度講求工具理性的說詞擴大到生活的各個角落、各個層次、各個面向。他們強調國家與經濟愈來愈凝聚為一體，是故出現了國家的資本主義之現象。不僅國家與經濟合一，國家還取消傳統的意識形態，而提供「文化工業」做為羈縻群眾的桎梏。他們甚至攻擊啟蒙運動，認為啟蒙運動的理性主義把科學與工藝（科技）加以物化，其結果人文的價值消失，而一個喪失人性的社會，也是保守的、供人操縱宰制的社會於焉出現，還美其名為「工具理性的發揮」。這是與黑格爾辯證法的理性完全相反的東西。阿朵諾為了反對絕對化而堅持批判的獨立自足。最終卻使他的學說掉入非理性主義與晦澀難懂的深淵中。儘管法蘭克福學派的馬克思主義者對人類現狀與前途多抱悲觀，馬孤哲與佛洛姆卻以馬克思異化的理論來批評佛洛伊德的悲觀論，這兩人樂觀地倡說人的享受、創造力和社群的需要，相信可為人性找到令人嚮往的本質性信念。

　　德國在第一次世界大戰後的發展情況，也在葛蘭西十多年繫獄期間的省思中看到平行的發展。葛氏從克羅齊吸收了對實證主義新唯心論的批判，不過對基礎與上層建築的辯證互動卻有相當的持疑與保留。他比拉布里歐拉更為反對科學的社會主義之正統說法，而更為倚賴馬克思有關費爾巴哈提綱的觀點。葛氏認為馬克思主義為人類實踐的歷史主義之哲學。這種哲學之特色為人群的思想是受到社會制約的活動，而真理是相對於歷史的情境的產物。相信歷史變遷的規律是普勞階級在發動革命鬥爭初期必要的教養，一旦革命爆發不必再浪費時間與史觀的堅持之上。這種觀點頗為接近索列爾視馬克思主義為神話的表現。

　　葛蘭西對意識形態研究的貢獻在於他霸權（優勢、聯合領導）的理論。統治階級除了靠國家機器的強制性、鎮壓式的統治之外，常要倚

賴民間社會文化制度，諸如教會、學校、傳媒等之文化控制來達致霸權（領導、優勢）之伸張。是故統治能夠穩固主要靠民眾的同意、服從。由於現代民間社會高度而複雜的發展，勞工階級只有靠奪權前的霸權伸張才能夠把社會主義引進整個社會。每個階級都需要「有機的知識份子」來把該階級之利益明確指陳、清楚標示。由於工人階級對這方面力有未逮，使他們被動地接受與擁抱布爾喬亞的價值觀，儘管他們真實的行為暴露它為虛假與錯誤的意識。葛蘭西的學說可以說是統治的優勢的意識形態理論之闡述者。由於他過分誇大理念的作用，而遭到了批評。

第二次世界大戰結束（1945）之後，法國的社會黨人與共產黨人聲勢大漲，是以馬克思主義派（*marxisant*）的哲學家也水漲船高、頗具聲譽。這與法國學界對黑格爾哲學的研究趣味暴增有關，也與馬克思《巴黎手稿》（1844）的法文譯本刊出有關。沙特、梅樓‧蓬第、郭德曼、列費布勒、郭茲等人所混雜的馬克思主義一一推出，蔚為蓬勃的景觀。對沙特而言，馬克思主義意味著歷史唯物論和階級鬥爭，而卻不用自然科學的證明，只需把這一革命學說立基於個人的實踐之上，而加以哲學的說明便足。他以物資的缺乏、稀少性來解釋異化。主觀的自由的喪失是在歷史奮鬥中為了生產，反而造成實踐惰性的社會客體化。這種說詞更接近黑格爾的觀點，而遠離馬克思的想法。實踐的惰性迫使諸個人拘束在系列的意識中，只有靠凝聚的群體才能把桎梏打開，而使諸個人得到解放。為了獲取道德的本真性，索列爾所主張的暴力有時也得採用。為了否定布爾喬亞的客體性甚至不惜支持史達林的暴政。

梅樓‧蓬第通過黑格爾對主僕關係辯證的角色轉換來解釋馬克思的學說。他最先與盧卡奇相同，辯護蘇維埃的極權主義，視為比資本主義的大惡來，史達林的暴政是小惡。因為蘇聯有可能會建立起一個不靠薪資奴隸的新社會。但在史達林逝世之後，梅樓‧蓬第轉向社會民主，而攻擊沙特把存在主義和布爾喬亞主義結合在一起，成為一個馬克思主義

的怪胎。這時與法蘭克福與盧卡奇連結的法國馬克思主義只剩下列費布勒和郭德曼的學說而已。

　　1919年流浪在俄境之外的托洛茨基（Leon Trotzky 1879-1940）卻變成了心不甘情不願的西方馬克思主義者。他對時局與政治的分析頗具影響力，他的一本有關馬克思的倫理小冊則沒有產生太大的衝擊。與西方馬克思主義一樣，托洛茨基的著作為西方新左派運動提供推波助瀾之力。這一運動是在冷戰期間西方講英語的民主國家中宣揚馬克思學說、攻擊資本主義，也批判舊蘇聯共產主義的知識份子之運動。馬孤哲的作品《一度空間的人》（1964）係針對後期資本主義而發，指摘它是科技統治與消費主義盛行下的極權體制。他鼓動激（急、基）進學生、少數族群和第三世界的反叛者來對抗建制、對抗當權派。這些人物成為取代工人、勞工階級，而成為人類解放的行動者、歷史締造者、革命的載體。新左派運動的副作用則為有關馬克思主義的議題之研究。當西方馬克思主義侵入東歐的大學、論壇之後，也引發了知識分子反抗教條思想，而發揮批判的精神（Torrence, *ibid*., pp.143-145），其後甚至比蘇聯更早擺脫共黨的專政。

第二節　西方馬克思主義理論家的分類

一、人物與年代

　　正如前面第一章導論和本章第一節中所指出，西方馬克思主義的產生，是對第二國際馬克思主義理論家強調資本主義必然潰敗的機械觀（資本主義的發展受到客觀法則的決定，因而必敗無疑）的不滿，也是受到第一次世界大戰戰禍的刺激，以及俄國布爾什維克主義興起的影

響。更是對歐戰結束後中歐與西歐工廠議會、工人議會、蘇維埃議會運動一連串左派起義奪權運動失敗後的省思。西方馬克思主義更是在第三（共產）國際以莫斯科蘇共為中心，企圖控制中歐，與西歐各國共產黨，發動對左派分子清算之後的一種抗議。這是一小撮學者在史達林主義與法西斯主義的夾擊下，在喪失群眾擁護，脫離實際政治的參與之下，對馬克思主義（特別是馬克思早期著作）的重加詮釋。當第一代的西方馬克思主義者尚在強調理論與實際的結合，堅持革命的信念之際，第二代與第三代則幾乎放棄實踐，而只奢談理論。後者事實上已變成與各國主流派共黨脫離關係，或被開除黨籍的「失根飄萍之知識分子」，也成為學院派馬克思主義的先鋒。如按其生卒與經歷，我們可以把西方馬克思主義的理論分成三代：

第一代，係1885年以後，1900年以前出生，在第一次世界大戰先後變成思想偏激的人物，包括盧卡奇（1885-1971）、卜洛赫（1885-1977）、寇士（1886-1961）、葛蘭西（1891-1937）、卞雅敏（1892-1940）、霍克海默（1895-1973）、賴希（1891-1957）、布列希特（1898-1956）與馬孤哲（1898-1979）等人。

第二代則是在19世紀與20世紀之交以後出生，在第一與第二次世界大戰中間思想呈現偏激的人物，這包括了羅文塔（1900-1993）、佛洛姆（1900-1980）、列費布勒（1901-1991）、阿朵諾（1903-1969）、沙特（1905-1980）、梅樓·蓬第（1908-1961）、郭德曼（1913-1970）、阿圖舍（1918-1990）等數位。

第三代係在第一次世界大戰之後出生，受教育的時間卻是第二次世界大戰中，這包括柯列悌（1924-2001）、哈伯瑪斯（1929-）、朴蘭查（1937-1979）、施密特（1931-）、韋爾默（1933-）和郭茲（1924-2007）。至於歐爾培（1897-1968）可算是一個例外。雖然他出身於1897年，就其成名與影響而言，都是近年之事，因之可列入第三代的

西方馬克思主義者（以上參考Anderson 1976: 25-26; 1984: 66*ff*. 年代與人物由本書作者有所增添）。

二、西方馬克思主義的地理分析

如同前面導論所提及，西方馬克思主要的發源地為中歐、西歐與南歐。如果把上述主要理論家的出生地加以區分，製成**表9.1**。

表9.1　西馬人物的地理分布

姓名	出生地	姓名	出生地
盧卡奇	布達佩斯	沙特	巴黎
寇士	托特斯特（德國西部薩克森邦）	梅樓‧蓬第	巴黎
葛蘭西	阿勒斯（義大利薩丁尼亞）	郭德曼	布哈勒斯特（羅馬尼亞）
卞雅敏	柏林	阿圖舍	畢曼德列（Birmandreis）（阿爾及利亞）
霍克海默	斯圖嘉特（德國）	柯列悌	羅馬
歐爾培	依莫拉（義大利的羅馬納省）	哈伯瑪斯	杜塞朵夫（德國）
馬孤哲	柏林	朴蘭查	雅典（希臘）
列費布勒	哈格莫（Hagetmau）（法國Gascony省）	施密特	柏林
阿朵諾	法蘭克福	韋爾默	貝爾克奇爾欣（Bergkirchen）

資料來源：Anderson, *ibid*., p.28；本書作者補充。

盧卡奇雖屬匈牙利人，但長期在德國受教育，使用德文發表其著作。其影響力也以在德語區國家為最，其後才擴散於法、義、英、美等

地。郭德曼在二十歲時便離開羅馬尼亞，其後一直生活在法國，以使用法文著作而享譽法語區文壇。至於阿圖舍，雖出生於阿爾及利亞，卻在馬賽與巴黎接受教育，並在巴黎執教，無異為一位典型的法國學人。至於朴蘭查雖出生於雅典，卻也同樣在法國接受教育，其重要著作，也率多法文為主，為阿圖舍得意弟子，雖不幸因自殺而英年早逝，但列為法國式的馬克思主義思想家，應無庸置疑。

從上面幾位代表性思想家出生與主要活動地方，顯示就地理分析而言，西方馬克思主義者多位出現於德國、義大利、與法國三個西歐國家。至於西班牙雖其工人革命意識高漲、鬥志高昂，卻因缺乏知識分子的介入和參與，致未能產生任何有份量的西方馬克思主義的理論性著作，亦即西方馬克思主義在西、葡所在地的伊利安半島不曾生根，當然更談不上茁長。

自1920年代初期歐洲馬克思主義，就是西方馬克思主義，逐漸集中在德、義、法三國，這是因為在第二次世界大戰前後這三國的群眾性的共產黨獲得各國多數的工人階級之擁護，也結合了偏激的知識分子，所以聲勢大漲。至於其他地區，或是工人鬥志昂揚，而沒有偏激的知識分子之參與（西班牙）；或是知識分子雖走偏鋒，但群眾卻對革命毫無信心，反而擁護社會民主黨派的改良主義（英國）。因之，這些地區沒有任何重要的理論性作品產生（Anderson, *ibid*., p.28.）。

但由於法蘭克福學派受納粹的迫害，一再向西播遷（由德國、而瑞士、而法國、而美國）。因此，在某種程度下，西方馬克思主義在北美知識分子之間也產生相當的影響，儘管美國式的資本主義社會，不利於左派思想的擴散與蔓延。1960年代末期在馬孤哲倡導下，極端左派的知識分子與學生運動掛鉤，一度造成蓬勃的反建制、反越戰、反侵略、反帝國主義的「新左派」運動（洪鎌德 1995：41-63；1999b：195-226），但不旋踵即被壓制。從此之後新左派逐漸散失於校園的角落裡，成為

「馬克思主義的學院化」（academization of Marxism）。他們出版的刊物計有《目標》（*Telos*）、《新左派評論》、《理論與社會》、《新日耳曼批判》與《馬克思主義的觀點》（*Marxist Prespective*）等雜誌。其重要人物包括Andrew Arato, Paul Breines, Dick Howard, Russell Jacoby, Martin Jay, Douglas Kellner, Karl Klare, Thomas McCarthy, Paul Piccone, Mark Poster, Jeremy Shapiro, Paul Thomas 等人（Jay, *ibid*., pp. 18-19.）。

 ## 第三節　西方馬克思主義的特徵

　　西方馬克思主義最基本的特徵為其結構上與政治實踐脫鉤。只有在第一次世界大戰前的那一代「正統的」馬克思主義者在中歐與東歐才會將實現理論與實踐的有機性合一。可是自1918年至1968年半個世紀中，西方馬克思主義政治的與思想的功能逐漸分開。這種分離在第一次世界大戰剛結束時，還不算太明顯。只是後來由於歷史的壓力增大，在1930年代理論與實踐的聯繫竟告斷裂。在第二次世界大戰之後，理論與實踐的距離大到被視為各自為政的兩個傳統。

　　須知西方馬克思主義的三位奠基者，盧卡奇、寇士、葛蘭西曾經是他們各自黨派的領袖，且直接獻身於政治與革命運動，並且曾任官員（文化部長、司法部長）或議員的公職。

　　盧氏於1919年任人民教育委員的副委員長；在1928年為匈牙利書記長。

　　寇士在1923年為圖林吉亞政府的司法部長。後來成為國會的議員，1925年為德共左翼領袖。

　　葛蘭西早時（1919-20年）為都林工廠議會的理論家兼組織家，1921年成為義共創黨領導人之一。1924年已成為義共負責人（義大利共產黨

總書記），一度為義大利國會議員，直至被捕投獄（1926）為止。

他們三人與各該國共黨的關係也不同，盧卡奇被迫悔改而保留黨籍；寇士因對抗黨而被開除黨籍；葛蘭西因投獄，而免掉與蘇共及史達林主義發生衝突。

西方的馬克思主義夾在史達林主義與法西斯主義之間苟延殘喘。由於左右兩大勢力的夾殺，使本土的馬克思主義與西方無產階級的實踐無法掛鉤。葛蘭西在獄中的孤獨無助最後病死；寇士的孤立無援，在美國以寂寞終結一生；盧卡奇之流放莫斯科，放棄革命性的理論工作，改做美學與傳記的鑽研，都是顯例。因此，西方馬克思主義者，也使用其本身特殊的隱語（例如葛蘭西稱馬克思主義為「實踐的哲學」俾躲避法西斯的檢查與迫害），在遠離大眾的地方，大談工人利益的促進與工人命運的改善，以及工人解放的展望，給人有隔靴搔癢之感，亦即特殊的形式逼迫他們脫離群眾、脫離政治、脫離革命。

法蘭克福社會研究所本身所經歷的變化，無疑地是在兩次世界大戰之間馬克思主義理論演變的一個寫照。該研究所本來定名為馬克思研究所，後來才易名為社會研究所，直到1930年霍克海默接任所長之後，才放棄以歷史唯物論當成「科學」看待，而以發展「社會哲學」為目標，兼涉經驗性的社會心理學方面的研究。霍氏本身並非任何工人黨派（社民黨或共產黨）的黨員。馬孤哲曾經是工人議會（1918）的一名成員，也與社民黨左派有聯絡。阿朵諾則與左派政治毫無瓜葛。儘管第二次世界大戰爆發時，霍氏已順利將研究所遷往美國，其助手與合夥人也紛抵新大陸，但在一個缺乏任何工人群眾運動的資本主義之堡壘，法蘭克福派理論家與政治運動之關係可謂完全斷絕。及至戰後研究所遷回西德，也因為在英、美、法佔領政策影響下，使「批判理論」與社會主義實踐的聯繫中斷。

法國的情形剛好與西德相反，正當西德共黨幾乎在政壇無法立足

的時候，法共卻成為法國工人階級的主要組織。這是由於法國在1940至
1944受德國納粹佔領期間，法共在號召勞工階級抵抗德軍的反抗運動大
力茁壯之緣故。它吸引大批知識分子的參加，其勢力在戰後（1945）大
為膨脹。列費布勒成為1945-1955年間法共多產的哲學家。但隨著冷戰的
降臨與黨紀的收束，使法共理論性的著作稍告遜色。此一戰後十年間主
要的馬克思主義理論性作品含有存在主義的色彩，這是深受沙特、梅樓
・蓬第、戴波娃（Simone de Beauvior 1908-1986，沙特的終身伙伴）等
人著作的影響之故。梅樓・蓬第與沙特雖保持革命熱情，但未曾加入法
共，只有理論性的來往。匈牙利事件（1956）發生後，沙特與法共之關
係完全破裂。列費布勒則因不滿法共和蘇共對匈牙利事件的處理方式，
在抗議聲中，於1958年被撤除黨籍。

　　阿圖舍在1960至1965年之間著作紛紛刊載，抬高了法共黨內理論爭
辯的層次，但他反人道主義的說詞，卻與法共讚美人道精神、講究前進
的民主成為一大對照。由是造成法共理論與實踐的背離。

　　義大利從法西斯桎梏下獲得解放之後，不僅義共勢力大增，而且義
大利社會黨與某些沒有組織的知識分子，也水漲船高。因之，在散布馬
克思主義方面，速度之快、範圍之廣，沒有任何第二個國家可以與義大
利相比。義、法兩國左派勢力的茁長，表明1965年以後馬克思主義的文
化已由德國移向南歐。1947年至1949年之間，葛蘭西死後十年，他在獄
中的著作紛紛刊載發表，造成極大的震撼。葛氏的著作代表義大利本土
性的馬克思主義之巔峰，它使義大利共產主義免於陷身冷戰漩渦中。可
惜葛氏身分之抬高，卻造成其作品之貶低，義共只神化其人，卻忽視其
理論，以致終戰後的二十五年間義共竟無一部有份量的葛氏學說之批判
出現。

　　反之，歐培爾的學說卻是對義大利自拉卜里歐拉至葛蘭西之間馬
克思主義的傳統之挑戰。以他為中心的一群青年理論家（包括柯列悌在

內）形成一個的學派。柯列悌因為與義共領導意見不合，遂於1964年脫黨，其後二十年間柯氏的著作完全刊載於義共刊物之外，自成一理論系統。

在1924至1968年之間，歐洲的馬克思主義經歷崎嶇彎曲的途徑，繼續掙扎。理論與實踐的分離成為此一時期的特徵。這固然是受到各國共黨史達林化的壓制，也是由於歐洲各國欠缺革命運動之緣故。

西方馬克思主義當成一個整體來觀察，是一連串失敗的紀錄，亦即社會主義的革命無法由俄國國境延伸與擴大到西歐各國，其結果造成俄國本身革命的腐化。這類馬克思主義的主要作品都是在政治的孤立與絕望之下的產品。同一時候，歐洲各個共黨在第三國際干預、操縱、控制下，紛紛史達林化，它以官僚方式來組織黨，在意識形態方面完全聽命於蘇共的指揮，成為蘇聯政策的傳聲筒。因之，西方馬克思主義的理論既不見容於各自國家的共黨，又受第三國際的排斥，更無法深入大眾，成為無產階級的精神武器，其不歸於失敗是不可思議的。賈可比（Russell Jacoby）在為西方馬克思主義描繪輪廓時，就以「失敗的辯證法」做為他的書名。西馬也從地下馬克思主義變成紙上談兵的空洞理論。

一反馬克思本人由哲學的省思，轉向政治的考察，而終結於經濟的析評；西方馬克思主義者反其道而行，由經濟而轉向政治，再在由政治轉向哲學。從盧卡奇至阿圖舍，從寇士至柯列悌無一不是專業哲學家。特別是盧卡奇、列費布勒、郭德曼、寇士、馬孤哲、歐培爾、阿朵諾、柯列悌與阿圖舍都是大學教授 — 哲學教授，由此可見西方馬克思主義怎樣偏離政經而歸趨哲學。

馬克思的哲學在於糾正從黑格爾至費爾巴哈的學說之錯誤。因之，其理論的對象為黑格爾及其青年門徒的批判，也就是黑格爾體系（洪鎌德 2007a；2007b；2010a）。西方馬克思主義者的理論對象卻是馬克思思

想的本身。這不限於馬克思早期的哲學著作而已。雖然絕大部分西方馬克思主義的理論家，大多認為唯物論的終極目標為知識的理論，但他們有一個共同的假定：都假設馬克思主義裡頭的理論之初步任務，在於把馬氏所發現有關社會考察的方法加以清楚標明。因之，他們幾乎異口同聲注意到方法論的研討。

西方馬克思主義的語文，極其晦澀難懂，這點也與馬克思本人著作的清晰明白大異其趣。此外，西方馬克思主義的理論家因為長期受到資產階級文化薰陶的關係，因此，其思想、理論、學說當中處處可以發現資產階級文化的影子，其中祈克果、韋伯、齊默爾、狄爾泰、海德格、佛洛伊德、巴舍拉、皮亞傑、列維‧史陀等學說影響最為顯著。這是上個（20）世紀開頭以來，西方社會在遭受兩次大戰之後，資本主義表現一段時期的復活與穩定性，也促成資產階級文化、學術的蓬勃發展，成為西方馬克思主義借鏡模仿的因由，上述資產階級文化的介入構成西方馬克思主義橫軸上的延伸。

在縱軸上，西方馬克思主義回溯其思想根源，不僅是馬克思早期的著作手稿，還延伸到黑格爾、康德、盧梭、斯賓諾沙、孟德斯鳩到巴斯卡。康德與盧梭對馬克思的影響，為歐培爾與柯列悌所津津樂道。儘管黑格爾對馬克思的影響有不同的看法（盧卡奇、葛蘭西、寇士、馬孤哲、阿朵諾、沙特肯定其影響。阿圖舍、歐培爾、柯列悌否定其影響）。阿圖舍居然追溯馬克思的哲學至斯賓諾沙。原因為斯氏為哲學史中引進嶄新觀念產生哲學革命的第一人。此外，阿圖舍也討論孟德斯鳩對馬克思的影響。葛蘭西則遠溯至馬基亞維利，原因是後者為一政治家，也是政治理論家，與葛氏同屬一典型，而非純粹的哲學家。

西方馬克思主義對資本主義經濟與政治問題，在理論上既無力撻伐，也欠缺分析之能力。因之，除了葛蘭西之外，其餘理論家遂完全放棄對資產階級的經濟（下層建築）之研究，轉而集中注意力於上層建築

之上。就是上層建築的諸因素裡，也不討論國家與法律，而只考察文化
現象。在文化構成要素的裡頭，又以藝術最受重視，因之，多數理論家
不是討論美學，便是以唯物論來分析音樂與文化與社會的貢獻。值得注
意的是葛蘭西視整個文化、教育等上層建築為政治問題、為當權派維持
其優勢的統治手段，他還提起民間社會對抗政治國家的理論，企圖運作
教會、學校、俱樂部和傳媒來顛覆資產階級的國家。

就西方馬克思主義者的論題而言，常是超越於青年與成年馬克思索
討論的範圍之外，像葛蘭西論「優勢」（霸權），就是把西歐資產階級
統治的強而有力，以及複雜性，用此一新詞加以表達。俄國十月革命在
西歐所以無法翻版仿造，正是受到資產階級「優勢」加以阻擋之故。優
勢、或霸權表達了群眾對資產階級統治的同意，同時也說明統治階級不
盡完全使用壓制暴力來令群眾屈服。因之，葛氏藉「優勢」概念來說明
何以在西歐經濟危機產生下，無產階級的革命遲遲不曾爆發，或縱然爆
發，也終歸失敗之因由。

第四節　西方馬克思主義的影響

阿圖舍企圖把青年馬克思從哲學研究轉向政治經濟學的考察當作是
認識論上的斷裂，更採用「癥兆」（症候）的讀法來解析馬克思在《資
本論》中沒有明言的部分，都是企圖把馬克思主義以結構的因果關係從
意識形態中解放出來，而增強馬克思學說的科學性。在強調「結構的主
導性」（structure in dominance）之新學說無非把馬克思主義化解為社會
的功能主義。阿圖舍的研究方式，就像他對《資本論》癥兆讀法之不適
當，反映了法國哲學家對主體解構的興趣。其結果解構主義比阿氏的學
派還多存活幾年，而法蘭西的馬克思主義卻因阿圖舍的「科學」建構而

邁向衰微。

　　義大利的馬克思主義也顯示從黑格爾式馬克思主義之偏離。歐爾培與柯列悌反對葛蘭西帶有歷史主義味道的馬克思學說之詮釋，改而偏向馬克思理念的經驗性看法。這甚至造成柯列悌對辯證法與異化論的排斥，他對社會主義也引不起興趣，為「後馬克思主義」（Post-Marxism）的到來埋下伏筆（洪鎌德 1996，第2至4章）。

　　在德國，阿圖舍的結構主義的馬克思主義沒有引起太大的反響，很多採中庸之道的理論家都避開這種「科學的」說詞。甚至不認為當代社會的批判都得引用馬克思的價值觀、人生觀、社會觀、歷史觀。哈伯瑪斯引用社會學、語言哲學、心理分析與詮釋學來補充馬克思學說之不足，從而擴大了法蘭克福學派的批判理論。他批評馬克思把歷史和人類的解放藉勞動一詞化約為簡單的事實。哈氏認為社會生活除了勞動之外，尚有來往與溝通的人際互動，這些牽連到家庭組織、語文發展、社會規範之類獨立自主的機制。人類解放與利益（旨趣）是社會科學建構的基礎，其方法為批判的，因為社會科學取向於「理想的言語情境」之上。除了解放的旨趣之外，社會科學還在追求經驗與分析的認識，這是屬於技術性的旨趣。除此之外，知識的追求還涉及實踐與應用的方面，這是歷史兼詮釋的科學之任務。總之，科學與知識都在追求真理，但真理就同人類其他的價值一樣，藉由大家平等的參與、對話與溝通而從偏見、蒙蔽、歪曲中解脫出來。進一步靠審議的民主來化解人際的糾紛，鎔鑄社會的共識（洪鎌德 2009b：314-315）

　　在1970年代以及1980年代英語地區發展了分析或解析的馬克思主義（姜新立 1997）。這個新的學派的產生一部分是學說中的社會主義或馬克思主義者對阿圖舍過分解釋馬學之不當所引發的反彈。分析或解析的馬克思主義之特徵在回歸對馬、恩等經典作者的原著與論證的檢驗，而非企圖獲致理論的一致看法、或是政治見解的協同。柯亨（Gerald A,

Cohen）敏銳的分析指出馬克思在歷史唯物主義中之原意是一種功能性的解釋，有別於恩格斯討論歷史演進的因果觀或盧卡奇的辯證說詞。在與艾爾斯特（Jon Elster）辯論中，柯亨護衛馬克思功能性說明，認為其中解釋的功能大於辯證的闡述。艾爾斯特的貢獻則是把馬克思的階級理論使用理性選擇的說法重新形塑，也採用心理學的途徑去解析意識形態。其他分析派的馬學則把馬克思的認識論解說為科學的實在論。

分析的馬克思主義之崛起另一部分反映了1980年代政治與經濟的自由主義（洪鎌德 2004a：115-122）。這表現了分析學派的學者關心馬克思的剝削理論，俾這種理論不會隨馬克思經濟學之失勢而沒落。事實上他們企圖在馬克思的思想裡頭，重新把各人的地位恢復起來，也就是在方法論上的集體主義返回個人（體）主義，也為歷史的解釋鋪設微小的基礎（microfoundations）。在這種情況下，馬克思是否擁有公平觀、正義觀、平觀觀（洪鎌德 2000b：203-292）的爭論成為學界的議題，究竟這些馬克思的觀點是否與他批評的意識形態協調，也成為討論的焦點。激進批評家認為解析派的馬克思主義是布爾喬亞學院人士的知識消遣，但他們也可以被認為保守主義者，為後馬克思主義的時代保留馬克思主義的精神與知識之遺物（Torrence 1998: 145-146）。

可以說西方馬克思主義的衰微，種因於阿圖舍要把馬克思主義從人的解放之策略，改變為科學的功能主義體系所衍生的結構主義與解構主義。即便是解析的馬克思主義的崛起仍舊無法挽救西馬與後馬。而西馬中的女性主義也難以撼動資本主義與父權體制的一根汗毛，更顯示20世紀末西方馬克思主義走上歷史終結之途。其崛起、興盛與衰微前後剛好達一百年（1883-1985），也算是人類知識史上短暫的一個剎那。

西方馬克思主義顯然把矛頭指向以蘇共為中心，企圖以獨裁、壟斷、教條思想、集中領導等措施來推動一元化的國際共產主義的運動。因之，儘管它本身不曾形成內部的團結、跨越國界的國際性群眾運動，

卻成為對抗蘇聯專政，目的在改以開放的、多元性、重視民族性格、地方色彩、具有西方文化理想、個人主義、民主傾向、注重上層建築的知識活動。顯然莫斯科極不願見到國際共產主義運動走向多元化、自由化、民主化。因之，自從1920年以來，前蘇聯極力排斥西方馬克思主義的形成與擴展。莫斯科對匈牙利、捷克、波蘭等事件之武裝干預與強力壓制，雖與東歐各國政經、社會變遷有直接關係，但主要地表示蘇共對馬列教條意識形態的固守堅持。在此情形下，不要說西方馬克思主義，就是東歐如南斯拉夫「實踐」派的社會主義理論也不見容於俄共的教條主義。

在西方資產階級社會中，由於西方馬克思主義不斷地、新穎地批判資本主義，並為馬克思主義提供嶄新的、動人的解釋，在一定程度內，頗能吸引一部分知識分子，特別是深思好學的青年，其影響也相當可

福科

李歐塔

觀。特別是其「批判理論」豐富了資產階級的學術思想，促其與馬克思主義整合、發展，從而改善西方人對馬克思主義的觀感。

此外，西馬對經典馬克思主義的批評，也是受到西馬修改馬克思本人及其黨徒的想法、說法之延伸。像福科（Michel Foucault 1926-1984）更挑戰法國西馬流派中的存在主義之馬克思主義、現象學之馬克思主義，乃至結構主義之馬克思主義。他質疑馬克思未來共產主義社會（烏托邦）出現之可能性，強調個體、反對集體。有異於馬克思，福科反對啟蒙運動對人類理性的盲目崇拜。他也反對全體化的方法論，反對人本主義的說詞，排斥馬克思解放與自由的學說（洪鎌德 2000b：436-438；2006：470-478）。李歐塔（Jean François Lyotard 1924-1998）也強調「個體性」與「延異性」之

迷信。對馬克思主義淪落為「大敘述」（grand narrative）尤表不滿。他對馬克思社會變遷重經濟基礎的改變有所批評，取代歷史唯物論為「力必多的經濟學」（洪鎌德 2000b：442-446；2006：419-422）。

另外，布希亞（Jean Baudrillard 1929-2007）反對馬克思主義的基礎為生產方式，把人界定為生產的動物，而非消費的動物，是一大錯誤。在反對基礎的說法下，他對人類最終獲得解放存疑。要使資本主義崩潰無法靠普勞革命，只有過度的消費、膨脹，才能使資本主義的體制內爆而亡（洪鎌德 2000b：439-442；2006：417-418）。

布希亞

德希達（Jacques Derrida 1930-2004）從未加入法共，卻引發左派學人的攻擊，原因是他對西馬強調意識，把意識物化做出尖銳的批判。因之，也就對存在主義與現象學的馬克思主義之種種說詞有所苛責與酷評。須知建構我們的世界和人群是一大堆的概念。在概念的背後有些假設與意涵。心理分析雖然可以把部分潛意識、無意識加以剖白，政治經濟學也可以把某些歷史與社會的物質活動、經濟活動有所剖析，但認知的潛意識、非意識卻是與現象的世界、呈現的世界之概念做知識上的解構與分析。這就涉及文化批判和意識形態的批判。在這方面解構的努力，有助於文化批判、意識形態批判的奏效。是故德希達及其解構主張的西馬人士，使用對文本的解構，俾把非人身的、具決定作用的語言結構找出適當的解釋，而摒棄馬克思上層建築與下層建築分開的說法（Winters 1985: 118-119）。換言之，對德希達而言，語文與制度並非一成不變的事物，非穩定、非有秩序的體系，因為不同的文本與語言有不同的意義，這種解構與顛覆，預示了後現代主義的出現，這也是後馬克思主義者用以批判之前馬派的各家學說之張本

德希達

（洪鎌德 2006：175）。

　　在發展中的第三世界國家，西方馬克思主義除勉強吸引極少數菁英分子的注意之外，為各該國革命政黨與勞動群眾所漠視。蓋它與第三世界人民爭獨立、自由、民主、改善經濟生活條件無直接關聯之處之故。

沙特及其法國存在主義、現象學以及結構主義種種哲學的同僚之漫畫

資料來源：Oliver 1997, p.235.

參考書目與引用文獻

姜新立（編）（1997）。《分析馬克思——馬克思主義理論典範的反思》。台北：五南。

洪鎌德（1995）。《新馬克思主義與現代社會科學》。台北：森大。

洪鎌德（1996）。《跨世紀的馬克思主義》。台北：月旦。

洪鎌德（1997a）。《馬克思社會學說之析評》。台北：揚智。

洪鎌德（1997b）。《馬克思》。台北：東大。

洪鎌德（1998a）。《社會學說與政治理論——當代尖端思想的介紹》。台北：揚智，增訂版。

洪鎌德（1998b）。《21世紀社會學》。台北：揚智。

洪鎌德（1999a）。《當代政治經濟學》。台北：揚智。

洪鎌德（1999b）。《從韋伯看馬克思——現代兩大思想家的對壘》。台北：揚智。

洪鎌德（2000a）。《人文思想與現代社會》。台北：揚智，第二版。

洪鎌德（2000b）。《人的解放——21世紀馬克思學說新探》。台北：揚智。

洪鎌德（2004a）。《當代主義》。台北：揚智。

洪鎌德（2004b）。《西方馬克思主義》。台北：揚智。

洪鎌德（2004c）。《法律社會學》。台北：揚智，第二版。首版2001。

洪鎌德（2006）。《當代政治社會學》。台北：五南。

洪鎌德（2007a）。《從唯心到唯物——黑格爾哲學對馬克思主義的衝擊》。台北：人本自然。

洪鎌德（2007b）。《黑格爾哲學之當代詮釋》。台北：人本自然。

洪鎌德（2009a）。《人文思想與人文學科》。台北：五南。

洪鎌德（2009b）。《當代社會科學導論》。台北：五南。

洪鎌德（2010a）。《馬克思的思想之生成與演變——略談對運動哲學的啟示》。台北：五南。

洪鎌德（2010b）。〈國際關係中的批判理論〉，《台灣國際研究季刊》。（即將刊出）。

洪鎌德、黃德怡（1994）。〈葛蘭西國家觀的析評〉。《中山社會科學學報》，
　　　　第八卷，第二期，頁1-40.

洪鎌德、廖育信（2006）。〈黑格爾的《法律哲學大綱》與馬克思的批評〉。
　　　　《國家發展》，第五卷，第一期，頁149-200.

徐崇溫（1982）。《西方馬克思主義》。天津：人民出版社。

陳墇津（1982）。《科西與西方馬克思主義》。台北：森大圖書有限公司。

黃瑞祺（1996）。《批判社會學——批判理論與現代社會學》。台北：三民書
　　　　局。

魏金聲（著），鄭杭生編（1987）。〈存在主義與馬克思主義〉。《當代西方哲
　　　　學思潮概要》。北京：中國人民出版社，頁
　　　　66-82.

Adler, F (1977). "Factory Councils, Gramsci and the Industrialists." *Telos,* No. 31, Spring
　　　　1977, pp.67-90.

Agger, Ben (1987). *Western Marxism: An Introduction,* Santa Monica, CA: Goodyear.

Althusser, Louis (1969). *For Marx,* New York: Random House.

Althusser, Louis (1970). *Reading Capital,* London: New Left Books.

Anderson, Perry (1976). *Considerations on Western Marxism,* London: New Left Books.

Arato, Andrew (1977). "Georg Lukács: The Search for a Revolutionary Subject." in Dick
　　　　Howard, and Karl E. Klare (eds.), *op. cit.*, pp.81-106.

Bal, Peter (1996). "Discourse Ethics and Human Rights in Criminal Procedure," in M.
　　　　Deflem (ed.), *Habermas, Modernity and Law, et.al.* London: SAGE Publication,
　　　　pp.71-99.

Baxandall, Lee (1991). "Brecht, Bertoldt," in: Bottomore,Tom (ed.), *op. cit.*, pp.57-58.

Bloch, Ernst (1954-1959). *Das Prinzip Hoffnung,* 3 Bände, Frankfurt a. M.,Suhrkamp.

Bloch, Ernst (1961). *Philosophische Grundlegung: Zur Ontologie des Noch-nicht-Seins,*
　　　　Frankfurt a. M.: Suhrkamp.

Bloch, Ernst (1964). *Geist der Utopia,* Frankfurt a. M.: Suhrkamp.

Bloch, Ernst (1968). *Tübinger Einleitung in die Phlosophie,* 2 Bände, Frankfurt a.M.:
　　　　Suhrkamp.

Bobbio, Norberto (1979) "Gramsci and the Conception of Civil Society," in Chantal

Mouffe (ed.), *Gramsci and Marxist Theory,* London: Routledge and Kegan Paul, 1979.

Bokina, John (1985a). "Schmidt, Alfred," in Robert A. Gorman (ed.), *op. cit.,* pp.379-380.

Bokina, John (1985b). "Offe, Claus," in: Robert A. Gorman (ed.), *op. cit.,* pp.329-330.

Bottomore, Tom (ed.) (1991). *A Dictionary of Marxist Thought,* Oxford: Blackwell, 2nd ed.

Bottomore, Tom and Patrick Goode (eds.) (1978). *Austro-Marxism,* Oxford and New York: Oxford University Press.

Colletti, Lucio (1972a). "Marxism: Science or Revolution," in Robin Blackburn (ed.), *Ideology in Social Science: Readings in Critical Social Theory,* London and New York: Fontana/Collins, pp.369-377.

Colletti, Lucio (1972b). *From Rousseau to Lenin,* London: New Left Books.

Colletti, Lucio (1973). *Marxism and Hegel,* London: New Left Books.

Colletti, Lucio (1975). "Introduction" to Marx's *Early Writings,* Q. Hoare (ed.), Harmondsworth, Middlesex: The Pelican Marx Library, pp.7-56.

Deleuze, Giles and Felix Guattari (1977). *Anti-Oedipus,* New York: Viking.

Denzin, Norman K (1985)."Merleau-Ponty, Maurice (1908-1961)," in R. A. Gorman (ed.), op. cit., pp. 295-299.

Deleuze, Giles and Felix Guattari (1985). "Mealeau-Ponty, Maurice (1908-1961)," in R.A. Gorman (ed.), *op. cit.,* pp. 295-299.

Dini, Vittorio and R. A. Gorman (1985). "Della Volpe,Galvano (1895-1968),"in R. A. Gorman (ed.), *op. cit.,* pp.114-117.

Dini, Vittorio and R. A. Gorman (1985b). "Colletti, Lucio (1924-2002)," in R. A. Gorman (ed.), *op. cit.,* pp.99-103.

Dini, Vittorio and R. A. Gorman (1985c). "Paci, Enzo (1911-1976)," in R. A. Gorman (ed.), *op. cit.,* pp.331-333.

Ehrenreich, Barbara (1989). "Life Without Father: Reconstructing Socialist-Feminist Theory," in *Socialist Review* 1984, in: Roger S. Gottlieb (ed.), *op. cit.,* pp. 338-347.

Eisenstein, Zillah (ed.) (1979). *Capitalist Patriarchy and the Case for Socialist-Feminism,* New York: Monthly Review Press.

Ferguson, Ann (1989). "Sex and Work: Women as a New Revolutionary Class in the United States," in Roger Gottlieb (ed.), *op. cit.*, pp.348-372.原著以書名刊載 1987.

Fischer, Norman (1985). "Benjamin, Walter," in: Gorman, R.A.(ed.), *op. cit.*, pp.64-66.

Gorman, Robert A.(1982). *Neo-Marxism: The Meaning of Modern Radicalism,* Wesport, CON: Greenwood Press.

Gorman, Robert A. (ed.) (1985). *Biographical Dictionary of Neo-Marxism,* Westport, CON: Greenwood Press.

Gorz, André (1992). "On the Difference between Society and Community, and Why Basic Income Connected by Itself Confers Full Membership of Either," in P. van Parjs (ed.), *Arguing for Basic Income: Ethnical Foundations for a Radical Reform,* London: Verso.

Gottlieb, Roger S. (ed.) (1989). *An Anthology of Western Marxism: From Lukács and Gramsci to Socialist-Feminism,* New York and Oxford: Oxford University Press.

Gouldner, Alvin W. (1980). *The Two Marxism: Contradictions and Anomalies in the Development of Theory,* New York: The Seabury Press.

Gramsci, Antonio (1949). *Note Sul Machiavelli sulla politica e sullo Stato moderno,* Turino: Einaudi.

Gramsci, Antonio (1975). *Quaderni dal Carcere, I-IV,* Turino: Einaudi, 英譯本 1971 *Selections from the Prison Notebooks,* London: Lawrence and Wishart.

Gramsci, Antonio (1975b). *Passato e presente,* Turino: Einaudi.

Gramsci, Antonio (1975c). *Lettere dal Carcere,* Turino: Einaudi.

Gross, David (1977). "Ernst Bloch: The Dialectics of Hope," in Howard, Dick and K.E. Klare (eds.), *op. cit.*, pp.131-146.

Habermas, Jürgen (1973). *Erkeuntnis und Interesse,* Frankfurt a, M.: Suhrkamp.

Habermas, Jürgen (1976). *Zur Rekonstruktion des Historischen Materialismus,* Frankfurt a, M.: Suhrkamp.

Habermas, Jürgen (1981). *Theorie des Kommunikanischen Handelns,* Frankfurt a. M.: Suhrkamp, 2 Bände.

Habermas, Jürgen (1987). *The Philosophical Discourse of Modernity,* Cambridge: Polity Press.

Habermas, Jürgen (1992). *Faktizität und Geltung,* Frankfurt a, M.: Suhrkamp.

Hartmann, Heidi (1989). "The Unhappy Marriage of Marxism and Feminism: Towards a More Progressive Union," in: Roger Gottlieb, *op. cit*, pp.316-337. 原文刊載於 Lydia Sargent (ed.), *Women and Revolution,* New York: South End Press.

Howard, Dick and Karl E. Klare (eds.) (1977). *The Unknown Dimension: European Marxism since Lenin,* New York and London: Basic Books, Inc., Publishers

Jacoby, Russell (1981). *Dialectic of Defeat: Contours of Western Marxism,* Cambridge: Cambridge University Press.

Jacoby, Russell (1991). "Western Marxism," in: Tom Bottomore (ed.), *op. cit.,* 581-584.

Jay, Martin (1984). *Marxism and Totality,* Berkeley, CA: University of California Press.

Joll, James (1977). *Gramsci,* Glasgow: Fontana.

Klatt, Gudrun (1999). "Brecht-Linie," in: W. F. Haug (hrsg.), *Historisch-Kritisches Wörterbuch des Marxismus*, Hamburg: Argument-Verlag, 2te Aufl., 1ste Aufl. 1995.

Kolakowski, Leszek (1979). *Die Hauptströmungen des Marxisums,* 3 Bände, München und Zürich: R. Piper & Co. Verlag.

Kolakowski, Leszek (1981). *Main Currents of Marxism: The Breakdown,* Oxford: Oxford University Press.

Korsch, Karl (1967). *Karl Marx,* Frankfurt a. M.: Europäische Verlaganstalt.

Korsch, Karl (1970). *Marxism and Philosophy,* F. Halliday (trans.), New and London: NLB.

Korsch, Karl (1971). *Three Essays on Marxism,* New York and London: Monthly Review Press.

Korsch, Karl (1975-76) "Ten Theses on Marxism Today," in *Telos*, No.26, Winter, pp.40-41.

Linklater, Andrew (2007). *Critical Theory and World Politics*, Abingdon, Oxon:

Routledge.

Labriola, Antonio (1904). *Essays on the Materialist Conception of History,* Chicago: C. H. Kerr.

Lichtheim, George (1970). *George Lukács*, New York: The Viking Press.

Lukács, Georg (1971). *History and Class Consciousness: Studies in Marxist Dialectics*, R. Livingston (trans), Cambridge, MA: The MIT Press.

Mairet, P. (ed.) (1948). *Existentialism and Humanism,* New York: New Left.

Marcuse, Herbert (1941). *Reason and Revolution,* New York: Oxford University Press.

Marcuse, Herbert (1964). *One Dimensional Man,* Boston: Beacon.

Marx, Karl (1954). *Capital,* vol. I（簡稱*CI*）, Moscow: Progress Publishers.

Marx, Karl (1975). *Early Writings,* R. Livingstone and G. Benton (trans.), Lucio Colletti (introd.),（簡稱*EW*）, Harmondsworth, Middlesex: Penguin Books.

Marx, Karl (1981). *Frühe Schriften*（簡稱 *FS*）, F.-J. Lieber und P. Furth (hrsg.), 2 Bände, Darmstadt: Wissenschaftliche Buchgemeinschaft.

McLellan, David (1979). *Marxism after Marx,* London: McMillan.

Meehan, Eileen R. (1986). "Poulanzas, Nicos (1936-1979)," in: R. Gorman (ed.), *op. cit.,* pp.346-347.

Merguior, J. G. (1986). *Western Marxism,* London: Paradin.

Merleau-Ponty, Maurice (1969). *Humanism and Terror,* Boston: Beacon. 原著法文出版年1947.

Merleau-Ponty, Maurice (1973). *Adventures of the Dialectic,* (trans). Joseph Bien, London: Heinemann, 原著法文*Les Aventures de la dialectique*, Paris: Gallimard, 1955.

Mitchell, Juliet (1989). "Women's Estate," in: R. Gottlieb (ed.), *op. cit.*, pp. 296-315. 原作為*Women's Estate*, London: Pantheon Books, 1971.

Paci, Enzo (1972). *The Function of the Sciences and the Meanings of Man,* Evanston: Northwestern University Press.

Piccone, Paul (1977). "From Spaventa to Gramsci,"in *Telos,* No.31, Spring 1977, pp. 45-59.

Poulantzas, Nicos (1973). *Political Power and Social Classes,* London: New Left Books.

Poulantzas, Nicos (1975). *Classes in Contemporary Capitalism,* London: New Left

Books.

Poulantzas, Nicos (1976). *Crisis of Dictatorship*, London: New Left Books.

Poulantzas, Nicos (1978). *State, Power, Socialism*, London: New Left Books.

Roberts, Julian (1991). "Benjamin, Walter," in: T. Bottomore (ed.),. *op. cit.*, pp.48-49.

Rowbotham, Sheila (1989). *Women's Consciousness, Man's World*, Middlesex: Pengium，本段採自Gottlieb, *op. cit.*, 279-295.

Rubin, Gayle (1975). "The Tragic in Women," in Ranya Reiter (ed.) , *Towards a New Anthropology of Women*, New York: Monthly Review Press.

Salamini, Leonardo (1981). *The Sociology of Political Praxis: an Introduction to Gramsci's Thoery*, London: Routledge and Kegan Paul.

Sartre, Jean Paul (1948). *Portrait of the Anti-Semite*, London: Secker and Warburg.

Sartre, Jean Paul (1963). *Search for Method*, New York: Knopf.

Sartre, Jean Paul (1967). *Materialism and Revolution*, New York: Knopf.

Sartre, Jean Paul (1972). *Between Existentialism and Marxism*, London: New Left.

Sartre, Jean Paul (1976). *Critique of Dialectical Reason*, London: New Left..

Torrence, John (1998). "Western Marxism," in Edward Craig (ed.), *Routledge Encyclopedia of Philosophy*, New York and London: Routledge, vol.6, pp.141-147.

Vajda, Mihály (1977). "Karl Korsch's *Marxism and Philosophy*," in D. Howard, and K.E. Klard (eds.), op. cit., pp.131-146.

Wellmer, Albrecht (1969) *Kritische Gesellschaftstheorie und Positivismus*, Frankfurt a. M.: Suhrkamp.

Winters, Laurence E (1985). "Derrida, Jacques," in R. A. Gorman, *op. cit.*, pp.118-119.

人名引得

事物引得

The Rise and Decline of Western Marxism

by Prof. HUNG Lien-te, *Dr. rer. Pol.*

Contents

國家圖書館出版品預行編目資料

西方馬克思主義的興衰＝The rise and decline of
western Marxism／洪鎌德著. -- 初版. -- 臺
北縣深坑鄉：揚智文化, 2010.05
　　面；　公分. --（社會叢書）
參考書目：面
含索引
ISBN　978-957-818-951-5（平裝）

1.西方馬克思主義

143.89　　　　　　　　　　　　　　99005745

社會叢書

西方馬克思主義的興衰

作　　者／洪鎌德
出 版 者／揚智文化事業股份有限公司
發 行 人／葉忠賢
總 編 輯／閻富萍
執行編輯／吳韻如
地　　址／台北縣深坑鄉北深路三段 260 號 8 樓
電　　話／(02)8662-6826
傳　　真／(02)2664-7633
網　　址／http://www.ycrc.com.tw
 E-mail ／service@ycrc.com.tw
印　　刷／鼎易印刷事業股份有限公司
 I S B N／978-957-818-951-5
初版一刷／2010 年 5 月
定　　價／新台幣 500 元